Einfach Java

W0105638

Dipl.-Inform. Michael Inden ist Oracle-zertifizierter Java-Entwickler. Nach seinem Studium in Oldenburg hat er bei diversen internationalen Firmen in verschiedenen Rollen etwa als Softwareentwickler, -architekt, Consultant, Teamleiter, CTO sowie Leiter Academy gearbeitet. Zurzeit ist er freiberuflich als Autor und Trainer in Zürich tätig.

Michael Inden hat über zwanzig Jahre Berufserfahrung beim Entwurf komplexer Softwaresysteme gesammelt, an diversen Fortbildungen und mehreren Java-One-Konferenzen teilgenommen. Sein besonderes Interesse gilt dem Design qualitativ hochwertiger Applikationen sowie dem Coaching. Sein Wissen gibt er gerne als Trainer in internen und externen Schulungen und auf Konferenzen weiter, etwa bei der JAX/W-JAX, JAX London, Oracle Code One, ch.open sowie bei der Java User Group Switzerland.

Michael Inden

Einfach Java

Gleich richtig programmieren lernen

 dpunkt.verlag

Michael Inden
michael_inden@hotmail.com

Lektorat: Michael Barabas
Projektkoordinierung: Anja Weimer
Fachgutachten: Torsten Horn, Aachen
Copy-Editing: Ursula Zimpfer, Herrenberg
Satz: Michael Inden
Herstellung: Stefanie Weidner
Umschlaggestaltung: Helmut Kraus, *www.exclam.de*
Druck und Bindung: mediaprint solutions GmbH, 33100 Paderborn

Bibliografische Information der Deutschen Nationalbibliothek
Die Deutsche Nationalbibliothek verzeichnet diese Publikation in der Deutschen Nationalbibliografie;
detaillierte bibliografische Daten sind im Internet über *http://dnb.d-nb.de* abrufbar.

ISBN:
Print   978-3-86490-852-1
PDF   978-3-96910-543-6
ePub   978-3-96910-544-3
mobi   978-3-96910-545-0

1. Auflage 2021
Copyright © 2021 dpunkt.verlag GmbH
Wieblinger Weg 17
69123 Heidelberg

Hinweis:
Dieses Buch wurde auf PEFC-zertifiziertem Papier aus nachhaltiger
Waldwirtschaft gedruckt. Der Umwelt zuliebe verzichten wir
zusätzlich auf die Einschweißfolie.

Schreiben Sie uns:
Falls Sie Anregungen, Wünsche und Kommentare haben, lassen Sie es uns wissen: *hallo@dpunkt.de*.

5 4 3 2 1 0

Für unsere bezaubernde Prinzessin Sophie Jelena

II   Aufstieg   235

III Praxisbeispiele   329

Vorwort

Zunächst einmal bedanke ich mich bei Ihnen, dass Sie sich für dieses Buch entschieden haben. Hierin finden Sie einen fundierten und interaktiven Einstieg in die Programmierung mit Java. Dabei fangen wir mit den Grundlagen an und bauen Ihr Wissen immer weiter aus, sodass Sie nach der Lektüre bereit sind, eigene Experimente zu wagen, und bestenfalls Programmieren als neues Hobby lieben gelernt haben. Insbesondere die ungeheuren Möglichkeiten, kreativ zu werden und dabei immer wieder Neues zu entdecken, werden Sie bestimmt ähnlich faszinieren wie mich seit über 30 Jahren.

Zielgruppe

Dies ist ein Buch für Programmierneulinge. Es wendet sich somit an

- Schüler und Schülerinnen, die ein paar Tipps und Hilfestellungen suchen, die das Nachvollziehen des Informatikunterrichts erleichtern,
- Studierende, die ergänzende Erklärungen zu denen aus den Vorlesungen suchen, um Gelerntes schneller anwenden zu können oder besser für die nächste Prüfung vorbereitet zu sein,
- und alle, die einfach die wunderbare und vielfältige Welt der Programmierung mit Java kennenlernen möchten.

Zum Einstieg sind Programmiererfahrungen keine zwingende Voraussetzung – natürlich schaden diese nicht. Selbst dann nicht, wenn Sie sich vielleicht eher mit Python, C#, TypeScript oder JavaScript beschäftigt haben – aber für die Lektüre des Buchs ist es hilfreich, wenn Sie

- einigermaßen fit im Installieren von Programmen sind und
- die Kommandozeile grundlegend bedienen können.

Was vermittelt dieses Buch?

Sie als Leser erhalten in diesem Buch einen Einstieg in Java. Allerdings ist die trockene Theorie auf ein Minimum reduziert und wir legen immer mit kleinen Beispielen los. Deshalb ist es auch ein Buch zum Mitmachen. Ich ermutige Sie ganz besonders, parallel zum Lesen auch immer ein paar Dinge auszuprobieren, vielleicht sogar mal das eine oder andere abzuwandeln. Man lernt Programmieren einfach am besten, wenn man es praktiziert. Somit bietet es sich an, die abgebildeten Codeschnipsel abzutippen, also direkt in der JShell einzugeben, oder später im Editor Ihrer IDE.

Damit Sie nicht über einfache Probleme stolpern, führt das Buch jeweils behutsam und schrittweise in die jeweiligen Thematiken ein und gibt Ihnen immer auch ein paar Hinweise, auf was man achten oder was man vielleicht sogar vermeiden sollte. Dazu dienen diverse Praxistipps mit Hintergrundinformationen.

> **Tipp: Praxistipp**
>
> In derart formatierten Kästen finden sich im späteren Verlauf des Buchs immer wieder einige wissenswerte Tipps und ergänzende Hinweise zum eigentlichen Text.

Aufbau dieses Buchs

Dieses Buch besteht aus jeweils in sich abgeschlossenen, aber aufeinander aufbauenden Kapiteln zu elementar wichtigen Bereichen der Programmiersprache Java. Abgerundet werden viele Kapitel mit diversen Aufgaben und zugehörigen Musterlösungen, sodass das zuvor Gelernte direkt anhand neuer Problemstellungen praktiziert und das Wissen vertieft werden kann.

Für Ihren erfolgreichen Weg zur Java-Programmierung gliedert sich das Buch in die vier Teile Einstieg, Aufstieg, Praxisbeispiele und Schlussgedanken.

Im Teil »Einstieg« werden Grundlagen behandelt. Hier empfiehlt es sich wirklich, die Kapitel in der Reihenfolge des Buchs zu lesen, da mit jedem Kapitel neue Grundlagen und Themen hinzukommen, die im Anschluss vorausgesetzt und verwendet werden. Dann folgt der Teil »Aufstieg«. Dort beschäftigen wir uns mit leicht fortgeschrittenen Themen. Hier können Sie zwar nach Lust und Laune eins der Kapitel zur Lektüre auswählen, aber auch hier bauen einige Themen aufeinander auf. Der Teil »Praxisbeispiele« verdeutlicht die bisherigen Lerninhalte anhand von vereinfachten, didaktisch aufbereiteten Beispielen aus der Praxis. Hier haben Sie viel Spielraum zum Experimentieren und Einbringen eigener Ideen. Im Teil »Schlussgedanken« wird ein Ausblick gegeben, etwa auf Programmierstil und Testen. Das Buch endet dann mit einem Rückblick und Hinweisen für nächste Schritte.

Einstieg

Kapitel 1 – Einführung   Dieses Kapitel gibt zunächst einen kurzen Überblick über Javas mittlerweile über 25-jährige Geschichte. Bevor wir dann mit dem Lernen von Java als Programmiersprache loslegen können, müssen wir ein paar Installationen vornehmen. Zum einen benötigen wir Java an sich und zum anderen wird eine IDE (Integrated Development Environment) im Verlauf des Buchs mit zunehmender Komplexität der Beispiele immer nützlicher.

Kapitel 2 – Schnelleinstieg   Dieses Kapitel bietet einen Schnelleinstieg und stellt viele wesentliche Elemente von Java vor. Dabei nehmen wir ganz behutsam Fahrt auf: Wir beginnen mit einer einfachen Ausgabe eines Textes, ganz traditionell »Hello World«, und lernen dann, wie wir das mithilfe von Variablen variieren. Zudem schauen wir uns die bedingte Ausführung mit Fallunterscheidungen und Wiederholungen mit Schleifen an.

Kapitel 3 – Strings   Strings sind aus kaum einem Programm wegzudenken. Variablen vom Typ `String` repräsentieren Zeichenketten und dienen zur Verwaltung von textuellen Informationen. In diesem Kapitel behandle ich die Thematik genauer.

Kapitel 4 – Arrays   Ebenso wie Strings sind auch Arrays recht gebräuchliche Datenstrukturen und helfen dabei, mehrere gleichartige Dinge zu speichern, etwa eine Menge von Zahlen, Namen, Personen usw. Insbesondere bilden Arrays auch die Grundlage für viele andere Datenstrukturen. In diesem Kapitel lernen wir Arrays im Detail kennen.

Kapitel 5 – Klassen und Objektorientierung   Immer wieder hört man, Java ist eine objektorientierte Sprache. Doch was bedeutet das? Zum Verständnis gibt dieses Kapitel einen Einblick in den objektorientierten Entwurf von Software. Dazu vermittle ich die grundlegenden Ideen von Zustand (Daten) in Kombination mit Verhalten (Funktionen auf diesen Daten) und wie man dies in Java formuliert.

Kapitel 6 – Collections   Während Arrays ziemlich elementar sind, bieten die Collections oder Containerklassen mehr Flexibilität und Komfort bei der Verwaltung von Daten. In Java unterstützen die vordefinierten Listen, Mengen und Schlüssel-Wert-Abbildungen bei der Verwaltung anderer Objekte.

Kapitel 7 – Ergänzendes Wissen   In diesem Kapitel werden verschiedene wichtige Themen angesprochen, die in den vorherigen Kapiteln aus didaktischen Gründen bewusst ausgelassen wurden. Warum? Deren Beschreibung erfordert mehr Wissen rund um Java, was Sie mittlerweile erworben haben – vorher wäre das Ganze aber zu tief in die Details gegangen und hätte zu viel anderes Wissen vorausgesetzt. Hier angelangt lohnt es sich aber, das bisherige Wissen etwa mit Informationen zu primitiven Typen, dem Ternary-Operator, Fallunterscheidungen mit `switch` usw. zu komplettieren.

Aufstieg

Kapitel 8 – Mehr zu Klassen und Objektorientierung Die objektorientierte Programmierung ist ein vielschichtiges und umfangreiches Thema. Kapitel 5 hat eine Einführung geliefert. In diesem Kapitel wird Ihr Wissen noch ein wenig vertieft, beispielsweise zu Besonderheiten in Java, zu Vererbung und Polymorphie.

Kapitel 9 – Lambdas und Streams Dieses Kapitel stellt sowohl Lambda-Ausdrücke (kurz Lambdas) als auch das damit eng verbundene Stream-API vor. Beides sind essenzielle Bausteine von modernem Java und ermöglichen es, Lösungen oftmals elegant zu formulieren.

Kapitel 10 – Verarbeitung von Dateien Dieses Kapitel beschäftigt sich mit der Verarbeitung von Informationen aus Dateien. Dies ist für viele Anwendungen von großer Bedeutung, da diverse Informationen nicht nur während der Programmlaufzeit von Interesse sind, sondern vor allem auch darüber hinaus – denken Sie etwa an die Highscore-Liste Ihres Lieblingsspiels.

Kapitel 11 – Fehlerbehandlung mit Exceptions Sicher kennen Sie es: Manchmal tritt ein Programmfehler auf und das Programm stürzt ab. Wichtige Daten gehen mitunter verloren. So etwas ist immer ärgerlich. Daher gehört auch die Behandlung von Fehlern zum guten Ton beim Programmieren. Diese Kapitel führt in die Thematik ein.

Kapitel 12 – Datumsverarbeitung Während früher die Datumsverarbeitung eher stiefmütterlich in Java unterstützt wurde, bietet modernes Java mittlerweile eine Vielzahl praktischer Funktionalitäten zur Datumsverarbeitung, die in diesem Kapitel einführend dargestellt werden.

Praxisbeispiele

Kapitel 13 – Praxisbeispiel: Tic Tac Toe In diesem Kapitel entwickeln wir eine einfache Version des Strategiespiels Tic Tac Toe, das auf einem Spielfeld mit 3×3 Feldern gespielt wird. Dabei wird verdeutlicht, warum wir Programme sinnvoll in kleine Methodenbausteine untergliedern sollten.

Kapitel 14 – Praxisbeispiel: CSV-Highscore-Liste einlesen In diesem Kapitel verdeutlicht ein weiteres Praxisbeispiel die Verarbeitung von Dateien und kommaseparierter Daten, auch CSV (Comma Separated Values) genannt. Um das Ganze unterhaltsam zu gestalten, werden wir statt trockener Anwendungsdaten eine Liste von Spielständen als Eingabe nutzen.

Kapitel 15 – Praxisbeispiel: Worträtsel   Dieses dritte Praxisbeispiel umfasst eine etwas komplexere Programmieraufgabe, nämlich die Erstellung von Worträtseln, die man aus Zeitschriften kennt. Dabei sollen aus einem scheinbaren »Buchstabensalat« verschiedene dort versteckte Begriffe extrahiert werden. Dieses Kapitel vermittelt, wie man Aufgaben in verschiedene kleine Problemstellungen untergliedert und diese jeweils mit eigenen Klassen realisieren kann. Schließlich ist es dann Aufgabe der eigentlichen Applikation, wie ein Dirigent zu wirken und die Einheiten passend zusammenzufügen. Dabei lernen wir beispielsweise den Import möglicher Wörter aus Dateien, die Modellierung des Rätsels und einen einfachen Export nach HTML kennen.

Schlussgedanken

Kapitel 16 – Gute Angewohnheiten   Dieses Kapitel stellt Ihnen ein paar Dinge zu gutem Programmierstil vor. Das mündet dann in sogenannten Coding Conventions, also Regeln beim Programmieren. Außerdem zeige ich noch, wie sich einige davon mit Tools prüfen lassen und wie man Programme mit JUnit 5 testen und dadurch Fehler vermeiden kann.

Kapitel 17 – Schlusswort   Hier rekapitulieren wir kurz, was Sie durch die Lektüre gelernt haben sollten und wie Sie möglicherweise weitermachen können.

Anhang

Anhang A – Schlüsselwörter im Überblick   In Java existiert eine Reihe von Schlüsselwörtern, die reserviert sind und nicht als Bezeichner für Variablen, Methoden, Klassen oder anderes verwendet werden dürfen. Hier erhalten Sie einen Überblick.

Anhang B – Schnelleinstieg JShell   In diesem Buch werden diverse Beispiele direkt auf der Konsole ausprobiert. Der Grund ist vor allem, dass Java seit Version 9 die interaktive Kommandozeilenapplikation JShell als REPL (Read-Eval-Print-Loop) bietet, die in den letzten Java-Versionen immer komfortabler geworden ist.

Anhang C – Grundlagen zur JVM und Infos zum Java-Ökosystem   In diesem Anhang vermittle ich vertiefendes Grundwissen zur JVM (Java Virtual Machine). Zudem beleuchte ich kurz das breitgefächerte Ökosystem rund um Java.

Sourcecode und ausführbare Programme

Ich hatte schon angedeutet, dass es zum Erlernen des Programmierens ziemlich hilfreich ist, die Beispiele und Codeschnipsel auch auszuprobieren und abzutippen. Um Ihnen ein wenig Tipparbeit und Mühe zu ersparen, finden Sie viele der Beispiele als Programme in einem Eclipse-Projekt. Dieses steht unter www.dpunkt.de/Einfach-Java zur Verfügung. Weitere Informationen zum genauen Vorgehen finden Sie auf der Download-Seite.

Blockkommentare in Listings   Beachten Sie bitte, dass sich in einigen Listings mitunter Blockkommentare (hier fett markiert) finden, die der Orientierung und dem besseren Verständnis dienen. In der Praxis sollte man derartige Kommentierungen mit Bedacht einsetzen und lieber einzelne Sourcecode-Abschnitte in Methoden auslagern, wie dies später im Rahmen der Praxisbeispiele offensichtlich wird. Für diverse Beispiele dieses Buchs dienen diese Kommentare aber als Anhaltspunkte, weil die eingeführten oder dargestellten Sachverhalte für Sie als Leser vermutlich noch neu und ungewohnt sind.

```java
public static void main(String[] args) throws InterruptedException,
                                              IOException
{
    // Prozess erzeugen
    String command = "sleep 60s";
    Process sleeper = Runtime.getRuntime().exec(command);
    ...

    // Process => ProcessHandle
    ProcessHandle sleeperHandle = ...
    ...
}
```

Konventionen

Verwendete Zeichensätze

In diesem Buch gelten folgende Konventionen bezüglich der Schriftart: Neben der vorliegenden Schriftart sind wichtige Textpassagen *kursiv* oder ***kursiv und fett*** markiert. Englische Fachbegriffe werden eingedeutscht großgeschrieben, etwa Event Handling. Zusammensetzungen aus englischen und deutschen (oder eingedeutschten) Begriffen werden mit Bindestrich verbunden, z. B. Plugin-Manager. Listings mit Sourcecode sind in der Schrift `Courier` gesetzt, um zu verdeutlichen, dass dies einen Ausschnitt aus einem Java-Programm darstellt. Auch im normalen Text wird für Klassen, Methoden, Konstanten und Parameter diese Schriftart genutzt.

Schreibweise von Methodenaufrufen

Im Text beschriebene Methodenaufrufe enthalten in der Regel die Typen der Übergabeparameter, etwa `substring(int, int)`. Sind die Parameter in einem Kontext nicht entscheidend, wird mitunter auf deren Angabe aus Gründen der besseren Lesbarkeit verzichtet.

Verwendete Abkürzungen

Im Buch verwende ich die in der nachfolgenden Tabelle aufgelisteten Abkürzungen. Weitere Abkürzungen werden im laufenden Text in Klammern nach ihrer ersten Definition aufgeführt und anschließend bei Bedarf genutzt.

Abkürzung	Bedeutung
API	Application Programming Interface
ASCII	American Standard Code for Information Interchange
IDE	Integrated Development Environment
JDK	Java Development Kit
JEP	JDK Enhancement Proposal
JLS	Java Language Specification
JRE	Java Runtime Environment
JVM	Java Virtual Machine

Verwendete Java-Version(en)

Nahezu alle Beispiele wurden mit Java 16 entwickelt und ausprobiert. Für dieses Buch sind die brandaktuellen Java-Features zwar von Interesse, aber nicht von entscheidender Bedeutung, da es ja um die Grundlagen der Sprache geht. Deswegen basieren die meisten Programme auf Java 11, das zudem im Sommer 2021 die aktuelle LTS-Version (Long Term Support) ist. Die neueren Java-Versionen offerieren jedoch einige hilfreiche Syntaxänderungen und API-Erweiterungen. Daher beschreibe und verwende ich diese, wo es sinnvoll ist und das Verständnis erleichtert. In einem Abschnitt werden sogar Neuerungen aus dem im September 2021 erscheinenden Java 17 im Bereich von `switch` vorgestellt.

Somit sind Sie nach der Lektüre dieses Buchs bestens gerüstet für modernes Java und können nach Lust und Laune die neuen Features in eigenen Experimenten und Hobbyprojekten einsetzen.

Danksagung

Wie schon bei einigen meiner bisherigen Bücher hat mich auch diesmal Michael Kulla wieder ganz besonders unterstützt, wie üblich breitgefächert vom Aufdecken von Tippfehlern bis hin zu diversen inhaltlichen Hinweisen. Das gilt ebenfalls für Prof. Dr. Dominik Gruntz. Er hat wie gewohnt mit Spürsinn gelesen und eine Vielzahl an hilfreichen Anmerkungen hinterlassen. Auch Jean-Claude Brantschen trug mit seinen Kommentaren und Tipps zur Verbesserung bei. Außerdem gilt Christian Heitzmann ein herzlicher Dank für diverse Anregungen zum Inhalt, zur Struktur sowie zu Begrifflichkeiten. Schließlich hat Maria Herdt freundlicherweise durch einen kritischen Blick auf einige Kapitel ein paar Verbesserungen aufzeigen können. Nochmals vielen Dank an euch alle!

Zunächst geht ein Dankeschön an das Team des dpunkt.verlags (Dr. Michael Barabas, Anja Weimer, Stefanie Weidner und Veronika Schnabel) für die tolle Zusammenarbeit. Außerdem möchte ich mich bei Torsten Horn für die fundierte fachliche Durchsicht sowie bei Ursula Zimpfer für ihre Adleraugen beim Copy-Editing bedanken.

Abschließend geht ein lieber Dank an meine Frau Lilija für ihr Verständnis und die Unterstützung. Ihren ganz besonderen Anteil hat unser kleiner Sonnenschein Sophie Jelena dazu beigetragen, indem sie den Papa immer wieder zum Lachen gebracht hat.

Anregungen und Kritik

Trotz großer Sorgfalt und mehrfachen Korrekturlesens lassen sich missverständliche Formulierungen oder teilweise sogar Fehler leider nicht vollständig ausschließen. Falls Ihnen etwas Derartiges auffallen sollte, so zögern Sie bitte nicht, mir dies mitzuteilen. Gerne nehme ich auch Anregungen oder Verbesserungsvorschläge entgegen. Kontaktieren Sie mich bitte per Mail unter:

```
michael_inden@hotmail.com
```

Zürich, im Juli 2021
Michael Inden

Einstieg

1 Einführung

1.1 Java im Überblick

Java wurde Mitte der 1990er-Jahre von der Firma Sun entwickelt und später von Oracle übernommen. Mittlerweile hat Java zwar schon mehr als 25 Jahre auf dem Buckel, wird aber nicht altersschwach, sondern kontinuierlich gepflegt und besitzt ein extrem breitgefächertes und professionelles Angebot an externen Bibliotheken und Entwicklungstools. Insbesondere gibt es mit Eclipse, IntelliJ IDEA und NetBeans sowie Visual Studio Code mehrere hervorragende sogenannte IDEs (Integrated Development Environments) zum komfortablen Programmieren.

Java eignet sich zur Entwicklung unterschiedlichster Applikationen, etwa für Businessapplikationen, Webapplikationen und sogar einige (einfachere) Datenbanken. Es wird aber auch im Bereich Mobile in Form von Android-Apps oder gar im Bereich von Spielen, z. B. Minecraft, verwendet. Java ist also eine vielseitige Programmiersprache mit breitem Einsatzspektrum. Ein guter Grund, sich damit ein wenig zu beschäftigen.

Außerdem ist Programmieren ein wunderbares Hobby sowie ein faszinierender Beruf und es macht zudem noch jede Menge Spaß, fördert die Kreativität und den Gestaltungswillen.

Darüber hinaus ist Java laut TIOBE-Index[1] seit Jahren eine der populärsten Programmiersprachen. Eine wichtige Rolle spielte vermutlich lange die freie Verfügbarkeit. Zumindest für die Originalvariante von Oracle gilt das mittlerweile nur noch für private, nicht kommerzielle Zwecke. Praktischerweise existieren inzwischen einige frei verwendbare Alternativen wie etwa das AdoptOpenJDK[2]. Zudem ist Java recht einfach zu erlernen (schwieriger als Python, aber deutlich leichter als C++) und bietet ein großes Ökosystem an Tools, Bibliotheken und Literatur sowie Hilfestellungen wie StackOverflow im Internet. Weiterhin zeichnet sich Java durch seine gute Performance aus. Das Ganze ist die Folge von jahrelangen Optimierungen und Verbesserungen. Dadurch ist die Ausführung von Java beispielsweise nur geringfügig langsamer als die von C++, aber um Längen schneller als die Ausführung von Python. Schließlich ermöglicht Java sowohl die objektorientierte als auch die funktionale Programmierung, sodass man je nach Einsatzzweck geeignet wählen kann.

---

[1]`https://www.tiobe.com/tiobe-index/`
[2]`https://adoptopenjdk.net/`. Ab März 2021 wird das Ganze als Eclipse Adoptium weitergeführt: `https://projects.eclipse.org/projects/adoptium`).

Wie Sie sehen, sprechen viele gute Gründe für einen Einstieg in die Programmierung mit Java. Das Wichtigste ist jedoch der Spaß am Programmieren, Tüfteln und Ausprobieren. Lassen Sie uns starten!

Bestandteile von Java-Programmen

Java als Programmiersprache besitzt wie eine natürliche Sprache auch eine Grammatik und feststehende Begriffe / Wörter. Man spricht dabei von Syntax und Schlüsselwörtern (vgl. Anhang A).

Java-Programme werden textuell verfasst. Das wird *Sourcecode* genannt. Schauen wir uns zum Einstieg ein einfaches Java-Programm an:

```java
public class MyFirstJavaProgram
{
    public static void main(String[] args)
    {
        System.out.println("Hello World");
    }
}
```

Keine Sorge, Sie müssen das Ganze noch nicht vollständig verstehen, wir werden das alles Stück für Stück erlernen. Hier ist zunächst nur wichtig, dass Sie elementare Bestandteile von Java-Programmen grob einordnen können. Dazu gehören die Schlüsselwörter, also Java-Befehle oder -Anweisungen, hier etwa `public`, `class`, `static` und `void`. Wie die Begriffe in einer Sprache tragen diese reservierten Wörter eine besondere Bedeutung, ganz analog etwa zu Auto, Haus, Tür usw. im Deutschen.

Ebenso wie im Deutschen können (oder besser sollten) die Begriffe nicht einfach wahllos miteinander verknüpft werden, um einen gültigen Satz zu formulieren. Das wird durch die Grammatik geregelt. Auch in Java existiert eine solche. Damit wird etwa festgelegt, dass es `static void`, aber nicht `void static` heißen muss.

Zudem sehen wir geschweifte Klammern. Diese kann man sich wie Absätze in einem Text vorstellen. In Java bündeln diese Klammern Anweisungen. Man spricht dann auch von Blöcken und Sichtbarkeitsbereichen.

Genug der Vielzahl an Informationen. Nachfolgend werden wir die Dinge schön gründlich und detailliert besprechen und didaktisch immer ein neues Themengebiet ergründen, bis wir schließlich einen guten Einstieg in die Java-Programmierung vollzogen haben werden.

Vorab wollen wir aber erst einmal Java und Eclipse installieren und erste Schritte machen, um für unsere weitere Entdeckungsreise bereit zu sein.

1.2   Los geht's – Installation

Im ersten Teil dieses Buchs wird ein Hands-on-Ansatz verfolgt, bei dem wir Dinge oftmals in Form kleinerer Java-Codeschnipsel direkt ausprobieren. Sie benötigen vorab keine tiefgreifenden Programmiererfahrungen, allerdings schaden diese natürlich nicht, ganz im Gegenteil. Hilfreich wäre allerdings, wenn Sie sich einigermaßen mit dem Installieren von Programmen und grundlegend mit der Kommandozeile auskennen.

Damit Sie die nachfolgend beschriebenen Java-Programme ausführen können, benötigen Sie ein sogenanntes JDK (Java Development Kit). Dort finden sich alle für den Moment benötigten Tools. Beginnen wir also mit der Installation von Java.

1.2.1   Java-Download

Die aktuelle Java-Version ist frei auf der folgenden Oracle-Webseite verfügbar:
`http://www.oracle.com/technetwork/java/javase/downloads/index.html`

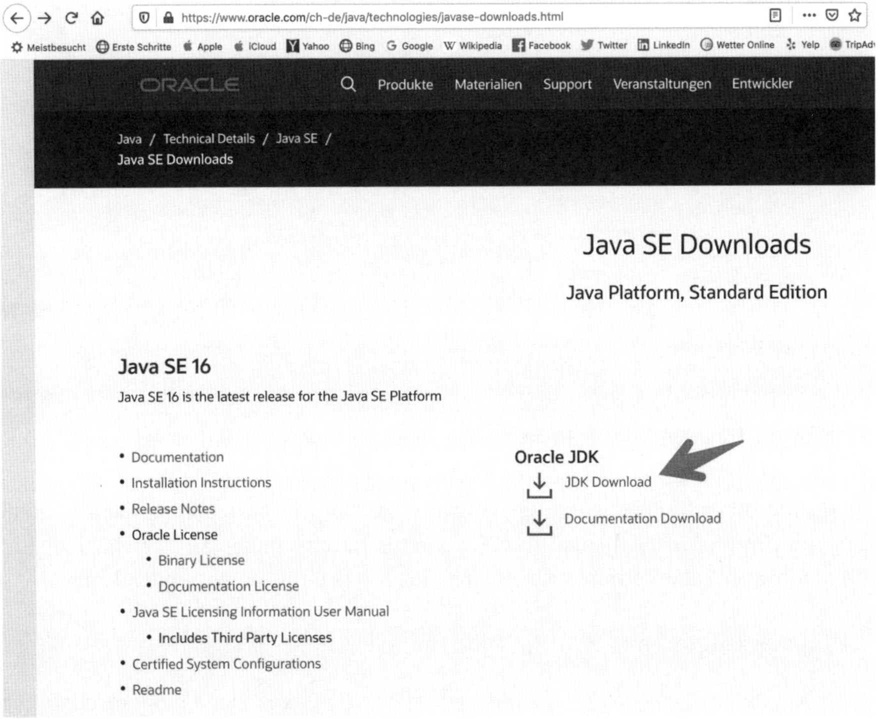

Abbildung 1-1 *Oracle-Seite für Java*

Nachdem Sie auf den Link zum JDK-Download geklickt haben, erscheint in etwa eine
Darstellung wie die folgende:

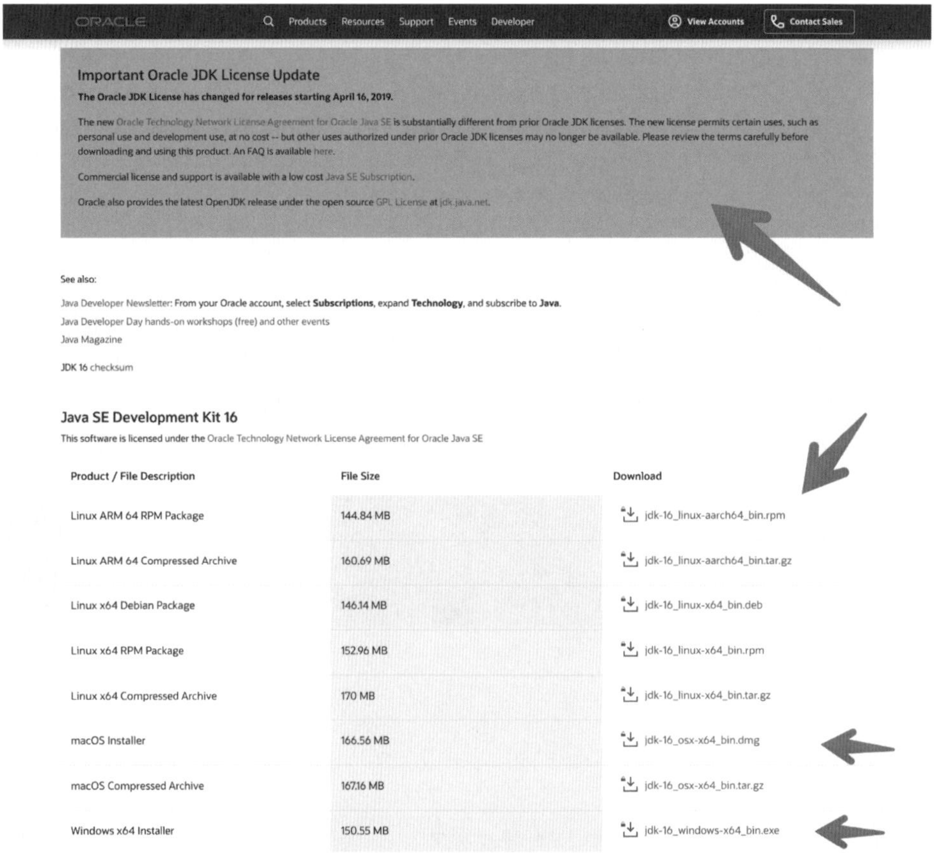

Abbildung 1-2 *Java-Download-Seite*

Im oberen Bereich sehen wir einige Hinweise zur neuen Lizenzpolitik, die ich nachfolgend im Hinweiskasten thematisiere. Im unteren Bereich finden Sie verschiedene Links
für unterschiedliche Betriebssysteme. Wählen Sie den für Sie passenden Link.

Hinweis: Neue Lizenzpolitik bei Oracle

Wenn Sie Ihre Software kommerziell vertreiben oder dies planen, dann sollten Sie
beim Herunterladen von Java unbedingt die Lizenzpolitik von Oracle beachten:
**Das bis Java 8 selbst in Produktionssystemen immer kostenfrei verwendbare
Oracle JDK ist dafür nun leider kostenpflichtig.** Als Alternative können Sie auf
das OpenJDK (`https://openjdk.java.net/`) ausweichen. Für dieses Buch
das Wichtigste: *Für private Projekte und während der Entwicklung kann das
Oracle JDK weiterhin kostenfrei genutzt werden.*

1.2.2   Installation des JDKs

Unter MacOS doppelklicken Sie auf die `.dmg`-Datei, um die Installationsdatei zu starten, und folgen den Aufforderungen. Möglicherweise müssen Sie das Administrator-Passwort eingeben, um fortzufahren. Nachdem die Installation abgeschlossen ist, können Sie die `.dmg`-Datei löschen, um Speicherplatz zu sparen.

Für Windows doppelklicken Sie bitte auf die `.exe`-Datei. Auch diese kann nach erfolgreicher Installation gelöscht werden. Führen Sie also das heruntergeladene Installationsprogramm aus (z. B. `jdk-16.0.1_windows-x64_bin.exe`). Damit wird Java installiert – standardmäßig ins Verzeichnis `C:\Programme\Java\jdk-16.0.1`, wobei der Verzeichnisname von der gewählten Version abhängt. Akzeptieren Sie die Standardeinstellungen und befolgen Sie die Anweisungen während der Installation.

1.2.3   Nacharbeiten nach der Java-Installation

Damit Java bei Ihnen nach dem Download und der Installation auch in der Konsole korrekt funktioniert, sind noch ein paar Nacharbeiten nötig. Dazu müssen wir es zur leichteren Handhabung in den Pfad aufnehmen. Dies wird im Anschluss für die weitverbreiteten Betriebssysteme Windows und MacOS beschrieben. Falls Sie ein Unix-Derivat nutzen, dann finden Sie weitere Informationen auf dieser Seite: `https://www.java.com/de/download/help/download_options.html`. Für Windows und Mac gibt es dort auch noch einige ergänzende Informationen.

Nacharbeiten für Windows

Das Installationsverzeichnis muss in die Umgebungsvariable `PATH` aufgenommen werden. Diese können Sie unter »Umgebungsvariablen« ändern. Drücken Sie die Win-Taste und geben Sie dann »umgeb« ein, bis »Systemumgebungsvariablen bearbeiten« erscheint. Mit Enter erscheint der Dialog »Systemvariablen«. Klicken Sie auf den Button »Bearbeiten« zum Öffnen eines Bearbeitungsdialogs. Fügen Sie in der Liste das Installationsverzeichnis gefolgt von `bin`, etwa `C:\Programme\Java\jdk-16.0.1\bin`, hinzu. Um nicht den gesamten Pfad eingeben zu müssen, bietet es sich an, eine weitere Umgebungsvariable namens `JAVA_HOME` anzulegen.

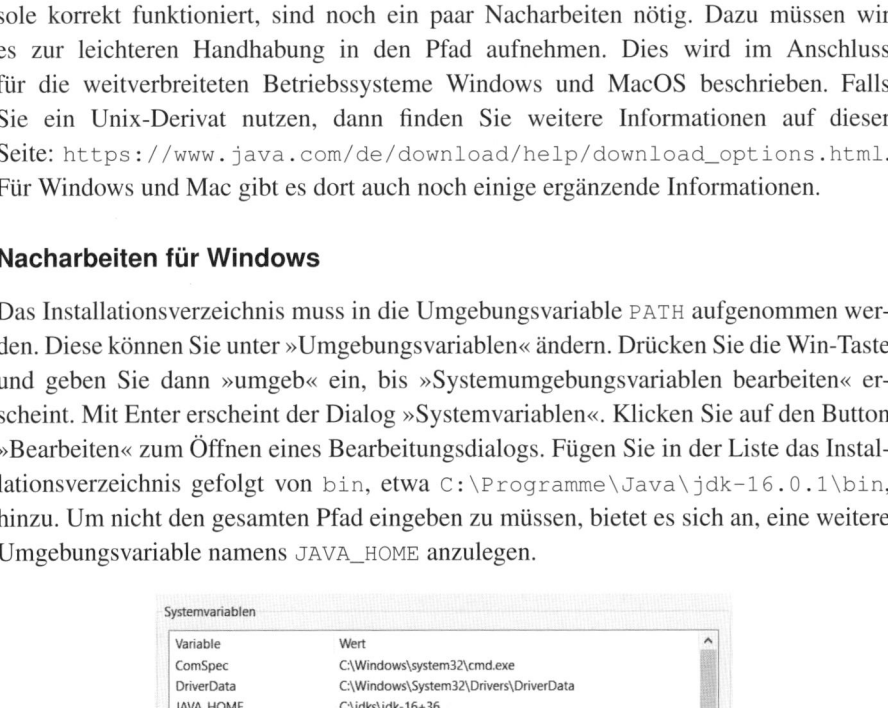

Abbildung 1-3 *Umgebungsvariablen bearbeiten*

Außerdem sollte der Eintrag möglichst ganz oben stehen:

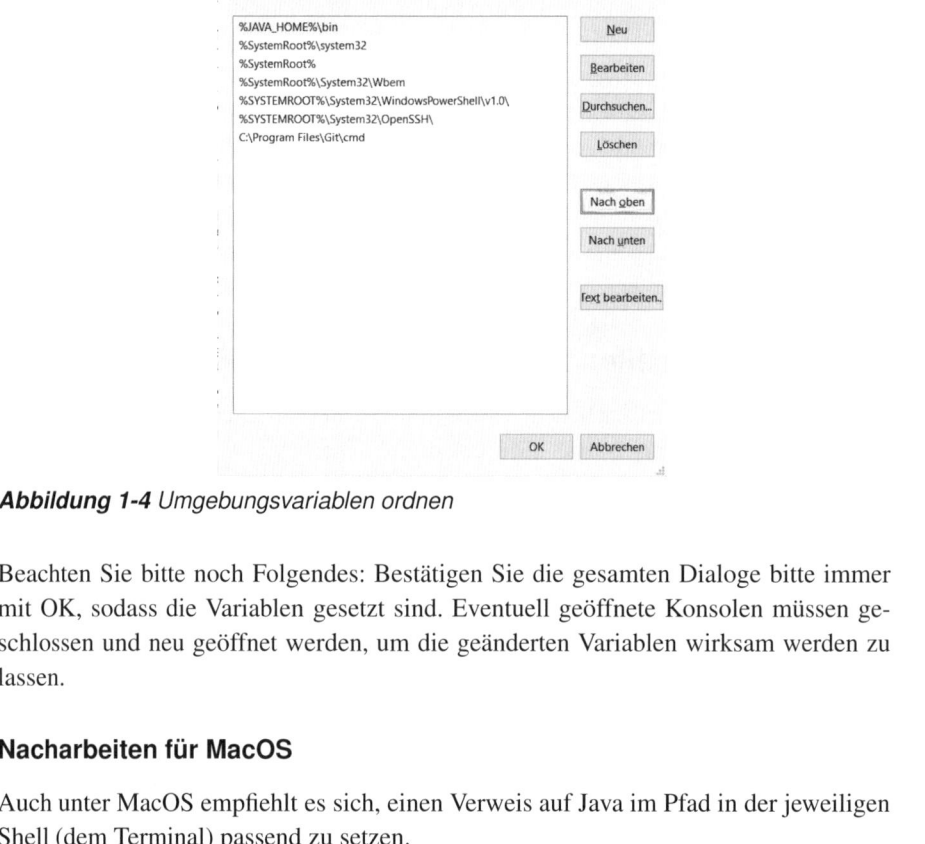

Abbildung 1-4 *Umgebungsvariablen ordnen*

Beachten Sie bitte noch Folgendes: Bestätigen Sie die gesamten Dialoge bitte immer mit OK, sodass die Variablen gesetzt sind. Eventuell geöffnete Konsolen müssen geschlossen und neu geöffnet werden, um die geänderten Variablen wirksam werden zu lassen.

Nacharbeiten für MacOS

Auch unter MacOS empfiehlt es sich, einen Verweis auf Java im Pfad in der jeweiligen Shell (dem Terminal) passend zu setzen.

```
export JAVA_HOME=/Library/Java/JavaVirtualMachines/jdk-16.jdk/Contents/Home
export PATH=$JAVA_HOME/bin:$PATH
```

1.2.4   Java-Installation prüfen

Nach dem Ausführen der obigen Schritte sollte Java auf Ihrem Rechner installiert und von der Konsole startbar sein und Sie damit bereit für die nächsten Schritte.

Öffnen Sie eine Konsole und geben Sie folgendes Kommando ein – im folgenden Text nutze ich immer $ zur Kennzeichnung von Eingaben auf der Konsole, also dem Terminal bei MacOS bzw. der Windows-Eingabeaufforderung:

```
$ java --version
java 16 2021-03-16
Java(TM) SE Runtime Environment (build 16+36-2231)
Java HotSpot(TM) 64-Bit Server VM (build 16+36-2231, mixed mode, sharing)
```

JShell prüfen

Prüfen Sie der Vollständigkeit halber bitte auch noch den Aufruf sowie das Beenden des Tools JShell, das wir für den ersten Teil des Buchs intensiv nutzen werden:

```
$ jshell
|  Welcome to JShell -- Version 16
|  For an introduction type: /help intro

jshell> /exit
|  Goodbye
```

Wenn die Programme bzw. Tools starten und Sie ähnliche Meldungen erhalten (möglicherweise mit kleinen Abweichungen bei den Versionsangaben), so können wir uns auf die Entdeckungsreise zur Java-Programmierung machen.

1.3 Entwicklungsumgebungen

Zum Schreiben von umfangreicheren Java-Programmen (also zum Bearbeiten von viel Sourcecode) empfehle ich den Einsatz einer IDE anstelle von Texteditoren oder anstatt rein auf der Konsole in der JShell zu arbeiten. Für kleine Experimente ist aber gerade die JShell ein wunderbares Hilfsmittel.

Für Änderungen an größeren Java-Programmen kann man zwar auch mal einen Texteditor nutzen, aber dieser bietet nicht die Annehmlichkeiten einer IDE: In IDEs laufen verschiedene Aktionen und Sourcecode-Analysen automatisch und im Hintergrund ab, wodurch gewisse Softwaredefekte direkt noch während des Editierens erkannt und angezeigt werden können, etwa in einer To-do-/Task-Liste. IDEs bereiten zudem vielfältige Informationen auf. Weiterhin werden diverse Annehmlichkeiten wie Quick Fixes zur Korrektur kleinerer Probleme sowie automatische Transformationen und Änderungen von Sourcecode, sogenannte *Refactorings*, unterstützt.

Für Java existieren verschiedene IDEs. Sowohl Eclipse als auch NetBeans sind kostenlos. In den letzten Monaten wird auch das frei verfügbare Visual Studio Code von Microsoft immer populärer. Schließlich gibt es IntelliJ IDEA als kostenlose Community Edition sowie als kostenpflichtige Ultimate Edition. Alle IDEs haben ihre speziellen Vorzüge, aber auch (kleinere) Schwächen.

Für dieses Buch werden wir Eclipse nutzen. Wenn Sie bereits etwas Erfahrung haben, dann sind Sie natürlich frei, sich die anderen IDEs anzuschauen und auszuprobieren. Vieles geht über persönliche Präferenzen. Entscheiden Sie also später selbst und besuchen Sie dazu folgende Internetadressen:

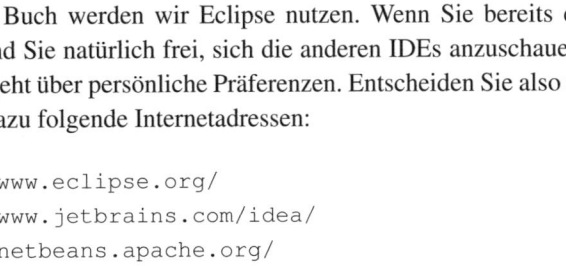

- https://www.eclipse.org/
- https://www.jetbrains.com/idea/
- https://netbeans.apache.org/
- https://code.visualstudio.com/

1.3.1   Installation von Eclipse

Öffnen Sie einen Browser und gehen Sie auf die Seite `www.eclipse.org`. Diese präsentiert sich ähnlich zu Abbildung 1-5. Dort finden Sie oben rechts einen Download-Button, den Sie bitte drücken.

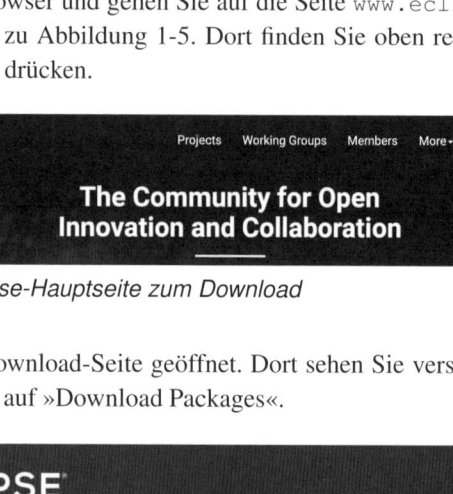

Abbildung 1-5 *Eclipse-Hauptseite zum Download*

Dadurch wird die Download-Seite geöffnet. Dort sehen Sie verschiedene Möglichkeiten, bitte klicken Sie auf »Download Packages«.

Abbildung 1-6 *Eclipse-Installation »Download Packages«*

Nun sollte sich die Seite mit den verfügbaren Packages öffnen. Diese sieht ähnlich zu Abbildung 1-7 aus. Dort wählen Sie abhängig von Ihrem Betriebssystem die passende Version und klicken diese zum Download an.

Abbildung 1-7 *Betriebssystemspezifische Eclipse-Versionen*

Nachdem der Download abgeschlossen ist, entpacken oder starten Sie bitte das heruntergeladene ZIP, DMG oder die Datei im jeweiligen Linux-Format. Im Fall von Windows müssen Sie das entpackte Archiv noch in Ihren Programme-Ordner kopieren.

Auf der gezeigten Webseite wird der Eclipse Installer in einem Kasten angepriesen. Dieser ist sicher eine gute Alternative.

1.3.2 Eclipse starten

Nach den beschriebenen Installationsschritten sollte Ihnen nun Eclipse als Programm im Start-Menü bzw. der Programmauswahl zur Verfügung stehen. Starten Sie es bitte, etwa durch einen Doppelklick auf das Programm-Icon.

Bei MacOS erhalten Sie gegebenenfalls noch einen Warnhinweis, dass es sich um ein aus dem Internet heruntergeladenes Programm handelt. Dies können Sie ignorieren und durch einen Klick auf Öffnen fortfahren.

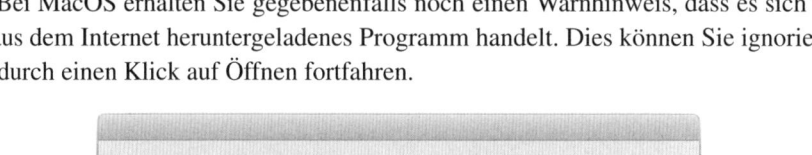

Abbildung 1-8 *Warnmeldung (MacOS)*

Als Nächstes wird ein Dialog angezeigt, um das Hauptverzeichnis für Ihre Projekte festzulegen. Sie können hier den Standard akzeptieren und ein Klick auf »Launch« startet dann Eclipse.

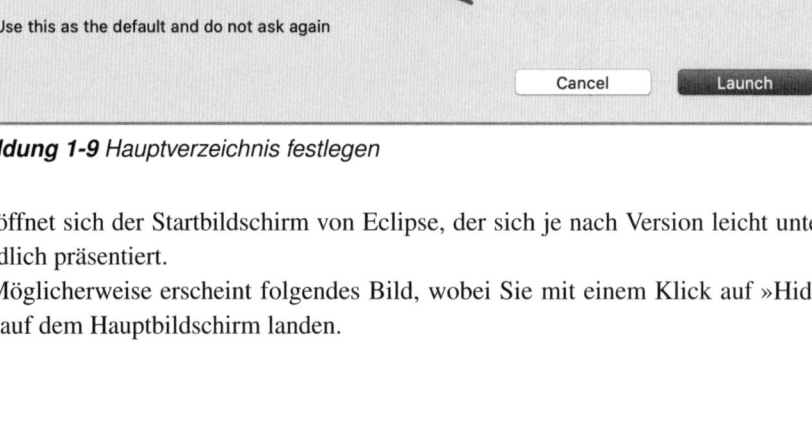

Abbildung 1-9 *Hauptverzeichnis festlegen*

Nun öffnet sich der Startbildschirm von Eclipse, der sich je nach Version leicht unterschiedlich präsentiert.

Möglicherweise erscheint folgendes Bild, wobei Sie mit einem Klick auf »Hide« dann auf dem Hauptbildschirm landen.

Abbildung 1-10 *Startbildschirm von Eclipse*

Der Hauptbildschirm präsentiert Ihnen verschiedene Möglichkeiten, um neue Projekte anzulegen oder bestehende zu importieren.

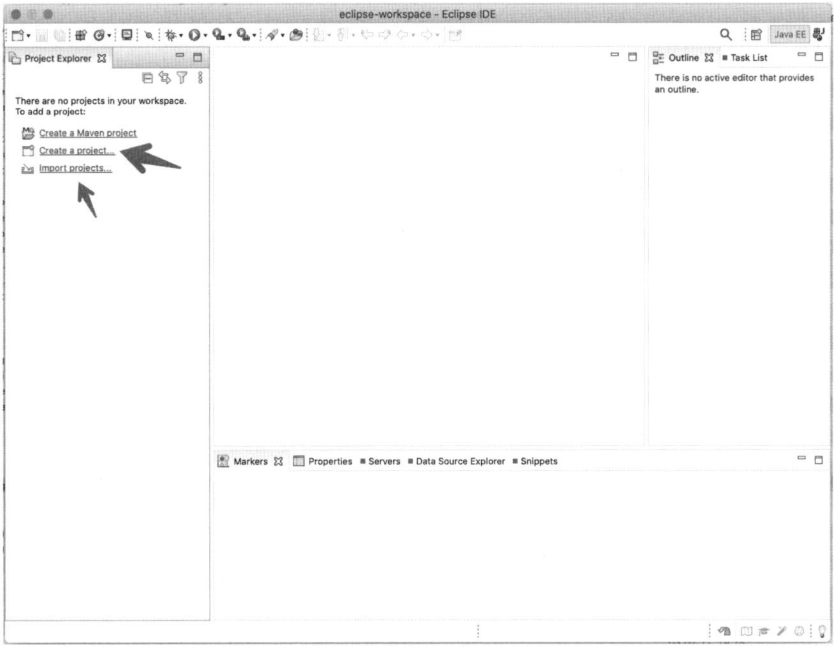

Abbildung 1-11 *Hauptbildschirm*

Das Importieren wird separat in der Beschreibung zum Download der Sourcen zu diesem Buch thematisiert. Wir schauen uns nachfolgend das Anlegen eines Projekts mitsamt einer einfachen Klasse sowie deren Start an.

1.3.3   Erstes Projekt in Eclipse

Nun wollen wir uns dem Anlegen eines Projekts und einer ersten Klasse widmen, um die Abläufe exemplarisch einmal durchgespielt zu haben, die für spätere Aktionen notwendig sind. Generell können Sie viele der hier gezeigten Aktionen auch zum Nachvollziehen der für die JShell gezeigten Programmschnipsel nutzen – dann als Teil einer Klasse und deren `main()`-Methode.

Keine Sorge, Sie müssen diese Schritte nicht im Detail verstehen. Es baut sich aber ein erstes Verständnis auf, das sich dann weiter vertieft, wenn Sie dies häufiger machen.

Beginnen wir mit dem Anlegen eines Java-Projekts. Dazu dient ein Wizard, also eine geführte Abfolge von Dialogen. Zunächst wählen wir »Java Project« und klicken dann auf »Next«.

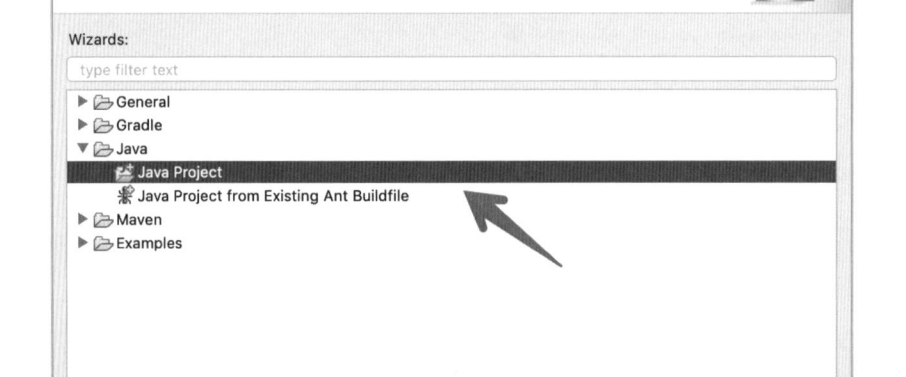

Abbildung 1-12 *Anlegen eines neuen Java-Projekts*

Damit landen wir auf der nächsten Seite zum Anlegen eines Java-Projekts mitsamt der Eingabe des Namens sowie der Auswahl der passenden Java-Version – beides durch Pfeile gekennzeichnet.

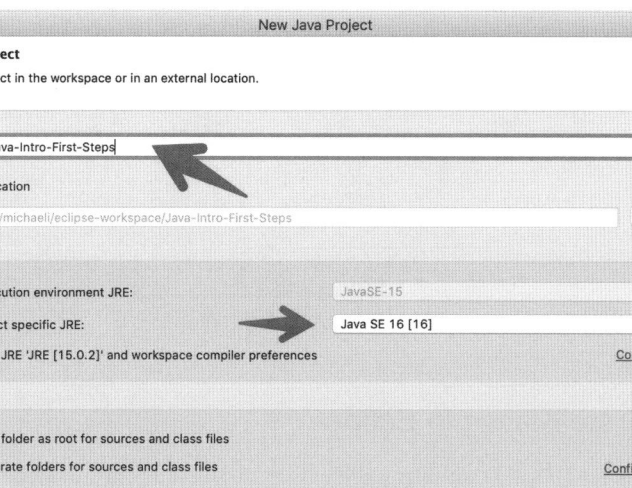

Abbildung 1-13 Dialog »New Java Project«

Danach wird ein Dialog angezeigt, um ein korrespondierendes Modul anzulegen. Das wollen wir nicht tun, somit geht es durch einen Klick auf »Don't Create« weiter.

Abbildung 1-14 Frage nach Modulerzeugung

Es erscheint abschließend die Frage, ob die Java-Perspektive geöffnet werden soll. Das ist praktisch, um gleich die nächsten Schritte ausführen zu können.

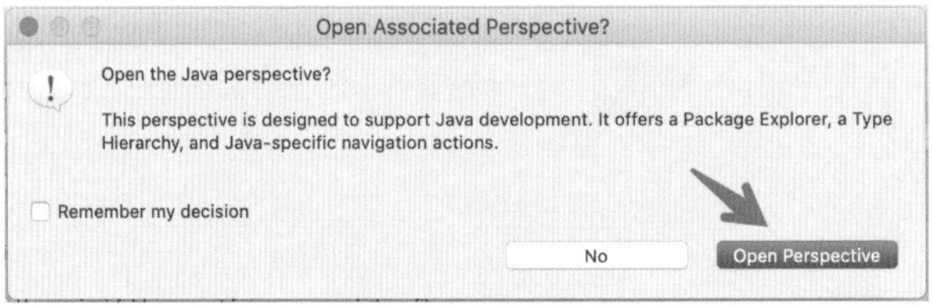

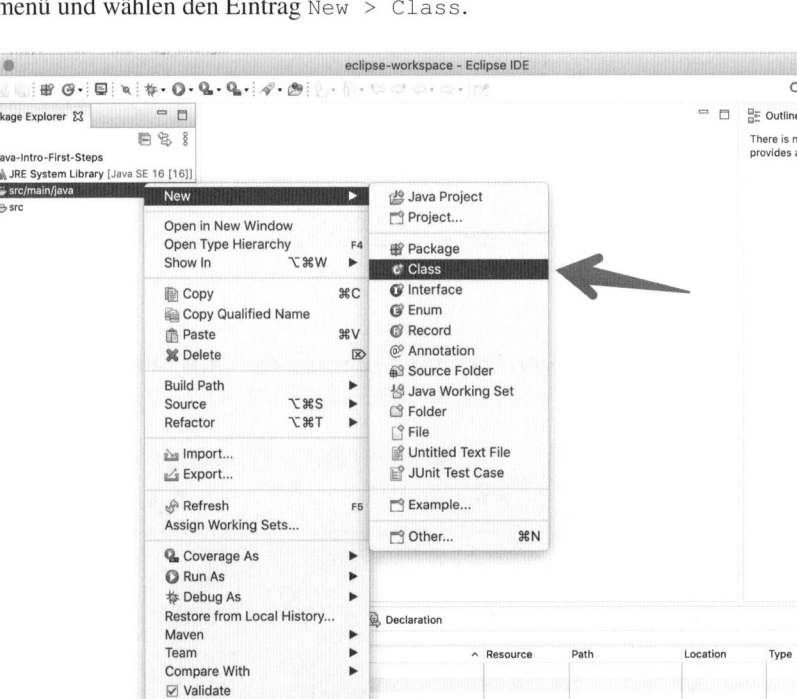

Abbildung 1-15 *Frage nach Öffnen der Java-Perspektive*

1.3.4   Erste Klasse in Eclipse

Unser erstes Java-Projekt ist jetzt angelegt und ist bereit, um mit Leben in Form von Klassen gefüllt zu werden. Ausgangspunkt zum Anlegen einer Klasse ist wieder die Baumdarstellung auf der rechten Seite im Package Explorer. Dort öffnen wir ein Kontextmenü und wählen den Eintrag New > Class.

Abbildung 1-16 *Kontextmenü zum Anlegen einer Klasse*

Durch Auswahl im Kontextmenü öffnet sich folgender Dialog zum Erzeugen einer Klasse.

Abbildung 1-17 *Dialog »New Java Class«*

Im Dialog muss man das gewünschte Package sowie den Klassennamen eingeben. Bei Bedarf kann man das Erzeugen einer `main()`-Methode per Checkbox aktivieren. Ein Klick auf»Finish« erzeugt schließlich eine neue Klasse.

Nachdem das Grundgerüst steht, können Sie dann den Sourcecode aus den Beispielen im Editor einfügen bzw. abtippen.

Abbildung 1-18 *Sourcecode editieren*

Schließlich wollen Sie sicherlich das so entstandene Java-Programm auch einmal in Aktion erleben. Dazu benötigt es bekanntermaßen eine `main()`-Methode. Mithilfe des Kontextmenüs oder des grünen Knopfs mit weißem Play-Pfeil kann man dann die Ausführung starten.

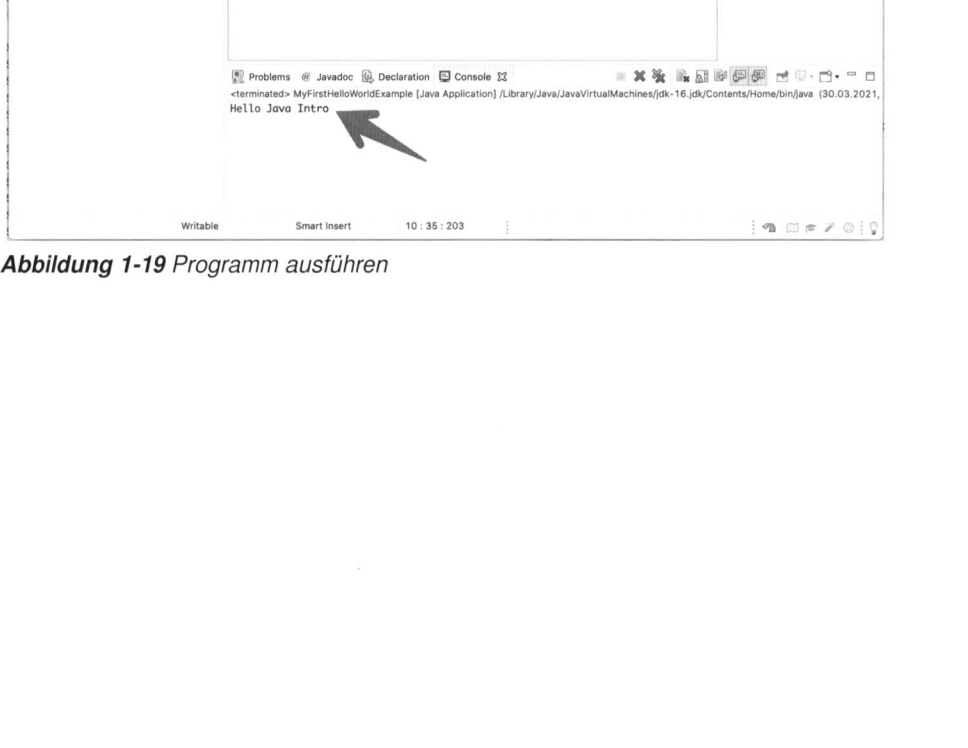

Abbildung 1-19 *Programm ausführen*

2 Schnelleinstieg

2.1 Hallo Welt (Hello World)

Wir beginnen das Kennenlernen von Java mit einem simplen Programm, nämlich wie traditionell in den allermeisten Büchern mit HelloWorld, der Ausgabe eines Grußes auf der Konsole. Das haben wir schon in etwas komplizierterer Form in der Einleitung gesehen. Wir wollen es aber weiter vereinfachen und damit unsere Entdeckungsreise starten.

Java bietet mittlerweile mit der JShell einen interaktiven Kommandozeileninterpreter, auch Read-Eval-Print-Loop (REPL) genannt. Das erleichtert das schrittweise Erlernen von Java, weil wir nicht gleich zu Beginn eine Vielzahl an Konzepten verstehen oder zumindest hinnehmen müssen. Als weiterer Vorteil wird uns eine Menge Tipparbeit erspart.

Die interaktive JShell erlaubt es uns, kleinere Java-Codeschnipsel auszuprobieren. Wir starten diese mit dem Kommando `jshell` wie folgt:

```
$ jshell
|  Welcome to JShell -- Version 16
|  For an introduction type: /help intro

jshell>
```

Neben dem Hinweis auf die Version zeigt der Prompt `jshell>` an, dass wir nun Java-Befehle eingeben können. Probieren wir es gleich einmal aus:

```
jshell> System.out.println("Hello World from JShell!")
Hello World from JShell!
```

Herzlichen Glückwunsch zur ersten Programmausgabe mit Java!

Wir verwenden dabei die später vorgestellten Klassen und Methoden. Hier dient die über `System.out` referenzierte Instanz der Klasse `java.io.PrintStream` dazu, Ausgaben auf der Konsole zu ermöglichen. Funktionalität wird durch sogenannte Methoden bereitgestellt, in diesem Fall durch die Methode mit dem Namen `println()`, der man in runden Klammern einen Text eingerahmt von Anführungszeichen übergibt. Im Beispiel sehen wir auch die sogenannte Punktnotation, die Zugriff auf Eigenschaften und Methoden ermöglicht. Aber keine Sorge, Sie müssen noch nicht alle Details verstehen – wir werden diese im Verlaufe dieses Buchs noch ausführlich besprechen.

Jetzt geht es zunächst um die ersten Schritte und ein initiales Gespür. Laden Sie die Begleitsourcen herunter oder tippen Sie die einfachen Beispiele ab, und wenn Sie sich sicher fühlen, dann variieren Sie auch gerne ein wenig.

Wir haben bereits einen netten Gruß auf der Konsole ausgeben können. Das war schon ein recht guter Anfang. Allerdings wäre es etwas eintönig, nur Texte ohne Variation auszugeben. Um den Gruß anzupassen, lernen wir nun Variablen kennen.

2.2   Variablen und Datentypen

Variablen dienen zum Speichern und Verwalten von Werten. Dabei gibt es unterschiedliche Typen (auch Datentypen genannt), etwa für Texte, Zahlen und Wahrheitswerte. Wir schauen uns dies zunächst einmal einführend an und erweitern dann unser Wissen Schritt für Schritt, beispielsweise um ergänzende Infos zu Wertebereichen oder Aktionen mit den Variablen. Zum Einstieg betrachten und nutzen wir folgende Typen:

- `String` – Speichert textuelle Informationen, wie z. B. "Hallo". String-Werte sind von doppelten Anführungszeichen eingeschlossen.
- `char` – Speichert einzelne Zeichen, wie z. B. 'a' oder 'B'. Zeichenwerte sind von einfachen Anführungszeichen eingeschlossen.
- `int` und `long` – Speichern Ganzzahlen wie 123 oder -4711. Für `int` geht der Wertebereich von etwa -2 Milliarden bis 2 Milliarden, für `long` ist er noch viel größer.
- `float` und `double` – Speichern Gleitkommazahlen (mit Vorkomma- und Nachkommastellen), wie 72,71 oder -1,357. Achtung: Weil Java dem amerikanischen Sprachraum entstammt, werden als Dezimaltrenner Punkte statt Kommata verwendet. Somit muss es im Java-Programm `72.71` und `-1.357` heißen. Der Typ `float` besitzt eine geringere Genauigkeit und kann somit weniger Nachkommastellen als der Typ `double` verwalten.
- `boolean` – Speichert Wahrheitswerte als wahr oder falsch. In Java sind diese als `true` oder `false` repräsentiert.

2.2.1   Definition von Variablen

In Java erzeugen wir eine Variable, indem wir zunächst den Typ, dann einen Namen sowie eine Wertzuweisung nach folgendem Muster (Syntax genannt) angeben:

```
typ variablenname = wert;
```

Man spricht in diesem Zusammenhang von der Definition. Eine solche Definition wie auch andere Anweisungen müssen in Java normalerweise mit einem Semikolon beendet werden. In der JShell ist dies oft optional und man kann das Ganze wie folgt schreiben:

```
typ variablenname = wert
```

Lassen Sie uns etwas experimentieren:

```
jshell> int theAnswer = 41
theAnswer ==> 41

jshell> theAnswer = 42
theAnswer ==> 42

jshell> int oneMillion = 1_000_000
oneMillion ==> 1000000

jshell> double PI = 3.1415
PI ==> 3.1415
```

Die JShell beantwortet jede Definition einer Variablen mit einer Bestätigung, wobei zunächst der Variablenname, dann ==> und schließlich der Wert folgt. Für das Beispiel mit einer Million sehen wir die Angabe von Unterstrichen, die sich zur Separierung, hier von Tausendersegmenten, eignet. Zwar ist es oben nur angedeutet, aber einer Variablen kann durchaus mehrmals im Programmverlauf an unterschiedlicher Stelle ein anderer Wert zugewiesen werden.

Eine solche Variable wird auch bei dem kürzest möglichen Hello-World-Programm automatisch als unbenannte Variable $1 erzeugt:

```
jshell> "Shortest hello world ever"
$1 ==> "Shortest hello world ever"
```

Besonderer Typ String

Genau wie Zahlen kann man auch Strings mit + verbinden. Man spricht hier von Konkatenation. Als Folge entsteht ein neuer String.

```
jshell> String vorname = "Michael"
vorname ==> "Michael"

jshell> String name = vorname + " " + "Inden"
name ==> "Michael Inden"
```

Wie gezeigt, sind problemlos mehrere Konkatenationen möglich. Ebenso kann man einen Zahlenwert mit einem String verknüpfen:

```
jshell> int value = 4711
value ==> 4711

jshell> System.out.println("Wert: " + value)
Wert: 4711
```

Der Typ String unterscheidet sich von den anderen vorgestellten Typen dadurch, dass er neben + noch einige weitere spezifische Funktionalitäten bereitstellt. Dies werden wir uns genauer in Kapitel 3 anschauen.

Besonderheit beim Typ `char`

Der Typ `char` repräsentiert ein einzelnes Zeichen:

```
jshell> char character = 'A'
character ==> 'A'
```

Interessanterweise lassen sich darauf auch mathematische Aktionen wie + und - ausführen, allerdings entsteht dann ein Zahlenwert vom Typ `int`. Mithilfe eines später vorgestellten sogenannten Casts kann man durch die Angabe von `(char)` vor einem Ausdruck diesen wieder in ein Zeichen wandeln:

```
jshell> character + 5
$34 ==> 70

jshell> (char)(character + 5)
$35 ==> 'F'
```

Typ-Kurzschreibweise `var`

Als Kurzschreibweise gibt es die sogenannte Local Variable Type Inference mit dem reservierten Wort `var`. Dieses kann man statt einer konkreten Typangabe nutzen, um sich etwas Tipparbeit zu sparen. Was bedeutet das genauer?

Zuvor haben wir zur Definition von Variablen folgende Syntax genutzt:

```
typ variablenname = wert
```

Alternativ können wir kürzer `var` statt des konkreten Typs schreiben:

```
var variablenname = wert
```

Java selbst ist so schlau, festzustellen, was der genaue Typ ist. Bei längeren Typnamen wird der Sourcecode dadurch etwas kürzer und eventuell auch lesbarer:

```
jshell> var theAnswer = 42
theAnswer ==> 42

jshell> var PI = 3.1415;
PI ==> 3.1415

jshell> var name = "Michael"
name ==> "Michael"
```

Eine derart definierte Variable hat dann genau den von Java ermittelten Typ, also ist `theAnswer` vom Typ `int` und `name` vom Typ `String`.

An dem Beispiel möchte ich noch einmal explizit auf zwei Dinge eingehen: Zum einen ist es in der JShell oftmals möglich, auf ein Semikolon am Ende der Anweisungen zu verzichten. Hier wird zur Demonstration nur bei der Definition von PI (π) ein solches verwendet, nicht aber für die beiden anderen Definitionen. Zum anderen kann man zwar `var` statt `int` nutzen, aber dies ist nicht sinnvoll, da es genauso viele Zeichen sind und man somit nichts gewinnt.

Besonderheit Deklaration

Es ist möglich, Variablen ohne Wertzuweisung zu notieren, man spricht dabei von Deklarieren. Die Wertzuweisung erfolgt somit nicht direkt, sondern erst später im Ablauf – nachfolgend ist dies durch eine Konsolenausgabe als zwischenzeitliche Aktion angedeutet:

```
jshell> int age
age ==> 0

jshell> System.out.println("Something in between!")
Something in between!

jshell> age = 15
age ==> 15
```

Oftmals ist eine Definition, also die Kombination aus Deklaration und direkter Wertzuweisung, zu bevorzugen, da sich dies klarer liest und Fehlverwendungen vorbeugt. Außerdem kann man bei einer Deklaration `var` nicht verwenden, weil ja die Wertangabe fehlt und somit der Typ nicht ermittelt werden kann.

Konstanten – finale Variablen

Mithilfe des Schlüsselworts `final` vor der Definition einer Variablen machen wir diese unveränderlich und erzeugen somit eine Konstante:

```
final double PI = 3.1415
PI = 3.14;  // error: cannot assign a value to a final variable
```

Tipp: Keine Konstanten in der JShell

Bitte beachten Sie, dass die JShell `final` nicht so unterstützt wie ein Java-Programm. Zwar kann man `final` angeben, aber es entsteht keine Konstante, sondern eine Variable. Dadurch ist eine zweite Zuweisung in der JShell möglich und verändert einfach den Wert:

```
jshell> final double PI = 3.1415
PI ==> 3.1415

jshell> PI = 3
PI ==> 3.0
```

2.2.2 Bezeichner (Variablennamen)

Mittlerweile haben wir durch die Nutzung einiger Variablen schon ein besseres Verständnis für Java gewonnen. Ohne es explizit zu erwähnen, haben wir uns bei der Benennung von Variablen an ein paar Regeln gehalten. Zunächst einmal muss jede Variable (und auch die später vorgestellten Methoden und Klassen) durch einen eindeutigen Namen, auch Identifier oder Bezeichner genannt, gekennzeichnet werden.

Bei der Benennung sollte man folgende Regeln und Hinweise beachten:

- Namen sollten mit einem Buchstaben beginnen[1] – Ziffern sind als erstes Zeichen eines Variablennamens nicht erlaubt.
- Namen können danach aus einem beliebigen Mix aus Buchstaben (auch Umlauten), Ziffern, $ und _ bestehen, dürfen aber keine Leerzeichen enthalten.
- Enthalten Namen mehrere Wörter, dann ist es guter Stil, die sogenannte CamelCase-Schreibweise zu verwenden. Bei dieser beginnt das erste Wort mit einem Kleinbuchstaben und danach startet jedes neue Wort mit einem Großbuchstaben, etwa `arrivalTime`, `estimatedDuration`, `shortDescription`.
- Die Groß- und Kleinschreibung von Namen spielt eine Rolle: `arrivalTime` und `arrivaltime` bezeichnen unterschiedliche Variablen.
- Namen dürfen nicht mit den in Java vordefinierten und im Anhang aufgelisteten Schlüsselwörtern übereinstimmen, demzufolge sind `public`, `class` oder `int` keine gültigen Namen für Variablen. `PublicTransport`, `classic` oder `Winter` hingegen sind erlaubt.

Übrigens spielt es für Java überhaupt keine Rolle, ob Sie sehr kurze (`i`, `m`, `p`), kryptische (`dpy`, `mtr`) oder aber gut verständliche Namen (`daysPerYear`, `maxTableRows`) nutzen. Für Sie und das Verständnis beim Nachvollziehen eines Java-Programms macht das aber einen himmelweiten Unterschied. Natürlich sind kurze Variablennamen wie etwa `x` und `y` zur Bezeichnung von Koordinaten vollkommen verständlich, aber was sagt beispielsweise ein einzelner Buchstabe `m` aus? Schauen wir uns ein Beispiel an, das Ihnen das Gesagte verdeutlichen soll:

```
// Gut verständliche Namen
int minutesPerHour = 60
int daysPerYear = 365
int maxTableRows = 25

// NAJA, oft schwieriger verständlich, was die Abkürzungen bedeuten
int m = 60;
int dpy = 365
int mtr = 25

// ACHTUNG: ziemlich schwierig unterscheidbar
String arrivalTime = "16:50"
double arrivaltime = 16.50
```

Die letzten beiden Variablendefinitionen sind ziemlich ungünstig, da man sich beim Unterscheiden schwertut. Besäßen diese denselben Typ, so würde es vermutlich leicht zu Fehlverwendungen kommen.

Im Listing sehen wir sogenannte Kommentare. Damit kann man erklärende Zusatzinformationen hinterlegen. In diesem Fall werden mit `//` einzeilige Kommentare

---

[1]Tatsächlich dürfen Namen auch mit $ oder _ beginnen, jedoch ist das eher für fortgeschrittene Themen nützlich. Da wir in diesem Buch auf Verständlichkeit setzen, machen wir davon nicht weiter Gebrauch.

eingeleitet. Alles was nach dem `//` bis zum Ende der Zeile folgt, wird bei der Ausführung von Java ignoriert. Weitere Varianten von Kommentaren lernen wir später in Abschnitt 2.6 kennen.

2.3 Operatoren im Überblick

Operatoren dienen dazu, Operationen zwischen Variablen und / oder Werten auszuführen. Selbst eine banale Addition ist ein Beispiel, nämlich für den Operator +. Das lässt sich wunderbar mit der JShell nachprüfen:

```
jshell> int sum1 = 200 + 50;
sum1 ==> 250

jshell> int sum2 = sum1 + 500;
sum2 ==> 750

jshell> int sum3 = sum2 + 750;
sum3 ==> 1500
```

Generell bietet Java folgende Arten von Operatoren:

- Arithmetische Operatoren
- Zuweisungsoperatoren
- Vergleichsoperatoren
- Logische Operatoren
- Bit-Operatoren

Die Bit-Operatoren sind nur für spezielle Anwendungsfälle von Relevanz und werden in diesem Buch nicht weiter behandelt.

2.3.1 Arithmetische Operatoren

Arithmetische Operatoren sind uns größtenteils bereits aus der Schule bekannt. Diese beschreiben neben den Grundrechenarten Addition, Subtraktion, Multiplikation und Division noch die Modulo-Berechnung. Die folgende Tabelle bietet einen Überblick.

Tabelle 2-1 *Arithmetische Operatoren*

Operator	Name	Beschreibung und Beispiel
+	Addition	Addiert zwei Werte x + y, z. B. 2 + 5 = 7
-	Subtraktion	Subtrahiert zwei Werte x - y, z. B. 9 - 2 = 7
*	Multiplikation	Multipliziert zwei Werte x * y, z. B. 2 * 7 = 14
/	Division	Dividiert zwei Werte x / y, z. B. 14 / 7 = 2
%	Modulo	Berechnet den Rest der Division zweier Werte x % y, z. B. 9 % 7 = 2

Beispiele für Grundrechenarten

Betrachten wir einfache Beispiele für diese Operationen, exemplarisch für den Typ `int` – natürlich lassen sich diese Grundrechenarten für alle Zahlentypen ausführen:

```
jshell> int sum = 7 + 2
sum ==> 9

jshell> int minus = 9 - 7
minus ==> 2

jshell> int multiply = 7 * 2
multiply ==> 14

jshell> int divide = 42 / 6
divide ==> 7

jshell> int divide2 = 10 / 7
divide2 ==> 1

jshell> int allFour = 1 + 6 * 7 - 7 / 6
allFour ==> 42
```

Das Ergebnis der letzten beiden Berechnungen könnte überraschen. Überlegen wir kurz: In Java gelten genau wie in der Mathematik die Vorrangregeln, also Punkt- vor Strichrechnung und es kommt zu folgender Auswertung, die zudem noch zeigt, dass bei Ganzzahlen die Division keinen Rest liefert:

```
jshell> int allFour = 1 + 42 - 1
allFour ==> 42
```

Rekapitulieren wir: Multiplikation und Division werden vor Addition oder Subtraktion ausgeführt. Möchte man die Reihenfolge steuern, kann man dies durch passende Klammerung erreichen:

```
jshell> int allFour = ((1 + 6) * 7 - 7) / 6
allFour ==> 7
```

Modulo-Operator

Schauen wir uns noch die Modulo-Berechnung an, die den Divisionsrest ermittelt:

```
jshell> 5 % 1
$1 ==> 0

jshell> 5 % 2
$2 ==> 1

jshell> 5 % 3
$3 ==> 2

jshell> 5 % 4
$4 ==> 1

jshell> 5 % 5
$5 ==> 0
```

Anstelle der hier gewählten Kurzform können wir natürlich auch erst Zahlen einer Variablen zuweisen und danach dann die Operationen ausführen:

```
jshell> int five = 5
five ==> 5

jshell> int nine = 9
nine ==> 9

jshell> int result = five * nine
result ==> 45

jshell> int remainder = nine % five
remainder ==> 4
```

Der Modulo-Operator arbeitet auch auf Gleitkommazahlen:

```
jshell> 5.5 % 2.5
$36 ==> 0.5
```

Spezialfälle für das Inkrement bzw. Dekrement

Es gibt zwei Spezialfälle für das Inkrement bzw. Dekrement, die jeweils als Prä- und Postvariante existieren. Um den Wert einer Variablen i um 1 zu erhöhen, schreiben wir also ++i oder i++ anstatt i + 1:

```
jshell> int i = 0
i ==> 0

jshell> int j = ++i
j ==> 1

jshell> int k = i++
k ==> 1

jshell> int k = (i++)
k ==> 2
```

Aber Achtung, dabei gibt es eine Besonderheit. Wieso erhalten wir denn dort für k trotz der Erhöhung erneut den Wert 1 als Ergebnis? Das liegt daran, dass i++ zunächst den Originalwert von i zurückgibt und danach die Erhöhung erfolgt. Das war der Grund, warum wir oben zur Korrektur eine Klammerung genutzt haben.

Neben den gerade gezeigten Varianten ++i oder i++ gibt es auch noch das Gegenstück mit --i oder i-- anstatt i - 1.

Spezialfall: Division durch 0

Bislang haben wir einige Aufrufe kennengelernt. Bei der Division erinnern wir uns vielleicht an den Spezialfall der verbotenen Teilung durch 0. Das ist in der Mathematik nicht erlaubt bzw. liefert den Wert ∞ (unendlich). Mit diesem Wert kann man aber nicht mehr weiter rechnen. Auch Java verbietet eine derartige Division und reagiert für Ganzzahlen darauf mit dem Auslösen einer `ArithmeticException`:

```
jshell> 7 / 0
|  Exception java.lang.ArithmeticException: / by zero
```

Auf Fehlerbehandlungen und Exceptions im Speziellen gehe ich später in Kapitel 11 ein. Hier reicht zunächst das Wissen, dass nach einer solchen Fehlersituation die Ausführung eines Java-Programms gestoppt wird. In der JShell hingegen können Sie nach einem solchen Fehler problemlos weiterarbeiten und Kommandos eintippen.

> **Tipp: Besonderheit bei Gleitkommazahlen**
>
> Interessanterweise gibt es für Gleitkommazahlen spezielle Konstanten, wenn man durch 0 teilt:
>
> ```
> jshell> 7.0 / 0.0
> $15 ==> Infinity
>
> jshell> 0.0 / 0.0
> $16 ==> NaN
> ```

2.3.2   Zuweisungsoperatoren

Bei den Zuweisungsoperatoren denkt man natürlich zunächst an die einfache Zuweisung mit dem Operator =, den wir nun schon einige Male genutzt haben und der sich ziemlich natürlich erschließt: Er weist einer Variablen, hier `clicksPerMinute`, den rechts hinter dem = stehenden Wert, in diesem Fall `1234567`, zu:

```
int clicksPerMinute = 1234567
```

Nehmen wir nun die Variable x und die Wertzuweisung von 100 als Beispiel:

```
jshell> int x = 100
x ==> 100
```

Um einen Wert, etwa 10, hinzuzufügen, können wir Folgendes schreiben:

```
jshell> x = x + 10
x ==> 110
```

Manchmal möchte man die Addition eines Werts kürzer notieren. Dazu existiert als Kurzform der Additionszuweisungsoperator +=:

```
jshell> x += 10
$118 ==> 120

jshell> x
x ==> 120
```

Neben += gibt es noch die praxisrelevanten Varianten -=, *=, /= und %=, die in der folgenden Tabelle aufgeführt sind und danach demonstriert werden.

Tabelle 2-2 *Zuweisungsoperatoren*

Operator	Name	Beschreibung
+=	Addition	Addiert zwei Werte x += y => x = x + y
-=	Subtraktion	Subtrahiert zwei Werte x -= y => x = x - y
*=	Multiplikation	Multipliziert zwei Werte x *= y => x = x * y
/=	Division	Dividiert zwei Werte x /= y => x = x / y
%=	Modulo	Berechnet den Rest der Division zweier Werte x %= y => x = x % y

Schauen wir uns wieder eine Abfolge von Aktionen zur Verdeutlichung an – die JShell erzeugt dabei immer neben der Zuweisung an `counter` noch temporäre Variablen:

```
jshell> int counter = 0
counter ==> 0

jshell> counter += 100
$97 ==> 100

jshell> counter -= 10
$98 ==> 90

jshell> counter /= 9
$99 ==> 10

jshell> counter *= 7
$100 ==> 70

jshell> counter %= 9
$101 ==> 7

jshell> counter
counter ==> 7
```

Hinweis: Weitere, weniger gebräuchliche Operatoren

Es gibt darüber hinaus noch die Kurzformen &=, |=,^=, >>= und <<=, die aber eher selten in der Praxis benötigt werden und daher hier nicht weiter besprochen werden.

2.3.3   Vergleichsoperatoren

Aus der Mathematik kennen wir diverse Operatoren, um Werte miteinander zu vergleichen. Exakt so funktioniert das auch in Java, mit der Abweichung, dass diese einen
Wahrheitswert, also den Wert `true` oder `false` vom Typ `boolean`, liefern.

Tabelle 2-3 *Vergleichsoperatoren*

Operator	Name	Beschreibung
==	gleich	x == y
!=	ungleich	x != y
>	größer	x > y
>=	größer gleich	x >= y
<	kleiner	x < y
<=	kleiner gleich	x <= y

Schauen wir uns wieder eine Abfolge von Aktionen zur Verdeutlichung an:

```
jshell> 7 == 8
$123 ==> false

jshell> 7 != 8
$124 ==> true

jshell> 7 < 8
$125 ==> true

jshell> 7 <= 8
$126 ==> true

jshell> 7 > 8
$127 ==> false

jshell> 7 >= 8
$128 ==> false
```

Die JShell erzeugt dabei temporäre Variablen vom Typ `boolean`. Wir können das aber
selbstverständlich auch explizit machen und basierend auf den Ergebnissen gewisse Aktionen ausführen. Dazu werden wir in Kürze Fallunterscheidungen und bedingte Ausführungen einsetzen.

```
jshell> boolean isEqual = 7 == 42
isEqual ==> false

jshell> int age = 18
age ==> 18

jshell> boolean youngerThan30 = age < 30
youngerThan30 ==> true
```

2.3.4 Logische Operatoren

Um einfache Bedingungen zu prüfen, haben wir gerade schon die Vergleichsoperatoren kennengelernt. Oftmals muss aber nicht nur eine, sondern es müssen mehrere Bedingungen erfüllt sein, oder eine aus mehreren. Mitunter muss auch die Bedingung invertiert werden. Mithilfe der logischen Operatoren kann man dies in Java formulieren. Die Operatoren `&&` (AND) und `||` (OR) operieren auf zwei booleschen Werten (`boolean`), der Operator `!` (NOT) auf einem.

Tabelle 2-4 *Logische Operatoren*

Operator	Name	Beschreibung
`&&`	AND	`true`, wenn beide Bedingungen erfüllt sind
`||`	OR	`true`, wenn mindestens eine der Bedingungen erfüllt ist
`!`	NOT	`true`, wenn die Bedingung nicht erfüllt ist

Schauen wir uns wieder eine Abfolge von Aktionen zur Verdeutlichung an. Zunächst definieren wir zwei `int`-Variablen.

```
jshell> int age = 27
age ==> 27

jshell> int points = 127
points ==> 127

jshell> age > 20 && points > 100
$134 ==> true

jshell> age > 30 || points > 100
$135 ==> true

jshell> age > 20 || points > 200
$136 ==> true

jshell> !(points > 500)
$139 ==> true
```

Auf ein Detail möchte ich noch eingehen: auf die Klammerung bei der Negation. Diese ist erforderlich, weil man ja die Prüfung, also einen booleschen Ausdruck, negieren möchte. Würde man das `!` direkt an die Variable schreiben, also `!points`, wäre das nicht erlaubt, da der Operator `!` für `int`-Werte nicht definiert ist. Dadurch erhielten wir folgende Fehlermeldung, die das zuvor Gesagte bestätigt:

```
jshell> !points > 500
|   Error:
|   bad operand type int for unary operator '!'
|   !points > 500
|   ^-----^
```

Mehrere Verknüpfungen Es lassen sich nicht nur einzelne Werte miteinander verknüpfen, sondern auch ganze Ausdrücke, z. B. zur Prüfung der Möglichkeit, ein weiteres Bier in einer Bar zu bestellen:

```
boolean oneMoreBeer = (age >= 18) && (credit > 0 || paidByNeighbour);
```

2.4 Fallunterscheidungen

Unsere bisherigen kleinen Java-Experimente liefen alle von oben nach unten ab. In der Praxis muss man aber immer mal wieder gewisse Bedingungen prüfen, etwa ob eine Person älter als 18 Jahre ist oder ob die Bestellmenge größer als 100 ist und ein Rabatt gewährt wird. Zur Formulierung der Bedingungen haben wir gerade verschiedene Operatoren kennengelernt. Um abhängig von deren Auswertung einige Programmzeilen nur bedingt auszuführen, dazu dient die if-Anweisung. Abhängig vom positiven Ausgang der Auswertung werden die nachfolgenden Anweisungen ausgeführt. Um diese bedingt auszuführenden Anweisungen von den restlichen Anweisungen abzugrenzen, bedient man sich sogenannter Blöcke, die wir nun vorab kurz kennenlernen, bevor wir dann mit Fallunterscheidungen konkret weitermachen.

Wissenswertes zu Blöcken

Blöcke enthalten eine Folge von Anweisungen, die mit geschweiften Klammern eingerahmt sind und somit den Beginn und das Ende eines Blocks festlegen:

```
jshell> {    // Start of Block
   ...>        int insideOfABlock = 17
   ...>        int second = 2 * 2
   ...>        System.out.println("Inside of a block");
   ...> }    // End of Block
|  Error:
|  ';' expected
|      int insideOfABlock = 17
|                                   ^
|  Error:
|  ';' expected
|      int second = 2
```

Als Besonderheit erkennen wir, dass die Anweisungen innerhalb eines Blocks selbst in der JShell zwingend mit einem Semikolon abgeschlossen werden müssen. Dies gilt grundsätzlich für die später beschriebenen Java-Programme.

Korrigieren wir die zwei fehlenden Semikolons nach den Variablendefinitionen, so wird der Block als Ganzes ausgeführt:

```
jshell> {    // Start of Block
   ...>        int insideOfABlock = 17;
   ...>        int second = 2 * 2;
   ...>        System.out.println("Inside of a block");
   ...> }    // End of Block
Inside of a block
```

Was haben wir gelernt? In einem Block können wir Variablen definieren sowie Berechnungen und Befehle ausführen. Interessant wird dies in Kombination mit einer bedingten Ausführung mit dem Schlüsselwort `if`, was wir nun kennenlernen.

Zuvor sei noch erwähnt, dass die Variablen außerhalb bzw. nach dem Block nicht mehr sichtbar sind.

Bedingte Ausführung mit `if`

Wir haben nun genug Vorwissen gesammelt, um eine bedingte Ausführung mehrerer Java-Anweisungen (genauer in Form eines Blocks) formulieren zu können. Dazu verwenden wir das Schlüsselwort `if`, eine Bedingung und einen Block mit den Anweisungen nach folgendem Muster:

```
jshell> if (condition)
   ...> {
   ...>     // Aktionen
   ...> }
```

Sofern die Bedingung zu `true` ausgewertet wird, werden die Aktionen (Anweisungen innerhalb des Blocks) abgearbeitet. Betrachten wir ein ganz einfaches Beispiel, das prüft, ob die Multiplikation von $6 * 7$ den Wert 42 ergibt, und in dem Fall eine Nachricht ausgibt:

```
jshell> if (6 * 7 == 42)
   ...> {
   ...>     System.out.println("We found the answer!");
   ...> }
We found the answer!
```

Machen wir es etwas praxisrelevanter:

```
jshell> int age = 27
age ==> 27

jshell> if (age >= 18)
   ...> {
   ...>     System.out.println("You are allowed to drive a car ...");
   ...>     System.out.println("... because you are 18 or older");
   ...> }
You are allowed to drive a car ...
... because you are 18 or older
```

Anhand der Ausgaben auf der Konsole erkennen wir, dass der Block ausgeführt wurde. Das ist der Fall, weil die Variable `age` den Wert 27 besitzt und damit der Vergleich `if (age >= 18)` zu `true` ausgewertet wird.

Besonderheit einzelne Anweisung   Manchmal soll lediglich eine einzelne Anweisung ausgeführt werden, dann kann man auf die Klammerung verzichten. Nachfolgend zeige ich das für eine Prüfung auf das Alter und lediglich eine Ausgabe:

```
jshell> if (age >= 18)
   ...>     System.out.println("You are allowed to drive a car")
You are allowed to drive a car
```

`if` und `else` in Kombination

Oftmals möchte man nicht nur eine Bedingung mit `if` prüfen, sondern auch auf deren Nichterfüllung reagieren können. Das wird bereits an den vorherigen Beispielen
deutlich.

Modifizieren wir die Prüfung und nutzen dort eine Wertzuweisung statt einer Konsolenausgabe:

```
jshell> String result
result ==> null

jshell> if (age >= 18)
   ...> {
   ...>     result = "allowed";
   ...> } else
   ...> {
   ...>     result = "NOT ALLOWED";
   ...> }
```

Wir sehen, dass diese Darstellung etwas länglich wird. Für derart einfache Fallunterscheidungen existiert eine Kurzschreibweise, die sich ternärer Operator oder `?`-Oper-
ator nennt. Bei diesem wird zunächst die Bedingung angegeben. Dann folgen nach dem
`?` der Positiv- und der Negativfall durch `:` getrennt:

```
condition ? positiveCase : negativeCase
```

Das kann man nutzen, um eine Zuweisung oder Aktion wie zuvor etwas kürzer wie
folgt zu schreiben:

```
jshell> String result = (age >= 18) ? "allowed" : "NOT ALLOWED"
result ==> "allowed"
```

Allerdings kann der `?`-Operator auch recht schnell zu schlechterer Lesbarkeit führen.
Die Thematik behandle ich in Abschnitt 7.3 genauer.

`if`, `else if` und `else` in Kombination

Mitunter sollen ergänzend zu `if` noch weitere Prüfungen erfolgen können. Im nachfolgenden Beispiel wollen wir abhängig von einer Uhrzeit einen entsprechenden Gruß aufbereiten, also etwa »Good morning«, wenn es noch nicht 12 Uhr ist, oder aber »Good evening« ab 18 Uhr, aber vor 22 Uhr. Das können wir wie folgt mit `if`, `else if` und `else` in Kombination umsetzen:

```
jshell> int hour = 15
hour ==> 15

jshell> if (hour < 12) {
   ...>     System.out.println("Good morning");
   ...> } else if (hour < 18) {
   ...>     System.out.println("Good afternoon");
   ...> } else if (hour < 22) {
   ...>     System.out.println("Good evening");
   ...> } else {
   ...>     System.out.println("Good night");
   ...> }
Good afternoon
```

Im Beispiel ist die Uhrzeit 15 nicht kleiner als 12, sodass die erste Bedingung `false` ist. Dagegen ist die zweite Bedingung `true`, sodass »Good afternoon« ausgegeben wird. Wäre die Uhrzeit nach 18 Uhr und vor 22 Uhr, erhielten wir »Good evening« und ansonsten resultiert es in »Good night« als Ausgabe.

Rekapitulation

Insgesamt bietet Java die folgenden bedingten Anweisungen:

- Verwenden Sie `if`, um einen Block anzugeben, der ausgeführt werden soll, wenn die Auswertung einer bestimmten Bedingung den Wert `true` ergibt.
- Mit `else` geben Sie einen Block an, der ausgeführt werden soll, wenn die gleiche Bedingung zu `false` ausgewertet wird.
- Verwenden Sie `else if`, um eine weitere alternative Bedingung anzugeben, die getestet wird, wenn die Auswertung der vorherigen Bedingung (aus dem `if` oder `else if`) den Wert `false` ergibt.

2.5 Methoden

Wir haben schon viel Basiswissen zusammengetragen. Nehmen wir einmal an, wir wollten eine Art Taschenrechner programmieren bzw. in unserem Programm immer wieder ähnliche Berechnungen anstellen. Obwohl es beispielsweise bei einfachen Additionen noch problemlos möglich ist, wiederholt die gleichen Zeilen zu schreiben, ändert sich die Situation bereits bei Funktionalität, die ein paar Vergleiche oder andere Logik enthält. Um Funktionalität unter einem Namen zu bündeln, existieren Methoden.

Methoden definieren

Eine Methode ist ein benanntes Stück Sourcecode, eine Folge von Anweisungen, die nur dann ausgeführt werden, wenn die Methode aufgerufen wird. An diese können Sie Eingabedaten, sogenannte Parameter, übergeben. Methoden werden verwendet, um bestimmte Aktionen auszuführen und dies auf wiederverwendbare Art und Weise. Das Ganze besitzt folgende Syntax:

```
rückgabetyp methodenName(typ1 parameter1, typ2 parameter2, ...)
{
    Anweisungen
}
```

Sie definieren eine Methode also einmal und verwenden die Aktionen viele Male überall dort im Java-Programm, wo dies benötigt wird.

Methoden aufrufen

Um eine Methode und damit die dort enthaltenen Anweisungen auszuführen, nutzen wir deren Namen, eine öffnende runde Klammer, optional eine kommaseparierte Liste von Parametern und zum Abschluss eine schließende runde Klammer. Für zwei Parameter sieht das wie folgt aus:

```
methodenName(parameterWert1, parameterWert2)
```

Klingt noch etwas abstrakt, im Anschluss machen wir das Ganze konkreter.

2.5.1 Methoden aus dem JDK nutzen

Praktischerweise existiert bereits viel nützliche Funktionalität in Java: Strings besitzen etwa die vordefinierte Methode `repeat()`, mit der sich n Wiederholungen erstellen lassen.

Schauen wir uns dies einmal für die Ausgabe einer 5-Sterne-Bewertung an. Dazu nutzen wir eine `int`-Variable mit dem Wert 5 sowie einen Text mit dem Wert `"*"`, den wir entsprechend häufig wiederholen und dann ausgeben. Um die Methode namens `repeat` auszuführen, nutzen wir deren Namen, also `repeat`, dann eine öffnende runde

Klammer, gefolgt von einem Parameter vom Typ `int` mit dem Wert 5 und zum Abschluss eine schließende runde Klammer:

```
jshell> int anzahl = 5;
anzahl ==> 5

jshell> String sternchen = "*";
sternchen ==> "*"

jshell> String bewertung = sternchen.repeat(anzahl);
bewertung ==> "*****"

jshell> System.out.println("Spitzenbewertung: " + bewertung);
Spitzenbewertung: *****
```

Nochmals zur Erinnerung: Im Beispiel sehen wir mit

```
sternchen.repeat(anzahl)
```

die sogenannte Punktnotation, die Zugriff auf Methoden von Typen ermöglicht und hier die Methode `repeat()` ausführt, die in der Klasse `String` definiert ist.

2.5.2 Eigene Methoden definieren

Natürlich wird man nicht nur die Funktionalitäten aus dem JDK aufrufen, sondern auch eigene Methoden bereitstellen wollen.

Greifen wir das Beispiel des einfachen Taschenrechners wieder auf. Schauen wir uns als Beispiele die Methoden zur Addition und Multiplikation an:

```
jshell> int add(int value1, int value2)
   ...> {
   ...>     return value1 + value2;
   ...> }
|  created method add(int,int)

jshell> int mult(int value1, int value2)
   ...> {
   ...>     return value1 * value2;
   ...> }
|  created method mult(int,int)
```

Genauso wäre es möglich, die in den vorher gezeigten Altersprüfungen genutzte Abfrage als verständliche Methode bereitzustellen:

```
jshell> boolean isAdult(int age)
   ...> {
   ...>     return age >= 18;
   ...> }
|  created method isAdult(int)
```

Wir erkennen Folgendes: Methoden bestehen aus einem Block mit einer Menge von Anweisungen. Um beim Aufruf Informationen übergeben zu können, dienen Parameter, die wiederum Typen besitzen. Insgesamt erlauben es uns Methoden, wiederkehrende

Funktionalität zu bündeln und über den Namen anzusprechen, statt die Sourcecode-Zeilen im Programm wiederholen zu müssen.

Spezialfall: Keine Rückgabe

Aufgerufene Funktionalität dient oftmals dazu, eine Aufgabe auszuführen, die ein Ergebnis berechnet und dieses dem Aufrufer zurückliefert, beispielsweise für eine Addition. Dazu wird das Schlüsselwort `return` genutzt. Manchmal, z. B. wie bei der Methode `System.out.println()`, erhalten wir allerdings keine Rückgabe. In derartigen Fällen notiert man statt eines Rückgabetyps das Schlüsselwort `void`:

```
jshell> void greet(String name)
   ...> {
   ...>     System.out.println("Hello " + name);
   ...> }
|  created method greet(String)

jshell> greet("Michael")
Hello Michael
```

Kombination mit Bedingungen

Im nachfolgenden Beispiel wollen wir als wiederverwendbare Funktionalität die Berechnung des Minimums von drei `int`-Zahlen ermitteln, zu deren Repräsentation wir x, y und z als Parameternamen verwenden.[2]

```
jshell> int minOf3(int x, int y, int z)
   ...> {
   ...>     if (x < y)
   ...>     {
   ...>         if (x < z)
   ...>             return x;
   ...>         else
   ...>             return z;
   ...>     }
   ...>     else
   ...>     {
   ...>         if (y < z)
   ...>             return y;
   ...>         else
   ...>             return z;
   ...>     }
   ...> }
|  created method minOf3(int,int,int)
```

Mal ganz ehrlich: Sind Sie allein beim Betrachten sicher, dass sich dort kein Flüchtigkeitsfehler eingeschlichen hat? Zumindest der Kontrollfluss ist doch ein wenig unübersichtlich. Einfacher geht das Ganze, wenn man vordefinierte Bausteine verwendet, was wir uns im Anschluss anschauen.

---

[2]Alternativ hätte man auch die etwas besser lesbaren Namen `value1`, `value2` und `value3` verwenden können. Da wir uns hier im mathematischen Kontext bewegen, scheinen mir die Einbuchstabenvariablen gleichfalls adäquat.

Probieren wir das Ganze direkt einmal für verschiedene Wertekombinationen aus:

```
jshell> minOf3(1,2,3)
$139 ==> 1

jshell> minOf3(11,2,3)
$140 ==> 2

jshell> minOf3(11,22,3)
$141 ==> 3
```

Methoden als wiederverwendbare Bausteine

Wir könnten beispielsweise mit folgender Implementierung der Methode `min()` zur Berechnung des Minimums für zwei Zahlen starten:

```
jshell> int min(int x, int y)
   ...> {
   ...>     if (x < y)
   ...>         return x;
   ...>     else
   ...>         return y;
   ...> }
|  created method min(int,int)
```

Tatsächlich könnte man das mit dem `?`-Operator noch kürzer schreiben:

```
jshell> int minShort(int x, int y)
   ...> {
   ...>     return x < y ? x : y;
   ...> }
|  created method minShort(int,int)
```

Wenn man diese Bausteine besitzt, kann man die ursprüngliche Methode `minOf3()` und das komplizierte `if`-Gebilde folgendermaßen vereinfachen:

```
jshell> int minOf3(int x, int y, int z)
   ...> {
   ...>     return min(x, min(y, z));
   ...> }
|  created method minOf3(int,int,int)
```

Überprüfen wir kurz, ob die gleichen Werte wie zuvor geliefert werden:

```
jshell> minOf3(1,2,3)
$13 ==> 1

jshell> minOf3(11,2,3)
$14 ==> 2

jshell> minOf3(11,22,3)
$15 ==> 3
```

Perfekt, funktional ist das gleichwertig, aber es war durch den Einsatz der Methoden viel weniger Aufwand und ist deutlich kürzer. Auch die Verständlichkeit ist viel besser, da wir nicht mehrfach verschachtelte `if`-Gebilde nachvollziehen müssen.

2.5.3   Nützliche Beispiele aus dem JDK

Wir haben bereits `System.out.println()` kennengelernt. Schauen wir uns an, was wir beispielsweise für mathematische Funktionalitäten im JDK sonst noch so finden:

- `Math.max(x,y)` – Die Methode liefert das Maximum, also den größeren der beiden Werte x und y.
- `Math.min(x,y)` – Die Methode ermittelt das Minimum, also den kleineren der beiden Werte x und y.
- `Math.sqrt(x)` – Die Methode berechnet die Quadratwurzel von x.
- `Math.abs(x)` – Die Methode gibt den Absolutwert von x zurück: Falls x negativ ist, dann ist das der positive Wert.
- `Math.random()` – Die Methode gibt eine Zufallszahl zwischen 0,0 (inklusive) und 1,0 (exklusive) zurück: Um mehr Kontrolle über die Zufallszahl zu bekommen, z. B. wenn Sie nur eine Zufallszahl zwischen 0 (inklusive) und 100 (exklusive) benötigen, können Sie die folgende Formel verwenden:

$$\text{double randomNum} = \text{Math.random()} * 100$$

Vorteile durch den Einsatz der JDK-Methoden   Mit den Methoden des JDKs können wir die Implementierung von `minOf3JdkBased()` wie folgt vereinfachen – wir müssen nicht erneut eine `min()`-Methode schreiben, sondern nutzen die des JDKs:

```
jshell> int minOf3JdkBased(int x, int y, int z)
   ...> {
   ...>     return Math.min(x, Math.min(y, z));
   ...> }
|  created method minOf3JdkBased(int,int,int)
```

Nochmals zur Erinnerung: Im Beispiel sehen wir die sogenannte Punktnotation, die Zugriff auf die Methoden, hier des Typs `Math`, ermöglicht. In Kapitel 5 gehe ich auf die objektorientierte Programmierung genauer ein.

Hier mag der Vorteil der Wiederverwendung möglicherweise noch nicht ganz so klar werden, da es sehr einfach war, eine `min()`-Methode zu implementieren. Je komplexer die Funktionalität jedoch wird, desto eher schleichen sich auch Fehler ein. Praktischerweise sind die Bausteine des JDKs jedoch gründlich getestet.

Tipp: Basisbausteine

Es ist immer eine gute Idee, sich ein wenig im JDK umzuschauen, weil dort eine Vielzahl an nützlichen Funktionalitäten vordefiniert ist. Das Thema »Applikationsbausteine« behandle ich vertieft in meinem Buch »Der Weg zum Java-Profi« [3].

Zufallswerte aus einem Bereich   Zum Vertiefen unseres Wissens wollen wir uns als weiteres Beispiel die Berechnung von Zufallszahlen anschauen. Vorher habe ich bereits eine Formel angegeben, wie man dies für einen Bereich mit angegebener Obergrenze machen kann. Das wollen wir jetzt als Methode formulieren:

```
jshell> double randomRange(int maxExclusive)
   ...> {
   ...>      return Math.random() * maxExclusive;
   ...> }
|  created method randomRange(int)
```

Probieren wir diese Methode gleich einmal aus:

```
jshell> randomRange(10)
$17 ==> 0.40907519471921616

jshell> randomRange(10)
$18 ==> 7.8671137280744965

jshell> randomRange(10)
$19 ==> 2.241366091654805
```

Das war doch schon ein guter Erfolg. Vermutlich wäre es wünschenswert, wenn wir noch einen unteren Grenzwert angeben könnten. Dadurch wäre es möglich, Zufallswerte aus einen Wertebereich, etwa von 1 bis 6 oder von 10 bis 50, zu erzeugen, ohne dafür die Berechnungen immer wieder im Sourcecode wiederholen zu müssen.

```
jshell> double randomRange(int base, int maxExclusive)
   ...> {
   ...>      int maxRange = maxExclusive - base;
   ...>      return base + Math.random() * maxRange;
   ...> }
|  created method randomRange(int,int)

jshell> randomRange(10, 50)
$31 ==> 14.183272071963291

jshell> randomRange(10, 50)
$32 ==> 36.9231027104077

jshell> randomRange(10, 50)
$33 ==> 26.603175748284563
```

Erneut erahnen wir die Vorteile von Methoden, um allgemeingültige oder zumindest für eigene Programme praktische Funktionalität zu definieren. Wenn man solche Methoden gründlich testet, dann erhöht sich auch die Stabilität und Qualität des gesamten Programms. Auf dieses Thema gehe ich einführend in Abschnitt 16.4 ein.

Zufallswerte mit Typumwandlung (Cast)   Gelegentlich wären ganze Zahlen als Ergebnis besser passend, also Zahlen ohne Nachkommastellen, z. B. für einen Würfel die Zahlen von 1 bis 6. Wir können hier mit einem Trick arbeiten: In Java gibt es das sogenannte Casting, was wir später in Abschnitt 7.2.2 noch genauer betrachten. In aller Kürze: Mit der Angabe (typ) kann man einen Wert in den in Klammern angegeben Typ umwandeln. Nachfolgend nutzen wir int, um eine Gleitkommazahl in eine

Ganzzahl zu verwandeln, wodurch die Nachkommastellen wie gewünscht abgeschnitten werden. Somit wird aus 3.1415 der Wert 3:

```
jshell> (int) 3.1415
$34 ==> 3
```

Bei diesen Casts ändert sich insbesondere der Typ. In unserem Beispiel war das Abschneiden der Nachkommastellen ein schöner und gewünschter Nebeneffekt. Genauso können wir auch eine präzisere Gleitkommazahl (double) in eine Gleitkommazahl mit weniger Nachkommastellen (float) wandeln:

```
jshell> (float) 7.480744858507817
$35 ==> 7.480745
```

Beispiel   Das erworbene Wissen nutzen wir nun, um den Rückgabetyp der zuvor erstellten Methode randomRange() auf Ganzzahlen anzupassen. Zudem wollen wir den Endwert nun auch in den Wertebereich aufnehmen, weil dies etwa zur Simulation eines Würfels oder von Lottozahlen hilfreich ist. Dazu ändern wir den Rückgabewert und fügen noch einen Cast geeignet ein und erstellen ansonsten eine nahezu identische Methode wie folgt:

```
jshell> int randomRangeInt(int base, int maxInclusive)
   ...> {
   ...>     int maxRange = maxInclusive + 1 - base;
   ...>     return base + (int)Math.random() * maxRange;
   ...> }
|  created method randomRangeInt(int,int)
```

Probieren wir die gerade erstellte Methode doch einmal aus:

```
jshell> randomRangeInt(10, 50)
$37 ==> 10

jshell> randomRangeInt(10, 50)
$38 ==> 10

jshell> randomRangeInt(10, 50)
$39 ==> 10
```

Hmm, merkwürdig, wieso wird denn immer der Wert 10 geliefert? Eigentlich sieht die Berechnung doch ganz gut aus. Bei näherem Hinschauen sieht man, dass eine Klammerung um die Multiplikation fehlt. So, wie es oben steht, (int)Math.random(), wird der Rückgabewert in einen int verwandelt. Da aber Math.random() nur Werte im Bereich von 0,0 bis 1,0 (exklusiv) liefert, erhalten wir mit (int)Math.random() dann immer den Wert 0. Fügen wir also noch eine Klammerung ein:

```
jshell> int randomRangeInt(int base, int maxInclusive)
   ...> {
   ...>     int maxRange = maxInclusive + 1 - base;
   ...>     return base + (int)(Math.random() * maxRange);
   ...> }
|  modified method randomRangeInt(int,int)
```

Nun liefern auch wiederholte Aufrufe eine zufällige Folge von Ganzzahlen aus dem gewünschten Bereich – zum Schluss einmal für einen Würfel gezeigt:

```
jshell> randomRangeInt(10, 50)
$10 ==> 26

jshell> randomRangeInt(10, 50)
$11 ==> 33

jshell> randomRangeInt(10, 50)
$12 ==> 46

jshell> randomRangeInt(1, 6)
$13 ==> 5
```

2.5.4 Signatur einer Methode

Verbleibt noch ein kleines Detail zur Theorie, nämlich die Signatur einer Methode. Darunter versteht man die Bestandteile Name, Parameterliste (Anzahl, Reihenfolge und Typen der Parameter) und optional angegebene Exceptions – mehr dazu im Anschluss.

Betrachten wir folgende Methode `open()`:

```
boolean open(final String filename, final int retries) throws IOException
{
    // ...
```

In Java gehören weder die Implementierung noch der Rückgabewert noch die Namen der Parameter und die `final`-Schlüsselwörter zur Signatur, sondern nur Folgendes:

```
open (String, int) throws IOException
```

Var Args – variable Anzahl an Argumenten

Mitunter ist es hilfreich, eine beliebige Anzahl an Werten an eine Methode übergeben zu können. Dafür bietet Java die sogenannten Var Args als Kurzform für Variable Arguments. Dazu werden hinter dem Typ drei Punkte, etwa `int...`, angegeben. Das bedeutet, dass man als Aufrufer beliebig viele Werte übergeben kann:

```
jshell> String varArgsSum(String info, int... values)
   ...> {
   ...>     int sum = 0;
   ...>     for (int value : values)
   ...>         sum += value;
   ...>
   ...>     return info + sum;
   ...> }
|  created method varArgsSum(String,int...)

jshell> varArgsSum("Summe ist: ", 1, 2, 3, 4, 5, 6, 7)
$15 ==> "Summe ist: 28"

jshell> varArgsSum("Summe ist: ", new int[] { 1, 2, 3, 4 } )
$16 ==> "Summe ist: 10"
```

Am Beispiel sieht man, dass neben den Var Args weitere Parameter möglich sind. Allerdings muss der Var Arg-Parameter am Ende stehen. Zur Auswertung nutzen wir hier schon eine for-each-Schleife, die die jeweiligen Werte abläuft und in Kürze in Abschnitt 2.7.2 vorgestellt wird. Bei der Wertübergabe kann man entweder eine kommaseparierte Auflistung oder ein passendes Array (vgl. Kapitel 4) übergeben.

2.5.5 Fehlerbehandlung und Exceptions

Während der Abarbeitung von Java-Programmen kann es auch zu Fehlersituationen kommen. Zu deren Beschreibung dienen sogenannte Exceptions. Sie werden etwa intern ausgelöst, wenn eine Datei nicht existiert, auf die man zugreifen möchte. Fehlerbehandlungen mit Exceptions ist ein fortgeschrittenes Thema, das später ausführlicher in Kapitel 11 beschrieben wird. Zum Einstieg reicht erst einmal das Wissen, dass nach einer solchen Fehlersituation die Abarbeitung unseres Java-Programms gestoppt wird.

2.6 Kommentare

In den vorangegangenen Beispielen haben wir mitunter bereits Kommentare genutzt. Hier möchte ich ein paar Varianten davon zeigen:

```
jshell> int age = 11   // Kommentar: age = 42 wird nicht ausgeführt

jshell> String value = /* Zwischen-Kommentar */ "WERT"
value ==> "WERT"

jshell> /* Blockkommentar
   ...> * Zeile 2
   ...> * Zeile 3
   ...> */

jshell> /**
   ...>  * Javadoc-Kommentar-Stil
   ...>  */
```

Die bisher präsentierten Beispiele waren für den geübten Java-Entwickler ohne jegliche Erklärung sofort verständlich. Diese Aussage gilt allerdings nicht mehr, wenn Programme in ihrer Struktur und Funktionalität komplexer werden. Zur Dokumentation und als Hilfestellung für andere Programmierer, die sich Ihre Klassen anschauen, kann man Kommentare in Java-Programmen hinterlegen. Diese werden nicht ausgeführt, sondern dienen nur Ihnen als Hilfestellung.

Dabei gibt es folgende Varianten:

- // – Einzeilige Kommentare beginnen mit zwei Schrägstrichen (//). Jeder Text zwischen // und dem Ende der Zeile wird nicht ausgeführt.
- /* ... */ – Mehrzeilige Kommentare beginnen mit /* und enden mit */. Jeglicher Text zwischen /* und */ wird von Java ignoriert (nicht ausgeführt). Im Speziellen kann diese Form auch innerhalb einer Zeile genutzt werden.

- /** .. */ – Diese Schreibweise definiert Javadoc-Kommentare zur Generierung einer ausführlichen Dokumentation – das wird im Folgenden nicht weiter betrachtet. Auf Javadoc gehe ich etwas genauer in meinem Buch »Der Weg zum Java-Profi« [3] ein.

2.7 Schleifen

Mitunter soll ein bestimmter Abschnitt des Sourcecodes mehrmals ausgeführt werden. Das wird mithilfe von Schleifen realisiert. Davon existieren diverse Varianten in Java, die wir nun kennenlernen wollen.

2.7.1 Die `for`-Schleife

Wenn Sie eine Folge von Anweisungen, also einen Block, eine gewisse Anzahl mal ausführen wollen, so ist die `for`-Schleife mit folgender Syntax oftmals eine gute Wahl:

```
for (AnweisungOderVariablenDeklaration; BoolescherAusdruck; Ausdruck) {
    // auszuführender Block, auch Scheifenkörper oder -rumpf genannt
}
```

- `AnweisungOderVariablenDeklaration` wird (einmalig) vor der Abarbeitung des Blocks ausgeführt.
- `BoolescherAusdruck` definiert die Bedingung für die Ausführung des Blocks.
- `Ausdruck` wird (jedes Mal) ausgeführt, nachdem der Block ausgeführt wurde.

Einfacher und verständlicher kann man es wie folgt schreiben:

```
for (init; check; change) {
    // auszuführender Block, auch Scheifenkörper oder -rumpf genannt
}
```

Probieren wir es wieder in der JShell aus:

```
jshell> for (int i = 0; i < 5; i++)
   ...> {
   ...>     System.out.println("Durchlauf: " + i);
   ...> }
Durchlauf: 0
Durchlauf: 1
Durchlauf: 2
Durchlauf: 3
Durchlauf: 4
```

Was passiert dabei im Detail?

Zunächst wird einmal »init« vor dem Beginn der Schleife ausgeführt und in diesem Fall dort die Variable i mit dem Wert 0 (int i = 0) definiert. Mithilfe von »check« (i < 5) wird durch eine Bedingung festgelegt, wie häufig die Schleife ausgeführt werden soll (hier: i muss kleiner als 5 sein). Sofern die Bedingung gilt, beginnt die Schleife von vorne, ansonsten wird die Schleife beendet. In »change« sollte man eine Modifikation des Schleifenzählers vornehmen, damit die Schleife auch beendet wird. Hier wird der Wert der Variablen i durch die Anweisung i++ jedes Mal um eins erhöht, nachdem der Block in der Schleife, auch Scheifenkörper oder -rumpf genannt, durchlaufen wurde.

Variieren der Schrittweite?

Manchmal soll der Schleifenzähler nicht nur um den Wert 1 erhöht werden, sondern man benötigt mehr Flexibilität. Dazu kann man die Schrittweite beispielsweise wie folgt auf den Wert 3 abwandeln, ebenso wie die Grenze auf 10 erhöhen:

```
jshell> for (int i = 0; i < 10; i += 3)
   ...> {
   ...>        System.out.println("Durchlauf: " + i);
   ...> }
Durchlauf: 0
Durchlauf: 3
Durchlauf: 6
Durchlauf: 9
```

Genauso ist es denkbar, mit i += 2 oder i += 10 in 2er- oder 10er-Schritten voranzuschreiten.

2.7.2 Die for-each-Schleife

Das Hantieren mit Indexwerten birgt Fehler. Möchte man nur durch eine vordefinierte Wertemenge iterieren, so kann man alternativ zur for-Schleife auch die for-each-Schleife nutzen, bei der auf die Definition einer Indexvariablen zugunsten einer Variablen und einer Angabe der zu durchlaufenden Werte verzichtet wird:

```
for (typ variablenName : values) {
    // auszuführender Block
}
```

Praktischerweise kann man dort für values sowohl Arrays und Listen, die Sie später noch kennenlernen werden, als auch selbst definierte Klassen eines speziellen Typs verwenden.

Nachfolgend definieren wir mit String[] ein Array als eine Sammlung von Daten, hier eine Auflistung von Namen:

```
jshell> String[] names = { "Barbara", "Lilija", "Maria", "Sophie" }
names ==> String[5] { "Barbara", "Lilija", "Maria", "Sophie" }
```

Schauen wir uns das Durchlaufen mit for-each an:

```
jshell> for (String currentName : names)
   ...> {
   ...>        System.out.println(currentName);
   ...> }
Barbara
Lilija
Maria
Sophie
```

Was passiert dabei im Detail?

Für jeden Wert in `names` wird dieser zunächst der Variablen `currentName` zuge-wiesen und dann die Aktionen des Schleifenrumpfs, hier die Konsolenausgabe mit `System.out.println()`, ausgeführt. Das wiederholt sich, bis alle Werte aus `names` verarbeitet wurden.

Anmerkung

Der Vergleich von `for`-Schleife und der for-each-Schleife zeigt, dass die for-each-Variante einfacher zu formulieren ist, keinen Zähler benötigt und dadurch lesbarer ist. Allerdings hat man dann auch keinen Zugriff mehr auf den Index.

2.7.3   Die `while`-Schleife

Die `while`-Schleife durchläuft einen Block so lange, wie eine angegebene Bedingung erfüllt ist. Im Gegensatz zur `for`-Schleife müssen die Initialisierungsarbeiten explizit vorab erfolgen. Gleiches gilt auch für das Hochzählen bzw. Modifizieren der Schleifen-variablen, um die Bedingung zu `false` auszuwerten und dadurch die Schleife tatsäch-lich (irgendwann) zu beenden.

```
while (Bedingung) {
    // auszuführender Block
}
```

Schauen wir uns dies konkret an einem Beispiel an:

```
jshell> int i = 0;
   ...> while (i < 5) {
   ...>        System.out.println(i);
   ...>        i++;
   ...> }
i ==> 0
0
1
2
3
4
```

Was passiert dabei im Detail?

Als Erstes definieren wir eine Schleifenvariable namens i mit dem Wert 0. Danach wird in while die Einhaltung der Bedingung (hier i < 5) geprüft. Solange dies gegeben ist, werden die Anweisungen des sogenannten Schleifenrumpfes ausgeführt. Darin erfolgt eine Konsolenausgabe und danach wird der Wert von i um 1 erhöht.

Analogie zur `for`-Schleife

Tatsächlich sind die while- und die for-Schleife gleich mächtig. Man kann eine for-Schleife der folgenden Art

```
for (init; check; change) {
    body;
}
```

durch eine while-Schleife abbilden:

```
init;
while(check) {
    body;
    change;
}
```

Hinweis: Fallstricke

Vergessen Sie nicht, die in der Bedingung verwendete Variable zu erhöhen, sonst wird die Schleife nie beendet! Vermeiden Sie dabei, die Erhöhung mit den anderen Aktionen zu vermischen, wie etwa folgendermaßen:

```
System.out.println(i++);
```

Wieso? Weil man dadurch das Hochzählen deutlich schlechter erkennt und es bei komplexerem Code leicht zu Fehlern kommt, indem jemand am Schleifenende nochmals ein i++ einfügt, weil er das in den Anweisungen versteckte Hochzählen übersieht.

2.7.4   Die `do-while`-Schleife

Die do-while-Schleife ist eine Variante der while-Schleife. Als Abwandlung wird hierbei der Block auf jeden Fall zunächst einmal ausgeführt. Im Anschluss wird die Bedingung geprüft und falls deren Auswertung true ergibt, wird die Ausführung des Schleifenkörpers, also der Anweisungen zwischen do und while, wiederholt. Dies geschieht so lange, wie die Bedingung den Wert true ergibt bzw. bis ein Abbruch erfolgt, wenn die Bedingung zu false ausgewertet wird. Es gilt folgende Syntax:

```
do {
    // auszuführender Block
}
while (Bedingung); // Achten Sie darauf, dass hier am Ende ein Semikolon steht!
```

Das folgende Beispiel verwendet eine `do-while`-Schleife. Bitte beachten Sie ausdrück-
lich, dass die Schleife immer mindestens einmal ausgeführt wird, auch wenn die Bedingung zu `false` ausgewertet wird – da der Block durchlaufen wird, bevor die Bedingung
getestet wird:

```
jshell> int i = 0;
i ==> 0

jshell> do {
    ...>     System.out.println("i: " + i);
    ...>     i++;
    ...> }
    ...> while (i < 5);
i: 0
i: 1
i: 2
i: 3
i: 4
```

2.8   Rekapitulation

Nachdem wir etliche Java-Beispiele ausgeführt haben, wollen wir nun das Verständnis
für die einzelnen Anweisungen festigen:

■ Bei der Beschreibung von Funktionalität kommen verschiedene sogenannte Schlüsselwörter zum Einsatz, etwa `for`, `int` und `void`. Diese feststehenden Begriffe und
Wörter müssen speziell angeordnet werden, ähnlich wie Deutsch besitzt auch Java
eine Grammatik.

■ Neben Schlüsselwörtern gibt es unter anderem noch Definitionen und Anweisungen.

■ Anweisungen werden innerhalb geschweifter Klammern notiert. Diese markieren
den Beginn und das Ende eines sogenannten Blocks (einer Folge von Anweisungen). Solche Anweisungen finden wir immer bei der Definition von Methoden, die
zum Bereitstellen von Funktionalität dienen.

■ Am Ende einer Anweisung steht – mit einigen Ausnahmen in der JShell – immer
ein Semikolon.

2.9 Weiterführende Dokumentation für nächste Schritte

Bevor wir uns mit einigen weiteren Details und Bestandteilen des JDKs beschäftigen, möchte ich nochmals auf die umfangreiche Onlinehilfe zum JDK verweisen. Einen allgemeineren Einstieg bietet die Übersichtsseite `https://docs.oracle.com/en/ java/javase/16/docs/api/`. Von dieser können Sie dann passend zu den gewünschten Informationen navigieren. Haben Sie konkrete Fragen zu einer Klasse, etwa `String`, so finden Sie diverse Erläuterungen zu genau dieser Klasse auf der Seite `https://docs.oracle.com/en/java/javase/16/docs/api/java.base/lang/ String.html`. Analog gilt dies beispielsweise für die Klasse `Scanner`, über die Sie sich ausführlich auf der Seite `https://docs.oracle.com/en/java/javase/ 16/docs/api/java.base/java/util/Scanner.html` informieren können. Mittlerweile bietet die Onlinehilfe auch eine Suche in der oberen rechten Ecke. In Abbildung 2-1 ist das korrespondierende Eingabefeld mit einem Pfeil markiert.

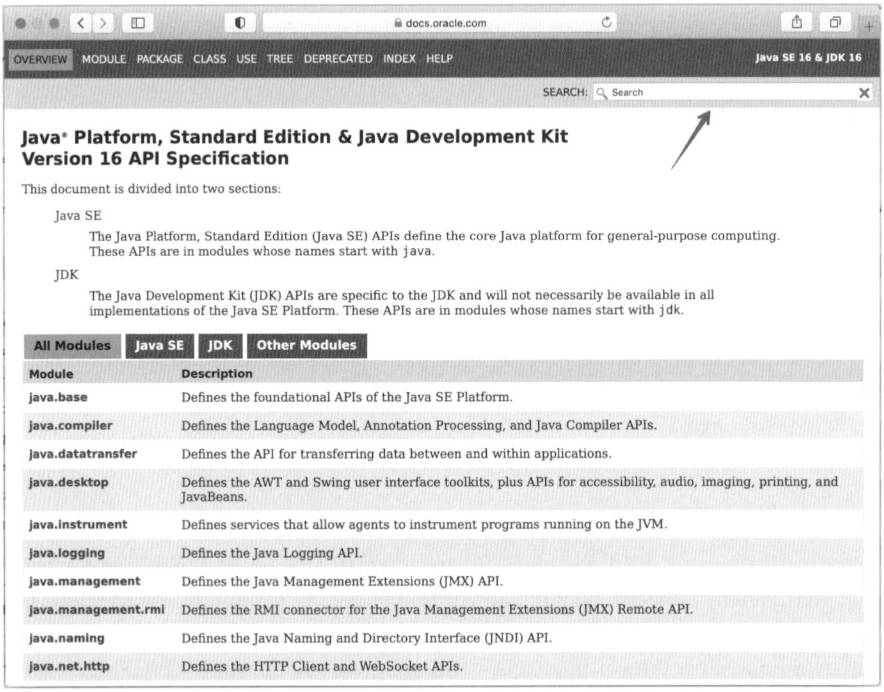

Abbildung 2-1 *Darstellung von Javadoc mit Suche*

2.10   Aufgaben und Lösungen

2.10.1   Aufgabe 1: Mathematische Berechnungen

Nehmen wir an, wir hätten eine Spedition. Wir bekommen nun einen Großauftrag und müssen 1.000 Kisten ausliefern. In unseren Lkw passen pro Fahrt jedoch nur 75 Kisten. Berechnen Sie, wie oft wir fahren müssen und wie viele Kisten in der letzten Fahrt transportiert werden. Verwenden Sie sprechende Variablennamen.

Lösung

Wenn wir ein wenig überlegen, dann können wir ganz einfach die Division nutzen, um die Anzahl der vollen Fahrten zu ermitteln. Die Gesamtzahl ist dann dieser Wert, gegebenenfalls plus 1 für eine unvollständig beladene Fahrt, wenn die Division nicht aufgeht und die Restmenge ungleich 0 ist. Die zu transportierende Restmenge an Kisten lässt sich mithilfe des Modulo-Operators bestimmen:

```
jshell> int bestellmenge = 1_000
bestellmenge ==> 1000

jshell> int lkwKapazitaet = 75
lkwKapazität ==> 75

jshell> int restmenge = bestellmenge % lkwKapazitaet
restmenge ==> 25

jshell> int anzahlFahrten = bestellmenge / lkwKapazitaet
anzahlFahrten ==> 13

jshell> if (restmenge != 0)
   ...>       anzahlFahrten++

jshell> anzahlFahrten
anzahlFahrten ==> 14
```

2.10.2   Aufgabe 2: Methode und `if`

Schreiben Sie eine Methode, die einen Punktestand daraufhin prüft, ob dieser einen neuen Highscore darstellt. Das trifft dann zu, wenn die aktuelle Punktzahl größer als der momentane Highscore ist. In dem Fall soll eine Meldung auf der Konsole ausgegeben werden. Als Ausgangsbasis dienen folgende Anweisungen:

```
jshell> int points = 1234
points ==> 1234

jshell> int highscore = 1000
highscore ==> 1000

jshell> if (points > highscore)
   ...>       System.out.println("Congratulation, this is a new highscore")
Congratulation, this is a new highscore
```

Lösung

Um die Aufgabe zu lösen, implementieren wir eine Methode mit zwei `int`-Parametern, die den aktuellen und den Highscore-Punktestand repräsentieren. In der Methode werden die beiden Werte in einem `if` verglichen und gegebenenfalls wird eine Meldung ausgegeben:

```
jshell> boolean checkForNewHighscore(int points, int highscore)
   ...> {
   ...>     if (points > highscore)
   ...>     {
   ...>         System.out.println("You reached a new highscore!");
   ...>         return true;
   ...>     }
   ...>     return false;
   ...> }
|  created method checkForNewHighscore(int,int)
```

Wir prüfen die Methode wie folgt mit einem Fall, wo wir deutlich unter dem Highscore liegen und einem Wert, der deutlich darüber liegt:

```
jshell> checkForNewHighscore(1000, 5000)
$152 ==> false

jshell> checkForNewHighscore(7271, 5000)
You reached a new highscore!
$153 ==> true
```

2.10.3   Aufgabe 3: Selbstabholerrabatt

In dieser Aufgabe sollen Sie für einen Pizzalieferservice die Preisberechnung implementieren. Nehmen wir vereinfachend an, jede Pizza koste 11 €. Dabei gelten folgende Regelungen zum Rabatt. Wenn wir 5 oder mehr Pizzen bestellen, dann erhalten wir einen Rabatt von 10 %. Wenn wir die Pizzen selbst abholen, dann erhalten wir pro Pizza einen Nachlass von 2 €. Schreiben Sie eine Methode, die den Rechnungsbetrag ermittelt.

Lösung

Hier ist eine Abfolge von Berechnungen auszuführen. Zunächst müssen wir den regulären Gesamtpreis aus Pizzapreis mal Anzahl errechnen. Ab fünf Pizzen kommt dann der Rabatt zum Tragen. Damit wir keine Probleme mit Nachkommastellen bekommen, verwenden wir als Ergebnis den Typ `double`. Die restlichen Anweisungen sind reine Mathematik kombiniert mit `if` sowie zwei Varianten von Zuweisungsoperatoren:

```
jshell> double calcPrice(int count, boolean takeaway)
   ...> {
   ...>     int pizzaprice = 11;
   ...>
   ...>     double total = pizzaprice * count;
   ...>     if (count >= 5)
   ...>         total *= 0.9;
   ...>     if (takeaway)
   ...>         total -= 2 * count;
   ...>
   ...>     return total;
   ...> }
|  created method calcPrice(int,boolean)
```

Wir prüfen die Berechnung mit einigen Werten nach:

```
jshell> calcPrice(2, false)
$391 ==> 22.0

jshell> calcPrice(2, true)
$392 ==> 18.0

jshell> calcPrice(7, true)
$393 ==> 55.3
```

Hinweis: Variante

Bei dieser Aufgabenstellung kann man sich fragen, ob der Rabatt vor oder nach Abzug des Nachlasses von 2 € gewährt wird. Wir berechnen hier den Rabatt auf der Summe ohne Selbstabholen. Vermutlich würde die Pizzeria es umgekehrt machen, weil sie dann mehr davon profitiert :-)

2.10.4   Aufgabe 4: Schleifen mit Berechnungen

Schreiben Sie eine Schleife, die die Werte von 1 bis 9 (inklusive) quadriert und die Quadratzahlen ausgibt.

Lösung

Das lässt sich am besten mit einer `for`-Schleife folgendermaßen lösen:

```
jshell> for (int i = 1; i <= 9; i++)
   ...> {
   ...>     System.out.println(i + " * " + i + " = " + (i * i));
   ...> }
1 * 1 = 1
2 * 2 = 4
3 * 3 = 9
4 * 4 = 16
5 * 5 = 25
6 * 6 = 36
7 * 7 = 49
8 * 8 = 64
9 * 9 = 81
```

2.10.5   Aufgabe 5: Schleifen und fixe Schrittweite

Schreiben Sie eine Schleife, die die Werte von 10 bis 40 (inklusive) mit einer Schritt-weite von 10 ausgibt.

Lösung

Das lässt sich am besten mit einer `for`-Schleife folgendermaßen lösen:

```
jshell> for (int i = 10; i <= 40; i += 10)
   ...>       System.out.println("i: " + i);
i: 10
i: 20
i: 30
i: 40
```

2.10.6   Aufgabe 6: Schleifen mit variabler Schrittweite

Nutzen Sie eine Schleife, die beim Wert 0 und mit einer Schrittweite von 1 startet. Bei jedem Schleifendurchlauf soll der Wert um die Schrittweite erhöht werden und die Schrittweite wird jeweils um eins erhöht. Geben Sie die beiden Werte aus, solange die Schleifenvariable kleiner als 60 ist.

Lösung

Diese Aufgabenstellung ist etwas anspruchsvoller, da mit variabler Schrittweite ge-arbeitet werden soll. Hier bietet sich eine `while`-Schleife an. Wir definieren für den Schleifenzähler und die Schrittweite zunächst jeweils eine `int`-Variable. Danach prü-fen wir die Bedingung und führen bei deren Erfüllung die Aktionen aus, die sich aus der Aufgabenbeschreibung ergeben:

```
jshell> int i = 0
i ==> 0

jshell> int step = 1
step ==> 1

jshell> while (i < 60) {
   ...>       System.out.println("i: " + i + " und step: " + step);
   ...>
   ...>       i += step;
   ...>       step += 1;
   ...> }
i: 0 und step: 1
i: 1 und step: 2
i: 3 und step: 3
i: 6 und step: 4
i: 10 und step: 5
i: 15 und step: 6
i: 21 und step: 7
i: 28 und step: 8
i: 36 und step: 9
i: 45 und step: 10
i: 55 und step: 11
```

2.10.7   Aufgabe 7: Verschachtelte Schleifen – Variante 1

Implementieren Sie eine Methode `void printNumberTriangle(int row)`, die eine mehrzeilige Ausgabe bis zur übergebenen maximalen Zeilenanzahl wie folgt erzeugt:

```
1
1 2
1 2 3
1 2 3 4
```

Als Kür soll eine Methode geschrieben werden, deren Ausgabe wie folgt aussieht:

```
1
2 3
4 5 6
7 8 9 10
```

Lösung

Für die Aufgabenstellung bieten sich zwei ineinander geschachtelte Schleifen an. Zunächst müssen wir eine Schleife n-mal für die Zeilen durchlaufen:

```
jshell> void printNumberTriangleV1(int numberOfRows)
   ...> {
   ...>     for (int y = 1; y <= numberOfRows; y++)
   ...>     {
   ...>         System.out.println("row: " + y);
   ...>     }
   ...> }
|  created method printNumberTriangleV1(int)
```

Rufen wir die Methode einmal auf:

```
jshell> printNumberTriangleV1(3)
row: 1
row: 2
row: 3
```

Nun müssen wir statt der Konsolenausgabe der Zeileninformation eine weitere Schleife ergänzen, die von 1 bis zur aktuellen Zeile zählt und diesen Wert auf der Konsole ausgibt, hier mit `System.out.print()`, damit die Werte in einer Zeile hintereinander ausgegeben werden. Am Ende einer Zeile rufen wir dann `System.out.println()` für den Zeilenumbruch auf. Die Implementierung sieht dann in etwa wie folgt aus:

```
jshell> void printNumberTriangle(int numberOfRows)
   ...> {
   ...>     for (int y = 1; y <= numberOfRows; y++)
   ...>     {
   ...>         for (int x = 1; x <= y; x++)
   ...>             System.out.print(x + " ");
   ...>         System.out.println();
   ...>     }
   ...> }
|  created method printNumberTriangle(int)
```

Rufen wir die Methode einmal auf:

```
jshell> printNumberTriangle(4)
1
1 2
1 2 3
1 2 3 4
```

Kür   Machen wir uns an die Kür: Hier müssen wir eine Zählervariable num ergänzen:

```
jshell> void printTriangle(int numberOfRows)
   ...> {
   ...>     int num = 1;
   ...>     for (int y = 1; y <= numberOfRows; y++)
   ...>     {
   ...>         for (int x = 1; x <= y; x++)
   ...>         {
   ...>             System.out.print(num + " ");
   ...>             num++;
   ...>         }
   ...>         System.out.println();
   ...>     }
   ...> }
|  created method printTriangle(int)
```

Rufen wir die variierte Methode einmal auf:

```
jshell> printTriangle(4)
1
2 3
4 5 6
7 8 9 10
```

2.10.8   Aufgabe 8: Verschachtelte Schleifen – Variante 2

Implementieren Sie eine Funktionalität, um Buchstaben in folgendem Muster auszugeben:

```
A
B B
C C C
D D D D
```

Lösung

Wie schon in der Aufgabe zuvor bedienen wir uns zweier ineinander geschachtelter Schleifen. Statt Ziffern bzw. Zahlen sind aber je Reihe entsprechende Buchstaben auszugeben. Zur Modellierung nutzen wir einen char, dessen Wert sich auch mit ++ hochzählen lässt.

Als Abwandlung zur Methode zuvor ändert sich eigentlich nur die Handhabung der Zeichen. Wir schreiben folgende Methode void printLetterTriangle(int numberOfRows):

```
jshell> void printLetterTriangle(int numberOfRows)
   ...> {
   ...>     char firstChar = 'A';
   ...>
   ...>     for (int i = 0; i < numberOfRows; i++)
   ...>     {
   ...>         for (int j = 0; j <= i; j++)
   ...>         {
   ...>             System.out.print(firstChar + " ");
   ...>         }
   ...>         firstChar++;
   ...>         System.out.println();
   ...>     }
   ...> }
|  created method printLetterTriangle(int)
```

Rufen wir die variierte Methode einmal auf:

```
jshell> printLetterTriangle(4)
A
B B
C C C
D D D D
```

2.10.9   Aufgabe 9: Verschachtelte Schleifen – Variante 3

Basierend auf den Ideen aus der vorherigen Aufgabe und mit den dort entwickelten Grundfunktionalitäten kann man auch eine Buchstabenkombination erzeugen, die die Form eines Ks besitzt:

```
A B C D E F
A B C D E
A B C D
A B C
A B
A
A
A B
A B C
A B C D
A B C D E
A B C D E F
```

Lösung

Beginnen wir mit einer Vorüberlegung: Wie schon in der Aufgabe zuvor können wir uns zweier ineinander geschachtelter Schleifen bedienen. Das Ganze muss zweimal geschehen, wobei wir zunächst von der gegebenen Maximalbreite bis 0 und danach dann von 0 bis zur Maximalbreite laufen. In diesem Fall verwenden wir zu Demonstrationszwecken und zum Kennenlernen von Varianten alternativ zur vorherigen Aufgabe einen `int` zur Repräsentation der Buchstaben und casten dann bei der Ausgabe.

Das führt uns zu einer Implementierung ähnlich zu folgender:

```
jshell> void printKShaped(int maxWidth)
   ...> {
   ...>     for (int i = maxWidth - 1; i >= 0; i--)
   ...>     {
   ...>         int letter = 65;
   ...>         for (int j = 0; j <= i; j++)
   ...>         {
   ...>             System.out.print((char) (letter + j) + " ");
   ...>         }
   ...>         System.out.println();
   ...>     }
   ...>     for (int i = 0; i < maxWidth; i++)
   ...>     {
   ...>         int letter = 65;
   ...>         for (int j = 0; j <= i; j++)
   ...>         {
   ...>             System.out.print((char) (letter + j) + " ");
   ...>         }
   ...>         System.out.println();
   ...>     }
   ...> }
|  created method printKShaped(int)
```

Die Implementierung war schon etwas aufwendiger. Vergewissern wir uns, dass sie die gewünschte Form produziert, und rufen dazu diese Methode auf:

```
jshell> printKShaped(6)
A B C D E F
A B C D E
A B C D
A B C
A B
A
A
A B
A B C
A B C D
A B C D E
A B C D E F
```

3 Strings

Wir haben schon ein paar Mal Strings verwendet, ohne viel darüber nachzudenken. Als kurze Erinnerung: Variablen vom Typ `String` modellieren Zeichenketten und dienen zur Verwaltung von textuellen Informationen. In diesem Kapitel schauen wir uns die Thematik genauer an und beginnen unsere Entdeckungsreise zu Zeichenketten.

3.1 Schnelleinstieg

3.1.1 Gebräuchliche Stringaktionen

Stringkonkatenation

Ein sehr gebräuchlicher Anwendungsfall ist das Zusammenfügen von Strings, auch Konkatenieren genannt. Dazu dient bekanntlich der Operator '+'. Nachfolgend kombinieren wir den Vor- und Nachnamen des Autors mit einem Abstand von einem Leerzeichen:

```
jshell> String firstName = "Michael"
firstName ==> "Michael"

jshell> String lastName = "Inden"
lastName ==> "Inden"

jshell> System.out.println(firstName + " " + lastName)
Michael Inden
```

Für Strings existiert alternativ noch eine Methode namens `concat()`, mit der man funktionell das Gleiche erreicht, allerdings leidet die Lesbarkeit, wie dies nachfolgendes Beispiel deutlich zeigt:

```
jshell> String fullName = firstName.concat(" ").concat(lastName)
fullName ==> "Michael Inden"
```

Besonderheiten Beim Erstellen von Texten aus einzelnen Teilbausteinen ist der Operator '+' ziemlich nützlich. Allerdings sollte man dabei ein paar Besonderheiten kennen. Betrachten wir eine Problematik für einen Text, der Auskunft über die Länge einer Nachricht geben soll. Dazu sollen hier einem textuellen Hinweis die Summe aus zwei Zahlen hinzugefügt werden, um die Gesamtlänge einer Nachricht bereitzustellen.

Das folgende Listing zeigt einen ersten Versuch, die Summe der Zahlen anzufügen:

```
jshell> int payloadLength = 42
payloadLength ==> 42

jshell> "Complete Msg-Length: " + payloadLength + 10
$2 ==> "Complete Msg-Length: 4210"
```

Das Ergebnis könnte vielleicht überraschen: Es wird zunächst das erste '+' ausgeführt. Dabei wird die Zahl in einen String verwandelt und dann zum ursprünglichen String hinzugefügt. Das wiederholt sich ebenso für die zweite Zahl. Dadurch erhalten wir das zunächst verwirrende oder zumindest überraschende Ergebnis 4210.

Das liegt daran, dass wir hier Strings konkatenieren und keine mathematischen Operationen ausführen. Zur Korrektur, also um die Summe der Zahlen dem String hinzufügen, müssen wir den Ausdruck klammern und Folgendes schreiben:

```
jshell> "Complete Msg-Length: " + (payloadLength + 10)
$9 ==> "Complete Msg-Length: 52"
```

Als Nächstes könnten wir statt der Addition zwei Zahlenwerte subtrahieren und zum String hinzufügen wollen. Das funktioniert nicht: Wie gerade schon erkannt, erfolgt die Abarbeitung von links nach rechts. Zudem ist der Operator '–' für Strings nicht definiert. Versuchen wir es trotzdem:

```
jshell> "Complete Msg-Length: " + payloadLength - 10
|  Error:
|  bad operand types for binary operator '-'
|    first type:  java.lang.String
|    second type: int
|  "Complete Msg-Length: " + payloadLength - 10
|  ^-------------------------------------------^
```

Erneut bringt eine Klammerung das korrekte Ergebnis:

```
jshell> "Complete Msg-Length: " + (42 - 10)
$10 ==> "Complete Msg-Length: 32"
```

Groß- und Kleinschreibung

In der Praxis benötigt man immer mal wieder eine Umwandlung von Groß- in Kleinbuchstaben oder andersherum. Dabei helfen die beiden Methoden `toUpperCase()` und `toLowerCase()`. Zuerst wandeln wir einen Text vollständig in Großbuchstaben um und danach dann in Kleinbuchstaben.

```
jshell> String message = "IMPORTANT: Please consult the doctor"
message ==> "IMPORTANT: Please consult the doctor"

jshell> message.toUpperCase()
$26 ==> "IMPORTANT: PLEASE CONSULT THE DOCTOR"

jshell> message.toLowerCase()
$27 ==> "important: please consult the doctor"
```

Besonderheiten: Keine Modifikation erlaubt   Bitte beachten Sie, dass Strings in Java als unveränderliche Objekte realisiert sind. Eine Modifikation ist daher nicht möglich. Als Abhilfe kann man einen neuen String mit verändertem Inhalt erzeugen:

```
jshell> String hint = "Immutable String"
hint ==> "Immutable String"

jshell> String result = hint.toUpperCase()
result ==> "IMMUTABLE STRING"

jshell> hint
hint ==> "Immutable String"
```

Leerzeichen entfernen

Mitunter sollen am Anfang oder Ende oder an beiden Seiten unerwünschte Leerzeichen entfernt werden. Dazu kann man die Methoden `strip()` sowie `stripLeading()` und `stripTrailing()` aufrufen. Mitunter findet man noch die Methode `trim()`, die analog zu `strip()` funktioniert, jedoch einige neuere Unicode-Zeichen nicht korrekt verarbeitet.

```
jshell> String valueWithBlanks = "  blanks at the beginning and the end   "
value_with_blanks ==> "  blanks at the beginning and the end  "

jshell> valueWithBlanks.strip()
$96 ==> "blanks at the beginning and the end"

jshell> valueWithBlanks.stripLeading()
$97 ==> "blanks at the beginning and the end  "

jshell> String result = valueWithBlanks.stripTrailing()
result ==> "  blanks at the beginning and the end"

jshell> valueWithBlanks
valueWithBlanks ==> "  blanks at the beginning and the end   "
```

Beachten Sie bitte auch hier, dass durch die Methodenaufrufe der ursprüngliche String nicht verändert wird, sondern ein neuer String als Ergebnis entsteht. Dies folgt aus den Ausgaben, insbesondere der letzten, die einen unveränderten Inhalt der Variablen `valueWithBlanks` zeigt.

Länge ermitteln

Auch die Gesamtlänge eines Strings ist des Öfteren eine wichtige Information. Die Gesamtzahl der Zeichen liefert ein Aufruf von `length()`:

```
jshell> String content = "This is a short message"
content ==> "This is a short message"

jshell> content.length()
$155 ==> 23
```

Auf leeren String prüfen

Zwar kann man mithilfe der zuvor vorgestellten Methode auch prüfen, ob ein String
leer ist:

```
jshell> String noContent = ""
noContent ==> ""

jshell> noContent.length() == 0
$55 ==> true
```

Das ist jedoch nicht so schön lesbar und wird eher als schlechter Stil angesehen. Für
Strings gibt es dazu die Methoden `isEmpty()` und `isBlank()`.

```
jshell> noContent.isEmpty()
$56 ==> true

jshell> noContent.isBlank()
$57 ==> true

jshell> " \t".isEmpty()
$58 ==> false

jshell> " \t".isBlank()
$59 ==> true

jshell> " \t".strip().isEmpty()
$60 ==> true
```

Im vorletzten Beispiel sieht man, dass `isBlank()` auch Strings nur mit Whitespace
(hier Leerzeichen und Tabulator) als leer ansieht. Die Methode `isEmpty()` prüft dagegen auf einen leeren String, also einen ohne Zeichen. Der letzte Aufruf zeigt folgenden
Zusammenhang: Wenn `str.isBlank()` den Wert `true` (oder den Wert `false`) liefert,
dann gilt dies auch für `str.strip().isEmpty()`. Mathematisch gilt:

$$str.isBlank() \iff str.strip().isEmpty()$$

Auf einzelne Zeichen zugreifen

Auf die einzelnen Buchstaben eines Strings kann man positionsbasiert zugreifen, wobei
der erste Buchstabe den Index 0 besitzt. Nachfolgend lesen wir die ersten drei Zeichen
des Strings "This is a short message" aus:

```
jshell> content.charAt(0)
$156 ==> 'T'

jshell> content.charAt(1)
$157 ==> 'h'

jshell> content.charAt(2)
$158 ==> 'i'
```

Keine Modifikation erlaubt Bitte beachten Sie, dass keine korrespondierende Methode `setCharAt()` existiert, um Zeichen in einem String zu modifizieren. Wie schon erwähnt, sind Strings in Java als unveränderliche Objekte realisiert. Eine Variante, um Strings doch zeichenbasiert ändern zu können, zeige ich Ihnen später.

Teilbereiche extrahieren

Für einige Anwendungsfälle muss man auf Bestandteile eines Texts zugreifen, die durch eine Anfangs- und optional eine Endposition bestimmt sind. Dazu bietet sich die Methode `substring()` an. Dieser übergibt man entweder Start- (inklusiv) und Endposition (exklusiv) oder aber nur den Start, wodurch dann der Text ab dieser Position bis zum Ende als neuer String geliefert wird:

```
jshell> String info = "Dies ist ein String. Rest ABC"
info ==> "Dies ist ein String. Rest ABC"

jshell> info.substring(0,4)
$100 ==> "Dies"

jshell> info.substring(9,19)
$103 ==> "ein String"

jshell> info.substring(19)
$104 ==> ". Rest ABC"
```

Strings wiederholen

Manchmal ist es notwendig, einen Text n-mal wiederholen zu können. Das ist zwar problemlos mit eine `for`-Schleife möglich, jedoch existiert die recht praktische Methode `repeat()`, womit die Aufgabe erleichtert wird:

```
jshell> String greeting = "MOIN"
greeting ==> "MOIN"

jshell> greeting.repeat(2)
$109 ==> "MOINMOIN"
```

3.1.2 Suchen und Ersetzen

Suchen und Enthaltensein

Ab und an möchte man feststellen, ob ein gewisser Text oder Buchstabe in einem String enthalten ist. Mithilfe der Methode `indexOf()` erhält man die entsprechende Position bzw. den Wert -1 für »nicht gefunden«. Eine Prüfung vom Ende des Strings ermöglicht die Methode `lastIndexOf()`. Soll lediglich geschaut werden, ob der gesuchte Teilstring enthalten ist, bietet sich die Methode `contains()` an:

```
jshell> String maintext = "This is a secret message. Please do not distribute"
maintext ==> "This is a secret message. Please do not distribute"

jshell> maintext.indexOf("This")
$166 ==> 0

jshell> maintext.indexOf("Please")
$167 ==> 26

jshell> maintext.indexOf('o')
$168 ==> 34

jshell> maintext.lastIndexOf('o')
$169 ==> 37

jshell> maintext.contains("not")
$170 ==> true

jshell> maintext.contains("MICHAEL")
$171 ==> false
```

Im Beispiel sehen wir noch ein Detail, nämlich die unterschiedlichen Anführungszeichen. Mit einfachen Anführungszeichen entsteht immer ein einzelnes Zeichen vom Typ char. Benutzen wir doppelte Anführungszeichen, so ist dies immer ein String. Dieser kann aber auch genau ein Zeichen lang sein:

```
jshell> char oneSingleCharacter = 'A'
oneSingleCharacter ==> 'A'

jshell> String stringWithOneChar = "A"
stringWithOneChar ==> "A"
```

Weitersuchen   Auf eine praktische Besonderheit möchte ich im Zusammenhang mit indexOf() noch eingehen. Zunächst einmal sei angemerkt, dass die Methode indexOf() nur nach dem ersten Vorkommen sucht. Auch wiederholtes Aufrufen ändert die Fundstelle nicht und man kann so keine anderen Vorkommen finden.

Praktischerweise gibt es aber eine Variante der Methode, der man eine Startposition übergeben kann. Auf diese Weise lässt sich problemlos die Funktionalität »Suchen und Weitersuchen« realisieren, indem man immer nach der Fundstelle weitersucht. Dazu übergibt man einfach die gelieferte Position + 1 wie folgt:

```
jshell> info = "one second, one hour and one day"
info ==> "one second, one hour and one day"

jshell> info.indexOf("one")
$43 ==> 0

jshell> info.indexOf("one", 1)
$44 ==> 12

jshell> info.indexOf("one", 13)
$45 ==> 25
```

Ersetzen von Inhalten

Neben dem Suchen und dem Test auf Enthaltensein möchte man manchmal auch Teile eines Strings ersetzen. Dabei ist die Methode `replace()` hilfreich. Diese ersetzt eine gewünschte Zeichenfolge durch die als zweiten Parameter übergebene Zeichenfolge:

```
jshell> String greeting = "MOIN MOIN"
greeting ==> "MOIN MOIN"

jshell> greeting.replace("MOIN", "GRÜEZI")
$188 ==> "GRÜEZI GRÜEZI"
```

Weil Strings unveränderlich sind, wird auch hier als Ergebnis wieder ein neuer String mit dem veränderten Inhalt erzeugt.

Komplexeres Ersetzen von Inhalten

Ergänzend gibt es die Methode `replaceAll()`, die als Suchzeichenfolge einen regulären Ausdruck nutzt – um beispielsweise Texte, die mit einem A beginnen, gefolgt von einem beliebigen Buchstaben und einem C oder D, durch einen Leerstring zu ersetzen. Für dieses Buch reicht es, zu wissen, dass der '.' im regulären Ausdruck einen Platzhalter für ein einzelnes, beliebiges Zeichen darstellt und dass man eine Menge von Alternativen in eckigen Klammern angeben kann.[1]

```
jshell> String infoRegEx = "ACC_AEC_MUSIC_ABC_AWARD".replaceAll("A.[CD]", "")
infoRegEx ==> "__MUSIC__AW"
```

Gibt man bei `replaceAll()` lediglich den Text an, so wirkt wieder die exakte Übereinstimmung des Musters – hier um alle Vorkommen von "ABC" durch "--" zu ersetzen:

```
jshell> String infoPlain = "ABCABC_MUSIC_ABCAWARD".replaceAll("ABC", "--")
infoPlain ==> "----_MUSIC_--AWARD"
```

3.1.3 Informationen extrahieren und formatieren

Immer mal wieder enthält ein Text mehrere Informationsbestandteile, etwa eine Uhrzeitangabe mit Stunden, Minuten und Sekunden jeweils durch ':' getrennt:

```
jshell> String timestamp = "11:22:33"
timestamp ==> "11:22:33"
```

Unser Ziel ist es, die Einzelbestandteile als Zahlen zu ermitteln. Wie kann man dazu vorgehen? Um die Informationen aufzuspalten und auszulesen, bietet sich die Methode `split()` an:

```
jshell> String[] parts = timestamp.split(":")
parts ==> String[3] { "11", "22", "33" }
```

---

[1]Weitere Details finden Sie in meinem Buch »Der Weg zum Java-Profi« [3].

Dieser übergibt man im einfachsten Falle ein Trennzeichen (tatsächlich ist es ein regulärer Ausdruck, wie dies im Praxistipp thematisiert wird) und erhält als Ergebnis eine Abfolge (genauer: ein Array) von Strings – Arrays werden wir dann in Kapitel 4 genauer kennenlernen:

Tipp: Besonderheiten

Das Extrahieren von Informationen mit `split(":")` scheint einfach zu sein. Versuchen wir uns an der Extraktion der Werte einer Datumsangabe:

```
jshell> String dateInfo = "23.11.2020"
dateInfo ==> "23.11.2020"
```

Probieren wir das mit `split()` wie zuvor aus:

```
jshell> String[] dateParts = dateInfo.split(".")
dateParts ==> String[0] {  }
```

Merkwürdig, wieso ist das Ergebnis leer? Das liegt daran, dass man `split()` einen regulären Ausdruck übergibt. Wenn also alle Zeichen (".") als Trennzeichen behandelt werden, verbleiben keine Nutzzeichen. Um wirklich den Punkt als Zeichen zu verwenden, müssen wir diesem ein \ voranstellen. Man spricht auch von escapen. Weil der \ wiederum in Java-Strings ein besonderes Zeichen ist, müssen wir dies ebenfalls escapen und wiederum ein \ voranstellen:

```
jshell> String[] dateParts = dateInfo.split("\\.")
dateParts ==> String[3] { "23", "11", "2020" }
```

Formatierte Ausgabe

Wenn man Zahlen und Texte formatiert aufbereiten möchte, kann die Methode `format()` eine gute Hilfe sein. Als ersten Parameter übergibt man einen Text mit verschiedenen Platzhaltern, die auch Formatierungsangaben enthalten können. Mit den weiteren Parametern gibt man für diese Platzhalter die entsprechenden Werte an. Beim Aufruf werden diese dann mit den übergebenen Werten befüllt.

Das mag kompliziert klingen, beginnen wir also besser mit einem Beispiel:

```
jshell> String.format("Integer-Value: %d", 42)
$48 ==> "Integer-Value: 42"
```

Mit dem Formatbezeichner `%d` können Sie als Argument einen beliebigen ganzzahligen Typ verwenden. Es gibt eine Vielzahl weiterer Platzhalter. Nachfolgend sind einige für Strings, Zahlen und auch Datumsangaben gezeigt. Die gesamte Liste ist so ausführlich, dass sich ein Blick in die Onlinedokumentation lohnt, außerdem weicht die Formatierung gegebenenfalls geringfügig abhängig von ihrer Locale, also Deutschland, Schweiz usw., ab.

```
jshell> import java.time.*

jshell> String.format("%s is %d years old. Birthday: %tD", "Michael", 50,
    LocalDate.of(1971, 2, 7))
$52 ==> "Michael is 50 years old. Birthday: 02/07/71"
```

Auf einige Besonderheiten möchte ich noch eingehen: Es ist recht einfach möglich, etwa die Länge einer Ganzzahl mit `%<Anzahl>d` zu beschränken sowie für Gleitkommazahlen die Anzahl an Nachkommastellen mit `%.<Anzahl>f`. Nachfolgend sehen wir eine Begrenzung auf 10 Stellen bei einem Gehalt und zwei Nachkommastellen für PI.

```
jshell> String.format("%s's salary is |%10d| a year. What about PI? %.2f", "Tom"
    , 123_456_789, Math.PI)
$350 ==> "Tom's salary is | 123456789| a year. What about PI? 3.14"
```

Anstatt den formatierten String zunächst über `String.format()` aufzubereiten

```
jshell> String michasBirthday = String.format("%s's birthday: %tD", "Michael",
    LocalDate.of(1971, 2, 7))
michasBirthday ==> "Michael's birthday: 02/07/71"
```

und mit `System.out.println()` auszugeben, gibt es mit `System.out.printf()` eine kürzere, direktere Variante, bei der man jedoch noch einen Zeilentrenner mit `%n` oder `\n` angeben muss – sofern man einen Zeilenumbruch wie zuvor erhalten möchte:

```
jshell> System.out.printf("%s's birthday: %tD%n", "Michael", LocalDate.of(1971,
    2, 7))
Michael's birthday: 02/07/71
```

3.2   Nächste Schritte

Bevor wir uns mit einigen weiteren Details der Verarbeitung von Strings beschäftigen, möchte ich nochmals auf die umfangreiche Onlinehilfe zum JDK verweisen. Beispielsweise finden Sie diverse Erläuterungen zur Klasse `String` auf der Seite `https://docs.oracle.com/en/java/javase/16/docs/api/java.base /java/lang/String.html`. Das gilt ebenfalls für die im Anschluss besprochene Klasse `Scanner`. Für diese finden Sie auf der Seite `https://docs.oracle.com/en/ java/javase/16/docs/api/java.base/java/util/Scanner.html` weitere Informationen. Generell bietet die Startseite `https://docs.oracle.com/en/java/ javase/16/docs/api/` einen Einstieg. Von dort können Sie dann passend zu den gewünschten Informationen navigieren. Seit Java 9 bietet die Onlinehilfe auch eine Suche in der oberen rechten Ecke.

3.2.1 Die Klasse `Scanner`

Manchmal möchte man nicht nur Informationen per `System.out` auf die Konsole schreiben, sondern es sollen auch Benutzereingaben entgegengenommen werden. Dabei hilft die recht praktische Klasse `Scanner` in Kombination mit `System.in`.

Die Klasse `Scanner` kann Eingabestrings aus verschiedenen Datenquellen in einzelne Bestandteile, sogenannte *Tokens*, zerlegen und dabei primitive Typen direkt aus der Eingabe parsen. Bei der Konstruktion eines `Scanner`-Objekts ist die gewünschte Eingabequelle zu übergeben. Diese kann vom Typ `String`, `File`, `Input-Stream` oder `Readable` sein. Nach der Konstruktion lässt sich über die Methode `useDelimiter(String)` spezifizieren, welcher reguläre Ausdruck die Trennzeichenfolge beschreibt. Sofern dies nicht geschieht, wird als Trennzeichenfolge jede Folge von Whitespace-Zeichen (Spaces, Tabs und Zeilenumbruch) verwendet.

Scanner und Systemressourcen

Beim Einsatz des Scanners muss man beachten, dass dieser Systemressourcen belegt, die man normalerweise auch wieder freigeben muss. Dabei hilft das sogenannte ARM (Automatic Resource Management), das ausführlicher in Abschnitt 11.3 beschrieben wird. Hier reicht das Wissen, dass man einen Scanner wie folgt in einem Java-Programm verwendet:

```
try (Scanner scanner = new Scanner(source))
{
    // Anweisungen
}
```

Durch dieses `try` mit den runden Klammern wird von Java automatisch die Ressource wieder korrekt freigegeben.

Daten extrahieren

Um Daten aus einer Eingabe zu extrahieren, bietet die Klasse `Scanner` verschiedene Methoden. Die Methode `next()` gibt das nächste Token als `String` zurück. Dies ist jedoch nur dann sicher möglich, wenn die Methode `hasNext()` die Existenz eines nachfolgenden Elements bestätigt hat. Ansonsten wird eine `NoSuchElementException` ausgelöst, wenn keine weiteren Daten mehr folgen.

```
jshell> try (final Scanner scanner = new Scanner("Dies ist ein Test"))
   ...> {
   ...>     while (scanner.hasNext())
   ...>         System.out.println(scanner.next());
   ...> }
Dies
ist
ein
Test
```

Beispiel: Texte mit Scanner verarbeiten

Wir nutzen nun die Trennzeichenfolge aus den Zeichen '.', '_' und '-' in Form eines regulären Ausdrucks, um eine Versionsinformation, etwa `Version-2.17_45`, in Einzelbestandteile aufzusplitten.

```
try (final Scanner scanner = new Scanner("Version-2.17_45"))
{
    scanner.useDelimiter("\\.|_|-");
    while (scanner.hasNext())
    {
        System.out.print(scanner.next() + " ");
    }
}
```

Führt man die Programmzeilen aus, so erhält man folgende Ausgabe:

```
Version 2 17 45
```

Beispiel: Informationen mit Scanner verarbeiten

Das Einlesen von Werten primitiver Datentypen erledigen `next<Typ>()`-Methoden, etwa `nextLong()`. Analog zur `hasNext()`-Methode existieren `hasNext<Typ>()`-Methoden, z. B. `hasNextLong()`. Durch deren Aufruf lässt sich feststellen, ob ein weiteres Token vom gewünschten Typ in der Eingabe vorhanden ist. Liest man jedoch ungeprüft beispielsweise einen `long`-Wert aus einer beliebigen Eingabequelle und entspricht der gelesene Wert nicht dem erwarteten Typ, so reagiert der `Scanner` mit einer `InputMismatchException`.

Wir verändern die Eingabe ein wenig, um nun auch ein paar weitere Verarbeitungsmöglichkeiten kennenzulernen. Als Trennzeichen dienen Doppelpunkt, Unterstrich, Minus und Zeilenumbruch:

```
try (final Scanner scanner = new Scanner("Version:2:17.45\nLine2"))
{
    scanner.useDelimiter(":|_|-|\\n");

    var text = scanner.next();
    var intValue = scanner.nextInt();
    var floatValue = scanner.nextFloat();
    var remaining = scanner.next();

    System.out.print(text + " / " + intValue + " / " +
                     floatValue + " / " + remaining);
}
```

Das führt zu folgenden Ausgaben:

```
Version / 2 / 17.45 / Line2
```

Beispiel: Daten zeilenweise mit Scanner verarbeiten

Außerdem lassen sich Daten mit der Methode `nextLine()` zeilenweise verarbeiten.

```java
try (var scanner = new Scanner("Line1,Info\nLine2.Special\nLine3:Additional"))
{
    var line1 = scanner.nextLine();
    var line2 = scanner.nextLine();
    var line3 = scanner.nextLine();

    System.out.print(line1 + " / " + line2 + " / " + line3);
}
```

Das führt zu folgenden Ausgaben:

```
Line1,Info / Line2.Special / Line3:Additional
```

Beispiel: Eingabe von der Konsole verarbeiten

Man kann den Scanner nicht nur für Strings nutzen, sondern auch für andere Eingabe-
kanäle. Möchte man beispielsweise Eingaben von der Konsole lesen, so kann man dies
in Kombination mit `System.in` wie folgt erreichen, wobei die Protokollierung auf der
Konsole diverse Wertebelegungen des `Scanner`s zeigt:

```
jshell> Scanner scanner = new Scanner(System.in)
scanner ==> java.util.Scanner[delimiters=\p{javaWhitespace}+] ... \E][infinity
    string=\Q?\E]
```

Nun lassen sich die Methoden des `Scanner`s aufrufen und erwarten jeweils eine Eingabe. Im letzten Fall soll ein `int` gelesen werden. Da aber ein Gleitkommawert vorliegt,
kommt es zu einer Exception. Zudem sollte der Scanner am Ende explizit durch Aufruf
von `close()` geschlossen werden, da er hier nicht mit try-with-resources (vgl. Abschnitt 11.3) automatisch verwaltet wird:

```
jshell> scanner.next()
Test
$86 ==> "Test"

jshell> scanner.nextInt()
47
$87 ==> 47

jshell> scanner.nextLine()
MICHAEL
$88 ==> "MICHAEL"

jshell> scanner.nextDouble()
47.11
$91 ==> 47.11

jshell> scanner.nextInt()
47.11
|  Exception java.util.InputMismatchException

jshell> scanner.close()
```

3.2.2 Mehrzeilige Strings (Text Blocks)

Seit JDK 15 unterstützt Java auch die Angabe von mehrzeiligen Strings (auch Text Blocks genannt). Zuvor war es mühselig und aufwendig, da sämtliche Zeilentrenner sowie gegebenenfalls Anführungszeichen zu escapen waren:

```
jshell> String multiLineOldStyle = "This is line 1\n" +
   ...>                             "Second line with \"quotes\"\n" +
   ...>                             "Last line with 'single quotes'\n"
multiLineOldStyle ==> "This is line 1\nSecond line with \"quotes\"\nLast line
    with 'single quotes'\n"
```

Mehrzeilige Strings erleichtern dies und werden durch drei Anführungszeichen eingeleitet und abgeschlossen:

```
jshell> String multiLineString = """
   ...> This is line 1
   ...> Second line with "quotes"
   ...> Last line with 'single quotes'
   ...> """
multiLineString ==> "This is line 1\nSecond line with \"quotes\"\nLast line with
    'single quotes'\n"
```

Lassen wir uns den Text mal in der JShell ausgeben:

```
jshell> System.out.println(multiLineString)
This is line 1
Second line with "quotes"
Last line with 'single quotes'
```

Nach der mehrzeiligen Definition kann man wie zuvor gezeigt auf dem String agieren, also dessen Länge bestimmen, Bausteine ersetzen usw. Das liegt daran, dass ein solcher mehrzeiliger String ebenfalls ein normaler String ist und damit alle zuvor beschriebenen Aktionen auch unterstützt werden.

```
jshell> String multiLine2 = """
   ...> Zeile 1
   ...> Zeile 2 BLA BLA BLA
   ...> Zeile 3 und Ende"""
multiLine2 ==> "Zeile 1\nZeile 2 BLA BLA BLA\nZeile 3 und Ende"

jshell> multiLine2.length()
$190 ==> 44

jshell> multiLine2.replace("BLA", "WICHTIG")
$191 ==> "Zeile 1\nZeile 2 WICHTIG WICHTIG WICHTIG\nZeile 3 und Ende"
```

Besonderheit Platzhalter   Außerdem kann man Platzhalter definieren und durch Aufruf von `formatted()` mit Werten befüllen – diese Methode entspricht in ihrer Handhabung exakt der statischen Methode `String.format()`:

```
String placeholders = """
        Michael %s hat am "%tF"
        %d Bücher in '%s' gekauft.
        """.formatted("Inden", LocalDate.of(2020, 1, 20), 7, "Bremen");
```

Durch diese Anweisungen wird folgende Ausgabe produziert:

```
Michael Inden hat am "2020-01-20"
7 Bücher in 'Bremen' gekauft.
```

Beispiel: HTML-Code

Auch wenn man HTML-Code in Java aufbereiten möchte, sind die mehrzeiligen Strings sehr hilfreich. Bisher musste man umständlich Folgendes schreiben:

```
var helloWorldHtmlOld = "<html>\n" +
                  "    <body>\n" +
                  "        <p>Hello World</p>\n" +
                  "    </body>\n" +
                  "</html>\n";
```

In der Tat ist es viel angenehmer, dies wie folgt anzugeben:

```
var helloWorldHtml = """
                  <html>
                      <body>
                          <p>Hello World</p>
                      </body>
                  </html>
                  """;
```

Eine Sache noch: Die Leerzeichen vor den Zeilen werden bis zu der Position der unteren drei Anführungszeichen gelöscht.

3.2.3 Strings und `char[]`s

Umwandlung in ein `char[]`

Mitunter ist es praktisch, den Inhalt eines Strings mit der Methode `toCharArray()` in eine geordnete Menge (ein Array) von Einzelzeichen, also vom Typ `char`, zu überführen. Arrays werden wir dann in Kapitel 4 genauer besprechen, hier reicht das Verständnis, dass es sich dabei um eine über die Position geordnete Abfolge von Elementen, hier Zeichen, handelt.

Schauen wir uns zunächst ein einfaches Beispiel an, das nach jedem Zeichen einen Unterstrich in der Ausgabe ergänzt:

```
jshell> String title = "Der Weg zum Java-Profi"
title ==> "Der Weg zum Java-Profi"

jshell> for (char ch : title.toCharArray())
   ...>     System.out.print(ch + "_");
D_e_r_ _W_e_g_ _z_u_m_ _J_a_v_a_-_P_r_o_f_i_
```

Wir lernen in diesem Beispiel mit `print()` eine Abwandlung der Methode `println()` kennen. Hierbei werden die Zeichen einfach ohne Zeilenumbruch hintereinander ausgegeben.

Zuvor erwähnte ich, dass es praktisch ist, einen String in ein `char[]` zu wandeln. Warum? Das gilt immer dann, wenn man an gewissen Stellen den String ändern möchte. Strings erlauben das ja nicht. Wenn wir nun aber beispielsweise jedes dritte Zeichen großschreiben wollen (oder für Sie als kleine Fingerübung durch ein Leerzeichen ersetzen), dann ist dies auf Basis eines `char[]` möglich. Die gewünschten Modifikationen müssen dazu auf einzelnen Zeichen erfolgen. Danach soll dann das `char[]` im Allgemeinen wieder in einen String gewandelt werden. Das lernen wir im Anschluss kennen.

Schauen wir uns vorab noch die Modifikation innerhalb eines `char[]` für jedes dritte Zeichen an. Zunächst definieren wir die Ausgangsdaten:

```
jshell> String alphabet = "abcdefghijklmnopqrstuvwxyz"
alphabet ==> "abcdefghijklmnopqrstuvwxyz"
```

Nun erstellen wir eine passende Methode und rufen diese einmal auf:

```
jshell> void modifyEvery3rdToUpper(char[] values)
   ...> {
   ...>     for (int i = 0; i < values.length; i+=3)
   ...>     {
   ...>         char current = values[i];
   ...>         values[i] = Character.toUpperCase(current);
   ...>     }
   ...> }
|  created method modifyEvery3rdToUpper(char[])

jshell> char[] asCharArray = alphabet.toCharArray()
asCharArray ==> char[26] { 'a', 'b', 'c', 'd', 'e', 'f', 'g', 'h' ... 'v', 'w',
    'x', 'y', 'z' }

jshell> modifyEvery3rdToUpper(asCharArray)

jshell> Arrays.toString(asCharArray)
$13 ==> "[A, b, c, D, e, f, G, h, i, J, k, l, M, n, o, P, q, r, S, t, u, V, w, x
    , Y, z]"
```

Einen String aus einem `char[]` erzeugen

Gerade haben wir gesehen, wie man aus einem String ein korrespondierendes `char[]` erhält. Manchmal möchte man auch aus einem `char[]` (wieder) einen String erhalten. Dazu dient ein Aufruf des Konstruktors `String(char[])`.

Als Beispiel sehen wir einen Gruß in Form eines `char[]`, der dann in einen `String` gewandelt wird:

```
jshell> char[] message = { 'H', 'o', 'i', ' ', 'S', 'o', 'p', 'h', 'i', 'e'}
message ==> char[10] { 'H', 'o', 'i', ' ', 'S', 'o', 'p', 'h', 'i', 'e' }

jshell> String fromCharArray = new String(message)
fromCharArray ==> "Hoi Sophie"
```

3.3   Praxisbeispiel: Text in Title Case wandeln

In diesem Praxisbeispiel wollen wir eine Funktionalität entwickeln, die einen Text in das spezielle Format einer Titelzeile umwandelt, wo jedes Wort großgeschrieben wird, etwa folgendermaßen:

```
Dies ist ein Titel für diese Übung   =>   Dies Ist Ein Titel Für Diese Übung
```

Modifikation ermöglichen

Strings sind ja bekanntermaßen unveränderlich. Um aber einen bestehenden Text wie gewünscht umwandeln zu können, müssen wir etwas tricksen. Zuvor hatten wir erfahren, wie ein Text mit `toCharArray()` in ein `char[]` gewandelt werden kann. Dort lassen sich Änderungen durchführen. Schließlich haben wir auch die Konvertierung aus einem `char[]` in einen String kennengelernt.

Funktionalität `toTitleCase()`

Zunächst wandeln wir den String in ein `char[]`. Darauf können wir dann die Modifikationen vornehmen. Dazu durchlaufen wir das Array mit einer `for`-Schleife von vorne nach hinten auf der Suche nach einem neuen Wortanfang. Als Indikator nutzen wir ein boolesches Flag `capitalizeNextChar`. Dies zeigt an, dass der erste Buchstabe des nächsten Worts großgeschrieben werden soll. Initial ist dieses Flag `true`, sodass das aktuelle (erste) Zeichen in einen Großbuchstaben umgewandelt wird. Nach der Umwandlung wird das Flag zurückgesetzt und es werden so lange Buchstaben übersprungen, bis man auf ein Leerzeichen oder Minuszeichen trifft. Dann setzt man das Flag wieder auf `true`. Das Prozedere wiederholt sich, bis man am Ende des Arrays angekommen ist. Aus dem an einigen Positionen modifizierten Array wird dann schließlich ein neuer String erzeugt:

```
String toTitleCase(String input)
{
    char[] inputChars = input.toCharArray();

    boolean capitalizeNextChar = true;
    for (int i = 0; i < inputChars.length; i++)
    {
        char currentChar = inputChars[i];

        if (capitalizeNextChar)
        {
            inputChars[i] = Character.toUpperCase(currentChar);
            capitalizeNextChar = false;
        }
        if (Character.isWhitespace(currentChar) || currentChar == '-')
        {
            capitalizeNextChar = true;
        }
    }
    return new String(inputChars);
}
```

Probieren wir das Ganze einmal in der JShell aus:

```
jshell> toTitleCase("alles in ordnung")
$137 ==> "Alles In Ordnung"

jshell> toTitleCase("der weg zum java-profi")
$138 ==> "Der Weg Zum Java-Profi"

jshell> toTitleCase("Dies ist ein Titel für diese Übung")
$139 ==> "Dies Ist Ein Titel Für Diese Übung"
```

Das war doch ein guter Start. Tatsächlich funktioniert das Ganze selbst dann, wenn der String nicht mit einem Buchstaben, sondern mit Leerzeichen startet.

Wenn Sie etwas experimentieren möchten, verwenden Sie weitere Trennzeichen.

Elegantere Umsetzung Je mehr Spezialbehandlungen in einem Programm erfolgen, desto leichter geschieht auch einmal ein Flüchtigkeitsfehler. In unserer Methode prüfen wir, ob das nächste Zeichen großgeschrieben werden soll. Danach prüfen wir, ob wir ein Trennzeichen gefunden haben, um dann wieder das Großschreiben zu aktivieren. Man kann das Setzen des Flags in eine Methode verlagern:

```
boolean shouldCapitalize(char currentChar)
{
    return Character.isWhitespace(currentChar) || currentChar == '-';
}
```

Diese Methode liefert immer `true`, wenn ein Leerraum oder Minuszeichen erkannt wird. Im Falle eines normalen Zeichens wird die Bedingung zu `false` ausgewertet.

Schauen wir uns die Auswirkungen im Kontext der ursprünglichen Methode an, dann erkennen wir, dass wir das Flag `capitalizeNextChar` einfacher besetzen und auf das Rücksetzen auf `false` verzichten können:

```
String toTitleCaseV2(String input)
{
    char[] inputChars = input.toCharArray();

    boolean capitalizeNextChar = true;
    for (int i = 0; i < inputChars.length; i++)
    {
        char currentChar = inputChars[i];

        if (capitalizeNextChar)
        {
            inputChars[i] = Character.toUpperCase(currentChar);
        }

        capitalizeNextChar = shouldCapitalize(currentChar);
    }
    return new String(inputChars);
}
```

Probieren wir das Ganze einmal in der JShell aus:

```
jshell> toTitleCaseV2("das ist die kürzere variante")
$142 ==> "Das Ist Die Kürzere Variante"
```

3.4   Aufgaben und Lösungen

3.4.1   Aufgabe 1: Länge, Zeichen und Enthaltensein

In dieser ersten Aufgabe geht es darum, grundlegende Methoden der Klasse `String` anzuwenden. Sie sollen die Länge eines Texts abfragen, dann ein Zeichen an einer beliebigen Position, etwa der 13., ermitteln und schließlich prüfen, ob ein gewünschtes Wort im String enthalten ist.

Lösung

Die geforderten Aktionen lassen sich direkt mit den passenden Methoden der Klasse `String` umsetzen, nämlich mit `length()`, `charAt()` und `contains()`:

```
jshell> String nachricht = "Hallo lieber Leser! Viel Spaß mit Java!"
nachricht ==> "Hallo lieber Leser! Viel Spaß mit Java!"

jshell> nachricht.length()
$60 ==> 39

jshell> nachricht.charAt(13)
$61 ==> 'L'

jshell> nachricht.contains("Java")
$63 ==> true
```

3.4.2   Aufgabe 2: Title Case mit `Scanner`

Als Praxisbeispiel haben wir gesehen, wie wir einen beliebigen Text in einen Text im Stil einer Überschrift mit jeweils großgeschriebenen ersten Buchstaben konvertieren können. Die präsentierte Lösung konnte nicht nur Leerzeichen, sondern auch mit '-' als Worttrenner umgehen.

Im dieser Aufgabe soll eine vereinfachte Variante erstellt werden, die lediglich Leerzeichen als Worttrenner erlaubt. Das Ganze ist mithilfe der Klasse `Scanner` basierend auf einem Eingabestring zu implementieren. Schreiben Sie eine Methode `String toTitleCase(String)`.

Lösung

Als Erstes erstellen wir einen `Scanner` basierend auf dem Eingabestring. Danach durchlaufen wird diesen, solange es noch weitere Wörter gibt. Das erste Zeichen konvertieren wir in Upper Case und den restlichen Text erhält man per `substring(1)`. Nun hängen wir noch ein Leerzeichen an. Um ein zum Ende überschüssiges Leerzeichen zu entfernen, rufen wir abschließend `trim()` auf:

```
jshell> String toTitleCase(String input)
   ...> {
   ...>       String result = "";
   ...>
   ...>       Scanner scanner = new Scanner(input);
   ...>       while (scanner.hasNext())
   ...>       {
   ...>           String nextWord = scanner.next();
   ...>           result += Character.toUpperCase(nextWord.charAt(0)) +
   ...>                     nextWord.substring(1) + " ";
   ...>       }
   ...>
   ...>       return result.trim();
   ...> }
|  created method toTitleCase(String)

jshell> toTitleCase("this is a cool title")
$123 ==> "This Is A Cool Title"
```

3.4.3   Aufgabe 3: Zeichen wiederholen

Bei dieser Aufgabe geht es darum, die Buchstaben eines Worts gemäß ihrer Position zu wiederholen, aus ABC wird dann ABBCCC. Schreiben Sie dazu eine Methode `String repeatChars(String input)`.

Lösung

Die Grundidee besteht darin, zeichenweise von vorne nach hinten durch den String zu laufen. Dazu nutzen wir eine `for`-Schleife, die bei 0 startet und `input.length()` als Endkriterium hat. Per `charAt()` erhalten wir das aktuelle Zeichen. Strings besitzen die Methode `repeat()`, die eine n-malige Wiederholung erlaubt. Damit wir diese einsetzen können, müssen wir das aktuelle Zeichen in einen String wandeln. Dazu nutzen wir den Trick, den Leerstring `""` mit + mit dem aktuellen Zeichen zu verbinden. Die damit berechnete Wiederholung eines Buchstabens addieren wir zu unserem Resultat. Die Umsetzung in Java sieht wie folgt aus:

```
jshell> String repeatChars(String input)
   ...> {
   ...>       String result = "";
   ...>       for (int i = 0; i < input.length(); i++)
   ...>       {
   ...>           char current = input.charAt(i);
   ...>           result += ("" + current).repeat(i + 1);
   ...>       }
   ...>       return result;
   ...> }
|  created method repeatChars(String)

jshell> repeatChars("ABC")
$78 ==> "ABBCCC"

jshell> repeatChars("ABCDEF")
$79 ==> "ABBCCCDDDDEEEEEFFFFFF"
```

3.4.4   Aufgabe 4: Vokale raten

Bei dieser Aufgabe werden einige etwas ältere Leser sich vielleicht an die Sendung
»Glücksrad« erinnern, bei der es genau um das Erraten von Wörtern, Sätzen oder Re-
dewendungen ging, in denen Vokale fehlten.[2]
    Als Erstes sollen in einem gegebenen String mithilfe der selbst geschriebenen
Methode `String removeVowels(String input)` alle Vokale entfernt werden. Als
Zweites soll eine Methode `String replaceVowels(String input)` implementiert werden, die einen Vokal durch ein '_' ersetzt, damit wir für ein kleines Ratespiel
einen Hinweis auf einen entfernten Vokal bekommen.

Lösung: Vokale entfernen

Zum Entfernen der Vokale durchlaufen wir die Eingabe zeichenweise. Zuvor wandeln wir diese mit `toUpperCase()` komplett in Großbuchstaben. Nun kann man mit
`charAt()` jeweils das aktuelle Zeichen ermitteln. Für die Prüfung auf Vokal nutzen
wir folgenden Trick: Wir modellieren die Vokale als String `"AEIOUÄÖÜ"` und prüfen
dann mit `contains()`, ob der aktuelle Buchstabe in dieser Zeichenfolge enthalten ist.
Falls nein (daher hier die Negation mit !), übernehmen wir den Buchstaben in unsere
Ergebnisvariable `result`:

```
jshell> String removeVowels(String input)
   ...> {
   ...>     String inputUpper = input.toUpperCase();
   ...>
   ...>     String result = "";
   ...>     for (int i = 0; i < inputUpper.length(); i++)
   ...>     {
   ...>         char currentChar = inputUpper.charAt(i);
   ...>         if (!"AEIOUÄÖÜ".contains("" + currentChar)))
   ...>         {
   ...>             result += input.charAt(i);
   ...>         }
   ...>     }
   ...>     return result;
   ...> }
|  created method removeVowels(String)
```

Zum Nachvollziehen beginnen wir mit der Definition eines beliebigen Texts als Ausgangsbasis und rufen dann die gerade erstellte Methode auf:

```
jshell> removeVowels("Es Gibt Viel Zu Entdecken")
$32 ==> "s Gbt Vl Z ntdckn"
```

---

[2]Es fehlten auch Konsonanten. Im Gegensatz zu den Vokalen konnte man diese aber kaufen.

Lösung: Vokale ersetzen

Wie gesagt, wäre es für ein kleines Ratespiel besser, wenn wir einen Hinweis auf einen entfernten Vokal durch ein '_' bekommen würden. Basierend auf der obigen Lösung sollte das Ganze ziemlich direkt möglich sein.

Wir wollen in diesem Buch nicht nur das Programmieren lernen, sondern insbesondere auch die Ideen guten Programmierstils befolgen. Im obigen Beispiel ist die Vokalprüfung in der Schleife »versteckt«. Tatsächlich kann man diese Aufgabe als unabhängige Funktionalität ansehen. Dann bietet es sich an, dafür eine eigene Methode zu schreiben. Damit wollen wir beginnen:

```
jshell> boolean isVowel(char current)
   ...> {
   ...>     return "AEIOUÄÖÜaeiouäöü".contains("" + current);
   ...> }
|  created method isVowel(char)
```

Schauen wir doch einmal, wie sich deren Nutzung positiv auf das Verständnis und die Erweiterung auswirkt. Weil jetzt Groß- und Kleinschreibung in der Vokalprüfung behandelt werden, können wir den Ablauf weiter vereinfachen: Beim Auffinden eines Vokals müssen wir jetzt ein '_' einfügen, ansonsten das ursprüngliche Zeichen. Zudem nutzen wir die Möglichkeit, über den String als `char[]` zu laufen, das wir mit `toCharArray()` erzeugen. Damit schreiben wir eine neue Methode `String replaceVowels(String input)` deutlich verständlicher als zuvor:

```
jshell> String replaceVowels(String input)
   ...> {
   ...>     String result = "";
   ...>     for (char currentChar : input.toCharArray())
   ...>     {
   ...>         if (isVowel(currentChar))
   ...>         {
   ...>             result += '_';
   ...>         }
   ...>         else
   ...>         {
   ...>             result += currentChar;
   ...>         }
   ...>     }
   ...>     return result;
   ...> }
|  created method replaceVowels(String)
```

Das ging ja prima, der Ablauf ist durch die Hilfsmethode viel deutlicher erkennbar.

Überprüfen wir noch, ob das Ganze auch wirklich wie gewünscht funktioniert:

```
jshell> String text = "Es gibt viel zu entdecken!"
text ==> "Es gibt viel zu entdecken!"

jshell> replaceVowels(text)
$27 ==> "_s g_bt v__l z_ _ntd_ck_n!"

jshell> replaceVowels("JAVA INTRO BY MICHAEL")
$28 ==> "J_V_ _NTR_ BY M_CH__L"
```

Tipp: Elegante Variante mit regulären Ausdrücken

Beim Programmieren gibt es nicht die eine richtige Lösung, sondern oftmals einige, manchmal sogar eine Vielzahl an Varianten. Erinnern wir uns: Die Klasse `String` bietet ergänzend zur Methode `replace()` eine Methode `replaceAll()`. Erstere ersetzt alle Vorkommen basierend auf exakter Übereinstimmung mit dem Suchstring. Die Methode `replaceAll()` arbeitet dagegen mit einem regulären Ausdruck und unterstützt damit flexiblere Ersetzungen – allerdings teilweise auf Kosten der Verständlichkeit bei komplexeren regulären Ausdrücken. Hier dienen die eckigen Klammern zur Bestimmung der Menge der gültigen Zeichen:

```
jshell> String replaceVowels(String input, String replacement)
   ...> {
   ...>     String vowels = "[AEIOUÄÖÜaeiouäöü]";
   ...>
   ...>     return input.replaceAll(vowels, replacement);
   ...> }
|  created method replaceVowels(String,String)
```

Das prüfen wir kurz mit folgendem Aufruf:

```
jshell> replaceVowels("PAELLA ist lecker", "_")
$31 ==> "P__LL_ _st l_ck_r"
```

3.4.5   Aufgabe 5: String Merge

Schreiben Sie eine Methode `String stringMerge(String input1, String input2)`, die die beiden Texte Buchstabe für Buchstabe (»wie ein Reißverschluss«) miteinander verbindet. Wenn der eine Text ACE lautet und der andere BDFGH, dann soll ABCDEFGH als Ergebnis geliefert werden. Es wird also immer abwechselnd ein Buchstabe aus dem ersten und dann einer aus dem zweiten Text genommen. Ist ein Text vollständig verarbeitet, werden alle Buchstaben aus dem verbliebenen anderen Text übernommen.

Lösung

Um die Texte Zeichen für Zeichen miteinander zu verweben, gibt es viele Varianten. Eine ganz besonders ausgefeilte ist die folgende: Wir bestimmen zunächst die Längen der beiden Texte und zudem auch die größere von beiden, die wir in der Variablen `max_len` speichern.

Nun durchlaufen wir mit einer `for`-Schleife die Texte bis zu diesem Maximalwert. Wir können mit `charAt()` ein einzelnes Zeichen extrahieren, bekommen dabei jedoch ein `char`. Das kann dann automatisch mit einen String verbunden werden. Alternativ nutzen wir die Methode `substring()`, die in diesem Fall einen String mit einem einzelnen Zeichen als Inhalt liefert.

```
String stringMerge(String input1, String input2)
{
    int length1 = input1.length();
    int length2 = input2.length();

    int maxLength = Math.max(length1, length2);

    String result = "";
    for (int i = 0; i < maxLength; i++)
    {
        if (i < length1)
        {
            result += input1.charAt(i);
        }

        if (i < length2)
        {
            result += input2.substring(i, i + 1);
        }
    }
    return result;
}
```

Probieren wir diese doch schon etwas komplexere Funktionalität mit ein paar Eingaben aus:

```
jshell> stringMerge("ACE", "BDFGH")
$119 ==> "ABCDEFGH"

jshell> stringMerge("ACEGH", "BDF")
$120 ==> "ABCDEFGH"

jshell> stringMerge("First Try", "Second Attempt")
$75 ==> "FSiercsotn dT rAyttempt"
```

Interessant ist auch der Fall, wenn einer von beiden Texten leer ist – das führt uns schon fast zum Thema Testen und Auswahl von zu testenden Wertebelegungen. Später dazu mehr in Abschnitt 16.4.

```
jshell> stringMerge("", "Not Empty")
$122 ==> "Not Empty"
```

4 Arrays

In diesem Kapitel lernen wir Arrays im Detail kennen. Sie bilden die Grundlage für viele andere Datenstrukturen. Arrays werden dazu verwendet, mehrere Dinge gleichen Typs zu speichern, etwa eine Menge von Namen oder Personen. Etwas unpraktisch wäre es, müsste man jeweils eine eigene Variable für jedes Element definieren.

4.1 Schnelleinstieg

4.1.1 Gebräuchliche Aktionen

Definition eines Arrays

Genau wie andere Variablen besitzen Arrays zunächst einmal einen Typ, allerdings gefolgt von eckigen Klammern und dem gewünschten Namen (Bezeichner). Eine Deklaration eines Arrays von Strings mit Vornamen sieht folgendermaßen aus:

```
String[] firstnames
```

Nun müssen wir das Ganze aber noch mit Leben bzw. Werten füllen. Dazu können wir eine Initialisierung nutzen. Dabei erfolgt die Angabe der Werte in geschweiften Klammern, um eine Vielzahl an Werten, hier Namen, bereitzustellen:

```
jshell> String[] firstnames = { "Tim", "Tom", "Peter", "Mike" }
firstnames ==> String[4] { "Tim", "Tom", "Peter", "Mike" }
```

Das geht natürlich auch für Zahlen, hier für einige Primzahlen und Fibonacci-Zahlen gezeigt:

```
jshell> int[] firstPrimes = {2, 3, 5, 7, 11, 13, 17}
firstPrimes ==> int[7] { 2, 3, 5, 7, 11, 13, 17 }

jshell> int[] firstFibonacci = {1, 1, 2, 3, 5, 8, 13}
firstFibonacci ==> int[7] { 1, 1, 2, 3, 5, 8, 13 }
```

Tipp: Abweichende Notation

Obwohl die bislang gezeigte Definition wohl am weitesten verbreitet ist, kann man
die eckigen Klammern auch hinter den Namen des Arrays (Bezeichner) schreiben:

```
jshell> String firstnames[] = { "Tim", "Tom", "Peter", "Mike" }
firstnames ==> String[4] { "Tim", "Tom", "Peter", "Mike" }
```

Nach meinem Geschmack ist die zuvor gezeigte Variante mit den Klammern nach
dem Typ intuitiver. Die Variante nach dem Variablennamen suggeriert, man würde
ein Array von Vornamen und eben nicht ein `String[]` erzeugen.

Zugriff auf Elemente

Sie greifen auf ein Array-Element zu, indem Sie sich auf die Position beziehen. Diese
wird in eckigen Klammern und 0-basiert angegeben. Folgende Anweisung greift auf
den Wert des ersten (Index 0) und des letzten Elements (Index 3) im Array `firstnames`
zu:

```
jshell> String[] firstnames = { "Tim", "Tom", "Peter", "Mike" }
firstnames ==> String[4] { "Tim", "Tom", "Peter", "Mike" }

jshell> firstnames[0]
$42 ==> "Tim"

jshell> firstnames[3]
$43 ==> "Mike"
```

Was passiert, wenn ich an falscher Stelle zugreife? Array-Zugriffe über die
Position haben so ihre Tücken. Deswegen sollten wir uns fragen, was eigentlich passiert, wenn wir mit einer Position zugreifen, für die keine Daten existieren, etwa wie
folgt mit negativem Index oder einem Wert jenseits der oberen Grenze, hier 7:

```
jshell> firstnames[-1]
|   Exception java.lang.ArrayIndexOutOfBoundsException: Index -1 out of bounds
      for length 4

jshell> firstnames[7]
|   Exception java.lang.ArrayIndexOutOfBoundsException: Index 7 out of bounds for
      length 4
```

Auf Fehlerbehandlungen und Exceptions im Speziellen gehe ich später in Kapitel 11
ein. Hier reicht erst einmal das Wissen, dass nach einer solchen Fehlersituation die
Ausführung unseres Java-Programms gestoppt wird.

Array-Länge: Anzahl der Elemente

Um Zugriffe auf ungültige Positionen am Ende möglichst zu vermeiden oder um sich über die Anzahl der enthaltenen Elemente zu informieren, kann man diese Informationen mit `length` wie folgt abfragen:

```
jshell> firstnames.length
$48 ==> 4

jshell> firstPrimes.length
$49 ==> 7
```

Nochmals zur Erinnerung: Im Beispiel sehen wir die sogenannte Punktnotation, die Zugriff auf Eigenschaften und Methoden ermöglicht. In Kapitel 5 gehe ich auf die objektorientierte Programmierung genauer ein.

Verändern eines Elements

Wir wollen nun den Wert `Mike` mit dem Wert `Michael` ersetzen und schreiben dazu:

```
jshell> firstnames[3] = "Michael"
$44 ==> "Michael"

jshell> firstnames
firstnames ==> String[4] { "Tim", "Tom", "Peter", "Michael" }
```

Wir sehen, dass die Zuweisung im Prinzip genauso funktioniert, wie bei normalen Variablen, hier halt positionsbasiert.

Array-Elemente durchlaufen – Variante 1

Sie können die Array-Elemente mit der `for`-Schleife durchlaufen und mit der zuvor kennengelernten Eigenschaft `length` bestimmen, wie oft die Anweisungen im Schleifenrumpf ausgeführt werden sollen:

```
jshell> for (int i = 0; i < firstnames.length; i++) {
   ...>     System.out.println(firstnames[i]);
   ...> }
Tim
Tom
Peter
Michael
```

Hier werden indizierte Zugriffe mit einer `for`-Schleife kombiniert: Auf diese Wiese wird für jede gültige Position der korrespondierende Wert aus de String-Array ermittelt und mit `System.out.println()` auf der Konsole ausgegeben.

Array-Elemente durchlaufen – Variante 2

Weil man gerade beim indizierten Zugriff leicht mal einen Flüchtigkeitsfehler macht, bietet sich die for-each-Variante der `for`-Schleife an. Übertragen auf unser Beispiel ergibt sich dadurch Folgendes:

```
jshell> for (String currentName : firstnames) {
   ...>        System.out.println(currentName);
   ...> }
Tim
Tom
Peter
Michael
```

Das obige Beispiel kann wie folgt interpretiert werden: Gib für jedes String-Element (genannt `currentName`) aus den Werten von `firstnames` dessen Wert aus.

Textuelle Ausgaben

Bislang wurden unsere Arrays immer recht lesbar in der JShell ausgegeben, wenn wir nur deren Namen eingegeben haben. Das ist eine besondere und vor allem nützliche Eigenschaft der JShell. In reinen Java-Programmen können wir lediglich eine Ausgabe mit `System.out.println()` vornehmen – und diese ist zudem kryptisch. Schauen wir uns das Ganze etwas detaillierter an:

```
jshell> String[] strangeOutput = { "Tim", "Tom", "Mike"}
strangeOutput ==> String[3] { "Tim", "Tom", "Mike" }

jshell> strangeOutput
strangeOutput ==> String[3] { "Tim", "Tom", "Mike" }

jshell> System.out.println(strangeOutput)
[Ljava.lang.String;@312b1dae
```

Die ersten beiden Ausgaben sind erwartungskonform und wir kennen diese bereits. Wieso ist die letzte so kryptisch?

Das liegt daran, dass bei Ausgaben mit `System.out.println()` für die übergebenen Werte von Java automatisch deren Methode `toString()` zur Aufbereitung einer schönen textuellen Darstellung aufgerufen wird.

Scheint so, als ob da gerade gründlich etwas schiefgelaufen ist. Das, was wir erhalten, ist ja alles andere als lesbar und verständlich. Das liegt daran, dass Arrays in Java leider keine eigene Implementierung der Methode `toString()` besitzen. Standardmäßig wird nur der Typ gefolgt von einem @ sowie einer hexadezimalen Zahl ausgegeben. Deswegen sieht man mitunter merkwürdige Ausgaben wie die gezeigte.

Als Abhilfe bietet sich die Methode `Arrays.toString(values)` aus dem JDK an:

```
jshell> Arrays.toString(strangeOutput)
$130 ==> "[Tim, Tom, Mike]"

jshell> System.out.println(Arrays.toString(strangeOutput))
[Tim, Tom, Mike]
```

Um ein wenig Übung zu bekommen, implementieren wir etwas Ähnliches selbst. Hierbei kommt eine `for`-Schleife und ein indizierter Zugriff zum Einsatz:

```
void printArray(String[] values)
{
    for (int i = 0; i < values.length; i++)
    {
        final String str = values[i];
        System.out.println(str);
    }
}
```

Auch diese Variante liefert eine verständliche Darstellung:

```
jshell> printArray(strangeOutput)
Tim
Tom
Mike
```

Dynamische Definition eines Arrays

Bislang haben wir bei der Definition einige Werte übergeben und damit die Größe von Arrays festgelegt. Weitaus häufiger hat man es in der Praxis aber mit möglicherweise vorab nicht bekannten Daten oder einer variierenden Menge an Daten zu tun.

Erzeugung fixer Länge   Beginnen wir mit dem erstem Fall, nämlich einer dynamischen Erzeugung und späteren Befüllung des Arrays. Vorab wissen wir zwar, wie viele Daten gespeichert und verarbeitet werden sollen, die konkreten Werte kennen wir jedoch noch nicht.

Nachfolgend nehmen wir an, dass 20 Werte im Array verwaltet werden sollen. Mit `new` und einer entsprechenden Größenangabe erzeugen wir das passende Array:

```
jshell> int[] values = new int[20]
values ==> int[20] { 0, 0, 0, 0, 0, 0, 0, 0, 0, 0, 0, 0, 0, 0, 0, 0, 0, 0, 0, 0
    }
```

Nun könnten Berechnungen oder andere Aktionen erfolgen, um die Werte zu ermitteln. Wir schreiben stellvertretend eine Methode `populate()`, die das Array mit dem Quadrat des jeweiligen Index befüllt:

```
jshell> void populate(int[] inputValues)
   ...> {
   ...>       for (int i = 0; i < inputValues.length; i++)
   ...>       {
   ...>           inputValues[i] = i * i;
   ...>       }
   ...> }
|  created method populate(int[])
```

Rufen wir diese Methode einmal auf und schauen dann stellvertretend an zwei Positionen, ob die Berechnung erfolgreich war:

```
jshell> populate(values)

jshell> values[2]
$198 ==> 4

jshell> values[7]
$199 ==> 49
```

Dynamische Erzeugung verschiedener Längen   Manchmal ergibt sich die zur Verwaltung und Speicherung der Daten benötigte Länge eines Arrays erst während der Programmausführung. Nachfolgend ist derartiges simuliert und ein zufällig bestimmter Wert im Bereich bis 1000 wird als Größe verwendet:

```
jshell> int computeNeededSize()
   ...> {
   ...>       return (int)(Math.random() * 1000);
   ...> }
|  created method computeNeededSize()
```

Wie kann man eine variierende Größe denn zur Erzeugung des Arrays nutzen? Tatsächlich ist das ganz naheliegend und einfach durch die Angabe einer Variablen oder eines direkten Aufrufs möglich:

```
jshell> int size = computeNeededSize()
size ==> 425

jshell> int[] values1 = new int[size]
values1 ==> int[425] { 0, 0, 0, 0, 0, 0, 0, 0, 0, 0, 0, 0, 0, ... , 0, 0, 0, 0,
     0, 0, 0, 0 }

jshell> int[] values2 = new int[computeNeededSize()]
values2 ==> int[785] { 0, 0, 0, 0, 0, 0, 0, 0, 0, 0, 0, 0, 0, ... , 0, 0, 0, 0,
     0, 0, 0, 0 }
```

Danach kann man dann mit dem Array genauso weiterarbeiten, wie wir es bereits zuvor gesehen haben.

4.1.2   Mehrdimensionale Arrays

Ein mehrdimensionales Array ist ein Array, das ein oder mehrere Arrays enthält. Die Anzahl an Dimensionen wird durch die Anzahl an eckigen Klammerpaaren bestimmt, etwa `int[][]` für zweidimensional oder `int[][][]` für dreidimensional. Nachfolgend beschränken wir uns vereinfachend und wegen der besseren Veranschaulichung auf die Betrachtung zweidimensionaler Arrays.

Die einzelnen Werte kann man dann wie gewohnt in geschweiften Klammern notieren. Ein zweidimensionales Array erstellen wir demnach wie folgt:

```
jshell> int[][] twodim = {
   ...>      { 1, 1, 1, 1 },
   ...>      { 2, 2, 2, 2 },
   ...>      { 3, 3, 3, 3 },
   ...>      { 4, 4, 4, 4 }
   ...> }
twodim ==> int[4][] { int[4] { 1, 1, 1, 1 }, int[4] { 2, 2,   ... }, int[4] { 4,
     4, 4, 4 } }
```

Wir sehen zunächst, dass das Array wiederum Arrays (hier gleicher Länge) enthält. Oftmals hat man es in der Praxis mit solchen rechteckigen Ausrichtungen zu tun. Dann kann man sich ein zweidimensionales Array ein wenig wie eine Schrankwand mit nummerierten Schubladen für Elemente vorstellen. Nachfolgend ist das für ein 5 × 3-Array (5 Positionen in x-Richtung und 3 Reihen in y-Richtung) schematisch dargestellt.

	0	1	2	3	4
0	0,0	0,1	0,2	0,3	0,4
1	1,0	1,1	1,2	1,3	1,4
2	2,0	2,1	2,2	2,3	2,4

Abbildung 4-1 *Schubladendenkweise für zweidimensionales Array*

Schauen wir uns an, wie man eine Ausgabe unabhängig von den konkreten Größen, also flexibel, mit einem zweidimensionalen indizierten Zugriff gestalten kann:

```
jshell> void print2dArray(int[][] values)
   ...> {
   ...>      for (int y = 0; y < values.length; y++)
   ...>      {
   ...>          for (int x = 0; x < values[y].length; x++)
   ...>          {
   ...>              System.out.print(values[y][x]);
   ...>          }
   ...>          System.out.println();
   ...>      }
   ...> }
|  created method print2dArray(int[][])
```

Rufen wir die Methode einmal auf:

```
jshell> print2dArray(twodim)
1111
2222
3333
4444
```

Aber Moment, hatten wir nicht schon die Methode `Arrays.toString()` kennengelernt? Das müsste sich doch gewinnbringend für die einzelnen Zeilen nutzen lassen:

```
jshell> for (int y = 0; y < twodim.length; y++)
   ...> {
   ...>     System.out.println(Arrays.toString(twodim[y]));
   ...> }
[1, 1, 1, 1]
[2, 2, 2, 2]
[3, 3, 3, 3]
[4, 4, 4, 4]
```

Spezialfall: Nicht rechteckige Arrays

Weil mehrdimensionale Arrays in Java als Arrays von Arrays realisiert sind, lassen sich
dort unterschiedliche Längen modellieren, wie hier eine dreieckige Ausrichtung:

```
jshell> int[][] twodimTriangle = {
   ...>          {1},
   ...>          {1, 2},
   ...>          {1, 2, 3} }
twodimTriangle ==> int[3][] { int[1] { 1 }, int[2] { 1, 2 }, int[3] { 1, 2, 3 }
     }
```

Rufen wir die Methode zur Ausgabe einmal auf, um die Dreieckseigenschaft noch klarer zu sehen:

```
jshell> print2dArray(twodimTriangle)
1
12
123
```

Machen wir es noch etwas konkreter für ein String-Array namens `personen`, das dann
in beispielsweise so wie in Abbildung 4-2 aussieht.

4.2 Nächste Schritte

Nachfolgend lernen wir sowohl eindimensionale als auch mehrdimensionale Arrays
noch genauer kennen.

   Wir wissen bereits, dass ein Array einen einfachen Datenbehälter bereitstellt, dessen Größe durch die Initialisierung vorgegeben ist und sich über das Attribut `length`
ermitteln lässt. Arrays bieten jedoch keinerlei Funktionalitäten in Form von Methoden,
etwa zur automatischen Vergrößerung, falls der Platz zur Speicherung von Daten nicht

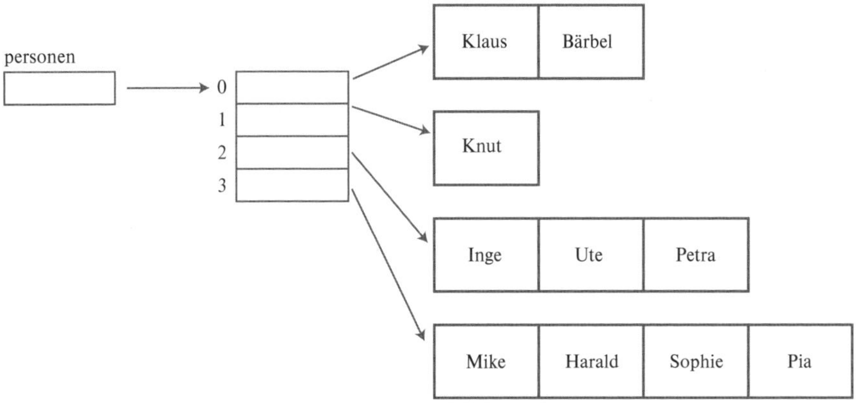

Abbildung 4-2 *Personen-2D-Array*

mehr ausreicht. Derartiges muss bei Bedarf in einer nutzenden Applikation selbst programmiert werden. Gerade beim indizierten Zugriff lauern Fehler. Das haben wir in der Einführung schon für Indexwerte außerhalb des Bereichs 0 bis `length` - 1 gesehen.

4.2.1 Eindimensionale Arrays

Zur Einführung in die Verarbeitung von Daten mit eindimensionalen Arrays und zum Aufbau von Wissen betrachten wir einige Beispiele.

Beispiel 1: Tauschen von Elementen

Eine gebräuchliche Funktionalität ist das Vertauschen von Elementen an zwei Positionen. Das ist nachfolgend visualisiert.

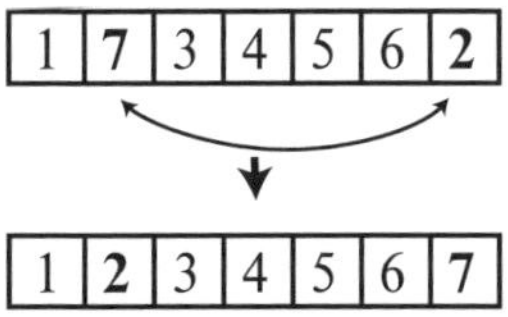

Abbildung 4-3 *Tauschen von Elementen*

Diese Funktionalität lässt sich einfach und lesbar in einer Methode `swap(int[], int, int)` wie folgt schreiben:

```
public static void swap(final int[] values, final int first, final int second)
{
    final int value1 = values[first];
    final int value2 = values[second];

    values[first] = value2;
    values[second] = value1;
}
```

Man kann das Ganze auch mit nur drei Zuweisungen und einer temporären Variablen lösen, jedoch finde ich die vorherige Variante noch ein klein wenig verständlicher:

```
public static void swap(final int[] values, final int first, final int second)
{
    final int tmp = values[first];

    values[first] = values[second];
    values[second] = tmp;
}
```

Experimentieren wir ein wenig mit der gerade erstellten Methode:

```
jshell> int[] numbers = { 1,2,3,4,5,6,7,8,9 }
numbers ==> int[9] { 1, 2, 3, 4, 5, 6, 7, 8, 9 }

jshell> swap(numbers, 3, 5)

jshell> swap(numbers, 2, 6)

jshell> numbers
numbers ==> int[9] { 1, 2, 7, 6, 5, 4, 3, 8, 9 }

jshell> swap(numbers, 1, 7)

jshell> swap(numbers, 0, 8)

jshell> numbers
numbers ==> int[9] { 9, 8, 7, 6, 5, 4, 3, 2, 1 }
```

Was haben wir gerade gelernt? Wir können mithilfe von `swap()` eine Funktionalität bauen, die den Inhalt eines Arrays in umgekehrte Reihenfolge bringt.

Array Reverse mit `swap()`   Weil wir gerade so schön in Fahrt sind, wollen wir eine entsprechende Methode selbst realisieren, die die Werte in einem Array in deren Reihenfolge tauscht. Als Schmankerl wollen wir in der Lage sein, das Umkehren der Werte nicht nur für das gesamte Array, sondern auch Teilbereiche, ausführen zu können. Was benötigen wir dazu? Zunächst einmal je einen Positionszeiger für vorne und hinten. Beide müssen wir zusätzlich an `swap()` übergeben. Nach jedem Tauschvorgang wandern diese Positionszeiger aufeinander zu. Was uns noch fehlt, ist eine Abbruchbedingung. Wir stoppen, wenn sich die Positionen überlappen. Damit bietet sich eine Realisierung mit einer `while`-Schleife an, die nach dem Tauschen der Elemente die Positionszeiger aufeinander zu bewegt:

```
public static void reverse(final int[] values, int start, int end)
{
    while (start < end)
    {
        swap(values, start, end);

        start++;
        end--;
    }
}
```

Alternativ können wir auch einfach bis zur Mitte laufen und jeweils die korrespondierenden Elemente tauschen. Damit ergibt sich eine Variante mit der `for`-Schleife:

```java
public static void reverse2(final int[] values, int start, int end)
{
    for (int i = 0; i < ((end-start) / 2); i++)
    {
        swap(values, i + start, end - i);
    }
}
```

Probieren wir das Ganze einmal aus:

```
jshell> int[] numbers = { 1,2,3,4,5,6,7,8,9 }
numbers ==> int[9] { 1, 2, 3, 4, 5, 6, 7, 8, 9 }

jshell> reverse(numbers, 0, numbers.length - 1)

jshell> numbers
numbers ==> int[9] { 9, 8, 7, 6, 5, 4, 3, 2, 1 }
```

Das Allerbeste kommt zum Schluss: Dadurch, dass wir mit zwei Positionszeigern als Parametern arbeiten, können wir sogar nur Teilbereiche eines Arrays in seiner Reihenfolge umkehren:

```
jshell> int[] numbers = { 1,2,3,4,5,6,7,8,9 }
numbers ==> int[9] { 1, 2, 3, 4, 5, 6, 7, 8, 9 }

jshell> reverse(numbers, 2, 6)

jshell> numbers
numbers ==> int[9] { 1, 2, 7, 6, 5, 4, 3, 8, 9 }

jshell> reverse2(numbers, 2, 6)

jshell> numbers
numbers ==> int[9] { 1, 2, 3, 4, 5, 6, 7, 8, 9 }
```

Tipp: Rekursive Variante

Bei Rekursion geht es darum, die Lösungsfindung durch Selbstaufrufe zu realisieren. In diesem Fall tauschen wir jeweils ein Element und rufen dann die Methode erneut mit veränderten Grenzen auf. Dabei ist wichtig, dass man hier nicht Postinkrement und -dekrement einsetzt, weil dann die Werte nicht verändert werden und die Rekursion nie endet. Details finden Sie später in Abschnitt 7.9.

```java
public static void reverseRec(final int[] values, int start, int end)
{
    if (start < end)
    {
        swap(values, start, end);

        reverseRec(values, start + 1, end - 1);
    }
}
```

Beispiel 2: Suchen in Arrays

Nun wollen wir die Suche nach einem Wert in einem Array einmal selbst implementieren und dazu die Methode `find(int[], int)` schreiben, die in einem `int`-Array nach einem Wert sucht und dessen Position oder -1 für »nicht gefunden« liefern soll:

```java
static int find(final int[] values, final int searchFor)
{
    for (int i = 0; i < values.length; i++)
    {
        if (values[i] == searchFor)
            return i;
    }
    return -1;
}
```

Das Ganze kann man als typisches Suchproblem mit einer `while`-Schleife lösen – dabei ist die Bedingung am Ende der Schleife als Kommentar angegeben:

```java
static int find2(final int[] values, final int searchFor)
{
    int pos = 0;
    while (pos < values.length && values[pos] != searchFor)
    {
        pos++;
    }
    // pos >= values.length || values[pos] == searchFor
    return pos >= values.length ? -1 : pos;
}
```

Probieren wir die beiden Varianten einmal aus und suchen in den Werten 1,2,3,4,5,6,7 zunächst nach dem Wert 2 und danach nach dem Wert 42. Ersteres sollte die Position 1 und Letzteres sollte dann -1 für »nicht gefunden« liefern.

```
jshell> int[] numbers = { 1,2,3,4,5,6,7}
numbers ==> int[7] { 1, 2, 3, 4, 5, 6, 7 }

jshell> find(numbers, 2)
$66 ==> 1

jshell> find(numbers, 42)
$67 ==> -1

jshell> find2(numbers, 2)
$69 ==> 1

jshell> find2(numbers, 42)
$70 ==> -1
```

4.2.2 Mehrdimensionale Arrays

In diesem Abschnitt wollen wir uns kurz mit mehrdimensionalen Arrays etwas genauer beschäftigen. Wie schon in der Einführung motiviert und weil es in der Praxis häufiger vorkommt und man es sich auch visuell gut vorstellen kann, beschränken wir uns dabei auf zweidimensionale Arrays. Zuvor hatte ich auch darauf hingewiesen, dass in Java mehrdimensionale Arrays als Arrays von Arrays realisiert und somit nicht zwingend rechteckig sein müssen, obwohl dies vermutlich der Normalfall ist.

Einführendes Beispiel

Ein zweidimensionales rechteckiges Array kann man etwa zur Modellierung eines Spielfelds, eines Sudoku-Rätsels oder einer Landschaft, repräsentiert durch Zeichen, nutzen. Zum besseren Verständnis und Einstieg betrachten wir ein Beispiel: Nehmen wir an, '#' stünde für eine Begrenzungsmauer, '$' für einen einzusammelnden Gegenstand und 'P' für den Spieler sowie 'X' für den Ausgang aus einem Level. Mit diesen Zeichen kann man ein Spielfeld wie folgt beschreiben:

```
################
##   P        ##
####    $ X ####
###### $  ######
################
```

In Java lässt sich zur Verarbeitung ein `char[][]` nutzen:

```java
public static void main(final String[] args)
{
    final char[][] world = { "################".toCharArray(),
                             "##   P        ##".toCharArray(),
                             "####    $ X ####".toCharArray(),
                             "###### $  ######".toCharArray(),
                             "################".toCharArray() };
    printArray(world);
}

public static void printArray(final char[][] values)
{
    for (int y = 0; y < values.length; y++)
    {
        for (int x = 0; x < values[y].length; x++)
            System.out.print(getAt(values, x, y) + " ");

        System.out.println();
    }
}
```

Es gibt zwei Varianten, wie man beim Speichern die Koordinaten angeben kann: Zum einen mit [x][y] und zum anderen, wenn man eher zeilenorientiert denkt, mit [y][x]. Das kann zwischen unterschiedlichen Entwicklern zu Missverständnissen und Diskussionen führen. Eine kleine Abhilfe erreicht man, wenn man sich Zugriffsmethoden, etwa `getAt(char[][], int, int)`, schreibt und die jeweilige Präferenz dort berücksichtigt:

```
static char getAt(final char[][] values, final int x, final int y)
{
    return values[y][x];
}
```

Diese Zugriffsmethode werde ich bevorzugt in der Einführung nutzen und später auch immer öfter mal direkte Array-Zugriffe.

Führen wir das obige Programm aus, um die Ausgabefunktionalität in Aktion zu erleben. Im Folgenden werden wir immer mal wieder auf Ähnliches zurückgreifen – neben dem Debugging ist eine Konsolenausgabe gerade bei mehrdimensionalen Arrays ziemlich hilfreich.

```
# # # # # # # # # # # # # #
# #     P               # #
# # # #       $   X     # # # #
# # # # # #   $     # # # # # #
# # # # # # # # # # # # # # #
```

Beispiel: Array-Inhalt rotieren

Unsere Aufgabe besteht nun darin, ein Array um 90 Grad nach links bzw. rechts zu drehen. Schauen wir uns das Ganze beispielhaft für zwei Rechtsdrehungen an:

```
1111       4321       4444
2222  =>   4321  =>   3333
3333       4321       2222
4444       4321       1111
```

Versuchen wir, das Vorgehen ein wenig zu formalisieren. Am einfachsten lässt sich die Rotation realisieren, wenn man ein neues Array erzeugt und dann geeignet befüllt. Zur Ermittlung der Formeln nutzen wir konkrete Beispieldaten, die das Verständnis erleichtern (xn und yn stehen für die neuen Koordinaten – nachfolgend ist links die Drehung nach links und rechts die Drehung nach rechts zu sehen):

```
             x  0123
             y  ----
             0  ABCD
             1  EFGH


   xn  01                 xn  01
yn  --                 yn  --
 0  DH                  0  EA
 1  CG                  1  FB
 2  BF                  2  GC
 3  AE                  3  HD
```

Wir erkennen, dass aus einem 4 × 2-Array ein 2 × 4-Array wird.

Die Rotation beruht auf folgenden Berechnungsvorschriften, wobei `maxX` und `maxY` die jeweiligen maximalen Koordinaten sind:

```
                    Orig  ->  NewX    NewY
--------------------------------------------
rotateLeft:         (x,y) ->  y       maxX-x
rotateRight:        (x,y) ->  maxY-y  x
```

Mit diesem Wissen machen wir uns an die Implementierung. Die Rotationsrichtung modellieren wir in Form einer `boolean`-Variablen `rotateLeft` (etwas prägnanter und damit besser geeignet wäre hierfür eine einfache `enum`-Aufzählung. Diese lernen wir jedoch erst in Abschnitt 7.4 kennen).

Kommen wir zur Rotation. Basierend auf den obigen Formeln lässt sich die Rotation wie folgt implementieren, wobei `rotatedArray` das neu erzeugte Array ist und `origValue` der ursprüngliche Wert:

```java
if (rotateLeft)
{
    rotatedArray[maxX - x][y] = origValue;
}
else
{
    rotatedArray[x][maxY - y] = origValue;
}
```

Nun müssen wir diese Logik nur noch geeignet in zwei Schleifen einbetten. Vorher erzeugen wir ein passend großes Array. Dann durchlaufen wir das Originalarray zeilenweise und innerhalb der Zeile positionsweise:

```java
public static int[][] rotate(int[][] values, boolean rotateLeft)
{
    int maxX = values[0].length - 1;
    int maxY = values.length - 1;

    final int[][] rotatedArray = new int[maxX + 1][maxY + 1];

    for (int y = 0; y < maxY + 1; y++)
    {
        for (int x = 0; x < maxX + 1; x++)
        {
            int origValue = values[y][x];

            if (rotateLeft)
            {
                rotatedArray[maxX - x][y] = origValue;
            }
            else
            {
                rotatedArray[x][maxY - y] = origValue;
            }
        }
    }

    return rotatedArray;
}
```

Schauen wir uns die Abläufe mal in der JShell an:

```
jshell> int[][] values = {
   ...>     {1,1,1,1},
   ...>     {2,2,2,2},
   ...>     {3,3,3,3},
   ...>     {4,4,4,4}
   ...> }
values ==> int[4][] { int[4] { 1, 1, 1, 1 }, int[4] { 2, 2,   ... }, int[4] { 4,
    4, 4, 4 } }

jshell> printArrayJdk(rotate(values, true)
[1, 2, 3, 4]
[1, 2, 3, 4]
[1, 2, 3, 4]
[1, 2, 3, 4]
```

Nachfolgend erzeugen wir ein um 90 Grad nach rechts gedrehtes Array, indem wir den booleschen Parameter mit `false` belegen:

```
jshell> printArrayJdk(rotate(values, false)
[4, 3, 2, 1]
[4, 3, 2, 1]
[4, 3, 2, 1]
[4, 3, 2, 1]
```

Die Hilfsmethode `printArray()` zur Ausgabe wurde wie folgt implementiert:

```
private static void printArray(final int[][] values)
{
    for (int i = 0; i < values.length; i++)
        System.out.println(Arrays.toString(values[i]));
}
```

Besonderheit bei der Konstruktion

Beim Erzeugen mehrdimensionaler Arrays gibt es noch eine Besonderheit. Nehmen wir an, wir benötigen ein String-Array der Größe 5 × 7, so können wir das wie folgt erzeugen:

```
jshell> var twodim = new String[5][7]
twodim ==> String[5][] { String[7] { null, null, null, null, ... null, null,
    null, null } }
```

Dabei wird ein mit `null`-Werten initialisiertes Array erzeugt. Zu dessen Ausgabe definieren wir schnell noch (analog zu gerade eben) folgende Methode und rufen diese direkt auf:

```
jshell> private static void printArray(final String[][] values)
   ...> {
   ...>     for (int i = 0; i < values.length; i++)
   ...>         System.out.println(Arrays.toString(values[i]));
   ...> }
|  created method printArray(String[][])
```

```
jshell> printArray(twodim)
[null, null, null, null, null, null, null]
[null, null, null, null, null, null, null]
[null, null, null, null, null, null, null]
[null, null, null, null, null, null, null]
[null, null, null, null, null, null, null]
```

Weil mehrdimensionale Arrays aber als Arrays von Arrays realisiert sind, kann man auf die Angabe der zweiten Dimension bei der Konstruktion auch verzichten und die einzelnen Zeilen im späteren Verlauf erzeugen oder zuweisen.

Dabei ist es durchaus auch möglich, dass in einigen Positionen noch keine weiteren Daten hinterlegt werden – nachfolgend ist immer nur die jeweils 2. Reihe belegt:

```
jshell> var twodim_special = new String[5][]
twodim_special ==> String[5][] { null, null, null, null, null }

jshell> twodim_special[0] = new String[] { "A"}
$34 ==> String[1] { "A" }

jshell> twodim_special[2] = new String[] { "B", "B" }
$35 ==> String[2] { "B", "B" }

jshell> twodim_special[4] = new String[] { "C", "C", "C" }
$36 ==> String[3] { "C", "C", "C" }
```

Schauen wir doch einmal, worin das resultiert:

```
jshell> printArray(twodim_special)
[A]
null
[B, B]
null
[C, C, C]
```

4.3 Praxisbeispiel: Flächen füllen

Wir wollen das bislang gesammelte Wissen nun einmal praktisch einsetzen, um eine Methode `void floodFill(char[], int, int)` zu implementieren, die in einem Array alle freien Felder mit einem bestimmten Wert befüllt.

Beispiel

Nachfolgend ist der Füllvorgang für das Zeichen '*' gezeigt. Das Füllen beginnt an einer vorgegebenen Position, etwa in der linken oberen Ecke, und wird dann so lange in die vier Himmelsrichtungen fortgesetzt, bis die Grenzen des Arrays oder eine Begrenzung in Form eines anderen Zeichens gefunden wird:

```
"   #  "      "***#  "      "   #    #"      "   #******#"
"    #"       "****#"       "    #   #"      "   #******#"
"#   #"  =>   "#***#"       "#   #   #"  =>  "#   #******#"
" # # "       " #*# "       " # #    #"      " # #******#"
"  #  "       "  #  "       "  #     #"      "   #******#"
```

Algorithmus

Wie gehen wir dabei vor? Zunächst prüfen wir das Startfeld. Ist dieses Feld leer, so wird es gefüllt und es werden wiederum dessen vier Nachbarn geprüft. Erreichen wir die Array-Grenzen oder ein gefülltes Feld, so stoppen wir. Das lässt sich wunderbar rekursiv formulieren:

```java
static void floodFill(final char[][] values, final int x, final int y)
{
    // rekursiver Abbruch
    if (x < 0 || y < 0 || y >= values.length || x >= values[y].length)
        return;

    if (values[y][x] == ' ')
    {
        values[y][x] = '*';

        // rekursiver Abstieg: fülle in alle 4 Richtungen
        floodFill(values, x, y-1);
        floodFill(values, x+1, y);
        floodFill(values, x, y+1);
        floodFill(values, x-1, y);
    }
}
```

Bereichsprüfung

Bei dieser Aufgabenstellung lernen wir gleich noch eine nützliche Methode (auch für andere Anwendungsfälle) kennen, nämlich die Prüfung, ob ein übergebener (x,y)-Wert für das Array gültig ist – hier mit der Methode isOnBoard() und unter der Annahme, dass das Array rechteckig ist:

```java
static boolean isOnBoard(final char[][] values,
                         final int posX, final int posY)
{
    return posX >= 0 && posY >= 0 &&
           posX < values[0].length && posY < values.length;
}
```

Prüfung

Um eine Ausgangsbasis zu haben, schreiben wir folgende Methode:

```
private static char[][] firstWorld()
{
    return new char[][] { "   #   ".toCharArray(),
                          "     # ".toCharArray(),
                          "#   #  ".toCharArray(),
                          " # #   ".toCharArray(),
                          "  #    ".toCharArray()};
}
```

Nun ist es Zeit, die erstellten Bausteine in Aktion zu erleben. Zunächst erzeugen wir durch Aufruf von `firstWorld()` ein `char[][]`, das unsere Spielwelt definiert. Dann rufen wir die Methode `floodFill()` auf. Dadurch wird der innere Bereich mit dem Zeichen '*' gefüllt:

```
jshell> char[][] world = firstWorld()
world ==> char[5][] { char[6] { ' ', ' ', ' ', '#', ' ', ' ... ', '#', ' ', '
    ', ' ' } }

jshell> floodFill(world, 1, 1)
```

Um das zu prüfen, schauen wir noch mal auf die Hilfsmethode zur Ausgabe, die eingangs dieses Abschnitts wie folgt implementiert wurde – hier leicht optimiert mit direktem, indiziertem Zugriff auf das Array:

```
public static void printArray(final char[][] values)
{
    for (int y = 0; y < values.length; y++)
    {
        for (int x = 0; x < values[y].length; x++)
        {
            System.out.print(values[y][x] + " ");
        }
        System.out.println();
    }
}
```

Als Ergebnis erhalten wir die gefüllte Fläche:

```
jshell> printArray(world)
* * * #
* * * * #
# * * * #
  # * #
    #
```

4.4   Aufgaben und Lösungen

4.4.1   Aufgabe 1: Durcheinanderwürfeln eines Arrays

Bei dieser Aufgabe geht es darum, die Elemente eines bestehenden Arrays durcheinanderzuwürfeln. Das ist nützlich, wenn man eine zufällige Verteilung benötigt.

1	2	3	4	5	6	7	8	9	10

7	4	5	2	3	10	8	9	1	6

Abbildung 4-4 *Durcheinanderwürfeln von Elementen*

Lösung

Überlegen wir kurz, wie wir vorgehen können. Eine Idee besteht darin, zwei zufällige Positionen zu wählen und die Werte zu vertauschen. Wenn man dieses Vorgehen einige Male wiederholt, sollte das Array recht gut durchmixt sein. Sowohl die Berechnung von Zufallszahlen als auch das Tauschen von Elementen sind uns bereits geläufig. Gleiches gilt für die `for`-Schleife. Verbleibt als Letztes die Frage: Wie oft sollen wir tauschen? Als Idee kann man mindestens 10 Mal tauschen. Die obere Grenze, also die maximale Anzahl an Tauschvorgängen, kann man auf die Array-Länge geteilt durch 10 festlegen.

Machen wir uns mit diesen Vorüberlegungen an die folgende Implementierung:

```
jshell> void shuffle(int[] values)
   ...> {
   ...>     int maxShuffle = Math.max(10, values.length / 10);
   ...>
   ...>     for (int run = 0; run < maxShuffle; run++)
   ...>     {
   ...>         int pos1 = (int)(Math.random() * values.length);
   ...>         int pos2 = (int)(Math.random() * values.length);
   ...>
   ...>         swap(values, pos1, pos2);
   ...>     }
   ...> }
|  created method shuffle(int[])
```

Natürlich wollen wir das Ganze in Aktion erleben. Dazu definieren wir ein Array mit Zahlen von 1 bis 15 und lassen unseren Mixer zweimal darauf los:

```
jshell> int[] numbers = { 1,2,3,4,5,6,7,8,9,10,11,12,13,14,15 }
numbers ==> int[15] { 1, 2, 3, 4, 5, 6, 7, 8, 9, 10, 11, 12, 13, 14, 15 }

jshell> shuffle(numbers)

jshell> numbers
numbers ==> int[15] { 11, 2, 3, 6, 1, 4, 7, 5, 9, 15, 12, 10, 13, 8, 14 }

jshell> shuffle(numbers)

jshell> numbers
numbers ==> int[15] { 15, 3, 13, 7, 1, 5, 10, 4, 9, 14, 12, 11, 2, 8, 6 }
```

4.4.2 Aufgabe 2: Arrays kombinieren

Es seien zwei Arrays mit `int`-Werten gegeben. Die Aufgabe besteht nun darin, ein neues Array mit allen Werten zu erstellen. Dabei sollen zunächst alle Elemente aus dem ersten Array und dann alle aus dem zweiten in das Ergebnis übernommen werden. Nachfolgend ist dies visualisiert:

| 1 | 2 | 3 | + | 11 | 22 | 33 | 44 | ⇒ | 1 | 2 | 3 | 11 | 22 | 33 | 44 |

Lösung

Um diese Aufgabenstellung umzusetzen, schreiben wir eine Methode `int[] array-Concat(int[] values1, int[] values2)`. Dort müssen wir zunächst die beiden Längen bestimmen und damit ein neues Array passender Größe erstellen. Mithilfe einer `for`-Schleife übertragen wir dann die Werte aus dem ersten Array in das Ergebnis. Das machen wir analog für die Werte aus dem zweiten Array. Damit wir nicht mit dem Versatz der Länge des ersten Arrays im Ergebnis arbeiten müssen, führen wir eine Hilfsvariable `pos` ein. Das Ganze implementieren wir wie folgt:

```
jshell> int[] arrayConcat(int[] values1, int[] values2)
...> {
...>        int length1 = values1.length;
...>        int length2 = values2.length;
...>
...>        int pos = 0;
...>        int[] result = new int[length1 + length2];
...>        for (int i = 0; i < length1; i++)
...>        {
...>            result[pos] = values1[i];
...>            pos++;
...>        }
...>
...>        for (int i = 0; i < length2; i++)
...>        {
...>            result[pos] = values2[i];
...>            pos++;
...>        }
...>
...>        return result;
...> }
|  created method arrayConcat(int[],int[])
```

Probieren wir das Ganze einmal in der JShell aus:

```
jshell> int[] values1 = { 1, 2, 3}
values1 ==> int[3] { 1, 2, 3 }

jshell> int[] values2 = { 11, 22, 33, 44 }
values2 ==> int[4] { 11, 22, 33, 44 }

jshell> int[] result = arrayConcat(values1, values2)
result ==> int[7] { 1, 2, 3, 11, 22, 33, 44 }
```

4.4.3   Aufgabe 3: Rotation um eine oder mehrere Positionen

In dieser Aufgabe besteht die Problemstellung im Rotieren eines Arrays um n Positionen nach links bzw. rechts. Dabei sollen die Elemente zyklisch am Anfang bzw. Ende nachgeschoben werden. Das gewünschte Vorgehen ist nachfolgend für eine Rotation um eine Positionen visualisiert, wobei das mittlere Array die Ausgangsbasis bildet:

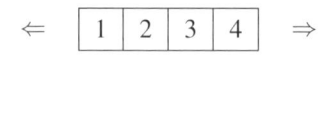

Lösung

Der Algorithmus für eine Rotation um ein Element nach rechts ist simpel: Merke dir das letzte Element und dann kopiere wiederholt jeweils das in Rotationsrichtung eins weiter vorne liegende Element in das dahinter.

Abbildung 4-5 *Rotieren von Elementen*

Abschließend wird das zwischengespeicherte letzte Element an vorderster Position eingefügt.

```
void rotateRight(final int[] values)
{
    if (values.length < 2)
        return;

    final int endPos = values.length - 1;
    final int temp = values[endPos];

    for (int i = endPos; i > 0; i--)
        values[i] = values[i - 1];

    values[0] = temp;
}
```

Die Rotation nach links arbeitet analog. Hier merken wir uns das vorderste Element. Dann kopieren wir jeweils die dahinterliegenden um eine Position nach vorne und schließlich ersetzen wir das Element an letzter Position mit dem zwischengespeicherten ehemals vordersten Element:

```java
void rotateLeft(final int[] values)
{
    if (values.length < 2)
        return;

    final int endPos = values.length - 1;
    final int temp = values[0];

    for (int i = 0; i < endPos; i++)
        values[i] = values[i + 1];

    values[endPos] = temp;
}
```

Probieren wir das Ganze einmal in der JShell aus:

```
jshell> int[] numbers = { 1, 2, 3, 4, 5, 6, 7 }
numbers ==> int[7] { 1, 2, 3, 4, 5, 6, 7 }

jshell> rotateRight(numbers)

jshell> numbers
numbers ==> int[7] { 7, 1, 2, 3, 4, 5, 6 }

jshell> rotateLeft(numbers)

jshell> numbers
numbers ==> int[7] { 1, 2, 3, 4, 5, 6, 7 }
```

Rotation um n Positionen   Eine naheliegende Erweiterung ist das Rotieren um eine bestimme Anzahl an Positionen. Das kann man dadurch lösen, dass man die gerade entwickelte Funktionalität n Mal aufruft:

```java
static void rotateRightByN_Simple(final int[] values, final int n)
{
    for (int i = 0; i < n; i++)
        rotateRight(values);
}
```

Diese Lösung ist grundsätzlich akzeptabel, wenn auch durch die häufigen Kopieraktionen nicht performant. Wie es effizienter geht, erkläre ich in meinem Buch »Java Challenge« [5].

Tipp: Optimierung bei großen Werten für n

Zunächst gibt es noch eine Besonderheit zu bedenken: Ist nämlich n größer als die Länge des Arrays, so muss man nicht ständig rotieren, sondern kann die Anzahl der Rotationen durch die Modulo-Operation `i < n % values.length` auf das tatsächlich benötigte Maß begrenzen.

4.4.4   Aufgabe 4: Zweidimensionales String-Array ausgeben

In diesem Kapitel wurden diverse Ausgaben erstellt, die jedoch oftmals auf `int` gearbeitet haben. Schreiben Sie eine Methode, die ein zweidimensionales String-Array als Eingabe erhält und dann dieses zeilenweise ausgibt und dabei die Zeilennummer protokolliert, etwa wie folgt:

```
Line 0: ONE
Line 1: TWO TWO
Line 2: THREE THREE THREE
```

Lösung

Wir durchlaufen das Array von oben nach unten. Dabei ergänzen wir in den bereits früher realisierten Varianten ein paar textuelle Angaben sowie Variablen für die aktuelle Zeile und die aktuellen Daten.

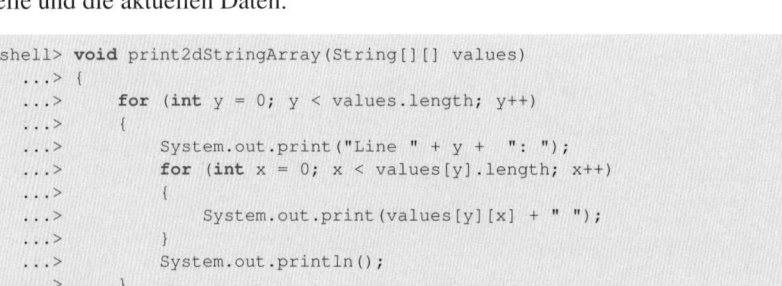

```
jshell> void print2dStringArray(String[][] values)
   ...> {
   ...>     for (int y = 0; y < values.length; y++)
   ...>     {
   ...>         System.out.print("Line " + y +  ": ");
   ...>         for (int x = 0; x < values[y].length; x++)
   ...>         {
   ...>             System.out.print(values[y][x] + " ");
   ...>         }
   ...>         System.out.println();
   ...>     }
   ...> }
|  created method print2dStringArray(String[][])
```

Prüfen wir dies kurz nach:

```
jshell> String[][] sampleValues = {
   ...>                 { "ONE" },
   ...>                 { "TWO", "TWO" },
   ...>                 { "THREE", "THREE", "THREE" }
   ...>             }
sampleValues ==> String[3][] { String[1] { "ONE" }, String[2] { "T ... REE", "
    THREE", "THREE" } }

jshell> print2dStringArray(sampleValues)
Line 0: ONE
Line 1: TWO TWO
Line 2: THREE THREE THREE
```

4.4.5   Aufgabe 5: Dreieckiges Array: Upside Down

Bei dieser Aufgabe sei ein dreieckiges Array gegeben. In diesem Array sollen alle Zeilen bis zur Mitte mit den jeweils unteren getauscht werden. Schreiben Sie eine Methode `String[][] upsideDown(String[][])`, um diese Funktionalität bereitzustellen.

Nehmen wir folgendes einfache dreieckige Array:

```
jshell> String[][] original = {
   ...>                 { "ONE" },
   ...>                 { "TWO", "TWO" },
   ...>                 { "THREE", "THREE", "THREE" }
   ...>              }
original ==> String[3][] { String[1] { "ONE" }, String[2] { "T ... REE", "THREE"
    , "THREE" } }
```

Dann soll ein Aufruf von `upsideDown(original)` folgendes Resultat liefern:

```
{
    {"THREE", "THREE", "THREE"},
    {"TWO", "TWO"},
    {"ONE"},
}
```

Wie nahezu immer gibt es verschiedene Lösungswege. Schauen wir uns zwei mögliche Varianten an.

Lösung: Brute Force mit neuem Array und viel Kopieren

Eine Idee ist es, ein neues Array gleicher Länge zu erzeugen und dann einfach das Originalarray von hinten zu durchlaufen und mit den jeweiligen Werten zu befüllen:

```
jshell> String[][] upsideDownV1(String[][] values)
   ...> {
   ...>     String[][] result = new String[values.length][];
   ...>
   ...>     int resultPos = 0;
   ...>     for (int i = values.length - 1; i >= 0; i--)
   ...>     {
   ...>         result[resultPos] = values[i];
   ...>         resultPos++;
   ...>     }
   ...>     return result;
   ...> }
```

Prüfen wir dies kurz nach:

```
jshell> String[][] original = {
   ...>                 { "ONE" },
   ...>                 { "TWO", "TWO" },
   ...>                 { "THREE", "THREE", "THREE" }
   ...>              }

jshell> print2dStringArray(upsideDownV1(original))
Line 0: THREE THREE THREE
Line 1: TWO TWO
Line 2: ONE
```

Anmerkungen   Soweit funktioniert das Ganze gut. Die gewünschte Funktionalität ist korrekt umgesetzt. Wie sieht es mit der Effizienz aus? Mittelprächtig, weil wir nochmals zumindest das äußere Array erstellen, um das Resultat aufzunehmen. Glücklicherweise verweisen die Daten dann auf die Originale, wodurch es speichertechnisch in Ordnung ist.

Aber: Wie könnten wir es effizienter machen? Wie wäre es möglich, die Aufgabenstellung ohne neues Array umzusetzen?

Lösung: Tricky Inplace mit Referenztausch

Tatsächlich ist das machbar. Dabei nutzen wir aus, dass die verschachtelten Arrays wiederum Referenzen auf Arrays enthalten, die man ganz einfach tauschen kann. Dazu hatten wir in der Einführung schon die Methode `swap()` entwickelt, allerdings für eindimensionale `int[]`. Die dortigen Ideen greifen wir hier wieder auf, eben auf `String[]` ausgerichtet. Nun müssen wir von oben bis zur Hälfte laufen und jeweils die Werte an der ersten und letzten Position tauschen und dies für die nächstinneren Positionen wiederholen, bis man die Mitte erreicht:

```
jshell> void upsideDown(String[][] values)
   ...> {
   ...>     for (int i = 0; i < values.length / 2; i++)
   ...>     {
   ...>         String[] tmp = values[i];
   ...>
   ...>         int endPos = values.length - 1 - i;
   ...>         values[i] = values[endPos];
   ...>         values[endPos] = tmp;
   ...>     }
   ...> }
|  created method upsideDown(String[][])
```

Da wir hier auf den ursprünglichen Daten, also inplace, arbeiten, gibt es nun keinen Rückgabewert mehr und wir verwenden `void`.

Auch hier prüfen wir die Funktionalität kurz nach:

```
jshell> upsideDown(original)

jshell> print2dStringArray(original)
Line 0: THREE THREE THREE
Line 1: TWO TWO
Line 2: ONE

jshell> upsideDown(original)

jshell> print2dStringArray(original)
Line 0: ONE
Line 1: TWO TWO
Line 2: THREE THREE THREE
```

5 Klassen und Objektorientierung

Immer wieder hört man, Java ist eine objektorientierte Sprache. Doch was hat es mit dieser Aussage auf sich? Lassen Sie es uns in diesem Kapitel herausfinden. Die zugrunde liegende Idee der Objektorientierung (OO) ist es, Zustand (Daten) mit Verhalten (Funktionen auf diesen Daten) zu verbinden. Die objektorientierte Programmierung nutzt Klassen und Objekte, um Programme zu strukturieren und Funktionalität bereitzustellen. Das mag noch etwas abstrakt klingen, sollte aber im Laufe der Lektüre dieses Kapitels klarer werden. Starten wir unsere Entdeckungsreise.

5.1 Schnelleinstieg

Bevor wir uns Klassen anschauen, wollen wir einmal überlegen, wie wir zusammengehörende Informationen mit unserem bisherigen Wissensstand ausdrücken könnten. Nehmen wir etwa eine Person und ein Auto. Bereits diese lassen sich nicht mehr nur mit einzelnen Strings oder Zahlen modellieren, sondern wir benötigen mehrere Variablen zur Beschreibung der Eigenschaften. Insbesondere sehen wir hier auch schon den Einsatz eines Datums und der intuitiv verständlichen Klasse `LocalDate` (vgl. Abschnitt 12.1.2). Generell könnten wir für zusammengehörende Werte ein Präfix, also den gleichen Start des Variablennamens, nutzen, um diesen Sachverhalt auszudrücken. Hier verwenden wir `person` und `car` als Präfix:

```
personFirstname = "Michael";
personLastname = "Inden";
personBirthday = LocalDate.of(1971, 2, 7);

carBrand = "Renault";
carColor = "PETROL";
carHorsePower = 170;
```

Das geht tatsächlich noch ganz gut, wenn nur recht wenige Werte zu modellieren sind. Gewöhnlich wollen wir aber mehrere Dinge in unseren Programmen verarbeiten. Je mehr dies werden, desto eleganter und sinnvoller ist eine zusätzliche Möglichkeit zur Strukturierung von Daten (und zugehörigen Funktionalitäten – später mehr dazu).

5.1.1 Grundlagen zu Klassen und Objekten

Wie schon angedeutet, besteht der Kerngedanke bei der objektorientierten Softwareentwicklung darin, den Programmablauf als ein Zusammenspiel von Objekten und ihren Interaktionen aufzufassen. Dabei erfolgt eine Anlehnung an die reale Welt. Dort sind Objekte, etwa Personen, Autos usw., und ihre Interaktionen ein wesentlicher Bestandteil. All diese Dinge werden durch spezielle Merkmale und Verhaltensweisen charakterisiert. Betrachten wir dies am Beispiel: Im realen Leben ist ein Auto ein Objekt. Ein solches Auto hat Eigenschaften (Attribute), wie z. B. Gewicht und Farbe, und Verhaltensweisen (Methoden), wie z. B. Fahren und Bremsen. Eine Klasse kann man sich wie einen Bauplan oder eine Konstruktionsbeschreibung für die Erstellung von Objekten vorstellen. Bevor wir das Ganze in Aktion erleben, vorab ein ganz klein wenig Theorie.

Theorie: Klassen und Objekte

Sprechen wir beispielsweise über ein spezielles Auto, etwa das von Hans Mustermann, so reden wir über ein konkretes *Objekt*. Sprechen wir dagegen abstrakter von Autos, dann meinen wir eine Klasse. Eine *Klasse* ist demnach eine Strukturbeschreibung für Objekte und umfasst eine Menge von *Attributen* und *Methoden*, die in der Regel auf diesen Attributen arbeiten und damit Verhalten definieren. Eine Methode »bremsen« kann z. B. das Attribut »Geschwindigkeit« ändern. Schließlich ist ein Objekt eine konkrete Ausprägung (*Instanz*) einer Klasse.

Klassen definieren

Mit dem Schlüsselwort `class` erzeugt man einen Bauplan (eine Klasse) und damit auch einen neuen Typ. Standardmäßig startet ein Klassenname in Java mit einem Großbuchstaben. Nachfolgend ist dies für Autos vom Typ `Car` mit drei Attributen, je eins für die Marke, die Farbe und für die Motorleistung, gezeigt. Dabei nutzen wir die schon bekannten Strings für Marke und Farbe sowie den Typ `int` für die Motorleistung:

```
jshell> class Car
   ...> {
   ...>     String brand;
   ...>     String color;
   ...>     int horsePower;
   ...> }
```

Ein Objekt erzeugen

Wir haben gerade die Klasse mit dem Namen `Car` implementiert, sodass wir diese nun zum Erstellen von Objekten verwenden können. Genau wie wir bisher Variablen deklariert haben, können wir dies für Klassen auch tun, also einen Typ und danach einen Variablennamen angeben. Um nun ein Objekt vom Typ `Car` zu erstellen, nutzen wir das Schlüsselwort `new` gefolgt vom Klassennamen. Nachfolgend wird demnach ein Objekt der Klasse `Car` mit dem Namen `myCar` erzeugt:

```
jshell> Car myCar = new Car()
myCar ==> Car@101df177
```

Aber Moment, welche Marke, Farbe und Motorleistung hat denn das gerade neu erstellte Auto? Und: Wieso kommt es zu dieser kryptischen Ausgabe? Schauen wir uns eins nach dem anderen an. Allerdings müssen wir zunächst ein wenig Theorie einschieben, um das Verständnis für die nachfolgenden Themen zu erleichtern.

Theorie: Referenz und Identität

Wie bereits erwähnt, ist jedes Objekt durch seinen **Zustand** (Belegung der Attribute) und sein **Verhalten** (Methoden) definiert. Es gibt jedoch noch ein weiteres Unterscheidungskriterium: Beim Aufruf von new entstehen neue Objekte. Diese werden im Hauptspeicher des Computers verwaltet und besitzen unterschiedliche Speicheradressen. Man spricht in diesem Zusammenhang von **Referenz** oder auch **Identität**.

Definiert man in Java eine Variable vom Typ einer Klasse, so stellt diese demnach nicht das Objekt selbst dar, sondern nur eine Referenz auf das Objekt. Eine solche Variable ist ein Verweis, um das Objekt zu erreichen[1] und mit dessen Daten und Methoden zu arbeiten. Abbildung 5-1 zeigt dies für eine Referenzvariable myCar, die auf ein Objekt vom Typ Car verweist und somit Zugriff auf dessen Attribute (hier z. B. brand und horsePower) sowie dessen (noch nicht besprochene) Methoden erlaubt.

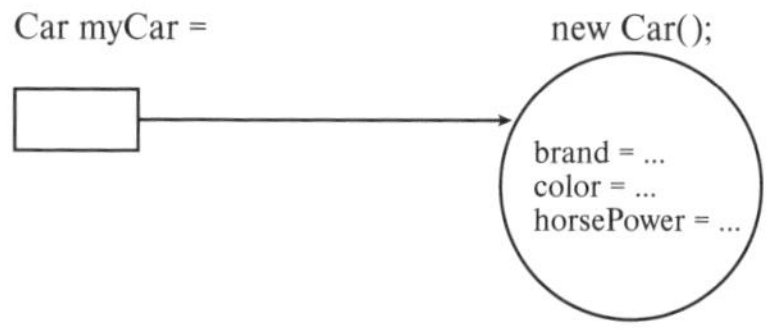

Abbildung 5-1 *Objekterzeugung und -referenzierung*

Die folgende Abbildung 5-2 zeigt die Referenzierung desselben Objekts durch mehrere Referenzvariablen, hier myCar und otherCar.

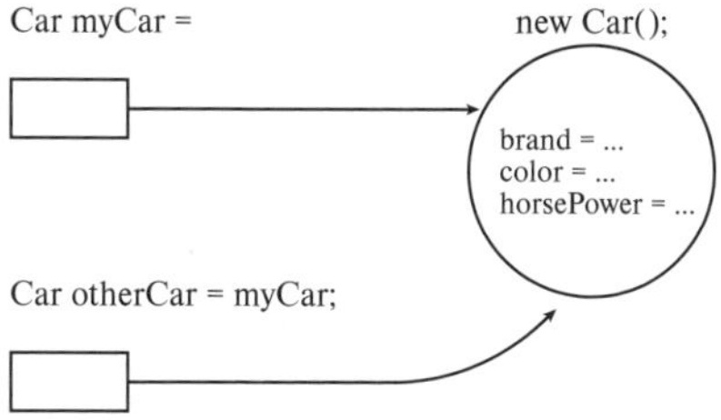

Abbildung 5-2 *Mehrfache Referenzierung eines Objekts*

Bereits beim bloßen Betrachten erahnt man mögliche Auswirkungen von Änderungen von Attributen: Wird etwa der Wert des Attributs brand oder horsePower für das

---

[1]Dies entspricht der Adresse im Speicher, wo das Objekt nach seiner Erzeugung abgelegt ist.

durch `myCar` referenzierte `Car`-Objekt verändert, so wirkt sich das natürlich auch in dem durch `otherCar` referenzierten Objekt aus. Das ist in diesem Beispiel noch leicht verständlich, verweisen doch beide Referenzen auf *dasselbe* Objekt.

Betrachten wir aber noch ein weiteres Detail: In der Abbildung haben wir schon folgende Anweisungen nachvollzogen, die offensichtlich beide auf dieselbe Stelle im Speicher und damit auf das gleiche Objekt verweisen:

```
jshell> Car myCar = new Car()
myCar ==> Car@5f184fc6

jshell> Car otherCar = myCar
otherCar ==> Car@5f184fc6
```

Wollen wir den Verweis von `otherCar` löschen, so können wir diesen mit der `null`-Referenz belegen. Dadurch zeigt die Variable einfach nirgendwo hin. Deswegen lässt sich mit dem Wert `null` auch prüfen, ob Variablen bereits initialisiert sind, also per `new` deren Typ erzeugt wurde. Und noch etwas: Wenn wir `otherCar` mit `null` belegen, so betrifft dies die andere Referenz nicht:

```
jshell> otherCar = null
otherCar ==> null

jshell> myCar
myCar ==> Car@5f184fc6
```

5.1.2   Eigenschaften (Attribute)

Zugriff auf die Attribute

Zum Zugriff auf die Eigenschaften (Attribute genannt) nutzt man die Punktnotation (`object.attribute`). Nachfolgend greifen wir auf alle Attribute von `myCar` zu:

```
jshell> myCar.brand
$210 ==> null

jshell> myCar.color
$210 ==> null

jshell> myCar.horsePower
$211 ==> 0
```

Offensichtlich sind die Attribute noch nicht mit sinnvollen Werten belegt. Deshalb kommt es für die beiden Strings zur Ausgabe des Werts `null`, was bekanntermaßen bedeutet das, dass noch kein Objekt erzeugt wurde. Zahlentypen werden dagegen bei der Konstruktion eines Objekts mit 0 initialisiert.

Objektzustand

Die momentane Wertebelegung der Attribute eines Objekts, etwa die Farbe und die Marke, wird *Objektzustand* genannt. Die Wertebelegungen können sich im Programmablauf ändern. Beispielsweise ändert sich die Farbe des Autos durch eine neue Lackierung. Bei Personen ändert sich etwa das Alter oder der Beziehungsstatus.

Unveränderlicher Zustand Interessanterweise gibt es noch ein weiteres Detail zu beachten: Beim Programmieren und im realen Leben existieren verschiedene Dinge, die nach der Erstellung bzw. Initialisierung unveränderlich sind. Bei Personen ist das etwa das Geburtsdatum, bei Autos ist es die Marke usw. Wir lernen später, wie wir Attribute durch die sogenannte Kapselung vor ungewünschten Modifikationen schützen.

Wertebelegung der Attribute ändern

Wie im realen Leben ändern sich für Objekte die Eigenschaften, etwa die Geschwindigkeit eines Autos beim Gasgeben oder Bremsen. Wie gesehen, besitzen die Attribute in unserem Beispiel noch keine sinnvolle Erstbelegung. Unser Auto soll ein blauer Audi sein und 220 PS besitzen. Genau wie die bisher genutzten Variablen können wir auch mit Attributen von Objekten verfahren, nämlich eine Zuweisung ausführen und dabei die schon erwähnte Punktnotation verwenden:

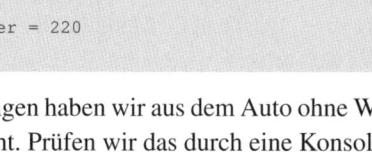

```
jshell> myCar.brand = "Audi"
$212 ==> "Audi"

jshell> myCar.color = "BLUE"
$213 ==> BLUE

jshell> myCar.horsePower = 220
$214 ==> 220
```

Durch die drei Zuweisungen haben wir aus dem Auto ohne Wertebelegung einen blauen Audi mit 220 PS gemacht. Prüfen wir das durch eine Konsolenausgabe nach:

```
jshell> System.out.println(myCar)
REPL.$JShell$35C$Car@5d22bbb7
```

Huch, die Ausgabe auf der Konsole ist immer noch kryptisch. Wie ändern wir das? Dazu müssen wir die Methode `toString()` implementieren. Diese wird von Java automatisch aufgerufen, wenn eine Stringrepräsentation für ein Objekt benötigt wird. Wir wandeln unsere Klasse wie folgt ab:

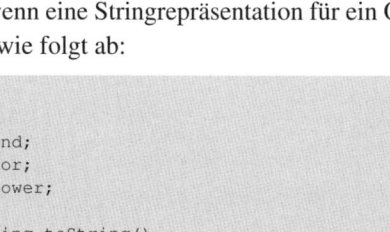

```
jshell> class Car
   ...> {
   ...>     String brand;
   ...>     String color;
   ...>     int horsePower;
   ...>
   ...>     public String toString()
   ...>     {
   ...>         return "Marke: " + brand + " / Farbe: " + color +
   ...>             " / PS: " + horsePower;
   ...>     }
   ...> }
```

Schauen wir uns an, was das bewirkt. Wir erzeugen uns dazu ein neues Auto:

```
jshell> Car myCar = new Car()
myCar ==> Marke: null / Farbe: null / PS: 0
```

Zumindest ist die Konsolenausgabe nun deutlich informativer, allerdings sind die Werte unbelegt, da ein neues Car-Objekt erstellt wurde. Wiederholen wir die Wertebelegung:

```
jshell> myCar.brand = "Audi"
$212 ==> "Audi"

jshell> myCar.color = "BLUE"
$213 ==> BLUE

jshell> myCar.horsePower = 220
$214 ==> 220

jshell> System.out.println(myCar)
Marke: Audi / Farbe: BLUE / PS: 220
```

Obwohl das schon richtig super aussieht, gibt es noch etwas zu bedenken: Wäre es nicht wünschenswert, wenn wir direkt beim Erzeugen eines Autos seine Eigenschaften (oder zumindest einige davon) festlegen könnten? Widmen wir uns nun einer sinnvollen initialen Wertebelegung bei der Konstruktion.

Wertebelegung bei der Konstruktion

Ein Konstruktor ist in Java eine Art spezielle Methode, die zur Initialisierung von Objekten verwendet wird. Der Konstruktor wird beim Erstellen eines Objekts einer Klasse ausgeführt, also in Kombination mit new. Ein Konstruktor besitzt den Namen der Klasse, aber keinen Rückgabetyp. Optional können jedoch Parameter übergeben werden. Auf diese Weise lässt sich eine sinnvolle Erstbelegung der Attribute vornehmen. In der Regel benötigt der Konstruktor dazu Parameter, aus denen er die Anfangsbelegung herleitet. Sofern ein Parameter und ein Attribut gleich heißen, muss man diese irgendwie auseinanderhalten können. Dazu dient das Schlüsselwort this, das das aktuelle Objekt bezeichnet und bei der Punktnotation angegeben werden kann. Dies ist allerdings nur bei Namenskonflikten zwingend, um für eine korrekte Abarbeitung zu sorgen:

```
jshell> class Car
   ...> {
   ...>     String brand;
   ...>     String color;
   ...>     int horsePower;
   ...>
   ...>     public Car()
   ...>     {
   ...>         this.brand = "Unbekannt";
   ...>         this.color = "Unlackiert";
   ...>         this.horsePower = 0;
   ...>     }
   ...>
   ...>     public Car(String brand, String color, int horsePower)
   ...>     {
   ...>         this.brand = brand;
   ...>         this.color = color;
```

```
...>          this.horsePower = horsePower;
...>     }
...>
...>     public String toString()
...>     {
...>          return "Marke: " + brand + " / Farbe: " + color +
...>               " / PS: " + horsePower;
...>     }
...> }
```

Im Listing sieht man, dass eine Klasse auch mehrere Konstruktoren besitzen kann. Denjenigen ohne Parameter nennt man *Standardkonstruktor* oder *Defaultkonstruktor*. Auch dort lässt sich eine erste Wertebelegung vornehmen.

Wie gewöhnlich wollen wir erneut sehen, wie sich diese Erweiterungen positiv bemerkbar machen. Zunächst erzeugen wir ein weiteres Auto mit dem Standardkonstruktor (demjenigen ohne Parameter) und danach eins mit gewünschter Marke, Farbe und Motorisierung durch den zweiten Konstruktor:

```
jshell> Car myFirstCar = new Car()
myFirstCar ==> Marke: Unbekannt / Farbe: Unlackiert / PS: 0

jshell> Car mySecondCar = new Car("Audi", "BLUE", 220)
mySecondCar ==> Marke: Audi / Farbe: BLUE / PS: 220
```

Besonderheiten

Besonderheit 1: Konstruktor-Chaining Wir sehen im Beispiel, dass die beiden Konstruktoren sehr ähnliche Dinge machen, nämlich sämtliche Attribute mit Werten belegen. Stellen Sie sich einmal vor, die Klasse hätte noch ein paar mehr Attribute. Diese Zuweisungen immer zu duplizieren ist sowohl unpraktisch als auch unelegant. Als Abhilfe kann ein Konstruktor auch einen anderen Konstruktor aufrufen. Das nennt man *Konstruktor-Chaining*.

Für die Klasse Car bietet es sich an, im Konstruktor ohne Parameter denjenigen mit Parametern passend aufzurufen. Das sieht dann wie folgt aus:

```
...>     public Car()
...>     {
...>          this("Unbekannt", "Unlackiert", 0);
...>     }
...>
...>     public Car(String brand, String color, int horsePower)
...>     {
...>          this.brand = brand;
...>          this.color = color;
...>          this.horsePower = horsePower;
...>     }
```

Besonderheit 2: Nur normaler Konstruktor Auf ein weiteres Detail bei der Definition von Konstruktoren möchte ich hinweisen. Gerade haben wir zwei Konstruktoren gesehen. Was passiert eigentlich, wenn man den scheinbar überflüssigen Defaultkonstruktor entfernt und nur noch den Konstruktor mit den drei Parametern behält?

Probieren wir das für eine Klasse `Car2` aus, die abgesehen vom Namen und der folgenden Abweichung beim Konstruktor exakt der vorherigen Klasse `Car` entspricht:

```
...>    public Car2(String brand, String color, int horsePower)
...>    {
...>        this.brand = brand;
...>        this.color = color;
...>        this.horsePower = horsePower;
...>    }
```

Wenn wir jetzt in der JShell wiederum Objekte erzeugen, dann erhalten wir folgende Ausgaben:

```
jshell> Car2 secondCar = new Car2()
|  Error:
|  constructor Car2 in class Car2 cannot be applied to given types;
|    required: java.lang.String,java.lang.String,int
|    found:    no arguments
|    reason: actual and formal argument lists differ in length
|  Car2 secondCar = new Car2();
|                   ^---------^

jshell> Car2 secondCar = new Car2("Ford", "GREEN", 120)
secondCar ==> Marke: Ford / Farbe: GREEN / PS: 120
```

Offensichtlich kann man ohne Angabe von Parametern keine Objekte vom Typ `Car2` mehr erzeugen. Eigentlich logisch, weil ja auch kein Defaultkonstruktor definiert ist.

Aber Moment, ganz am Anfang des Beispiels haben wir doch in unserer Klasse auch keinen Defaultkonstruktor bereitgestellt. Das führt uns zur nächsten Besonderheit.

Besonderheit 3: Defaultkonstruktor   Tatsächlich ist es so, dass in Java für alle Klassen, die keinen Konstruktor explizit definieren, sei es nun eine Implementierung des Defaultkonstruktors oder eines solchen mit Parametern, immer automatisch ein Defaultkonstruktor bereitgestellt wird. Zur Initialisierung erhalten die Attribute eine initiale Wertebelegung. Wie schon gesehen, ist dies `null` für Objekte, der Wert 0 für Zahlen und `false` für `boolean`s.

Zur Verdeutlichung implementieren wir folgende Klasse `ExamplePerson` inklusive einer `toString()`-Methode:

```
jshell> class ExamplePerson
   ...> {
   ...>     String name;
   ...>     int age;
   ...>     boolean isAdult;
   ...>
   ...>     public String toString()
   ...>     {
   ...>         return String.format("name %s, age %d, isAdult %b",
   ...>                             name, age, isAdult);
   ...>     }
   ...> }
|  replaced class ExamplePerson
```

Im Anschluss konstruieren wir direkt ein Objekt mit `new`:

```
jshell> new ExamplePerson()
$46 ==> name null, age 0, isAdult false
```

Wir sehen, dass die Attribute die zuvor beschriebenen Defaultwerte besitzen und dass es offensichtlich einen Defaulkonstruktor geben muss, da wir ein Objekt erzeugen können.

5.1.3   Verhalten (Methoden)

Verhalten definieren

Wenn wir wieder die Analogie zum realen Leben bemühen, wäre es ziemlich langweilig, wenn es keine Veränderungen geben würde. Autos können die Geschwindigkeit ändern, ein Tuning Kit erhalten oder im Autoradio wechseln Sie den Sender.

Für unser Beispiel wollen wir das Autos neu lackieren. Zum Wechseln der Farbe fügen wir eine Methode `void paintWith(String newColor)` hinzu:

```
jshell> class Car
   ...> {
   ...>     String brand;
   ...>     String color;
   ...>     int horsePower;
   ...>
   ...>     public Car()
   ...>     {
   ...>         this("Unbekannt", "Unlackiert", 0);
   ...>     }
   ...>
   ...>     Car(String brand, String color, int horsePower)
   ...>     {
   ...>         this.brand = brand;
   ...>         this.color = color;
   ...>         this.horsePower = horsePower;
   ...>     }
   ...>
   ...>     public void paintWith(String newColor)
   ...>     {
   ...>         this.color = newColor;
   ...>     }
   ...>
   ...>     public String toString()
   ...>     {
   ...>         return "Marke: " + brand + " / Farbe: " + color +
   ...>             " / PS: " + horsePower;
   ...>     }
   ...> }
```

Nachfolgend werden wir aus einem orangen VW einen grünen machen:

```
jshell> Car myThirdCar = new Car("VW", "ORANGE", 123)
myThirdCar ==> Marke: VW / Farbe: ORANGE / PS: 123

jshell> myThirdCar.paintWith("GREEN")

jshell> System.out.println(myThirdCar)
Marke: VW / Farbe: GREEN / PS: 123
```

Wie wäre es, wenn wir nun eine weitere Methode zum Tuning hinzufügen? So langsam wird das Editieren in der JShell allerdings etwas umständlich. Als Quick Fix gibt es das Kommando `/edit`, das ein simples Editorfenster inklusive aller bisherigen Sourcecode-Schnipsel öffnet. Alternativ können Sie die Programmzeilen auch in einem Texteditor schreiben und dann in die JShell kopieren. ***Im Normalfall ist es jedoch besser, zum Bearbeiten von Java-Programmen eine IDE zu verwenden.*** Damit beginnen wir, wenn wir uns im übernächsten Abschnitt mit dem Erstellen ausführbarer Klassen beschäftigen.

```
class Car
{
    String brand;
    String color;
    int horsePower;

    public Car()
    {
        this("Unbekannt", "Unlackiert", 0);
    }

    public Car(String brand, String color, int horsePower)
    {
        this.brand = brand;
        this.color = color;
        this.horsePower = horsePower;
    }

    public void paintWith(String newColor)
    {
        this.color = newColor;
    }

    public void applyTuningKit()
    {
        this.horsePower += 150;
    }

    public String toString()
    {
        return "Marke: " + brand + " / Farbe: " + color +
            " / PS: " + horsePower;
    }
}
```

Erneut erzeugen wir durch einen Konstruktoraufruf mit passenden Parametern ein neues Auto in Form eines `Car`-Objekts. Für unseren Ferrari nutzen wir gleich noch das Tuning Kit durch Aufruf von `applyTuningKit()`, was dann 150 PS mehr bringt:

```
jshell> Car myFerrari = new Car("Ferrari", "RED", 550)
myFerrari ==> Marke: Ferrari / Farbe: RED / PS: 550

jshell> myFerrari.applyTuningKit()

jshell> System.out.println(myFerrari)
Marke: Ferrari / Farbe: RED / PS: 700
```

> **Tipp: Gedanken zur Erweiterung**
>
> Eigentlich sollte das Tuning Kit nicht mehrmals angewendet werden können. Wie verhindert man das? Eine Möglichkeit besteht darin, ein zusätzliches Attribut in Form einer `boolean`-Variablen `isTuned` bereitzustellen. Diese Variable kann dann speichern, dass bereits einmal ein Tuning erfolgt ist.

Verhalten für Klassen definieren – statische Methoden und Variablen

Wir haben gerade gesehen, wie wir mithilfe von Methoden das Verhalten von Objekten definieren. Darüber hinaus ist es auch möglich, sowohl Methoden als auch Variablen für Klassen zu definieren. Diese sind dann keinem Objekt zugeordnet, sondern der Klasse selbst. Dazu dient das Schlüsselwort `static`, das der Definition vorangestellt wird. Man spricht dann von einer *statischen Methode* bzw. einer *statischen Variablen*.

Wir nutzen nochmals schnell die JShell für ein Beispiel. Nachfolgend werden in einer Klasse `StaticExample` sowohl eine statische Methode und Variable als auch eine »normale« Objektmethode definiert:

```
jshell> class StaticExample
   ...> {
   ...>        static String staticInfo = "Class wide info";
   ...>
   ...>        static String generateInfo()
   ...>        {
   ...>            System.out.println("static methods can be called without " +
   ...>                               "creating objects");
   ...>
   ...>            return "Special Information";
   ...>        }
   ...>
   ...>        String objectMethod()
   ...>        {
   ...>            System.out.println("object methods must be called on objects");
   ...>            System.out.println("static methods/variables are accessible");
   ...>
   ...>            return staticInfo;
   ...>        }
   ...> }
|  created class StaticExample
```

Die Unterschiede zwischen den beiden Arten von Methoden sind im Listing bereits durch die Texte der Konsolenausgaben angedeutet. Eine statische Methode kann ohne vorheriges Erzeugen einer Instanz aufgerufen werden. Dazu nutzt man die Punktnotation mit dem Klassennamen – Gleiches gilt für statische Variablen:

```
jshell> StaticExample.generateInfo()
static methods can be called without creating objects
$14 ==> "Special Information"

jshell> StaticExample.staticInfo
$15 ==> "Class wide info"
```

Für Objektmethoden bedarf es einer Instanz der Klasse. Versucht man es wie zuvor gezeigt, erhält man eine Fehlermeldung. Deshalb erzeugen wir ein Objekt und rufen die Methode erneut auf:

```
jshell> StaticExample.objectMethod()
|  Error:
|  non-static method objectMethod() cannot be referenced from a static context
|  StaticExample.objectMethod()
|  ^-------------------------^

jshell> var se = new StaticExample()
se ==> StaticExample@1f89ab83

jshell> se.objectMethod()
object methods must be called on objects
static methods/variables are accessible
```

5.1.4 Objekte vergleichen – die Rolle von `equals()`

Immer mal wieder kann es nötig sein, zwei Objekte miteinander zu vergleichen. Für Zahlen haben wir dazu == genutzt. Schauen wir einfach mal, was passiert, wenn wir das für Objekte genauso machen. Dazu konstruieren wir zwei inhaltlich gleiche Objekte vom Typ Car wie folgt:

```
jshell> Car tomsCar = new Car("Audi", "BLUE", 275)
tomsCar ==> Marke: Audi / Farbe: BLUE / PS: 275

jshell> Car jimsCar = new Car("Audi", "BLUE", 275)
jimsCar ==> Marke: Audi / Farbe: BLUE / PS: 275

jshell> tomsCar == jimsCar
$4 ==> false
```

Zwar scheinen diese Objekte für uns Menschen gleich zu sein, aber für den Computer sind sie es nicht! Wieso? Der Computer unterscheidet verschiedene Formen von Gleichheit! Für Objekte existieren nämlich die inhaltliche Gleichheit sowie die sogenannte Referenzgleichheit oder Identität. Tatsächlich tun wir das in der Realität genauso: Wir unterscheiden bei Objekten, ob es das gleiche oder dasselbe (identische) Objekt ist. Wenn Peter und Michael zwei Bücher gleichen Titels besitzen, dann sind es zwei Exemplare des gleichen Buchs. Diese sind aber nicht dasselbe Exemplar. Genauso können Tom und Jim jeweils einen blauen Audi mit 275 PS besitzen, ohne dass es sich um dasselbe Auto handelt. Es ist eben das gleiche Auto, also mit gleichen Eigenschaften.

Vergleich von Objekten

Kommen wir zum Vergleich von Objekten zurück. Dafür gibt es unter anderem folgende Möglichkeiten, die jedoch gewisse Besonderheiten besitzen, die man kennen sollte, um Probleme zu vermeiden:

1. **Operator '=='** – Mit dem Operator '==' werden Referenzen verglichen. Somit wird auf Identität geprüft, also, ob es sich um *dieselben* Objekte handelt.

2. **Aufruf der Methode `equals()`** – Wenn zwei Objekte bezüglich ihres Zustands (d. h. der Wertebelegung der Attribute) verglichen werden sollen, dann ist dazu die Methode `equals()` in eigenen Klassen zu implementieren. Standardmäßig erfolgt sonst lediglich ein Vergleich der beiden Referenzen mit dem Operator '=='. In eigenen Realisierungen muss derjenige Teil des Objektzustands verglichen werden, der für die *semantische Gleichheit*, also die inhaltliche Gleichheit, relevant ist.

Puh, das war jetzt etwas theoretisch. Allerdings ist durch die bisherigen Erklärungen nun klar, dass ein Vergleich mit == den Wert `false` liefert.

Probieren wir den Vergleich der Autos mit `equals()`:

```
jshell> Car tomsCar = new Car("Audi", "BLUE", 275)
tomsCar ==> Marke: Audi / Farbe: BLUE / PS: 275

jshell> Car jimsCar = new Car("Audi", "BLUE", 275)
jimsCar ==> Marke: Audi / Farbe: BLUE / PS: 275

jshell> tomsCar.equals(jimsCar)
$5 ==> false
```

Wieso wird hier keine inhaltliche Gleichheit erkannt? Darüber könnten wir zunächst stutzig sein. Deshalb lesen wir kurz nochmals den oberen Abschnitt zu `equals()`. Dort steht, dass wir die Methode selbst definieren müssen.

Empfohlenes Vorgehen zur Implementierung   Eine Umsetzung in der Praxis ist doch relativ einfach nach folgendem zweistufigen Vorgehen möglich:

1. **Prüfungen** – Vor dem inhaltlichen Vergleich sichern wir ab, dass

   a) keine `null`-Referenzen,

   b) keine identischen Objekte und

   c) nur Objekte des gewünschten Typs verglichen werden.

2. **Objektvergleich** – Anschließend werden diejenigen Attributwerte verglichen, die für die Aussage »Gleichheit« relevant sind.

Hinweis: `Object` in der Methode `equals()`

Vielleicht wundern Sie sich über den Typ `Object` in der Methode `equals()`. Der Typ `Object` kann stellvertretend für andere Typen in Methodensignaturen (vgl. Abschnitt 2.5.4), also für Parameter, genutzt werden, um eine allgemeine Gültigkeit auszudrücken. Wieso Objekte vom Typ `Car` als Wert genutzt werden können, erfahren wir später bei der Besprechung der Klasse `Object` in Abschnitt 5.4.

Wissenswertes zur Implementierung der Methode `equals(Object)`

Prüfungen   Die Implementierung der Methode `equals(Object)` in eigenen Klassen sollte mit einer Prüfung des Übergabeparameters auf `null` beginnen (Punkt a). Für eine bessere Performance wird danach auf Identität (Punkt b) geprüft, weil man sich bei Identität alle weiteren, gegebenenfalls aufwendigen Prüfungen sparen kann. Um nicht Äpfel mit Birnen zu vergleichen, erfolgt eine Typprüfung (Punkt c) vor dem eigentlichen Vergleich der Attribute. Zur Typprüfung für die Klasse `Car` verwenden wir die Methode `getClass()`, die vom Typ `Object` bereitgestellt wird und Auskunft über den Typ gibt.

Objektvergleich   Wurden die initialen Prüfungen bestanden, so kann nun das übergebene Objekt sicher auf den entsprechenden Typ gecastet werden. Die relevanten Attribute des Objekts werden (z. B. in der Reihenfolge ihrer Definition oder des ersten vermuteten Unterschieds) auf Gleichheit geprüft. Dabei gelten folgende Regeln:

1. Vergleiche alle primitiven Ganzzahltypen per Operator '=='. Für Gleitkommazahlen sind derartige Vergleiche fehleranfällig und fragil. Beachten Sie dazu bitte die Ausführungen in Abschnitt 7.2 und den folgenden Hinweiskasten.
2. Vergleiche alle Objekttypen mit deren `equals(Object)`-Methode. Einfach und sogar `null`-sicher, also ohne dass wir uns um `null`-Werte selbst kümmern müssten, macht es die im Folgenden aus der Java-Standardbibliothek (JDK = Java Development Kit) stammende Methode `Objects.equals()`.

Implementierung der Methode `equals(Object)`   Basierend auf den gerade gewonnenen Erkenntnissen ergibt sich für die `equals(Object)`-Methode für die Klasse `Car` folgende Realisierung:

```java
@Override
public boolean equals(final Object other)
{
    if (other == null)                       // Null-Akzeptanz
        return false;
    if (this == other)                       // Reflexivität
        return true;
    if (this.getClass() != other.getClass()) // Typgleichheit sicherstellen
        return false;

    Car other = (Car) obj;
    return Objects.equals(brand, other.brand) &&
            Objects.equals(color, other.color) &&
            horsePower == other.horsePower;
}
```

Achtung: Auswirkungen von `equals(Object)`

Das Implementieren von `equals(Object)` erlaubt es uns, Objektvergleiche auf semantischer Ebene zu beschreiben. Im Kontext von Containerklassen und Collections ist allerdings unbedingt noch auf eine zu `equals(Object)` passende Implementierung der Methode `hashCode()` zu achten. Das wird später in Abschnitt 5.4 kurz beschrieben.

Hinweis: Vergleich von Gleitkommatypen `float` und `double`

Aufgrund der systemimmanenten Ungenauigkeit bei Berechnungen mit Gleitkommazahlen müssen wir bei deren Vergleich besondere Vorsicht walten lassen bzw. sie in Implementierungen von `equals(Object)` möglichst vermeiden.

Sofern dringend benötigt, kann man sich zum Vergleich von Gleitkommazahlen eine Hilfsmethode `isEqualWithinPrecision(double, double, double)` wie folgt definieren:

```java
public static boolean isEqualWithinPrecision(final double value,
                        final double expected, final double epsilon)
{
    return (value > expected - epsilon && value < expected + epsilon);
}
```

Damit werden alle Werte für den erwarteten und den zu prüfenden Wert als »gleich« angesehen, falls deren Differenz kleiner als »Epsilon« ist.

5.2   Nächste Schritte

5.2.1   Klassen ausführbar machen

In der Einleitung habe ich geschrieben, dass sich die Funktionalität objektorientierter Programme aus dem Zusammenspiel verschiedener Klassen ergibt. Demzufolge muss es zumindest einen Startpunkt, die Hauptapplikation, geben.

Möchte man dazu aus einer Klasse eine ausführbare Einheit machen, so muss man dieser Klasse eine öffentliche (`public`), statische Methode mit dem Namen `main` folgendermaßen hinzufügen:

```java
public static void main(String[] args)
{
    // hier stehen die Anweisungen zum Ausführen des Programms
}
```

Wiederholt haben wir jetzt das Schlüsselwort `public` gesehen. In aller Kürze: Damit werden Klassen oder Methoden für andere Klassen zugänglich. Später dazu mehr.

Applikation als Klasse definieren

Wenden wir uns unserem Beispiel der Autos zu. Zwar könnte man dort in der Klasse
Car eine main()-Methode ergänzen, aber das wäre recht unnatürlich, weil diese Klasse
ja Dinge modelliert. Es bietet sich an, die eigentliche Applikation als eine separate
Klasse zu modellieren.

Wie gerade motiviert, besteht ein Java-Programm in der Regel aus vielen Klassen.
Normalerweise dienen einige davon zum Verwalten von Daten, andere stellen Funktionalitäten bereit und oftmals gibt es eine spezielle Klasse, die die Hauptapplikation
enthält. In dieser wird dann gewöhnlich die main()-Methode definiert.

Für unser Beispiel könnte das Hauptprogramm etwa eine Klasse CarManagement-
Application sein, die zur Verwaltung von Autos eines Autohändlers dient. Exemplarisch gehen wir von einem feststehenden Bestand an Autos als Car[] aus und bieten
zwei Suchen oder Filterungen an, nämlich nach Marke sowie nach Mindest-PS. Für beides realisieren wir korrespondierende Methoden. Dabei nutzen wir einmal die for-each-
Schleife und alternativ einmal die for-Schleife, um beide nochmals zu wiederholen.
Beim Filtern nach Marke setzen wir die gerade kennengelernte Methode equals()
zum Vergleich von Objekten ein – hier für den Typ String, wo diese schon passend
vordefiniert ist:

```java
public class CarManagementApplication
{
    Car[] availableCars = new Car[] { new Car("Renault", "BLUE", 75),
                                      new Car("Renault", "PETROL", 175),
                                      new Car("Ferrari", "RED", 455),
                                      new Car("BMW", "GREEN", 255),
                                      new Car("BMW", "YELLOW", 125),
                                      new Car("VW", "WHITE", 65),
                                      new Car("VW", "BLUE", 105) };

    private CarManagementApplication()
    {
    }

    private void filterByBrand(String brand)
    {
        for (Car currentCar : availableCars)
        {
            if (currentCar.brand.equals(brand))
                System.out.println(currentCar);
        }
    }

    private void filterByHorsePowerGreaterThan(int minHorsePower)
    {
        for (int i = 0; i < availableCars.length; i++)
        {
            if (availableCars[i].horsePower > minHorsePower)
                System.out.println(availableCars[i]);
        }
    }
// ...
```

Wir nutzen im Listing das Schlüsselwort `private` zum Verstecken von Informationen. Dadurch kann nur die Klasse selbst auf diese Methoden zugreifen. Da es die Hauptapplikation ist, wird der Programmablauf in `main()` beschrieben und nur hier soll Zugriff bestehen. Kommen wir zur `main()`-Methode. Dort erzeugen wir eine Instanz der Klasse `CarManagementApplication` und führen dann zwei Suchen durch, einmal nach der Marke »Renault« und einmal nach mehr als 150 PS:

```
// ...

    public static void main(String[] args)
    {
        CarManagementApplication app = new CarManagementApplication();

        System.out.println("Alle Renaults im Angebot:");
        app.filterByBrand("Renault");

        System.out.println();

        System.out.println("Alle Autos mit mehr als 150 PS:");
        app.filterByHorsePowerGreaterThan(150);
    }
}
```

Wenn wir diese Klasse in der JShell definieren, dann ist folgende etwas kryptische Aufrufsyntax erforderlich:

```
jshell> CarManagementApplication.main(null)
```

Dabei kommt es zu folgenden Programmausgaben, die die beiden Filterungen zeigen:

```
Alle Renaults im Angebot:
Marke: Renault / Farbe: BLUE / PS: 75
Marke: Renault / Farbe: PETROL / PS: 175

Alle Autos mit mehr als 150 PS:
Marke: Renault / Farbe: PETROL / PS: 175
Marke: Ferrari / Farbe: RED / PS: 455
Marke: BMW / Farbe: GREEN / PS: 255
```

Hinweis: Verbesserungspotenziale

Wenn wir ein wenig überlegen, können uns folgende Verbesserungspotenziale auffallen:

- Die Verwaltung des Autobestands sollte dynamisch erfolgen. Dazu lernen wir in Kapitel 6 mit Listen passende Datenstrukturen kennen.

- Das Filtern sollte sich allgemeingültiger lösen lassen. Um das realisieren zu können, behandelt Kapitel 9 Lambdas.

Eine weitere unschöne Sache wird beim genaueren Betrachten der beiden Filtermethoden deutlich: Wir greifen direkt auf die Eigenschaften zu. Das wird im Allgemeinen in der Objektorientierung als schlechter Stil gewertet. Warum, klären wir in Kürze.

5.2.2   Imports und Packages

Ein bereits angedeuteter Vorteil der Objektorientierung ist die Wiederverwendung. Dabei existieren verschiedene Formen. Am einfachsten ist das Verwenden von Funktionalitäten aus anderen Klassen. Das haben wir gerade für die Autoverwaltung gesehen. Dazu muss man Zugriff auf die anderen Klassen besitzen und diese referenzieren. Das nennt man auch »importieren«.[2] Im vorherigen Beispiel ist allerdings kein Import nötig, weil die Klassen im selben Package liegen.

Packages

Wenn Ihre Programme größer werden und mehrere Klassen umfassen, dann kommt schnell der Wunsch auf, diese passend zu gruppieren, etwa eine Aufteilung in Hilfsklassen, Klassen für die Modellierung und das Hauptprogramm vorzunehmen. Auch die Java-Standardbibliothek (JDK = Java Development Kit) ist thematisch untergliedert, unter anderem in die Packages `java.lang`, `java.util` und `java.time`. Diese Aufteilung ist analog zum Dateisystem, in dem Sie auch Dateien und Verzeichnisse zur Strukturierung einsetzen.

In Java existiert dazu das Konzept der Packages, die einen sogenannten Namensraum bilden. Java erlaubt keine zwei Klassen gleichen Namens in einem Package, jedoch ist es möglich, gleichnamige Klassen in unterschiedlichen Packages zu definieren.

Packages lassen sich in zwei Kategorien untergliedern:

- Eingebaute Packages (Packages aus dem JDK)
- Benutzerdefinierte Packages (vom Benutzer definierte eigene Packages)

Kommen wir zu unserer Applikation zurück. Bislang haben wir nirgendwo Packages gesehen. Tatsächlich sammelt Java alle Klassen ohne eine spezielle Kennzeichnung im sogenannten Defaultpackage. Nun wollen wir aber für mehr Struktur sorgen (können).

Benutzerdefinierte Packages

Packages entsprechen Verzeichnissen im Dateisystem. Benötigen Sie ein neues Package, so müssen Sie im Dateisystem ein neues gleichnamiges Verzeichnis anlegen. Bequemer lässt sich ein neues Package mit der IDE erstellen. Dann wird zudem automatisch das korrespondierende Verzeichnis angelegt.

Um für eine Klasse die Zugehörigkeit zu einem Package zu definieren, verwenden Sie das Schlüsselwort `package` gefolgt von einem Namen (per Konvention komplett kleingeschrieben) als erste Zeile in einer Java-Datei:

---

[2]Streng genommen kann man auch auf andere Klassen zugreifen, indem man diese mit ihrem sogenannten vollqualifizierten Namen (also inklusive aller Packages und Subpackages) angibt, etwa `new java.util.Scanner("")`.

```
package myfirstpackage;

public class PackageExample
{
    // ...
}
```

Import

Das JDK bietet eine Vielzahl an vordefinierten Klassen, wie die schon eingesetzten `String`, `Math`, `Scanner` usw. Wenn Sie eine Klasse (beispielsweise eine aus dem JDK) finden, die Sie verwenden möchten, z. B. die in der Einführung vorgestellte Klasse `Math`, schreiben Sie in Java-Programmen außerhalb der JShell den folgenden Befehl mit dem Schlüsselwort `import`:

```
import java.util.Math;
```

Dabei ist `java.util` der Name des Packages, während `Math` eine Klasse aus diesem Package ist. Ein Import macht die Funktionalitäten direkt per Name zugreifbar.

Betrachten wir ein einführendes Beispiel, das lediglich das aktuelle Jahr ermitteln soll. Dazu gibt es die später in Abschnitt 12.1.1 vorgestellte, aber intuitiv verständliche Klasse `java.time.Year`. Probieren wir eine Konstruktion in der JShell aus:

```
jshell> Year currentYear = Year.now()
|  Error:
|  cannot find symbol
|    symbol:   class Year
|  Year currentYear = Year.now();
|  ^--^
|  Error:
|  cannot find symbol
|    symbol:   variable Year
|  Year currentYear = Year.now();
|                     ^--^
```

Ganz offensichtlich fehlt der JShell die Information zur Klasse `Year`. Mit einem passenden Import beheben wir das Problem:

```
jshell> import java.time.Year

jshell> Year currentYear = Year.now()
currentYear ==> 2021
```

In eigenen Programmen geschieht das analog.[3]

---

[3]Wenn Sie eine IDE benutzen, so kann diese die benötigten Klassen und Imports automatisch auflösen und bereitstellen.

Besonderheit Package-Import   Wir wissen mittlerweile, dass man mit einem Import eine spezielle Klasse importieren kann. Mitunter enthält ein Package noch diverse weitere Klassen, die man verwenden möchte. Dann lässt sich ein sogenannter Stern-Import wie folgt als Abkürzung nutzen:

```
import package.subpackage.*;
```

Dadurch werden alle im Package enthaltenen Klassen importiert und man muss diese nicht einzeln als Imports aufführen.

Besonderheit JShell   Im Speziellen importiert die JShell bereits alle Klassen aus den Packages `java.util` und `java.lang`, weshalb der obige Import im interaktiven Modus nicht erforderlich ist. Wenn Sie später – außerhalb der JShell – eine eigene Klasse etwa in einer IDE schreiben, dann wird diese `import`-Anweisung benötigt. Das gilt auch immer dann, wenn Sie weitere nicht direkt in der JShell verfügbare Funktionalitäten einbinden wollen.

5.2.3   Übergang zum Einsatz einer IDE

Bislang haben wir vorwiegend die JShell genutzt, weil wir dort einfache Beispiele mit ein oder zwei Klassen gut nachvollziehbar gestalten können.

Ein Java-Programm besteht normalerweise aber aus mehreren, manchmal sogar aus einer Vielzahl an Klassen. Dann helfen IDEs dabei, die Struktur eines Projekts sowie dessen Untergliederung in Packages und Klassen gut handhabbar zu halten. Zudem muss man sich nicht um die Details beim Kompilieren (also Aufruf von `javac`) sowie Ausführen (also Aufruf von `java`) kümmern (vgl. Anhang C). Bei den bislang gezeigten Beispielen und Applikationen mit vorwiegend einer Klasse ist das nur ein geringer Vorteil. Wenn wir uns aber komplexere Applikationen mit einer Vielzahl an Packages und Klassen und somit Verzeichnissen und Dateien vorstellen, wird die manuelle Arbeit doch schnell mühsam und fehlerträchtig.

Wie in der Einführung beschrieben, lassen sich mithilfe von IDEs darüber hinaus Klassen, aber auch Packages ganz einfach anlegen. Auch das Editieren von Sourcecode ist deutlich komfortabler. Das gilt ebenfalls für die Programmausführung.

Für einige der kommenden, etwas umfangreicheren Klassen oder Java-Programme werden wir die IDE nutzen. Exemplarisch zeige ich einige wichtige Schritte.

- Projekt in Eclipse anlegen
- Klasse inklusive Package anlegen
- Sourcecode editieren
- Klasse ausführen

Projekt in Eclipse anlegen

Legen Sie ein neues Java-Projekt an, wie es bereits in der Einführung in Abschnitt 1.3.3 beschrieben wurde. Öffnen Sie links im Package Explorer das Kontextmenü und wählen Sie dort `New > Java Project`. Im erscheinenden Dialog geben Sie dann den gewünschten Projektnamen ein und erzeugen das Projekt durch einen Klick auf den Finish-Button.

Klassen inklusive Package anlegen

Ausgangspunkt zum Anlegen einer Klasse ist wieder die Baumdarstellung auf der linken Seite im Package Explorer. Dort öffnet man ein Kontextmenü und wählt den Eintrag `New > Class`.

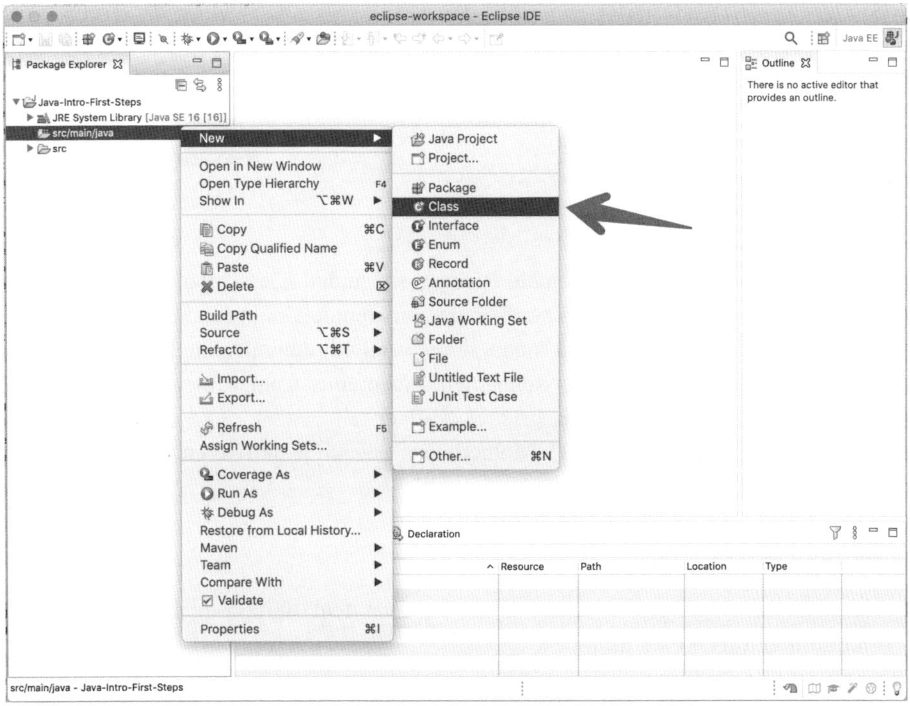

Abbildung 5-3 *Kontextmenü zum Anlegen einer Klasse*

Durch Auswahl im Kontextmenü öffnet sich folgender Dialog zum Erzeugen einer Klasse.

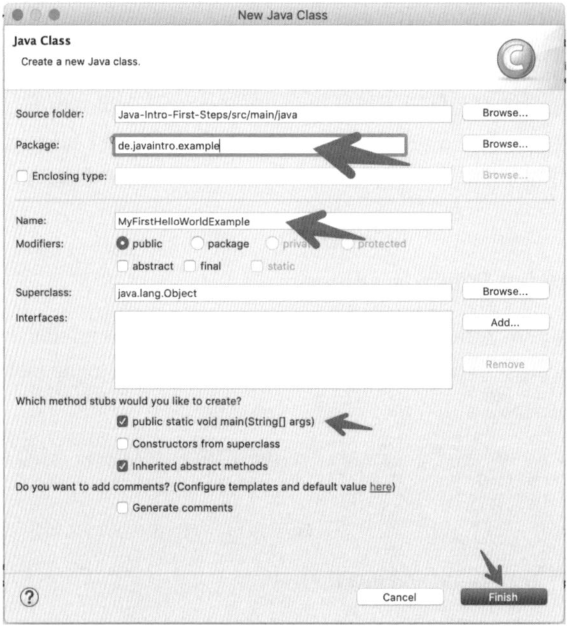

Abbildung 5-4 *Klasse erstellen*

Im Dialog gibt man das gewünschte Package sowie den Klassennamen ein. Bedenken Sie dabei, dass Package-Namen per Konvention komplett kleingeschrieben werden und mehrere Bestandteile besitzen können, die jeweils mit einem . gruppiert werden, etwa `de.javaintro.example`. Klassennamen folgen einer CamelCase-Schreibweise, bei der jedes neue Teilwort großgeschrieben wird, etwa `WordImporter`. Bei Bedarf kann man das Erzeugen einer `main()`-Methode per Checkbox aktivieren. Ein Klick auf Finish erzeugt schließlich eine neue Klasse.

Sourcecode editieren

Nachdem das Grundgerüst steht, können Sie dann den Sourcecode aus den Beispielen im Editor einfügen bzw. abtippen.

Abbildung 5-5 *Sourcecode editieren*

Klasse ausführen

Schließlich wollen Sie sicherlich das so entstandene Java-Programm auch mal in Aktion erleben. Dazu benötigt es bekanntermaßen eine `main()`-Methode. Mithilfe des Kontextmenüs oder des grünen Knopfs mit weißem Play-Pfeil kann man dann die Ausführung starten.

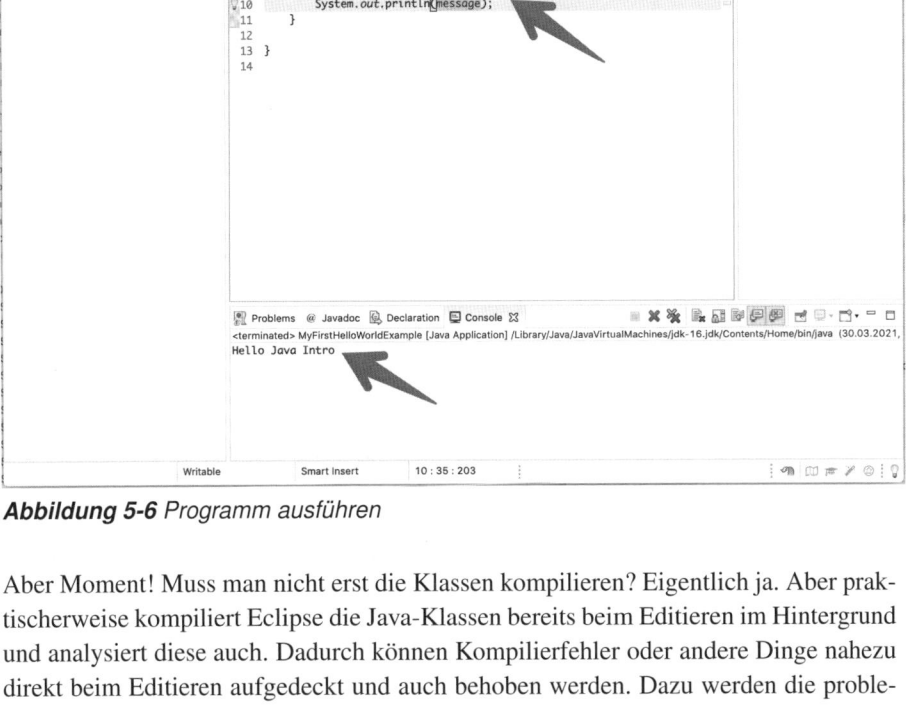

Abbildung 5-6 *Programm ausführen*

Aber Moment! Muss man nicht erst die Klassen kompilieren? Eigentlich ja. Aber praktischerweise kompiliert Eclipse die Java-Klassen bereits beim Editieren im Hintergrund und analysiert diese auch. Dadurch können Kompilierfehler oder andere Dinge nahezu direkt beim Editieren aufgedeckt und auch behoben werden. Dazu werden die problematischen Stellen sowohl im Sourcecode als auch links im Projektbaum angezeigt.

Auf ein weiteres Detail möchte ich noch kurz eingehen. Beim Anlegen von Klassen und Packages sehen wir, dass diese in einem Verzeichnis `src/main/java` landen. Das ist eine seit Jahren etablierte Variante, die initial durch das Build-Tool Maven eingeführt wurde. Unterhalb von `src/main/java` werden dann die Packages und Klassen angelegt.

Strukturieren von Java-Projekten – einheitliches Verzeichnislayout

Je umfangreicher Projekte werden, desto mehr helfen Standards, die Komplexität zu reduzieren, für Vereinheitlichung zu sorgen und den Überblick behalten zu können.

Ohne ein standardisiertes Verzeichnislayout für Projekte kommt es schnell zu Inkonsistenzen bezüglich der genutzten Verzeichnisse für kompilierte Klassen, Fremdbibliotheken usw. Diese Problematik wird sowohl von Eclipse und IntelliJ IDEA als auch von den beiden Build-Tools Gradle und Maven adressiert, indem diese eine einheitliche Verzeichnisstruktur mit folgendem Grundaufbau fordern, die zudem von Eclipse (teilweise) angelegt wird:

```
+ <project-root>
|
+---src
    +---main
    |   +---java          - Java-Klassen
    |   +---resources     - Ressourcendateien für Java-Klassen
    |
    +---test
        +---java          - Testklassen
        +---resources     - Ressourcendateien für Testklassen
```

Durch diese standardisierte Verzeichnisstruktur befinden sich Sourcen und Tests in unterschiedlichen Verzeichnissen. Darüber hinaus benötigte Ressourcendateien werden wiederum in getrennten Verzeichnissen hinterlegt. Mit diesem Wissen ist sofort klar, wo man nach Dateien gewünschten Inhalts suchen muss. Und zudem ist beim späteren Einsatz eines Build-Tools wie Gradle oder Maven nichts zu konfigurieren, wenn man sich an den Standard hält.

5.2.4 Imports und Packages: Auswirkungen auf unsere Applikation

Nachdem wir nun das notwendige Grundwissen zur Bearbeitung und Ausführung von Java-Programmen aufgefrischt oder aufgebaut haben, wollen wir unsere Applikation in zwei Packages aufteilen, nämlich in die Packages `domain` und `main`. Dadurch erzielen wir eine logische Trennung. Wie schon erwähnt, lassen sich Packages auch gruppieren und strukturieren. Dazu kann man etwa als übergeordnetes Namenselement `carapp` wählen, um die Zughörigkeit zur Automanagement-Applikation zu spezifizieren. Die Aufteilung in Kapitel wird durch den vorderen Teil `ch05.oo_design` ausgedrückt.[4]

Kommen wir zur eigentlichen Implementierung zurück. Dazu erstellen wir wie zuvor beschrieben jeweils die Klassen `Car` und `CarManagementApplication`, so wie sie zuvor in der JShell genutzt wurden. Das Ergebnis sollte wie folgt aussehen – allerdings werden auch einige Fehler durch rote Kreuze angezeigt.

---

[4]Normalerweise sollte ein Package-Name keine Unterstriche enthalten. Hier weichen wir ausnahmsweise von der Konvention ab, um die Lesbarkeit des Namens zu erhöhen.

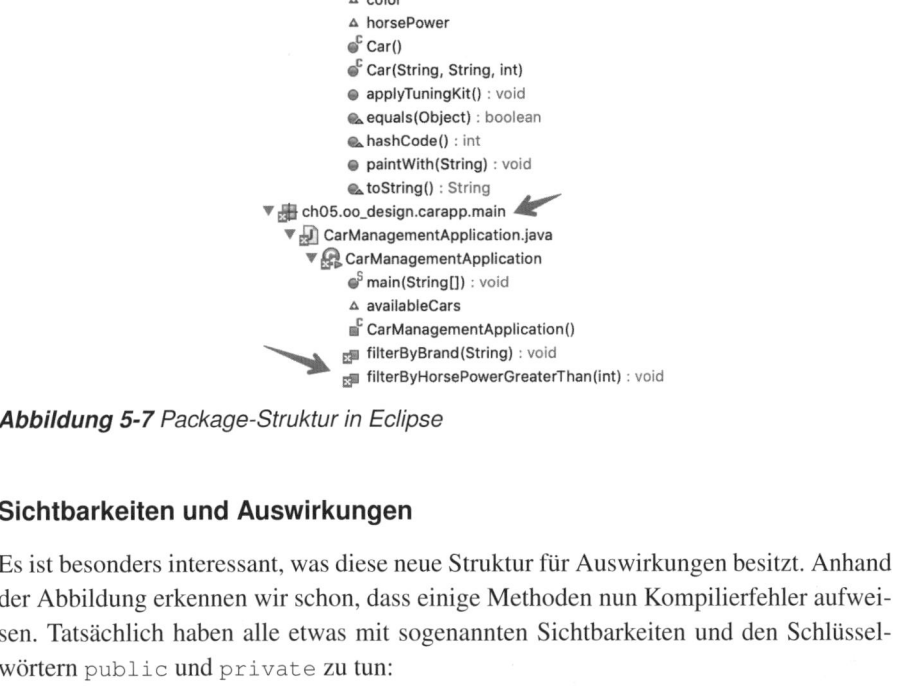

Abbildung 5-7 *Package-Struktur in Eclipse*

Sichtbarkeiten und Auswirkungen

Es ist besonders interessant, was diese neue Struktur für Auswirkungen besitzt. Anhand der Abbildung erkennen wir schon, dass einige Methoden nun Kompilierfehler aufweisen. Tatsächlich haben alle etwas mit sogenannten Sichtbarkeiten und den Schlüsselwörtern `public` und `private` zu tun:

- Die Klasse `Car` ist für die Klasse `CarManagementApplication` nicht zugreifbar, da beide in unterschiedlichen Packages liegen und `Car` nicht `public` ist.
- Mit derselben Begründung sind einige Attribute der Klasse `Car` ebenfalls für die Klasse `CarManagementApplication` nicht zugreifbar.

Korrekturen 1: Sichtbarkeiten und Imports   Aufgrund der Ausführungen müssen wir die Klasse `Car` nun `public` machen. Das gilt auch für deren Konstruktoren. Nur so kann aus dem anderen Package darauf zugegriffen werden. Die Klasse `Car` wird folgendermaßen angepasst:

```
public class Car
{
    String brand;

    String color;

    int     horsePower;

    public Car()
    {
        this("Unbekannt", "Unlackiert", 0);
    }

    public Car(String brand, String color, int horsePower)
    {
        this.brand = brand;
        this.color = color;
        this.horsePower = horsePower;
    }

    ...
```

Zudem benötigen wir in der Applikation nun einen Import:

```
import ch05.oo_design.carapp.domain.Car;

public class CarManagementApplication
{
    ...
}
```

Korrekturen 2: Attributzugriffe   Betrachten wir die beiden Filtermethoden. Dort
haben wir per Punktnotation, also mit dem Namen, auf die Attribute zugegriffen. Auch
das ist nun nicht mehr möglich, da die Klasse `Car` in einem anderen Package liegt und
die Attribute nicht `public` sind. Deswegen erhalten wir folgende Kompilierfehler:

```
19⊖    private void filterByBrand(String brand)
20     {
21         for (int i = 0; i < availableCars.length; i++)
22         {
23             if (availableCars[i].brand.equals(brand))
24                 System.out.printl
25         }                              The field Car.brand is not visible
26     }
27                                        2 quick fixes available:
28⊖    private void filterByHorsePow      ⇨ Change visibility of 'brand' to 'public'
29     {                                  ⇨ Create getter and setter for 'brand'...
30         for (int i = 0; i < avail
31         {                                              Press 'F2' for focus
32             if (availableCars[i].horsePower > minHorsePower)
33                 System.out.println(availableCars[i]);
34         }
35     }
```

Abbildung 5-8 *Kompilierfehler durch fehlende Zugriffsmöglichkeiten*

Bevor wir uns den Fehlern widmen, sollten wir uns nochmals vergegenwärtigen, dass Eclipse die Java-Klassen im Hintergrund kompiliert und Analysen durchführt. Neben Programmierfehlern können basierend auf automatischen Analysen auch verschiedene Quick Fixes vorgeschlagen werden. Wie schon in der Abbildung durch die in Eclipse angegebenen Quick Fixes angedeutet, gibt es zwei Lösungsmöglichkeiten:

1. Wir ändern die Sichtbarkeit der beteiligten Attribute auf `public` – das löst zwar das Zugriffsproblem, ist aber ansonsten kein guter Stil. In Kürze erfahren Sie dazu mehr.
2. Wir führen Zugriffsmethoden mit der Sichtbarkeit `public` ein, die die Attribute von außen zugreifbar machen. Man spricht auch von `get()`- und `set()`-Methoden. Dabei ermöglichen `get()`-Methoden lesenden Zugriff auf die Attribute und `set()`-Methoden schreibenden. Demnach werden diese Methoden im OO-Sprachjargon auch als *Accessors* und *Mutators* bezeichnet. Auch diese Thematik wird nachfolgend im Rahmen der Kapselung noch ausführlicher behandelt.

Ergebnis für unser Beispiel So, nun sind wir in der Lage, das Gelernte für die Klasse `Car` umzusetzen. Klicken wir einfach mal auf die zweite Auswahl, um den entsprechenden Quick Fix von Eclipse anzuwenden. Dadurch wird jeweils eine `get()`- und eine `set()`-Methode für das Attribut `brand` erzeugt. Zudem wird das gewählte Attribut dann `private`. Dies gilt ebenso für das Attribut `horsePower`, weil dafür ebenfalls der Quick Fix angewendet wurde.

```java
public class Car
{
    private String brand;
    String color;
    private int horsePower;

    // ...

    public String getBrand()
    {
        return brand;
    }

    public void setBrand(String brand)
    {
        this.brand = brand;
    }

    public int getHorsePower()
    {
        return horsePower;
    }

    public void setHorsePower(int horsePower)
    {
        this.horsePower = horsePower;
    }
}
```

Erwartungskonform gibt die `getBrand()`-Methode den Wert des Attributs `brand` zurück und die `setBrand()`-Methode erhält einen Parameter (`brand`) und weist ihn dem Attribut `brand` zu. Das `this`-Schlüsselwort wird verwendet, um das aktuelle Objekt zu referenzieren, da der Parameter und das Attribut gleich heißen, nämlich `brand`. Weil das Attribut `brand` jetzt `private` deklariert ist, können wir von außerhalb der Klasse `Car` nicht mehr darauf zugreifen.

In der Implementierung der Applikation werden nun Zugriffsmethoden statt direkter Zugriffe auf die Attribute verwendet:

```java
private void filterByBrand(String brand)
{
    for (Car currentCar : availableCars)
    {
        if (currentCar.getBrand().equals(brand))
            System.out.println(availableCars[i]);
    }
}

private void filterByHorsePowerGreaterThan(int minPS)
{
    for (int i = 0; i < availableCars.length; i++)
    {
        if (availableCars[i].getHorsePower() > minPS)
            System.out.println(availableCars[i]);
    }
}
```

Durch die Definition von Sichtbarkeiten haben wir eine Strukturierung und Steuerung des Zugriffs erreicht: Die Klasse `Car` kann durch die Zugriffsmethoden den Zugriff auf Attribute steuern oder einschränken. Dadurch wäre es beispielsweise möglich, dass man zwar die Farbe eines Autos ändern kann, jedoch nicht die Marke. Deshalb sollte eben keine `setBrand()`-Methode angeboten werden. Demnach sollten wir diese durch die Automatik erzeugte Methode löschen, um mögliche Fehlverwendungen von vornherein ausschließen zu können.

Applikation in der IDE

Im folgenden Screenshot sehen wir die Klasse `CarManagementApplication`, die aus dem Package `ch05.oo_design.carapp.main` stammt, im Editorfenster der IDE. Die Klasse `CarManagementApplication` nutzt die Klasse `Car` aus dem Package `ch05.oo_design.carapp.domain`, weshalb diese mit dem passenden `import` eingebunden wird. Im unteren Teil der IDE sehen wir die Konsolenausgabe einer Programmausführung.

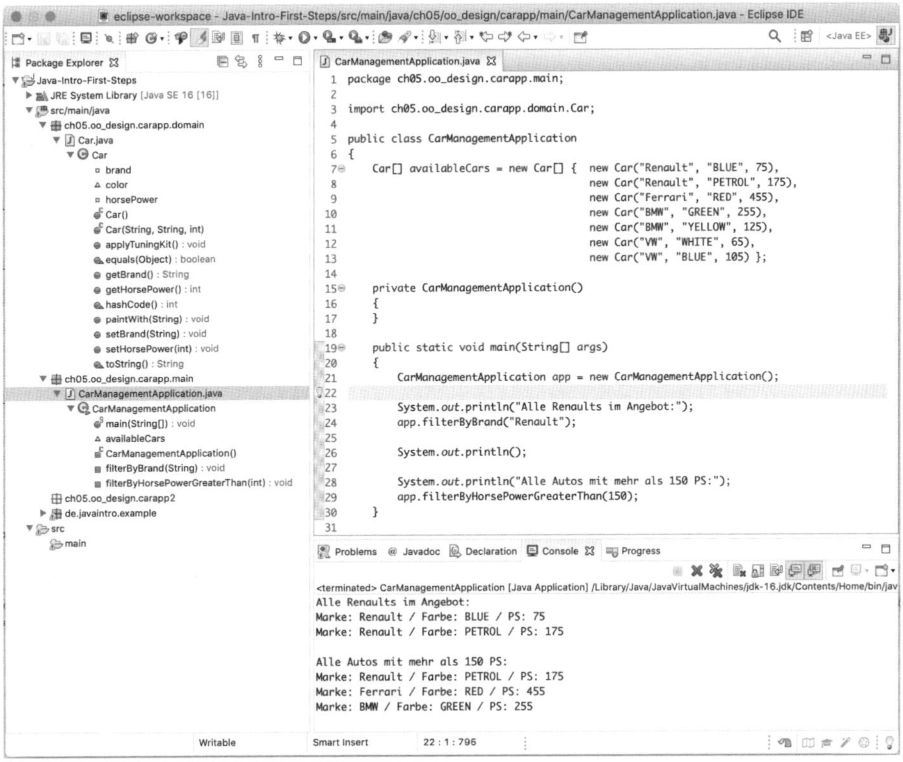

Abbildung 5-9 *Beispiel für ein Eclipse-Projekt*

5.2.5   Verstecken von Informationen

Gerade haben wir Zugriffsmethoden eingeführt, insbesondere um die Kompilierfehler zu entfernen. Das führte ganz nebenbei zum Verstecken der Attribute, was man **Kapselung** bzw. **Information Hiding** nennt und nun besprochen wird.

Beim Verstecken von Informationen möchte man erreichen, dass gewisse Informationen nicht nach außen dringen. Wieso ist dies hilfreich? Das erkennen wir, wenn wir über folgende Punkte bei Modellierungen von Informationen mithilfe von Attributen in Klassen nachdenken:

- Geheime Informationen – Stellen wir uns Passwörter vor: Diese möchte man sicher nicht einfach öffentlich zugänglich machen.
- Unveränderliche Informationen – Eine andere Motivation besteht in unveränderlichen Informationen: So ist beispielsweise der Geburtstag eines Menschen fix. Deshalb sollte sich dieser Wert für eine Klasse `Person` nach der Konstruktion nicht ändern (können). Machen wir es etwas konkreter: Auch die Automarke steht schon zur Produktion fest. Aus einem Audi oder VW wird kein Porsche werden. Etwas Ähnliches haben wir aber in der Einführung schon gemacht, da wurde aus einem VW kurzerhand ein Audi. Vielleicht fühlte sich das für Sie dort bereits etwas merkwürdig an, nun wissen Sie, dass Sie damit richtig lagen. Gutes OO-Design vermeidet derartige Überraschungen.
- Wertebereiche – Zudem gelten für gewisse Attribute bestimmte gültige Wertebereiche. Obwohl die Variablen vielleicht vom Typ `int` oder `long` sind, ist nur ein kleiner Bruchteil der Werte auch tatsächlich gültig. Eine untere Grenze ist oftmals der Wert 0, etwa für PS oder Rabatte. Vielfach gibt es auch Obergrenzen.

Nach diesem Gedankenspiel kommen wir jetzt auf die Motivation und die Gründe für Kapselung zurück.

Beispielsweise können wir eine Wertebereichsprüfung oder aber einen eingeschränkten Zugriff nicht umsetzen, wenn wir die Attribute `public` definieren. Vielmehr müssen wir diese in ihrer Sichtbarkeit einschränken. Zudem müssen wir Zugriffsmethoden auf die Attribute anbieten. Dort können wir bei Bedarf Wertebereiche prüfen, ungültige Aktionen verbieten oder ungewünschte Informationen herausfiltern. Das haben wir ansatzweise schon gesehen und setzen das gleich fort.

Wertebereichsprüfungen

Die Kapselung ermöglicht es uns, innerhalb von `set()`-Methoden verschiedene Prüfungen zu integrieren und ungültige Werte zurückzuweisen. Dazu kommen sogenannte Exceptions zum Einsatz, die wir später in Kapitel 11 genauer besprechen. Nachfolgend wollen wir für Autos die PS-Werte nur im Bereich von 1 bis 2.000 zulassen:

```
public void setHorsePower(int horsePower)
{
    if (horsePower <= 0 || horsePower > 2_000)
        throw new IllegalArgumentException("INVALID PS: not in range 1 - 2000");
```

```
    this.horsePower = horsePower;
}
```

Sichtbarkeiten

Zum Verstecken von Informationen und zum Steuern des Zugriffs benötigen wir eine Festlegung von Sichtbarkeiten. Dabei haben wir schon die recht intuitiven `public` und `private` genutzt. Java bietet folgende vier Sichtbarkeiten, die festlegen, ob und wie andere Klassen auf Methoden und Attribute zugreifen dürfen:

- `public` – Ist von überall aus zugreifbar.
- `protected` – Zugriff für alle Klassen im selben Package und für abgeleitete Klassen (vgl. Abschnitt 5.3).
- Package-private oder default (kein Schlüsselwort) – Nur Klassen aus demselben Package haben Zugriff darauf.
- `private` – Nur die Klasse selbst hat Zugriff.

Verstecken von Information – Modellierungsfreiheiten

Wir wissen mittlerweile, dass die Kapselung einen Weg darstellt, die Attribute eines Objekts vor dem direkten Zugriff und der direkten Manipulation durch andere Objekte zu schützen. Bekanntermaßen kann man insbesondere sensitive oder nicht für alle bestimmte Daten verstecken bzw. den Zugriff darauf regeln.

Je umfangreicher unsere Programme werden, desto mehr profitiert man von einer guten Struktur und dem gesteuerten Zugriff auf Attribute. Wieso? Dadurch gewinnen wir die Freiheit, am strukturellen Aufbau unserer Klassen Änderungen vorzunehmen, ohne dass dies für Nutzer sichtbar wird bzw. sie davon durch Anpassungen oder sonstige Änderungen betroffen sind.

Verbesserung: Zugriffsmethoden   Schauen wir uns das Verstecken von Informationen für die Klasse `Car` anhand des Attributs für die Farbe an. Diese ist bislang als `String` modelliert. Stellen wir uns vor, wir würden eine weitere Filterung einbauen wollen, etwa nach der Farbe des Autos. Erneut könnten wir wie zuvor auf das Attribut `color` direkt mit `availableCars[i].color` zugreifen. Wie schon angedeutet ist das ungünstig. Deshalb sollten wir Zugriffsmethoden anbieten:

```
public String getColor()
{
    return color;
}

public void setColor(String color)
{
    this.color = color;
}
```

Damit formulieren wir die Methode zur Filterung wie folgt:

```java
private void filterByColor(String color)
{
    for (int i = 0; i < availableCars.length; i++)
    {
        if (availableCars[i].getColor().equals(color))
            System.out.println(availableCars[i]);
    }
}
```

Modellierungsänderung   Obwohl die Klasse `Car` eigentlich schon recht gut modelliert ist, könnte man auf die Verbesserungsidee kommen, dass zur Modellierung der Farbe eine `enum`-Aufzählung (vgl. Abschnitt 7.4) geeigneter ist:

```java
public enum CarColor
{
    NONE, RED, BLUE, GREEN, WHITE, YELLOW, PETROL;
}
```

Welche Konsequenzen hat das? Nehmen wir an, verschiedene andere Klassen würden unsere Klasse `Car` und im Speziellen deren Attribut `color` verwenden. Wollten wir an der Klasse `Car` intern an der Datenspeicherung etwas ändern, so führt das ohne Kapselung auch zu Änderungen in allen nutzenden Klassen. Mit Kapselung lassen sich mögliche Folgeänderungen in anderen Klassen oftmals vermeiden oder zumindest reduzieren.

Neben dem positiven Aspekt der Datenkapselung müssen wir aber Folgendes beachten: Durch diese interne Änderung an der Art der Datenspeicherung müssen wir nun auch die Konstruktoren und alle internen Methoden anpassen, die mit Farben gearbeitet haben – aber es ist besser, wir machen das einmal an zentraler Stelle (also nur innerhalb der Klasse selbst), anstatt dass es alle Nutzer der Klasse durchführen müssten:

```java
public class Car
{
    private String brand;
    private CarColor color;
    private int horsePower;

    public Car()
    {
        this("Unbekannt", CarColor.NONE, 0);
    }

    public Car(String brand, CarColor color, int horsePower)
    {
        this.brand = brand;
        this.color = color;
        this.horsePower = horsePower;
    }

    public void applyTuningKit()
    {
        this.setHorsePower(this.getHorsePower() + 150);
    }
}
```

```
public void paintWith(CarColor newColor)
{
    this.color = newColor;
}

public String getBrand()
{
    return brand;
}

public CarColor getColor()
{
    return color;
}

public void setColor(CarColor color)
{
    this.color = color;
}

public int getHorsePower()
{
    return horsePower;
}

public void setHorsePower(int horsePower)
{
    if (horsePower <= 0 || horsePower > 2_000)
        throw new IllegalArgumentException("INVALID PS: must be im range 1
            -- 2000");

    this.horsePower = horsePower;
}

// ...
```

Weitere Auswirkungen   Betrachten wir das obige Beispiel nochmals genauer: Wir haben jetzt eine Methode `setColor()` und eine Methode `paintWith()`, die beide inhaltlich das Gleiche tun, nämlich die Farbe ändern. Eine solche Uneindeutigkeit und Dopplung ist missverständlich und somit zu vermeiden. Generell sollten nach außen eher verhaltensdefinierende Methoden mit sprechendem Namen und weniger feingranulare `set()`-Methoden angeboten werden.

In diesem Beispiel haben wir zwei Möglichkeiten:

1. Bevorzugt sollten wir die Methode `setColor()` vollständig entfernen, um nur die verhaltensdefinierende Methode `paintWith()` zu behalten.
2. Als Alternative oder Zwischenschritt ändern wir die Sichtbarkeit der Methode `setColor()` auf `private`. Nun können wir in der Methode `paintWith()` die Methode `setColor()` aufrufen.

5.3 Vererbung

Nachdem in den vorangegangenen Abschnitten die Grundlagen zur objektorientierten Programmierung besprochen wurden, lernen wir nun noch ein paar weitere wichtige Konzepte wie Vererbung und Schnittstellen kennen.

Eine spezielle Art, neue Klassen basierend auf bestehenden Klassen zu definieren, nennt sich *Vererbung*. Die wiederverwendete Klasse bezeichnet man als *Basis-*, *Ober-* oder *Super*klasse. Die neu entstehende Klasse erweitert oder übernimmt (erbt) durch diesen Vorgang das Verhalten und die Eigenschaften der bestehenden Klasse und wird *abgeleitete* oder *Sub*klasse genannt. Der Vererbungsakt wird durch das Schlüsselwort `extends` ausgedrückt. Eine Subklasse muss dann in ihrer Implementierung lediglich die Unterschiede zu ihrer Basisklasse beschreiben und nicht komplett neu entwickelt werden.

Im folgenden Beispiel definiert die Basisklasse `BaseClass` bereits zwei Methoden, die für mögliche Subklassen als Basis dienen. Die abgeleitete Klasse `SubClass` übernimmt hier die beiden Methoden, wobei jedoch `method()` leicht angepasst wird. Darüber hinaus wird noch eine eigene Methode definiert:

```
class BaseClass
{
    public String method()
    {
    }

    public String otherMethod()
    {
    }
}

class SubClass extends BaseClass
{
    public String method()
    {
        super.method()
        // zusätzliches Verhalten
    }

    public String additionalMethod()
    {
        // zusätzliches Verhalten
    }
}
```

Zum Aufruf der bzw. Zugriff auf die entsprechenden Methoden (oder seltener Attribute) der Basisklasse dient das Schlüsselwort `super`. In diesem Fall werden in der Methode `method()` zunächst die Anweisungen in derjenigen Methode der Basisklasse ausgeführt. Danach kann dann die `SubClass` bei Bedarf noch weitere Aktionen ausführen.

Vererbung ermöglicht also die *Wiederverwendung* bereits existierender Funktionalität. Geschickt und passend eingesetzt (gleich dazu mehr) lassen sich so Verallgemeinerungen und Abstraktionen schaffen, die für mehr Klarheit und leichtere Nutzbarkeit sorgen (können).

5.3.1 Basisklassen und abstrakte Basisklassen

In diesem Abschnitt schauen wir uns kurz an, warum und wie man Basisklassen einsetzt. Zudem motiviere ich mögliche Einsatzgebiete für abstrakte Basisklassen.

Am Beispiel von grafischen Figuren lässt sich das Ganze gut verdeutlichen. Stellen wir uns eine Applikation vor, die Figuren zeichnen soll. Diese werden jeweils als eigenständige Klassen modelliert, die als Basisfunktionalität Methoden zum Zeichnen anbieten. Ohne Abstimmung über die zu verwendenden Methodennamen und durch mehrere an der Implementierung beteiligte Entwickler entstehen schnell leicht unterschiedliche Namen, etwa neben `draw()` auch die Varianten `drawLine()`, `drawRect()` usw. Das ist für einige Figurenklassen in Abbildung 5-10 gezeigt.

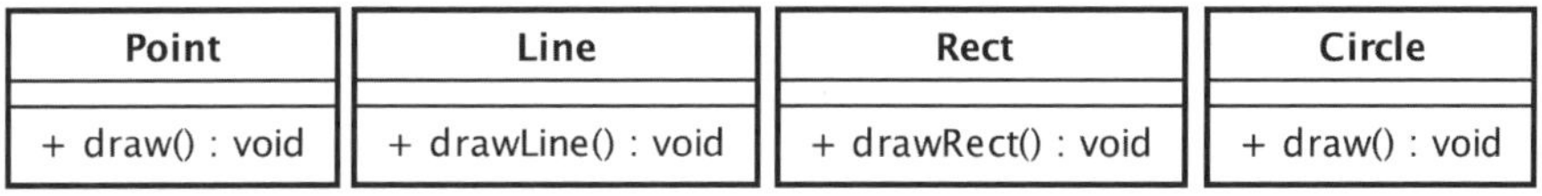
Point
+ draw() : void
Line
+ drawLine() : void
Rect
+ drawRect() : void
Circle
+ draw() : void

Abbildung 5-10 *Klassen für grafische Figuren (ohne Basisklasse)*

Durch die unterschiedlichen Methodennamen sowie die nicht existente gemeinsame Basisklasse wird die Handhabung der Figuren für nutzende Klassen umständlich und nicht intuitiv: Die Methodennamen unterscheiden sich von Klasse zu Klasse. Um diesen Missstand zu beheben, führen wir eine Basisklasse `BaseFigure` mit einer `draw()`-Methode ein und vereinheitlichen in den Subklassen die Methodennamen, was für Konsistenz sorgt. Zudem lässt sich die von Subklassen gemeinsam genutzte Funktionalität in der Basisklasse zentral definieren.

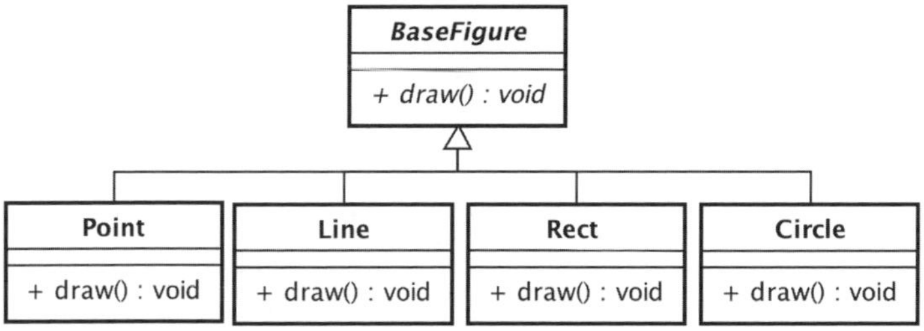
BaseFigure
+ draw() : void
Point
+ draw() : void
Line
+ draw() : void
Rect
+ draw() : void
Circle
+ draw() : void

Abbildung 5-11 *Grafische Figuren mit (abstrakter) Basisklasse*

Vorgehen zur Definition von Basisklassen

Man führt Basisklassen beim Entwurf dann ein, wenn man erkennt, dass Klassen eine oder mehrere Gemeinsamkeiten besitzen. Diese lagert man dann in eine Basisklasse aus. Dabei durchläuft man in etwa folgende vier Schritte, um gemeinsame Funktionalität in einer Basisklasse zusammenzuführen:

1. Identifiziere potenzielle Klassen als Kandidaten mit genügend Gemeinsamkeiten.
2. Erstelle eine Hierarchie mit gemeinsamer Basisklasse (wodurch die Klassen dann zu Subklassen werden).
3. Lagere die Gemeinsamkeiten geeignet in die neu entstandene Basisklasse aus.
4. Entferne diese Gemeinsamkeiten aus den Subklassen.

Dieses Vorgehen ist insofern praktisch, weil es Sourcecode-Duplikation vermeidet, die ohne gemeinsame Basisklasse durch die mehrfache Realisierung von Funktionalität in den jeweiligen Klassen entstehen würde. Ein weiterer Grund für die Einführung einer gemeinsamen Basisklasse ist, dass man mehrere Klassen einheitlich behandeln möchte. Eine solche Basisklasse definiert dann das gemeinsame, standardisierte Verhalten.

Einsatzgebiet abstrakter Basisklassen

Bei der Implementierung der Basisklasse `BaseFigure` stoßen wir jedoch auf ein Problem: Wie sollen wir die Methode `draw()` implementieren? Und: Was soll diese zeichnen? Diese Fragen stellen sich, weil die Klasse das abstrakte Konzept einer Figur modelliert, aber keine konkrete Ausprägung. Ohne Kenntnis abstrakter Basisklassen und abstrakter Methoden würde man wohl die `draw()`-Methode mit einem leeren Methodenrumpf implementieren, weil die Basisklasse `BaseFigure` nichts Sinnvolles zeichnen kann. Dies ist aber wenig hilfreich, da es natürlicher ist, *eben keine* Implementierung anzubieten, wenn eine Methode, wie hier `draw()`, nicht zweckmäßig realisiert werden kann.

Genau für solche Fälle eignen sich abstrakte Basisklassen. Diese erlauben es, Methoden vorzugeben, die von Subklassen zu implementieren sind. Dazu nutzt man *Methoden ohne Implementierung*. Diese besitzen deswegen auch keinen Block mit Programmzeilen, allerdings eine spezielle Kennzeichnung durch das Schlüsselwort `abstract`. Man spricht auch von *abstrakten Methoden*.

Im Beispiel wird die Klasse `BaseFigure` zu einer abstrakten Klasse und kann alternativ in `AbstractFigure` umbenannt werden:

```
public abstract class BaseFigure
{
    public abstract draw();
}
```

Die tatsächliche Realisierung des Zeichnens erfolgt dann in den Subklassen, die genau wissen, wie die durch sie repräsentierten Figuren gezeichnet werden. Das Ganze sieht dann wie schon in Abbildung 5-11 gezeigt aus.

Eben haben wir gesehen, dass beim Einführen einer Basisklasse mitunter derart allgemeine Klassen entstehen, dass dort nicht jede Methode implementiert werden kann. In diesem Fall spricht man von **abstrakten Basisklassen**. Davon abgeleitete Klassen können dann die abstrakten Methoden je nach Bedarf implementieren.

5.3.2   Overloading und Overriding

Damit Vererbung sinnvoll nutzbar ist, benötigt es oftmals Änderungen am bestehenden Verhalten. Dazu müssen die abgeleiteten Klassen in der Lage sein, die Methoden der Basisklasse zu modifizieren. Dies wird durch die Technik **Overriding** erreicht. Ganz wichtig ist die Abgrenzung zum sogenannten **Overloading**. Das ermöglicht, dass mehrere Methoden mit gleichem Namen, aber unterschiedlicher Signatur (Abweichungen bei den Parametern – vgl. Abschnitt 2.5.4) innerhalb einer Klasse definieren zu können.

Overriding

Mit Überschreiben bzw. **Overriding** ist das **Redefinieren von geerbten Methoden** gemeint. Dazu wird der Methodenname übernommen und in der Subklasse eine neue Implementierung der Methode bereitgestellt. Betrachten wir eine simple Modellierung von Tieren, die Töne machen. Die Basis bildet eine Klasse `Animal` und eine Methode `makeSound()`. Den dort vorgegebenen Laut überschreiben bzw. redefinieren dann die Klasse `Duck` mit dem typischen »quak quak« und die Klasse `Wolve` mit dem einzigartigen Geheul.

```java
class Animal
{
    public String makeSound()
    {
        System.out.println("uh");
    }
}

class Duck extends Animal
{
    @Override
    public String makeSound()
    {
        System.out.println("quak quak");
    }
}

class Wolve extends Animal
{
    @Override
    public String makeSound()
    {
        System.out.println("ooooooooouuuuuuuuuuu");
    }
}
```

In den Subklassen kann man die Implementierung der Methoden modifizieren oder teilweise sogar komplett anders definieren, um Änderungen im Verhalten auszudrücken.

Allerdings müssen der Methodenname und die Parameter (genauer die Signatur der Methode) gleich bleiben.

Im Listing sehen wir dazu die Kennzeichnung mit `@Override`. Das ist eine sogenannte **Annotation**. Von diesen gibt es in Java ein paar vordefinierte. Im Kontext von Objekten ist aber lediglich `@Override` in diesem Buch von Bedeutung. Durch die Angabe von `@Override` wird von Java geprüft, ob tatsächlich eine korrespondierende Methode einer Basisklasse redefiniert (überschrieben) wird. Durch `@Override` lassen sich insbesondere Tippfehler im Methodennamen oder Abweichungen bei den Parametern erkennen.

Overloading

Unter Überladen oder **Overloading** versteht man die Definition von Methoden gleichen Namens innerhalb der gleichen Klasse, aber mit unterschiedlicher Parameterliste, also die in mindestens einem der beiden Punkte abweicht:

1. Anzahl an Parametern
2. Typen der Parameter

Im Gegensatz zum Overriding besteht demnach kein Zusammenhang mit Vererbung, sondern es wird eine **Vereinfachung der Schreibweise** adressiert. Durch Overloading kann man den Namen von Methoden ähnlicher Intention vereinheitlichen. Betrachten wir als Beispiel eine Klasse `Rect` mit folgenden Methoden:

```
drawByStartAndEndPos(int x1, int y1, int x2, int y2)
drawByStartPosAndSize(Point pos, Dimension size)
```

Die Handhabung der Klasse wird vereinfacht, wenn man sich als Anwender nur einen Methodennamen zum Zeichnen merken muss. In diesem Fall könnte man folglich den Namen auf `draw()` verkürzen und zwei Methoden mit unterschiedlichen Parameterlisten anbieten. Java wählt beim Aufruf aufgrund der übergebenen Parameter bzw. deren Anzahl oder Typen automatisch die passende Methode.

So praktisch das Ganze auch manchmal ist, so sind dem Overloading doch Grenzen gesetzt: Methoden müssen unterschiedliche Parameterlisten besitzen, damit Overloading möglich ist. Für die folgenden beiden Methoden gilt das nicht und somit ist hier kein Overloading erlaubt:

```
drawByStartAndEndPos(int x1, int y1, int x2, int y2)
drawByStartPosAndSize(int x1, int y1, int width, int height)
```

5.4   Die Klasse `Object`

Die Klasse `java.lang.Object` ist die Basisklasse aller in Java existierenden Klassen. Jede Referenzvariable besitzt zumindest immer den Typ `Object`. Das ist praktisch, da diese Basisklasse bereits einige Methoden und damit elementare Verhaltensweisen bereitstellt. In der folgenden Aufzählung gebe ich einen kurzen einführenden Überblick über die für den Einstieg wichtigsten Methoden und ihre Intentionen:

- `String toString()` – Diese Methode dient dazu, eine textuelle Repräsentation für ein Objekt zu erzeugen. Um aussagekräftige Informationen über ein Objekt zur Verfügung zu stellen, ist es ratsam, die Methode `toString()` zu überschreiben. In Abschnitt 5.4.2 werden wir dies genauer betrachten.

- `boolean equals(Object)` – Diese Methode realisiert einen Vergleich eines Objekts mit einem anderen. Die Defaultimplementierung führt lediglich einen Referenzvergleich durch. ***Deshalb muss diese Methode in der Regel für eigene Klassen überschrieben werden, um einen sinnvollen Vergleich zweier Instanzen zu realisieren***. Das wurde bereits in Abschnitt 5.1.4 im Detail beschrieben.

- `int hashCode()` – Die Methode `hashCode()` wird immer dann benötigt, wenn Objekte in hashbasierten Containern wie `HashSet<E>` oder `HashMap<K,V>` verarbeitet werden sollen. Sie bildet den Objektzustand (oder Teile davon) auf eine Zahl ab. ***Wenn man `equals(Object)` überschreibt, ist es dringend anzuraten, auch immer `hashCode()` passend dazu zu überschreiben***.

- `Class<?> getClass()` – Mithilfe dieser Methode kann der Laufzeittyp einer Klasse abgefragt werden. Sie ist wichtig für den Einsatz der fortgeschrittenen Technik ***Reflection***. Damit wird es zur Laufzeit möglich, Klassenbestandteile zu ermitteln, etwa Methoden, Attribute, Oberklassen, implementierte Interfaces usw.

Einige der Methoden haben wir ja schon kennengelernt. Weitere Details finden Sie in meinem Buch »Der Weg zum Java-Profi« [3].

5.4.1 Beispielklasse `Person`

Die nachfolgend gezeigte Klasse `Person` besitzt die drei Attribute `name`, `city` und `age` und ist folgendermaßen realisiert:

```java
public final class Person /* extends Object */
{
    private final String name;
    private final String city;
    private final int age;

    public Person(final String name, final String city, final int age)
    {
        this.name = name;
        this.city = city;
        this.age = age;
    }

    public final String getName()    { return name; }
    public final String getCity()    { return city; }
    public final int getAge()        { return age; }
}
```

Bei dieser Realisierung ist erwähnenswert, dass diese eigene Klasse automatisch die Klasse `java.lang.Object` als Basis besitzt. Da dies für alle Klassen gilt, die keine andere Basisklasse angegeben haben, ist diese Angabe optional und daher hier nur als Kommentar angedeutet. Probieren wie einmal etwas aus:

```
jshell> Object mike = new Person("Michael", "Zürich", 50)
mike ==> Person@3d494fbf

jshell> mike.getClass()
$12 ==> class Person

jshell> mike
mike ==> Person@3d494fbf

jshell> mike.toString()
$5 ==> "Person@3d494fbf"
```

Die Ausgabe ist doch etwas kryptisch. Schauen wir uns nun an, wie wir dies durch Implementierung der Methode `toString()` ändern können.

5.4.2   Die Methode `toString()`

Zur Verbesserung der Ausgabe implementieren wir in der Klasse `Person` eine `to-String()`-Methode. Es ist allgemein üblich, dort den Klassennamen, die Namen der Attribute sowie deren Werte auszugeben. Praktischerweise kann man sich eine Methode von Eclipse durch Aufruf des Menüs SOURCE –> GENERATE TOSTRING()... erzeugen lassen:

```
@Override
public String toString()
{
    return "Person [name=" + name + ", city=" + city +
        ", age=" + age + "]";
}
```

Etwas eleganter kann man die Methode durch einen Aufruf von `String.format()` realisieren:

```
@Override
public String toString()
{
    return String.format("Person [name=%s, city=%s, age=%d]", name, city, age);
}
```

Probieren wie einmal die Korrektur aus:

```
jshell> Object mike = new Person("Michael", "Zürich", 50)
mike ==> Person [name=Michael, city=Zürich, age=50]
```

Mechanismen bei Ausgaben über `System.out.println()`

Auch ohne direkten Aufruf der Methode `toString()` wird diese Methode immer dann implizit, d. h. also »unsichtbar«, aufgerufen, wenn ein Objekt in einen String umgewandelt werden muss – im Beispiel zur Ausgabe in der JShell oder für `System.out.println()`. Diese Umwandlung kann auch explizit durch einen direkten Aufruf von `toString()` für eine Objektreferenz durchgeführt werden:

```
jshell> mike
mike ==> Person [name=Michael, city=Zürich, age=50]

jshell> mike.toString()
$14 ==> "Person [name=Michael, city=Zürich, age=50]"
```

5.4.3 Ergänzungen zur Methode `equals(Object)`

Zum inhaltlichen Vergleich von Objekten hatten wir in Abschnitt 5.1.4 bereits die Methode `equals(Object)` und Hinweise zur Implementierung besprochen. Hier folgt noch ein kleiner Ausflug in die Theorie zur Implementierung von `equals(Object)`.

Der `equals(Object)`-Kontrakt

Wie schon angedeutet, benötigt man in der täglichen Praxis normalerweise eine Prüfung auf inhaltliche Gleichheit. Dazu muss man in eigenen Klassen die Methode `equals(Object)` passend implementieren und dabei ihren Kontrakt einhalten. Dabei gilt es, eine Äquivalenzrelation mit folgenden Eigenschaften zu realisieren:

- **Null-Akzeptanz** – Für jede Referenz x ungleich `null` liefert `x.equals(null)` den Wert `false`.
- **Reflexivität** – Für jede Referenz x, die nicht `null` ist, muss `x.equals(x)` den Wert `true` liefern.
- **Symmetrie** – Für alle Referenzen x und y darf `x.equals(y)` nur den Wert `true` ergeben, wenn `y.equals(x)` dies auch tut.
- **Transitivität** – Für alle Referenzen x, y und z gilt: Sofern `x.equals(y)` und `y.equals(z)` den Wert `true` ergeben, dann muss dies auch `x.equals(z)` tun.
- **Konsistenz** – Für alle Referenzen x und y, die nicht `null` sind, müssen mehrmalige Aufrufe von `x.equals(y)` konsistent dasselbe Resultat, also jeweils immer den Wert `true` bzw. `false`, liefern.

5.4.4 Typprüfung mit `instanceof`

Eine Prüfung mit `instanceof` wird verwendet, um zu testen, ob ein Objekt eine Instanz des angegebenen Typs (also einer Klasse oder Subklasse oder eines Interface) ist. Ein Aufruf von `instanceof` gibt entweder `true` oder `false` zurück, abhängig vom Ausgang der Typprüfung. Die Syntax ist wie folgt: `<object> instanceof <type>`.

Bezogen auf die zuvor vorgestellten Personen könnte man beispielsweise prüfen, ob eine Variable vom Typ `Object` tatsächlich die Klasse `Person` darstellt:

```
jshell> void checkCorrectType(Object obj)
   ...> {
   ...>     if (obj instanceof Person)
   ...>         System.out.println("is of type Person");
   ...>     else
   ...>         System.out.println("NOT of type Person");
   ...> }
|  created method checkCorrectType(Object)

jshell> checkCorrectType(new Person("Michael", "Zürich", 50))
is of type Person

jshell> checkCorrectType("Peter")
NOT of type Person
```

Anwendungsbeispiel

Manchmal besitzt ein Methodenparameter einen allgemeinen Typ, hier `Object`, und innerhalb der Methode sollen abhängig vom konkreten Typ verschiedene Aktionen ausgeführt werden. Dann kann man das folgendermaßen über `instanceof` realisieren:

```java
public void doSomething(Object param)
{
    if (param instanceof String)
    {
        System.out.println("param is of type String");
    }
    // .. weitere Prüfungen hier
    else if (param instanceof Person)
    {
        System.out.println("param is of type Person");
    }
}
```

Bedenken Sie bitte, dass das kein guter Stil ist, weil dies gegen das sogenannte Open Close Principle[5] verstößt und oftmals besser über ein gemeinsames Interface und Polymorphie abgebildet werden kann (vgl. Abschnitt 8.1).

5.4.5   Pattern Matching bei `instanceof`

Bei `instanceof` gibt es in Form von Pattern Matching seit Java 16 eine hilfreiche Erweiterung, die es erlaubt, den Sourcecode klarer zu halten und weniger Boilerplate nutzen zu müssen. Was meine ich damit? Gerade im Kontext von `instanceof` sieht man immer wieder nach der Typprüfung eine Definition einer Hilfsvariablen inklusive eines Casts etwa wie folgt:

```java
if (obj instanceof Person)
{
    final Person person = (Person) obj;
    // ... Zugriff auf person...
}
```

Dieses verbreitete Idiom (Muster auf Sourcecode-Ebene) wird verwendet, um mit der Variablen sinnvoll und typspezifisch weiterarbeiten zu können. Vor allem bei mehreren Prüfungen kann das jedoch eher unübersichtlich werden und ist auch oft nicht schön zu lesen.

Seit Java 16 kann man das Ganze folgendermaßen präziser und kürzer schreiben, indem man nach dem Typ bei `instanceof` noch eine sogenannte Binding-Variable angibt, auf die man dann im Block darunter typisierten Zugriff hat:

```java
if (obj instanceof Person person)
{
    // Hier kann man auf die Variable person direkt zugreifen
}
```

---

[5]Das ist eines der SOLID-Prinzipien, die ausführlich in meinem Buch »Der Weg zum Java-Profi« [3] besprochen werden.

Betrachten wir zum besseren Verständnis ein konkretes Beispiel:

```
Object obj = "Hallo Java 14";

if (obj instanceof String str)
{
    // Hier kann man str nutzen
    System.out.println("Länge: " + str.length());
}
else
{
    // Hier kein Zugriff auf str
    System.out.println(obj.getClass());
}
```

Praktische Besonderheit

Obwohl das gerade Gezeigte schon recht nett ist, geht es noch ein wenig besser. Man kann nämlich auf die Variable bereits im `if`-Ausdruck zugreifen:

```
if (obj instanceof String str2 && str2.length() > 5)
{
    System.out.println("Länge: " + str2.length());
}
```

5.5   Schnittstelle (Interface) und Implementierung

Wenn Aufrufe an Methoden anderer Klassen erfolgen, dient dazu eine sogenannte Use-Beziehung: Eine Klasse verwendet eine andere. Dabei gibt es einen Aufrufer und einen Bereitsteller von Funktionalität. Man spricht zum Teil auch von Client und Server.

Häufig werden die Begriffe Schnittstelle und *Interface* analog zueinander genutzt. Mit beidem sind diejenigen Methoden einer Klasse gemeint, die von anderen Klassen aufgerufen werden können. Schnittstellen definieren ein »Angebot von Verhalten«. Im einfachsten Fall ergibt sich die Schnittstelle, die ein Client von einem Server nutzen kann, implizit über die öffentlichen Methoden. Manchmal ist es jedoch zweckmäßiger, Methoden zu gruppieren und diesen Funktionsblöcken einen eigenen Namen zu geben. Dies ist durch die nun genauer besprochene Technik der Interfaces möglich.

Java kennt dazu das Schlüsselwort `interface` zur Definition der Schnittstelle einer Klasse in Form einer *Menge von Methoden ohne Implementierung*. Zur Erinnerung: Man spricht hier von *abstrakten Methoden*. Zu deren Kennzeichnung dient das Schlüsselwort `abstract`.

```
interface IGraphicFigure
{
    public abstract void resize();
    public abstract void draw();
}
```

Realisierung / Implementierung

Das Implementieren eines Interface durch eine Klasse wird ***Realisierung*** genannt und durch das Schlüsselwort `implements` ausgedrückt. Eine Realisierung eines Interface durch eine Klasse bedeutet, dass sich ein Objekt dieser Klasse so verhalten kann, wie es das Interface vorgibt. Daher spricht man von ***Typkonformität***. Wichtig dafür sind sprechende Methodennamen sowie idealerweise eine aussagekräftige Kommentierung zu der jeweiligen Methode.

Eine Klasse, die das Interface implementiert, muss dessen abstrakte Methoden mit Funktionalität füllen. Dies ist hier am Beispiel der Klasse `Circle` gezeigt, die jeweils eine Implementierung für die beiden Methoden des Interface vorgibt:

```
class Circle implements IGraphicFigure
{
    public void resize()
    {
        //
    }

    public void draw()
    {
        //
    }
}
```

Mehrere Interfaces – Schnittstellen

In Java ist es möglich, dass eine Klasse mehrere Verhaltensweisen besitzt und dazu mehrere Interfaces implementieren kann.

```
interface FirstInterface
{
    public void myMethod();
}

interface SecondInterface
{
    public void myOtherMethod();
}
```

Syntaktisch werden dann die Namen der Interfaces kommasepariert nach dem Schlüsselwort `implements` aufgelistet:

```
class MultiFunction implements FirstInterface, SecondInterface
{
    public void myMethod()
    {
        System.out.println("Some text...");
    }

    public void myOtherMethod()
    {
        System.out.println("Some other text...");
    }
}
```

Abgrenzung von Interfaces und Vererbung

Sowohl das Implementieren eines Interface als auch Vererbung sind Techniken, um Funktionalität zu beschreiben bzw. bereitzustellen. Während Vererbung eine Speziali-sierung ausdrückt, liegt bei Interfaces der Fokus auf dem Angebot oder Ausüben von Funktionalität bzw. der Beschreibung einer *Verhaltensweise* (auch *Rolle* genannt). Es wird eine *»can-act-like«-Beziehung* oder auch *»provides«-Beziehung* realisiert.

Mit einem *Interface* wird für ein Objekt beschrieben, *was es kann*. Im Gegensatz dazu wird mit *Vererbung* für ein Objekt beschrieben, *was es ist*. Insbesondere sollte dabei die »is-a«-Beziehung eingehalten sein.

5.6   Records

Java 16 bietet Records als simplifizierte Form von Klassen, deren Methoden sich impli-zit aus den als Konstruktorparametern definierten Attributen ergeben. Ein Record stellt damit eine Sammlung von Daten dar und modelliert nur genau einen unveränderlichen Zustand. Darüber hinaus werden automatisch Implementierungen von Methoden zum lesenden Attributzugriff sowie ein Konstruktor, `toString()` und `equals()` erzeugt

Als weitere Analogie kann man das mathematische Konzept der Tupel hinzuziehen, also eine Zusammenfassung mehrerer Werte potenziell unterschiedlichen Typs.

Einführendes Beispiel

Die einführenden Erklärungen mögen noch etwas kompliziert klingen, das Ganze wird aber nach einem Blick auf den folgenden Sourcecode klarer:

```
record MyPoint(int x, int y) { }
```

Betrachten wir einmal, wie viel Sourcecode man schreiben müsste, um eine äquivalente Funktionalität mit den konventionellen Java-Sprachmitteln zu erreichen:

```java
public final class MyPoint
{
    private final int x;
    private final int y;

    public MyPoint(int x, int y)
    {
        this.x = x;
        this.y = y;
    }

    @Override
    public boolean equals(Object o)
    {
        if (this == o)
            return true;
        if (o == null || getClass() != o.getClass())
            return false;
```

```
        MyPoint point = (MyPoint) o;
        return x == point.x && y == point.y;
    }

    @Override
    public int hashCode()
    {
        return Objects.hash(x, y);
    }

    @Override
    public String toString()
    {
        return "MyPoint[x=" + x + ", y=" + y + "]";
    }

    // nur lesende Zugriffsmethoden auf x und y
    public int x()
    {
        return x;
    }

    public int y()
    {
        return y;
    }
}
```

Recht interessant ist auch, sich einmal mit dem Tool `javap` den generierten Bytecode vom Record `MyPoint` in Form einer Übersicht anzuschauen:

```
$ javap MyPoint
Compiled from "MyPoint.java"
final class java14.MyPoint extends java.lang.Record {
  public java14.MyPoint(int, int);
  public int x();
  public int y();
  public java.lang.String toString();
  public int hashCode();
  public boolean equals(java.lang.Object);
}
```

Man erkennt, dass die Records den Basistyp `java.lang.Record` besitzen und für jedes Konstruktorargument eine passende Zugriffsmethode erstellt wird. Wie oben schon gesehen, besitzt deren Namensgebung kein Präfix `get`, sondern besteht lediglich aus dem Attributnamen.

5.7   Aufgaben und Lösungen

5.7.1   Aufgabe 1: Obstkorb

Modellieren Sie einen Obstkorb, der mehrere Früchte enthält. Dabei soll eine Frucht mithilfe eines Records `Fruit` implementiert werden. Eine Frucht soll Attribute für Name der Obstsorte, Gewicht und Größe besitzen. Stellen Sie einen Obstkorb in Form eines Arrays, also `Fruit[]`, zusammen. Berechnen Sie dann das Gesamtgewicht der dort enthaltenen Früchte.

Lösung

Basierend auf der Aufgabenstellung können wir folgenden Record implementieren:

```
jshell> record Fruit(String name, int weight, String size) {}
|  created record Fruit
```

Damit sind die einfachen Vorarbeiten abgeschlossen und wir machen uns an das Erstellen des Obstkorbs:

```
jshell> Fruit[] fruits = { new Fruit("Apple", 150, "MEDIUM"),
   ...>                     new Fruit("Melon", 1500, "LARGE"),
   ...>                     new Fruit("Lemon", 70, "SMALL") };
fruits ==> Fruit[3] { Fruit[name=Apple, weight=150, size=MED ... , weight=70,
    size=SMALL] }
```

Als Letztes verbleibt noch das Berechnen des Gesamtgewichts. Dazu definieren wir eine Variable `totalWeight` mit 0 als Startwert. Nun nutzen wir eine for-each-Schleife, um alle Früchte zu durchlaufen. Mithilfe von `weight()` erhalten wir das jeweilige Gewicht und addieren dieses zu dem Ergebnis hinzu:

```
jshell> int totalWeight = 0
totalWeight ==> 0

jshell> for (Fruit fruit : fruits)
   ...> {
   ...>     totalWeight += fruit.weight();
   ...> }

jshell> totalWeight
totalWeight ==> 1720
```

5.7.2   Aufgabe 2: Superheld

In dieser Aufgabe soll eine Klasse `SuperHero` implementiert werden, die Superhelden mit ihren Namen, ihren Superkräften und ihrer Stärke modelliert. Zudem soll eine Methode `boolean isStrongerThan(SuperHero)` prüfen, ob ein Superheld stärker als ein anderer ist. Schließlich ist eine allgemeingültige Prüfung zu realisieren, die den stärksten Superhelden aus einer Menge zurückgibt. Dazu soll eine Methode `SuperHero strongestOf(SuperHero...)` mithilfe von Var Args, einer variablen Parameterliste, erstellt werden. Folgendes Hauptprogramm zeigt die Verwendung und mögliche Aufrufe – variieren Sie gern die Eigenschaften.

```java
public static void main(String[] args)
{
    SuperHero superMan = new SuperHero("Superman", "Kryptonite-Power", 1_000);
    SuperHero batMan = new SuperHero("Batman", "Techno-Power", 100);
    SuperHero ironMan = new SuperHero("Ironman", "Techno-Power", 500);

    System.out.println("Superman stronger than Batman? " +
                        superMan.isStrongerThan(batMan));
    System.out.println(SuperHero.strongestOf(superMan, batMan, ironMan));
}
```

Lösung

Um die Aufgabenstellung zu erfüllen, implementieren wir zunächst einmal eine Klasse `SuperHero` mit drei Attributen und den jeweiligen Zugriffsmethoden. Da sich der Name und die Superkraft nicht mehr ändern, sind die Attribute `final` und es werden keine `set()`-Methoden angeboten:

```java
public class SuperHero
{
    private final String name;
    private final String superPower;
    private int          strength;

    public SuperHero(String name, String superPower, int strength)
    {
        this.name = name;
        this.superPower = superPower;
        this.strength = strength;
    }

    private String getName()
    {
        return name;
    }

    public String getSuperPower()
    {
        return superPower;
    }

    public int getStrength()
    {
        return strength;
    }
```

```
public void setStrength(int newStrength)
{
    this.strength = newStrength;
}

@Override
public String toString()
{
    return name + " has " + superPower + " and strength: " + strength;
}

...
```

Die drei Punkte sind nicht Bestandteil der Klasse, sondern bedeuten, dass die Implementierung mit weiteren Blöcken fortgesetzt wird.

Nun gilt es noch die beiden gewünschten Methoden zu implementieren. Die Prüfung der Stärke ist ziemlich einfach durch einen Vergleich der jeweiligen Werte im Attribut strength folgendermaßen zu realisieren:

```
...

public boolean isStrongerThan(SuperHero other)
{
    return strength > other.strength;
}

...
```

Um nun den stärksten der Superhelden zu ermitteln, durchlaufen wir die Menge der möglichen Kandidaten und prüfen jeweils, ob der aktuelle Held stärker als der momentan stärkste ist. Dazu haben wir praktischerweise gerade schon eine passende Methode erstellt. Initial gibt es noch keinen aktuell stärksten Superhelden, weshalb man im ersten Durchlauf direkt eine Zuweisung macht, wenn strongestHero == null gilt:

```
...

public static SuperHero strongestOf(SuperHero... heros)
{
    SuperHero strongestHero = null;
    for (SuperHero hero : heros)
    {
        if (strongestHero == null ||
            hero.isStrongerThan(strongestHero))
        {
            strongestHero = hero;
        }
    }

    return strongestHero;
}

// main()
}
```

Im Listing ist die Position der main()-Methode markiert. Dort müssen die Zeilen aus der Aufgabenstellung eingefügt werden.

5.7.3   Aufgabe 3: Zähler

Nachdem nun die Grundbegriffe beim objektorientierten Entwurf bekannt sind, soll nun ein Zähler als Klasse entworfen werden, der folgende Anforderungen erfüllt:

1. Er lässt sich auf den Wert 0 zurücksetzen.
2. Er lässt sich um eins erhöhen.
3. Der aktuelle Wert lässt sich abfragen.

Dabei existiert bereits folgendes Grundgerüst:

```
public class Counter
{
    public int count = 0;

    public Counter()
    {
    }

    public void setCounter(int count)
    {
        count = count;
    }
}
```

Die Variable `count` speichert den Zähler und ist öffentlich, kann also von überall abgefragt werden. Zum Verändern dient außerdem die Methode `setCounter(int)`. Das Rücksetzen erfolgt durch Übergabe von 0. Die obige Implementierung sollen Sie nun erweitern und verbessern.

Lösung

Der verbesserte Entwurf sieht zum Verarbeiten des Zählers die Methoden `getCounter()` und `setCounter()` vor. Zum Rücksetzen des Werts dient die Methode `reset()`. Zudem wird die Sichtbarkeit des Attributs auf `private` geändert:

```
public class Counter
{
    private int count = 0;

    public int getCounter()
    {
        return count;
    }

    public void setCounter(int count)
    {
        this.count = count;
    }

    public void reset()
    {
        this.count = 0;
    }
}
```

Diskussion der Lösung und mögliche Probleme   Obwohl diese Variante die Datenkapselung bereits gut umsetzt, birgt sie noch einen Fallstrick. In den Anforderungen steht, dass der Zähler um den Wert eins erhöht werden soll – mithilfe von `setCounter(int)` kann der Zähler aber auf beliebige Werte gesetzt und sogar verringert werden. Auch das gewünschte Hochzählen lässt sich eher unelegant wie folgt implementieren:

```
setCounter(getCounter() + 1);
```

Schlimmer noch, man muss es überall, wo man diese Klasse nutzen möchte, immer wieder selbst realisieren.

Verbesserte Lösung   Mit etwas Nachdenken kommt man vielleicht auf die Idee, eine Methode `increment()` anzubieten, wodurch sich die Handhabung deutlich vereinfacht. Schließlich können wir noch das Attribut in `value` umbenennen und somit auch die `get()`-Methode. Hier ist `getValue()` deutlich besser als `getCounter()`, weil Ersteres klar ausdrückt, dass der Wert geliefert wird, Letzteres suggeriert, dass ein Zähler geliefert würde. Nach all diesen Vorüberlegungen erstellen wir dann folgende Implementierung, in der nun alle Anforderungen korrekt und gut verständlich umgesetzt sind:

```java
public class Counter
{
    private int value = 0;

    public int getValue()
    {
        return value;
    }

    public void increment()
    {
        this.value++;
    }

    public void reset()
    {
        this.value = 0;
    }
}
```

Diese Implementierung der Klasse `Counter` realisiert ein logisches Modell. Hier stehen die technischen Details nicht im Vordergrund, sondern man konzentriert sich auf das Erfüllen einer Aufgabe und verhindert feingranulare Zugriffe auf die interne Variable.

5.7.4   Aufgabe 4: Zähler mit Überlauf

Diese Aufgabe ist eine Fortsetzung der vorherigen, um noch ein wenig über Wiederverwendbarkeit und Erweiterbarkeit zu lernen. Nehmen wir dazu an, dass wir den Zähler um einen Überlauf bei einer bestimmten Schwelle erweitern und die Anzahl der Überläufe protokollieren wollten. Dies könnte man etwa für eine Spieleapplikation nutzen, um nach 100 aufgesammelten Bonuselementen ein weiteres Leben zu erhalten. Für die eingangs der vorherigen Aufgabe gezeigte Realisierung müsste diese Funktionalität von jeder Applikation selbst implementiert werden. Das kann ziemlich aufwendig werden, zu dupliziertem oder sehr ähnlichem Sourcecode führen und später Schwierigkeiten bei Weiterentwicklungen machen. Diesen Weg wollen wir nicht weiter betrachten, da wir (glücklicherweise) eine gute Alternative haben, die Sie in dieser Aufgabe erarbeiten sollen.

Als Hilfestellung ist wieder die `main()`-Methode abgebildet, die den Zähler mit Überlauf einsetzt:

```java
public static void main(final String[] args)
{
    final CounterWithOverflow points = new CounterWithOverflow();

    for (int i = 0; i < 2021; i++)
        points.increment();

    System.out.println("Points: " + points.getValue());
    System.out.println("Bonus-Lifes: " + points.getOverflowCount());
}
```

Dann sieht die erwartete Ausgabe folgendermaßen aus:

```
Points: 21
Bonus-Lifes: 20
```

Implementieren Sie die Klasse `CounterWithOverflow` mithilfe von Vererbung basierend auf den zuvor genannten Vorgaben und Hinweisen.

Lösung

Wir implementieren nun eine Klasse `CounterWithOverflow` auf Basis der Klasse `Counter`. In der Klasse ergänzen wir eine Konstante `COUNTER_MAX`, ein zusätzliches Attribut `overflowCount` und eine Methode `getOverflowCount()` zum Zugriff auf dessen Wert. Das Zählen, Rücksetzen und einiges anderes delegieren wir an die Basisklasse durch Aufruf der entsprechenden Methoden mithilfe des Schlüsselworts `super`. Weil wir mit Vererbung arbeiten, können wir diese Besonderheiten in den jeweiligen Methoden `increment()` und `reset()` realisieren. Lediglich in der `increment()`-Methode muss viel selbst erledigt werden. Was wir dort benötigen, ist, dass bei jedem 100. Hochzählen ein Überlaufzähler, hier als `int` modelliert, erhöht und der eigene Zähler zurückgesetzt wird. Zudem muss beim Zurücksetzen auch der Überlaufzähler auf 0 zurückgesetzt werden.

```java
public class CounterWithOverflow extends Counter
{
    private static final int COUNTER_MAX   = 100;

    private int              overflowCount = 0;

    public int getOverflowCount()
    {
        return overflowCount;
    }

    @Override
    public void reset()
    {
        super.reset();
        overflowCount = 0;
    }

    @Override
    public void increment()
    {
        if (getValue() == COUNTER_MAX - 1)
        {
            super.reset();
            overflowCount++;
        }
        else
        {
            super.increment();
        }
    }
}
```

Verbesserte Lösung Der als `int` modellierte Überlaufzähler ist vom Softwaredesign noch nicht so schön. Wieso? Eigentlich entspricht dieser auch wieder einem allgemeinen Zähler und für diese Funktionalität haben wir ja in der vorherigen Aufgabe eine passende Klasse implementiert. Diese wollen wir nun nutzen. Und tatsächlich, die gesamte Umsetzung lässt sich damit noch etwas eleganter lösen. Nachfolgend wird auch für die Überläufe eine separate Instanz der Klasse `Counter` genutzt. Den Namen des Attributs ändern wir leicht auf `overflowCounter`. Alle Aufrufe an den Überlaufzähler werden dorthin weiter delegiert:

```java
public class CounterWithOverflow extends Counter
{
    private static final int COUNTER_MAX   = 100;

    private final Counter     overflowCounter = new Counter();

    public int getOverflowCount()
    {
        return overflowCounter.getValue();
    }

    public void reset()
    {
        super.reset();
        overflowCounter.reset();
    }

    public void increment()
    {
        if (getValue() == COUNTER_MAX - 1)
        {
            super.reset();
            overflowCounter.increment();
        }
        else
        {
            super.increment();
        }
    }
}
```

Praktischerweise erfordern diese Verbesserungen im Softwaredesign nicht einmal eine Anpassung in der `main()`-Methode!

6 Collections

In Java dienen Listen, Mengen und Schlüssel-Wert-Abbildungen zur Verwaltung von anderen Objekten. Das wird durch sogenannte *Containerklassen* realisiert. Die Containerklassen speichern Objekte.[1] Somit ist die Verarbeitung primitiver Typen dort nur möglich, wenn diese in ein Wrapper-Objekt (wie `Byte`, `Integer` oder `Double`) umgewandelt werden. Wrapper-Objekte lernen wir später in Kapitel 7 kennen.

6.1 Schnelleinstieg

6.1.1 Die Klasse `ArrayList`

Die `ArrayList` kann man sich wie ein größenveränderliches Array vorstellen, das darüber hinaus diverse Funktionalitäten als Methoden anbietet. Dadurch lässt sich eine dynamische Befüllung oder Zusammensetzung abbilden.

Liste erzeugen

Als Beispiel definieren wir eine leere Liste zur Speicherung von Namen wie folgt:

```
jshell> var names = new ArrayList<String>()
names ==> []
```

Mit `new` erzeugen wir einen neuen Container. Durch die Angabe `ArrayList<String>` erstellt Java eine `ArrayList`, die zur Verwaltung von `String`s dient. Das ist eine sogenannte generische Definition. Mehr Details dazu liefert Abschnitt 6.2.1.

Besonderheit: Unveränderliche Liste erzeugen   Als Beispiel definieren wir eine Liste mit einer fixen Wertebelegung mithilfe von `List.of()`:

```
jshell> var unmodifiableNames = List.of("Jim", "James")
unmodifiableNames ==> [Jim, James]
```

Eine derart erzeugte Liste erlaubt keine Modifikationen, also beispielsweise kein Einfügen von Elementen, sondern löst dann Exceptions aus. Natürlich sind indizierte Zugriffe erlaubt. In einem separaten Abschnitt thematisiere ich das später noch einmal.

---

[1]Genauer: Es werden die Referenzen auf Objekte (Objektreferenzen) gespeichert.

Besonderheit: Unveränderliche Liste aus Array erzeugen

Besonderheit: Unveränderliche Liste aus Array erzeugen   Darüber hinaus gibt es die Möglichkeit, eine Liste auch aus einer fixen Folge von Werten oder aber aus einem Array zu erzeugen. Dazu dient die Methode `asList()` aus der Utility-Klasse `Arrays`. Schauen wir uns das mal an:

```
jshell> var cities = Arrays.asList("Kiel", "Bremen", "Zürich")
cities ==> [Kiel, Bremen, Zürich]

jshell> String[] otherCities = { "Oldenburg", "Aachen", "Wien" }
otherCities ==> String[3] { "Oldenburg", "Aachen", "Wien" }

jshell> var otherCitiesList = Arrays.asList(otherCities)
otherCitiesList ==> [Oldenburg, Aachen, Wien]
```

Eine so erzeugte Liste erlaubt ebenfalls keine Modifikationen, sondern löst beim Versuch dann Exceptions aus. Natürlich sind indizierte Zugriffe erlaubt.

Werte hinzufügen

Wir fügen nun ein paar Namen mithilfe der Methode `add()` einer Liste hinzu. Dabei werden die Elemente hinten an die Liste angefügt:

```
jshell> names.add("Tim")
$3 ==> true

jshell> names.add("Tom")
$4 ==> true

jshell> names
names ==> [Tim, Tom]
```

Darüber hinaus kann man auch mehrere Namen in einem Rutsch durch Aufruf der Methode `addAll()` als Liste von Werten hinzufügen. Eine solche Liste kann man – wie zuvor gezeigt – durch einen Aufruf von `List.of()` erzeugen.

```
jshell> names.addAll(List.of("Maike", "Peter", "John"))
$5 ==> true

jshell> names
names ==> [Tim, Tom, Maike, Peter, John]
```

Positionsbasiert hinzufügen

Positionsbasiert hinzufügen   Man kann Elemente auch an einer gewissen Position hinzufügen. Dazu übergibt man an `add()` die gewünschte Position (0-basiert) und den Wert. Im Listing nutzen wir mit 0 die vorderste und mit 1 die erste Position:

```
jshell> names.add(0, "Anton")
$2 ==> true

jshell> names.add(1, "Andreas")
$3 ==> true

jshell> names
names ==> [Anton, Andreas, Tim, Tom, Maike, Peter, John]
```

Natürlich kann man ein Element auch an letzter Position durch eine passende Angabe hinzufügen, besser ist dann jedoch der Aufruf von `add()` ohne Indexparameter:

```
jshell> names.add(7, "Last")

jshell> names
names ==> [Anton, Andreas, Tim, Tom, Maike, Peter, John, Last]
```

Prüfen, ob ein Eintrag existiert

Um zu prüfen, ob ein Element in einer `ArrayList` existiert, verwenden Sie die Methode `contains()`. Sie liefert `true`, wenn der gesuchte Wert vorhanden ist, ansonsten `false`.

```
jshell> names.contains("John")
$283 ==> true

jshell> names.contains("Michael")
$46 ==> false
```

Positionsbasierter Zugriff

Um mit den gespeicherten Werten arbeiten zu können, lassen sich diese positionsbasiert mit `get()` auslesen:

```
jshell> names.get(4)
$7 ==> "Maike"
```

Modifikationen ausführen

Mitunter müssen Werte nachträglich geändert werden. Hier soll aus dem Namen »Maike« der Wert »Mike« werden. Wir modifizieren den gespeicherten Wert mit `set()` unter Angabe der Indexposition und des neuen gewünschten Werts wie folgt:

```
jshell> names.set(4, "Mike")
$9 ==> "Maike"

jshell> names
names ==> [Anton, Andreas Tim, Tom, Mike, Peter, John, Last]
```

Wir sehen zum einen, dass die Methode `set()` den zuvor gespeicherten Wert zurückliefert, und zum anderen, dass nun der Wert »Mike« an Position 4 gespeichert ist.

Element positionsbasiert löschen

Ab und zu sind Werte aus dem Datenbestand zu löschen. Dazu dient die `remove()`-Methode. Dieser wird der Index des zu löschenden Elements übergeben:

```
jshell> names.remove(4)
$15 ==> "Mike"

jshell> names
names ==> [Anton, Andreas, Tim, Tom, Peter, John, Last]
```

Als Rückgabe erhält man analog zur `set()`-Methode den dort gespeicherten Wert.

Spezielle Elemente löschen

Manchmal sind Werte aus dem Datenbestand zu löschen, die eine bestimmte Eigenschaft besitzen. Nachfolgend sollen alle Namen, die mit einem 'T' oder einem 'A' beginnen, aus der Liste entfernt werden:

```
jshell> names.removeIf(name -> name.startsWith("T") || name.startsWith("A"))
$19 ==> true

jshell> names
names ==> [Peter, John, Last]
```

Hierbei sehen wir zur Formulierung der Bedingung einen sogenannten Lambda-Ausdruck. Details dazu folgen später in Abschnitt 9.1.

Anzahl an Elementen ermitteln

Schließlich wollen wir noch wissen, wie viele Elemente nach unseren Aktionen noch in der Liste verblieben sind, und rufen dazu `size()` auf:

```
jshell> names.size()
$17 ==> 3
```

Durch die Elemente iterieren

In Kapitel 2 Schnelleinstieg haben wir bereits einige Schleifenvarianten kennengelernt. Diese kann man auch zum Durchlaufen einer `ArrayList` nutzen. Betrachten wir ein paar kurze Beispiele.

Indizierte `for`-Scheife   Die `for`-Schleife mit Index nutzt in ihrer Bedingung die Größenabfrage mit `size()` und im Zugriff `get(i)`:

```
jshell> for (int i = 0; i < names.size(); i++)
   ...>       System.out.println(names.get(i));
Peter
John
Last
```

for-each-Schleife Wie schon erwähnt, sind Indexzugriffe immer mal wieder die Quelle für Fehler. Benötigt man die Position für einen Anwendungsfall nicht, so ist die for-each-Schleife die bessere Alternative:

```
jshell> for (String name : names)
   ...>    System.out.println(name)
Peter
John
Last
```

Built-in `forEach()` Außerdem bietet die `ArrayList` eine Methode `forEach()` zum Durchlaufen ihrer Elemente. Zum Verarbeiten wird die Aktion als Lambda-Ausdruck (vgl. Abschnitt 9.1) angegeben:

```
jshell> names.forEach(name -> System.out.println(name))
Peter
John
Last
```

Zahlen in Listen verwalten

Während es in Arrays möglich ist, Zahlen als `int` zu verwalten, müssen wir für Listen auf Wrapper-Klassen zurückgreifen. Mehr dazu erfahren Sie in Abschnitt 7.2. Hier sehen wir die dazu notwendige Angabe von `ArrayList<Integer>`:

```
jshell> var primeNumbers = new ArrayList<Integer>(List.of(2,3,5,7,11,13,17,19))
primeNumbers ==> [2, 3, 5, 7, 11, 13, 17, 19]

jshell> var someNumbers  = new ArrayList<Integer>(List.of(7,2,5,3,1,2,6,4))
someNumbers ==> [7, 2, 5, 3, 1, 2, 6, 4]
```

Listen sortieren

Mitunter ist es hilfreich, die in einer Liste gespeicherten Werte zu sortieren. Hier betrachten wir dies für Zahlen. Dazu kann man `Collections.sort()` aufrufen:

```
jshell> var numbersToBeSorted = new ArrayList<Integer>(List.of(1,7,2,9,11,6,3))
numbersToBeSorted ==> [1, 7, 2, 9, 11, 6, 3]

jshell> Collections.sort(numbersToBeSorted)

jshell> numbersToBeSorted
numbersToBeSorted ==> [1, 2, 3, 6, 7, 9, 11]
```

Im Gegensatz zu Strings, wo bei Veränderungen neue Strings entstehen, werden im Falle von `sort()` die Daten innerhalb der Liste sortiert und somit das Original geändert.

Aber Moment: Hier stellt sich die Frage, nach welchem Kriterium die Einträge denn sortiert werden sollen? Gute Frage! Tatsächlich kann man in Java über das Interface `Comparable` die sogenannte natürliche Ordnung festlegen. Die Details sind hier zum Einstieg nicht von Relevanz – für Strings erfolgt erwartungskonform eine alphabetische Sortierung und für Zahlen eine nach deren Wert. Wenn Sie Ihre Programmierkenntnisse weiter ausbauen wollen, dann empfehle ich Ihnen mein Buch »Der Weg zum Java-Profi« [3]. Dort werden diese Themen sehr ausführlich behandelt.

Alle Elemente löschen

Mitunter möchte man Berechnungsergebnisse verwerfen. Um den Inhalt einer Liste zu löschen, rufen Sie `clear()` auf:

```
jshell> names.clear()

jshell> names
names ==> []
```

Teilbereiche von Listen ermitteln

Definieren wir ein paar weibliche Vornamen:

```
jshell> var names = List.of("Anne", "Barbara", "Janne", "Lili", "Sophie")
names ==> [Anne, Barbara, Janne, Lili, Sophie]
```

Nun wollen wir die letzten beiden als eigene Liste ermitteln. Dazu dient `subList()` mit der Angabe des ersten (inklusive) und letzten (exklusive) Index der Originalliste:

```
jshell> names.subList(3,5)
$160 ==> [Lili, Sophie]
```

Das geht mit Zahlen genauso:

```
jshell> var first7 = List.of(1,2,3,4,5,6,7,8,9,10).subList(0, 7)
first7 ==> [1, 2, 3, 4, 5, 6, 7]
```

Wissenswertes zu unmodifizierbaren Listen

Wir hatten beim Erzeugen von Listen zwei Varianten gesehen, um eine unmodifizierbare Liste zu erstellen. Dort hatte ich jeweils geschrieben, dass eine derart erzeugte Liste keine Modifikationen erlaubt. Es sind jedoch dazu eine paar Details kennenzulernen.

Verdeutlichen wir uns das Ganze mit einem indizierten Zugriff per `get()` und dem Hinzufügen per `add()` sowie einer Modifikation an einer Position mit `set()`:

Variante mit `List.of()`   Die Variante mit `List.of()` ist erst vor wenigen Jahren ins JDK integriert worden und arbeitet exakt so, wie man es erwartet:

```
jshell> var unmodifiableNames = List.of("Jim", "James")
unmodifiableNames ==> [Jim, James]

jshell> unmodifiableNames.get(1)
$378 ==> "James"
```

Die beiden nachfolgend gezeigten Modifikationen lösen erwartungsgemäß Exceptions aus:

```
jshell> unmodifiableNames.add("PETER")
|  Exception java.lang.UnsupportedOperationException

jshell> unmodifiableNames.set(1, "JIMBO")
|  Exception java.lang.UnsupportedOperationException
```

Variante mit `Arrays.asList()`   Die Funktionalität mit `Arrays.asList()` existiert schon sehr lange im JDK und weist eine Besonderheit auf:

```
jshell> var cities = Arrays.asList("Bremen", "Kiel", "Aachen", "Zürich")
cities ==> [Bremen, Kiel, Aachen, Zürich]

jshell> cities.get(1)
$381 ==> "Kiel"

jshell> cities.add("KONSTANZ")
|  Exception java.lang.UnsupportedOperationException

jshell> cities.set(1, "LUZERN")
$382 ==> "Kiel"

jshell> cities
cities ==> [Bremen, LUZERN, Aachen, Zürich]
```

Interessanterweise sieht man, dass die mit `Arrays.asList()` erzeugte unmodifizierbare Liste nicht vollständig unmodifizierbar ist, da sie das Verändern einzelner Werte erlaubt. Wie gesehen verhindert lediglich die `List.of()`-Variante dieses Schlupfloch. Allerdings bezieht sich Unveränderbarkeit nur auf die Liste, nicht aber auf die in der Liste abgelegten Elemente. Deren Wertebelegung kann aufgrund der Referenzsemantik geändert werden (vgl. Abschnitt 5.1.1).

6.1.2   Die Klasse `HashSet`

Ein `HashSet` repräsentiert eine Menge von Elementen, bei der kein Element doppelt vorkommt. In Java wird zur Absicherung der Forderung die Methode `equals()` genutzt, die für die eingebauten Typen schon korrekt implementiert ist (vgl. Abschnitt 5.1.4).

`HashSet` erzeugen

Als Beispiel definieren wir eine leere Menge zur Speicherung von Namen wie folgt:

```
jshell> var names = new HashSet<String>()
names ==> []
```

Besonderheit: Unveränderliches Set erzeugen   In diesem Beispiel definieren wir ein Set mit einer fixen Wertebelegung durch Aufruf der Methode `Set.of()`:

```
jshell> var unmodifiableNames = Set.of("Jim", "James")
unmodifiableNames ==> [James, Jim]
```

Eine derart erzeugtes Set erlaubt keine Modifikationen, also beispielsweise kein Einfügen oder Entfernen von Elementen, jedoch natürlich lesende Zugriffe.

Wir sehen ein weiteres Detail: Ein Set besitzt keine Reihenfolge und die Elemente werden ggf. in anderer Reihenfolge ausgegeben, als sie hinzugefügt wurden.

Werte hinzufügen

Wir fügen nun ein paar Namen mithilfe der Methode `add()` hinzu. Sie liefert `true`, wenn der Wert hinzugefügt wurde, ansonsten `false`.

```
jshell> names.add("Tim")
$3 ==> true

jshell> names.add("Tom")
$4 ==> true

jshell> names.add("Tim")
$280 ==> false
```

Darüber hinaus kann man auch mehrere Namen in einem Rutsch durch Aufruf der Methode `addAll()` hinzufügen – hier in Form einer Menge von Werten, erzeugt mit `Set.of()`. Auch hier wird `true` geliefert, wenn Werte hinzugefügt wurden, ansonsten `false`.

```
jshell> names.addAll(Set.of("Mike", "Peter", "John"))
$281 ==> true

jshell> names.addAll(Set.of("Mike", "Peter", "John"))
$282 ==> false
```

Jetzt sollte das Set 5 Elemente enthalten. Prüfen wir dies kurz:

```
jshell> names
names ==> [Mike, Tom, John, Tim, Peter]
```

Prüfen, ob ein Eintrag existiert

Um zu prüfen, ob ein Element in einem `HashSet` existiert, verwenden Sie die Methode `contains()`. Sie liefert `true`, wenn der gesuchte Wert vorhanden ist, ansonsten `false`.

```
jshell> names.contains("John")
$283 ==> true

jshell> names.contains("Michael")
$46 ==> false
```

Bestimmtes Element löschen

Manchmal sollen Werte aus dem Datenbestand entfernt werden. Dazu dient die `remove()`-Methode. Als Ergebnis liefert sie `true`, wenn etwas gelöscht wurde, und ansonsten `false`. Eine nachträgliche Prüfung mit `contains()` liefert dann `false`:

```
jshell> names.remove("John")
$284 ==> true

jshell> names.contains("John")
$285 ==> false

jshell> names
names ==> [Mike, Tom, Tim, Peter]
```

Spezielle Elemente löschen

Ab und zu sind Werte aus dem Datenbestand zu löschen, die eine bestimmte Eigenschaft besitzen. Nachfolgend sollen alle Namen, die mit einem 'T' beginnen, aus dem Set entfernt werden – wie schon bei Listen kommt auch hier ein Lambda-Ausdruck. zum Einsatz (vgl. Abschnitt 9.1).

```
jshell> names.removeIf(name -> name.startsWith("T"))
$13 ==> true

jshell> names
names ==> [Mike, Peter]
```

Anzahl an Elementen ermitteln

Schließlich wollen wir noch wissen, wie viele Elemente nach unseren Aktionen noch in dem Set verblieben sind, und rufen dazu `size()` auf:

```
jshell> names.size()
$17 ==> 2
```

Durch die Elemente iterieren

In Kapitel 2 Schnelleinstieg haben wir bereits einige Schleifenvarianten kennengelernt. Diese kann man (bis auf die positionsbasierte, indizierte Variante) auch zum Durchlaufen eines `HashSets` nutzen. Betrachten wir zwei kurze Beispiele.

for-each-Schleife   Wie schon bei Listen erwähnt, sind Indexzugriffe immer mal wieder die Quelle für Fehler. Für Sets gibt es keinen positionsbasierten Indexzugriff und so ist die for-each-Schleife die richtige Alternative:

```
jshell> for (String name : names)
   ...>      System.out.println(name)
Mike
Peter
```

Built-in `forEach()`   Außerdem bietet das `HashSet` die Methode `forEach()` zum Durchlaufen seiner Elemente. Die auszuführende Aktion wird als Lambda-Ausdruck (vgl. Abschnitt 9.1) angegeben:

```
jshell> names.forEach(name -> System.out.println(name))
Mike
Peter
```

Alle Elemente löschen

Mitunter möchte man Berechnungsergebnisse verwerfen. Um den Inhalt eines Sets zu löschen, rufen Sie `clear()` auf:

```
jshell> names.clear()

jshell> names
names ==> []
```

Mengen sortieren

Für die Java-Typen wie Zahlen und Strings ist es möglich, die Einträge in einer Menge sortiert zu speichern. Dazu dient die Klasse `TreeSet`. Schauen wir uns ein Beispiel an, wo wir initial einige Hobbys als Namen mit `Set.of()` definieren:

```
jshell> var hobbies = Set.of("Musik", "Wandern", "Hifi", "Programmieren",
   ...>                       "Kochen", "Heimkino", "Lesen", "Chillen");
hobbies ==> [Musik, Chillen, Heimkino, Wandern, Kochen, Lesen, Hifi,
     Programmieren]
```

Wir sehen, dass die Reihenfolge von der initial vorgegebenen Reihenfolge abweicht. Überführen wir das in ein `TreeSet`, so werden die Werte alphabetisch sortiert:

```
jshell> var sortedHobbies = new TreeSet<String>(hobbies)
sortedHobbies ==> [Chillen, Heimkino, Hifi, Kochen, Lesen, Musik, Programmieren,
     Wandern]
```

Weitere Details, insbesondere was man bei eigenen Typen beachten muss, finden Sie in meinem Buch »Der Weg zum Java-Profi« [3].

6.1.3 Iteratoren

Für Listen und Sets haben wir verschiedene Varianten zum Durchlaufen kennengelernt. Es existiert eine weitere, die das Ganze vereinheitlicht. Ein *Iterator* ist ein Objekt, das zum Durchlaufen von Collections, wie `ArrayList` und `HashSet`, verwendet werden kann. Er wird »Iterator« genannt, weil »Iterieren« der Fachbegriff für Schleifendurchläufe ist.

Um einen Iterator in einem Java-Programm zu verwenden, müssen Sie ihn aus dem Package `java.util` importieren – in der JShell ist er direkt verfügbar.

Iterator erzeugen

Die Methode `iterator()` dient dazu, einen Iterator für eine beliebige Collection bereitzustellen:

```
jshell> var names = List.of("Tim", "Tom", "Peter", "Mike", "Carsten")
names ==> [Tim, Tom, Peter, Mike, Carsten]

jshell> Iterator<String> it = names.iterator()
it ==> java.util.ImmutableCollections$ListItr@6c3f5566
```

Iterator zum Durchlaufen nutzen

Um eine Collection in einer Schleife zu durchlaufen, verwenden Sie die Methoden `hasNext()` und `next()` des Iterators. Erstere prüft, ob noch weitere Elemente zum Durchlaufen existieren, und mit `next()` erhält man Zugriff auf das aktuelle Element. Diese Methoden arbeiten ideal in Kombination mit einer `while`-Schleife.

Damit können wir einen einfachen Durchlauf wie folgt implementieren:

```
jshell> while(it.hasNext()) {
   ...>      System.out.println(it.next());
   ...> }
   ...>
Tim
Tom
Peter
Mike
Carsten
```

Iterator zum Löschen nutzen

Iteratoren sind so konzipiert, dass sie in Collections an der aktuellen Position löschen können. Dazu kann die `remove()`-Methode während des Schleifendurchlaufs aufgerufen werden, um spezifische Elemente (hier die kurzen Namen) aus einer Collection zu entfernen. Wenden wir es einmal an:

```
jshell> it = names.iterator()
it ==> java.util.ArrayList$Itr@641147d0

jshell> while(it.hasNext()) {
   ...>       String currentName = it.next();
   ...>       if (currentName.length() <= 3) {
   ...>           it.remove();
   ...>       } else {
   ...>           System.out.println(currentName);}
   ...> }
|  Exception java.lang.UnsupportedOperationException
|        at ImmutableCollections.uoe (ImmutableCollections.java:142)
|        at ImmutableCollections$ListItr.remove (ImmutableCollections.java:378)
|        at (#273:4)
```

Hier erhalten wir eine Exception! Wie kommt das? Erinnern wir uns an die Einführung zur Klasse `ArrayList`: Dort wurden zwei Varianten zum Erzeugen von Listen gezeigt. Die bequeme Form mit `List.of()` erzeugt jedoch eine unveränderliche Datenstruktur. Um demnach Änderungen vornehmen zu können, müssen wir mit der veränderlichen `ArrayList` arbeiten. Diese bietet praktischerweise folgende Variante zur Konstruktion, der man eine bereits bestehende Liste übergeben kann:

```
jshell> var names = new ArrayList<>(names)

jshell> it = names.iterator()
it ==> java.util.ArrayList$Itr@641147d0

jshell> while(it.hasNext()) {
   ...>       String currentName = it.next();
   ...>       if (currentName.length() <= 3) {
   ...>           it.remove();
   ...>       } else {
   ...>           System.out.println(currentName);}
   ...> }
Peter
Mike
Carsten
```

Hinweis: Praxistipp

Der Versuch, Elemente mit einer `for`-Schleife oder einer for-each-Schleife zu entfernen, würde nicht korrekt funktionieren, da sich die Größe der Collection während der Iteration ändert. Das gilt sowohl für Immutable als auch für veränderliche Collections. Weitere Details finden Sie in meinem Buch »Der Weg zum Java-Profi« [3].

6.1.4 Die Klasse `HashMap`

Für die `ArrayList` haben Sie gelernt, dass dort Elemente als geordnete Sammlung gespeichert werden und man indiziert (Typ `int`) darauf zugreifen kann. Eine `HashMap` hingegen speichert Abbildungen von Schlüsseln auf Werte, sogenannte »Schlüssel-Wert«-Paare. Als Beispiel bilden Telefonbücher Namen auf Telefonnummern ab. Es gibt keinen indizierten Zugriff, sondern dieser erfolgt über den Schlüssel.

`HashMap` erzeugen

Für ein Beispiel definieren wir eine leere `HashMap` zur Speicherung der Abbildung von Städten auf (ungefähre) Einwohnerzahlen:

```
jshell> var cityInhabitantsMap = new HashMap<String, Integer>()
cityInhabitantsMap ==> {}
```

Besonderheit: Unveränderliche Map erzeugen
Mithilfe von `Map.of()` definieren wir eine Map mit einer fixen Menge von Abbildungen. Eine derart erzeugte Map erlaubt keine Modifikationen, also beispielsweise kein Einfügen von Elementen, jedoch natürlich die im Anschluss gezeigten lesenden Zugriffe (und auch das Ändern der referenzierten Objekte).

```
jshell> var unmodifiableMap = Map.of("Bern", 170_000, "Berlin", 3_500_000)
unmodifiableMap ==> {Bern=170000, Berlin=3500000}
```

Werte hinzufügen

Nutzen wir die initial leer erzeugte `HashMap` zur Abbildung von Städten auf Einwohnerzahlen, um dort ein paar Städte und deren Einwohnerzahl mithilfe der Methode `put()` hinzufügen:

```
jshell> cityInhabitantsMap.put("Zürich", 400_000);
$229 ==> null

jshell> cityInhabitantsMap.put("Hamburg", 2_000_000);
$231 ==> null

jshell> cityInhabitantsMap.put("Kiel", 250_000);
$232 ==> null
```

Sind mehrere Daten einzufügen, so bietet sich ein Aufruf von `putAll()` an, der das in einem Rutsch erledigt:

```
jshell> cityInhabitantsMap.putAll(unmodifiableMap)

jshell> cityInhabitantsMap
cityInhabitantsMap ==> {Bern=170000, Kiel=250000, Zürich=400000, Berlin=3500000,
    Hamburg=2000000}
```

Prüfen, ob ein Eintrag existiert

Um zu prüfen, ob ein Schlüssel in einer `HashMap` existiert, verwenden Sie die Methode `containsKey()`. Sie liefert `true`, wenn der gesuchte Eintrag zu dem Schlüssel vorhanden ist, ansonsten `false`.

```
jshell> cityInhabitantsMap.containsKey("Zürich")
$309 ==> true

jshell> cityInhabitantsMap.containsKey("Bremen")
$310 ==> false
```

Prüfen, ob ein Wert existiert

Darüber hinaus ist es auch möglich, zu prüfen, ob ein spezieller Wert in einer Map gespeichert ist. Dazu dient die Methode `containsValue()`. Nachfolgend betrachten wir diese einmal für den Wert 400.000, der zum Schlüssel Zürich gehört und daher `true` liefert. Da der Wert 1.234.567 jedoch keinem Schlüssel zugeordnet ist, erhalten wir hierfür `false`.

```
jshell> cityInhabitantsMap.containsValue(400000)
$311 ==> true

jshell> cityInhabitantsMap.containsValue(1234567)
$312 ==> false
```

Zugriff über Schlüssel und Fallback-Wert bereitstellen

Um mit den gespeicherten Werten arbeiten zu können, lassen sich diese mit dem jeweiligen Schlüssel mit `get()` auslesen – existiert jedoch kein Eintrag, so wird der Wert `null` zurückgegeben:

```
jshell> cityInhabitantsMap.get("Zürich")
$235 ==> 400000

jshell> cityInhabitantsMap.get("X-STADT")
$236 ==> null
```

Manchmal ist die Rückgabe von `null` unpraktisch, daher soll ein Wert zurückgegeben werden, etwa 0 für Zahlen oder ein Leerstring für Texte. Dazu dient die Methode `getOrDefault()`:

```
jshell> cityInhabitantsMap.getOrDefault("X-STADT", 0)
$237 ==> 0
```

Modifikationen ausführen

Mitunter müssen Werte nachträglich geändert werden. Hier soll die Einwohnerzahl für Bern auf den Wert 180.000 korrigiert werden. Wir modifizieren den gespeicherten Wert mit `put()` und gleichem Schlüssel. Als Rückgabe erhalten wir den alten Wert:

```
jshell> cityInhabitantsMap.put("Bern", 180_000)
$236 ==> 170000

jshell> cityInhabitantsMap
cityInhabitantsMap ==> {Bern=180000, Kiel=250000, Zürich=400000, Berlin=3500000,
    Hamburg=2000000}
```

Abbildung löschen

Ab und zu sind Werte aus dem Datenbestand zu löschen. Dazu dient die `remove()`-Methode, der man den Schlüssel übergibt.

Löschen wir zunächst einmal Bern und dann Kiel. Danach prüfen wir, ob diese Abbildungen aus der Map entfernt worden sind:

```
jshell> cityInhabitantsMap.remove("Bern")
$315 ==> 180000

jshell> cityInhabitantsMap.remove("Kiel")
$316 ==> 250000

jshell> cityInhabitantsMap
cityInhabitantsMap ==> {Zürich=400000, Berlin=3500000, Hamburg=2000000}
```

Anzahl an Einträgen ermitteln

Schließlich wollen wir noch wissen, wie viele Elemente nach unseren Aktionen noch in der Map verblieben sind, und rufen dazu `size()` auf:

```
jshell> cityInhabitantsMap.size()
$321 ==> 3
```

Durch die Elemente iterieren

In Kapitel 2 Schnelleinstieg haben wir bereits einige Schleifenvarianten kennengelernt. Bei Maps muss man etwas anders vorgehen, da man hier keinen indizierten Zugriff besitzt. Allerdings lassen sich die Abbildungen mit folgenden Methoden auslesen:

- `keySet()` – Liefert eine Menge von Schlüsseln.
- `values()` – Liefert eine Collection von Werten.
- `entrySet()` – Liefert ein `Set<Map.Entry<String, Integer>>`.

for-each-Schleife in drei Varianten   Nutzen wir dieses Wissen zur Ausgabe der
Schlüssel, Werte und Schlüssel-Wert-Einträge wie folgt:

```
jshell> for (String city : cityInhabitantsMap.keySet()) {
   ...>        System.out.println(city);
   ...> }
Zürich
Berlin
Hamburg

jshell> for (int inhabitantCount : cityInhabitantsMap.values()) {
   ...>        System.out.println(inhabitantCount);
   ...> }
400000
3500000
2000000

jshell> for (Map.Entry entry : cityInhabitantsMap.entrySet()) {
   ...>        System.out.println(entry);
   ...> }
Zürich=400000
Berlin=3500000
Hamburg=2000000
```

Built-in `forEach()`   Schließlich bietet die `HashMap` eine Methode `forEach()`
zum Durchlaufen ihrer Einträge inklusive Aktion als Lambda (vgl. Abschnitt 9.1):

```
jshell> cityInhabitantsMap.forEach((key, value) ->
   ...>                      System.out.println(key + ": " + value))
Zürich: 400000
Berlin: 3500000
Hamburg: 2000000
```

Spezielle Elemente löschen

Ab und zu sind Werte aus dem Datenbestand zu löschen, die eine bestimmte Eigenschaft
besitzen, nachfolgend geschieht dies für alle Städte mit mehr als 1 Million Einwohnern:

```
jshell> cityInhabitantsMap.values().removeIf(n -> n > 1_000_000)
$243 ==> true

jshell> cityInhabitantsMap
cityInhabitantsMap ==> {Zürich=400000}
```

Hierbei sehen wir den Zugriff rein auf die Werte mit `values()`. Genauso ist es mit
`keySet()` möglich, auf die Schlüssel zuzugreifen und darüber Werte zu löschen, etwa
Städte mit einem K im Namen, was hier Kiel nicht mehr betrifft, da es schon zuvor
gelöscht wurde. Deswegen erhalten wir als Rückgabe den Wert `false`:

```
jshell> cityInhabitantsMap.keySet().removeIf(name ->
   ...>                          name.toLowerCase().contains("k"))
$245 ==> false

jshell> cityInhabitantsMap
cityInhabitantsMap ==> {Zürich=400000}
```

Alle Elemente löschen

Mitunter möchte man Berechnungsergebnisse verwerfen. Um den Inhalt einer `HashMap` zu löschen, rufen Sie `clear()` auf:

```
jshell> cityInhabitantsMap.clear()

jshell> cityInhabitantsMap
cityInhabitantsMap ==> {}
```

6.2   Nächste Schritte

6.2.1   Generische Typen (Generics)

Einführung

Ursprünglich waren die Containerklassen des Collections-Frameworks wie Listen, Sets und Maps untypisiert. Somit konnten dort Objekte beliebigen Typs verwaltet werden. Jedoch sind derartige heterogene Container nur für wenige Anwendungsfälle nützlich. Viel öfter ist gewünscht, gleichartige Objekte, also diejenigen eines bestimmten Typs, zu speichern – man spricht von einer homogenen Zusammensetzung. Ohne das Sprachfeature Generics oder eine selbst geschriebene Containerklasse kann man diese Forderung nur durch eine geeignete Namensgebung, etwa `personList`, ausdrücken, nicht aber vom Compiler sicherstellen lassen. Seit JDK 5 lässt sich die typsichere Definition von Containerklassen mithilfe von Generics ohne weiteren eigenen Implementierungsaufwand erreichen. Es muss lediglich eine Typangabe bei der Definition einer Containerklasse erfolgen. Basierend darauf kann vom Compiler sichergestellt werden, dass dort nur gewünschte Typen verwaltet werden.

Nicht generische Container

Um die Problematik nicht typsicherer Container zu rekapitulieren bzw. besser nachvollziehen zu können, betrachten wir als Beispiel die Datenspeicherung von `Person`-Objekten in einer `ArrayList` ohne Typangabe.

```
jshell> ArrayList personList = new ArrayList()
personList ==> []
```

Man spricht auch von einem sogenannten *Raw Type*, weil dieser keine Typinformationen über den Inhalt besitzt. Somit sind die Zugriffsmethoden, etwa `Object get(int)` und `add(Object)`, alle mit Eingabeparametern oder Rückgabewerten des Typs `Object` definiert. Dadurch können Objekte beliebiger Typen verarbeitet werden. Zur Demonstration möglicher Auswirkungen wird in eine Liste von `Person`-Objekten bewusst auch ein `String`-Objekt hinzugefügt:

```
jshell> import java.time.LocalDate

jshell> record Person(String name, LocalDate birthday, String city) {}
|  created record Person
```

Schauen wir uns diese beiden mal in Kombination mit einer Liste an:

```
jshell> personList.add(new Person("Max", LocalDate.now(), "Musterstadt"))
|  Warning:
|  unchecked call to add(E) as a member of the raw type java.util.List
|  personList.add(new Person("Max", LocalDate.now(), "Musterstadt"));
|  ^------------------------------------------------------------------^
$433 ==> true
jshell> personList.add(new Person("Moritz", LocalDate.now(), "Musterstadt"));
|  Warning:
|  unchecked call to add(E) as a member of the raw type java.util.List
|  personList.add(new Person("Moritz", LocalDate.now(), "Musterstadt"));
|  ^-----------------------------------------------------------------^
$434 ==> true
```

Zwar werden die Kommandos ausgeführt, jedoch kommt es zu Typwarnungen. Diese sollte man immer genau beachten und idealerweise alle beheben. Hier im Beispiel weisen sie genau auf den zu verdeutlichenden Sachverhalt hin. Fügen wir also noch bewusst einen String hinzu:

```
jshell> personList.add("Sarah vom Auetal")
|  Warning:
|  unchecked call to add(E) as a member of the raw type java.util.ArrayList
|  personList.add("Sarah vom Auetal")
|  ^---------------------------------^
$435 ==> true
```

Diese Liste enthält also einen Mix aus verschiedenen Typen. Nun wollen wir über die Liste iterieren, die Elemente werden ausgelesen und ausgegeben. Weil wir aufgrund des Namens von der ausschließlichen Speicherung von `Person`-Objekten ausgehen, gibt es zur Laufzeit Probleme: Als Folge der expliziten Typumwandlung des Eintrags vom Typ `String` in eine Referenz vom Typ `Person` wird eine `ClassCastException` ausgelöst: Die beiden Typen `String` und `Person` sind inkompatibel:

```
jshell> for (int i = 0; i < personList.size(); i++)
   ...> {
   ...>     // Explizite Typumwandlung notwendig zum Methodenaufruf
   ...>     Person person = (Person) personList.get(i);
   ...>     System.out.println(person.name() + " aus " + person.city());
   ...> }
Max aus Musterstadt
Moritz aus Musterstadt
|  Exception java.lang.ClassCastException: class java.lang.String cannot be cast
         to class REPL.$JShell$31$Person
```

Die im Beispiel verwendete Typumwandlung von dem in der Liste gespeicherten Typ `Object` auf `Person` ist erforderlich, damit ein Zugriff auf die Methoden `name()` und `city()` des Records `Person` möglich wird, um den Namen einer Person und deren Wohnort ausgeben zu können. Aufgrund des Namens `personList` erfolgt hier der Cast jedoch ohne eine Typprüfung, da man davon ausgeht, dass die gespeicherten Elemente vom Typ `Person` sind. Wie das Beispiel zeigt, ist dies aber nicht garantiert und führt zu dem Fehler. Wie kann man es also besser machen?

Typsichere, generische Container

Seit JDK 5 lassen sich praktischerweise Containerklassen durch die Angabe von Typparametern auf einen Typ festlegen. Dies geschieht mithilfe der Spitzen-Klammern-Notation, in der Deklaration z. B. mit `List<Person>`, bei der Definition hier als `ArrayList<Person>`. Basierend auf den Typangaben kann der Compiler bereits zur Kompilierzeit eventuell vorhandene Typinkompatibilitäten aufdecken und dadurch sicherstellen, dass nur Objekte des gewünschten Typs (und auch Subtypen davon), hier `Person`, in den Container aufgenommen werden können.

Schauen wir uns nun die typsichere Definition einer Liste von `Person`-Objekten mithilfe von Generics an:

```
import java.time.LocalDate;
import java.util.ArrayList;

public class NewStyleList
{
    record Person(String name, LocalDate birthday, String city) {}

    public static void main(final String[] args)
    {
        // Typsichere Definition mit Generics
        final ArrayList<Person> personList = new ArrayList<Person>();
        personList.add(new Person("Max", LocalDate.now(), "Musterstadt"));
        personList.add(new Person("Moritz", LocalDate.now(), "Musterstadt"));
        //personList.add("Sarah vom Auetal?"); // Compile-Error

        for (int i = 0; i < personList.size(); i++)
        {
            // Typsicheres Auslesen mit get() liefert Typ Person
            final Person person = personList.get(i);
            System.out.println(person.name() + " aus " + person.city());
        }
    }
}
```

Im Gegensatz zum vorherigen Programm, das eine `ClassCastException` auf der Konsole protokolliert, wird im Programm NEWSTYLELIST das Hinzufügen eines Objekts vom Typ `String` direkt schon durch den Compiler verhindert. Demnach werden folgende zwei Einträge ausgegeben:

```
Max aus Musterstadt
Moritz aus Musterstadt
```

Wie das Beispiel zeigt, lassen sich nunmehr wirklich nur `Person`-Referenzen (oder Subtypen) in der so typisierten `ArrayList<Person>` verwalten. Es entfällt die zuvor notwendige explizite Typumwandlung und die Methodensignaturen nutzen den angegebenen Typ, hier `Person`, statt wie früher den Typ `Object`.

> **Hinweis: Keine Unterstützung primitiver Typen**
>
> Beachten Sie bitte, dass Generics nur für Objekte, also Referenztypen, nutzbar sind, wie wir dies schon für `ArrayList<String>` oder `ArrayList<Person>` gesehen haben. Sie können aber nicht `ArrayList<int>` oder `ArrayList<double>` schreiben. Damit man auch diese Typen in Listen verwenden kann, existieren die sogenannten Wrapper-Klassen. Später mehr dazu in Abschnitt 7.2.

Diamond Operator und Vereinfachungen bei Typangaben

Der Einsatz von Generics erforderte vor JDK 7 etwas zusätzlichen Schreibaufwand durch die Angabe der Typinformation bei der Deklaration und deren Wiederholung bei der Definition, wie das folgende Beispiel zeigt:

```
final Map<String, Set<String>> typeSafeMap = new HashMap<String, Set<String>>();
```

Dies ist unleserlich und enthält Redundanzen, da die Typparameter bereits bekannt sind. Heutzutage kann man den sogenannten *Diamond Operator* '<>' zur Abkürzung der Schreibweise wie folgt verwenden:

```
// Typ muss nicht wiederholt werden
final Map<String, Set<String>> newJDK7StyleMap = new HashMap<>();
```

Definition eigener generischer Klassen

Wir wissen nun, wie man die Containerklassen des Collections-Frameworks typsicher gestaltet, doch oftmals ist es darüber hinaus wünschenswert, eigene typisierte Klassen erstellen zu können. Betrachten wir als einfaches Beispiel einen Datencontainer für Wertepaare beliebiger Typen.

Nachfolgend definieren wir den Container `Pair` mit zwei formalen Typparametern `T1` und `T2`, die als Platzhalter für konkrete Typen beim Einsatz dienen:[2]

```
public final class Pair<T1, T2>
{
    private final T1 first;
    private final T2 second;

    public Pair(final T1 first, final T2 second)
    {
        this.first = first;
        this.second = second;
    }

    public final T1 getFirst()      { return first; }
    public final T2 getSecond()     { return second; }
}
```

---

[2]In der Regel werden als Typplatzhalter einzelne Zeichen verwendet, die bei Bedarf, wie hier, eine ergänzende Nummerierung erhalten. Gebräuchlich sind die Kürzel `E` für Elemente von Containerklassen und `T` für beliebige Typen.

Erst beim Einsatz einer solchen generischen Klasse werden die formalen Typparameter vom Compiler durch die im Sourcecode angegebenen konkreten Typen ersetzt. Was bedeutet das? Betrachten wir als Anwendungsfall die Speicherung und Verwaltung von Personen und deren Spitznamen als Klasse `Pair`. Dazu substituiert man die beiden formalen Typparameter `T1` und `T2` durch die gewünschten Typen `String` und `Person`:

```
Pair<String, Person>
```

Schauen wir uns dies an einem konkreten Beispiel an:

```
final Person wizard = new Person("Wizard", LocalDate.of(1970, 7, 17), "Kiel");
final Person mike = new Person("Mike", LocalDate.of(1971, 2, 7), "Bremen");

final Pair<String, Person> pair1 = new Pair<>("DarkLord", wizard);
final Pair<String, Person> pair2 = new Pair<>("Iron", mike);
```

Probleme mit dem obigen Ansatz   Wir haben nun einen Datencontainer für zwei generische Typen definiert und können diesen recht flexibel einsetzen. Allerdings gäbe es ziemliche Probleme beim Einsatz in den Containerklassen:

```
// Liste aus Paaren
List<Pair<String, Person>> pairs = new ArrayList<>();
pairs.add(pair1);
pairs.add(pair2);

// Neues Paar für eine Suche definieren
final Pair<String, Person> pairToSearch = new Pair<>("Iron", mike);
System.out.println("index: " + pairs.indexOf(pairToSearch));
System.out.println("found? " + pairs.contains(pairToSearch));
```

Führen wir diese Zeilen aus, erhalten wir folgende Ausgaben:

```
index: -1
found? false
```

Offensichtlich wird das neu erzeugte Pair mit den identischen Wertebelegungen nicht in der Liste gefunden. Wie schon kurz in Kapitel 5 zur objektorientierten Programmierung besprochen, basieren Suchen und andere Aktionen in den Containerklassen auf korrekten Implementierungen der Methoden `equals(Object)` und `hashCode()`. Für eine detaillierte Besprechung verweise ich Sie an mein Buch »Der Weg zum Java-Profi« [3].

Alternative mit modernem Java   Java hat sich in den letzten Jahren deutlich weiterentwickelt und es sind diverse neue Sprachfeatures dazugekommen, die die Programmierung eleganter, bequemer und einfacher machen.

Datencontainer wie die zuvor entwickelte Klasse `Pair` sind typische Einsatzkontexte für Records. Nahezu unglaublich ist, dass man das Ganze mithilfe einer einzigen Zeile realisieren kann:

```
record Pair<T1, T2>(T1 first, T2 second) {}
```

Besser noch: Auf diese Weise werden die in Java so wichtigen Methoden `equals()` und `hashCode()` gleich automatisch unter der Motorhaube korrekt definiert. Mit dieser Definition liefert das obige Programm wie intuitiv erwartet 1 und `true`:

```
index: 1
found? true
```

6.2.2   Basisinterfaces für die Containerklassen

Bislang haben wir die Containerklassen wie `ArrayList`, `HashSet` und `HashMap` direkt ohne Abstraktion genutzt. Das ist oftmals eher schlechtes Design, war aber zum Einstieg in Datenstrukturen ein Kompromiss, um nicht gleich zu viele Themen behandeln zu müssen. Normalerweise definiert man die Datenstrukturen auf Basis der jeweiligen Interfaces `List<E>`, `Set<E>` bzw. `Map<K, V>`, etwa wie folgt:

```
jshell> List<String> names = new ArrayList<>()
names ==> []

jshell> Set<Integer> numbers = new HashSet<>()
numbers ==> []
```

Die Abstraktion über die Interfaces erlaubt es, bei Bedarf zwischen verschiedenen konkreten Implementierungen der Containerklassen zu wählen. Dazu stellt das Collections-Framework eine hochwertige Sammlung von Containerklassen bereit. Wir schauen zunächst nochmals auf Listen und Mengen. Diese besitzen eine gemeinsame Basis in Form des Interface `Collection<E>`.

Das Interface `Collection`

Das Interface `Collection<E>` definiert die Basis für diverse Containerklassen, die das Interface `List<E>` bzw. `Set<E>` erfüllen und somit Listen bzw. Mengen repräsentieren. Das Interface `Collection<E>` bietet *keinen* indizierten Zugriff, aber folgende Methoden:

- `int size()` – Ermittelt die Anzahl der in der Collection gespeicherten Elemente.
- `boolean isEmpty()` – Prüft, ob Elemente vorhanden sind.
- `boolean add(E element)` – Fügt ein Element zur Collection hinzu. Gibt `true` zurück, wenn sich die Collection ändert – bei Sets ist dies bei Duplikaten nicht der Fall.
- `boolean addAll(Collection<? extends E> collection)` – Fügt der Collection alle übergebenen Elemente hinzu.

Eine `Collection<E>` kann man als allgemeinen Typ nutzen und diesem eine `ArrayList` zuweisen und ein paar Aktionen ausführen:

```
jshell> Collection<String> names = new ArrayList<>()
names ==> []

jshell> names.isEmpty()
$179 ==> true

jshell> names.addAll(Set.of("James", "Jim"))
$180 ==> true

jshell> names.size()
$181 ==> 2
```

Listen und das Interface `List`

Rekapitulieren wir einmal: Eine `ArrayList` kann man sich wie ein größenveränderliches Array vorstellen. Fassen wir es etwas allgemeiner: Unter einer Liste versteht man eine über ihre Position geordnete Folge von Elementen – dabei können auch identische Elemente mehrfach vorkommen. Das Collections-Framework definiert zur Beschreibung von Listen das Interface `List<E>`. Bekannte Implementierungen sind die Klassen `ArrayList<E>` und `LinkedList<E>`. Das Interface `List<E>` basiert auf dem Interface `Collection<E>` und ermöglicht darüber hinaus einen indizierten Zugriff.

Übrigens hatten wir schon einige Male, ohne es wirklich zu merken, mit verschiedenen Arten von Listen zu tun. Tatsächlich entstehen beim Konstruktoraufruf sowie bei der Erzeugung mit `Arrays.asList()` sowie `List.of()` unterschiedliche konkrete Container. Das ist aber durch die Abstraktion durch das Interface `List<E>` für uns nie von Bedeutung gewesen, da sich alle derart erzeugten Listen (nahezu) gleich verhalten, zumindest aber alle die gleichen Methoden anbieten. Um den Unterschied aufdecken zu können, müssen wir uns einer Java-Spezialität bedienen: Informationen zum Typ eines Objekts kann man durch Aufruf von `getClass()` ermitteln. Schauen wir uns einmal an, was wir als Antworten erhalten:

```
jshell> List<String> names = new ArrayList<>()
names ==> []

jshell> names.getClass()
$48 ==> class java.util.ArrayList

jshell> List<String> names2 = Arrays.asList("Tim", "Tom")
names2 ==> [Tim, Tom]

jshell> names2.getClass()
$50 ==> class java.util.Arrays$ArrayList

jshell> List<String> names3 = List.of("Mike", "Michael", "Merten")
names3 ==> [Mike, Michael, Merten]

jshell> names3.getClass()
$52 ==> class java.util.ImmutableCollections$ListN
```

Die Erkenntnis ist, dass es sich tatsächlich nur im ersten Fall um die bereits recht gut bekannte `ArrayList<E>` handelt. Im zweiten Fall ist es eine spezielle innere Klasse und im dritten Fall ebenfalls. Beide haben die Besonderheit, dass sie eine unveränderliche Variante der Liste bereitstellen.

Die letzten beiden bieten zudem den Vorteil, dass man direkt eine Menge von Werten als Wertebelegung vorgeben kann – das ist natürlich auch nötig, weil deren Unveränderlichkeit ansonsten keine Befüllung ermöglichen würde.

Mengen und das Interface `Set`

Kommen wir nun zu Mengen und dem Interface `Set<E>`. Das mathematische Konzept der Mengen besagt, dass diese keine Duplikate enthalten. Das Interface `Set<E>` basiert auf dem Interface `Collection<E>`. Im Gegensatz zum Interface `List<E>` sind im Interface `Set<E>` keine Methoden zusätzlich zu denen des Interface `Collection<E>` vorhanden – allerdings wird ein anderes Verhalten für die Methoden `add(E)` und `addAll(Collection<E>)` vorgeschrieben. Dieser Unterschied zwischen `Set<E>` und dem zugrunde liegenden Interface `Collection<E>` ist nötig, um Duplikatfreiheit zu garantieren, selbst dann, wenn der Menge das gleiche Objekt mehrfach hinzugefügt wird. Betrachten wir dies nochmals an einem Beispiel:

```
jshell> Set<String> names = new HashSet<>()
names ==> []

jshell> names.add("Tim")
$54 ==> true

jshell> names.add("Tim")
$55 ==> false

jshell> names
names ==> [Tim]
```

Vermeintliche Sortierung in der Menge   Als abschließendes Beispiel schauen wir uns an, was passiert, wenn wir einem `HashSet<E>` eine Menge von Zahlen hinzufügen:

```
jshell> Set<Integer> numbers = new HashSet<>()
numbers ==> []

jshell> numbers.addAll(Set.of(1,2,3))
$58 ==> true

jshell> numbers
numbers ==> [1, 2, 3]
```

Bislang scheint die Reihenfolge der Zahlen der Ordnung der Zahlen zu entsprechen. Aber was passiert, wenn wir noch ein paar mehr Werte hinzufügen? Probieren wir es aus:

```
jshell> numbers.addAll(Set.of(11,22,33))
$60 ==> true

jshell> numbers
numbers ==> [1, 33, 2, 3, 22, 11]
```

Man erkennt, dass die Reihenfolge im `HashSet<E>` recht zufällig ist, zumindest, wenn mehr als ein paar Werte dort gespeichert werden. Tatsächlich liegt dies an der internen Repräsentation und Verwaltung in einem `HashSet<E>`. Für die genauen Zusammenhänge und Funktionsweisen möchte ich Sie an mein Buch »Der Weg zum Java-Profi« [3] verweisen.

Schauen wir uns als Abhilfe die Klasse `TreeSet<E>` an, die ebenfalls das Interface `Set<E>` erfüllt. Als Quick Fix können wir ein `TreeSet<E>` folgendermaßen direkt basierend auf dem zuvor definierten `HashSet<E>` erstellen und ohne weiteres Zutun sofort die gewünschte Sortierung erhalten:

```
jshell> Set<Integer> sortedNumbers = new TreeSet<>(numbers)
sortedNumbers ==> [1, 2, 3, 11, 22, 33]
```

Natürlich wird die Sortierung auch erzielt, wenn man die zuvor schon verwendeten Einfügeaktionen ausführt:

```
jshell> Set<Integer> sortedNumbers = new TreeSet<>()
sortedNumbers ==> []

jshell> sortedNumbers.addAll(Set.of(1,2,3))
$64 ==> true

jshell> sortedNumbers.addAll(Set.of(11,22,33))
$65 ==> true

jshell> sortedNumbers
sortedNumbers ==> [1, 2, 3, 11, 22, 33]
```

Schlüssel-Wert-Abbildungen und das Interface `Map`

Nach den konkreten Realisierungen des Interface `Collection<E>` wenden wir uns nun den davon unabhängigen Implementierungen des Interface `Map<K,V>` zu. Sie realisieren, wie bereits erwähnt, Abbildungen von Schlüsseln auf Werte. Häufig werden Maps deshalb auch als *Dictionary* oder *Lookup-Tabelle* bezeichnet.

Die zugrunde liegende Idee ist, jedem dort gespeicherten Schlüssel einen eindeutigen Wert zuzuordnen. Ein intuitiv verständliches Beispiel sind Telefonbücher: Hier werden Namen auf Telefonnummern abgebildet. Eine Suche über einen Namen (Schlüssel) liefert meistens recht schnell eine Telefonnummer (Wert). Da jedoch keine Rückabbildung von Telefonnummer auf Name existiert, wird das Ermitteln eines Namens zu einer Telefonnummer recht aufwendig.

6.3 Praxisbeispiel: Einen Stack selbst realisieren

Nachfolgend wollen wir uns ein wenig genauer mit dem Stack als Datenstruktur befassen. Die Datenstruktur Stack wird im JDK durch die Klasse `java.util.Stack<E>` modelliert und besitzt einige Methoden, die die Gefahr von Fehlverwendungen bergen. Wir wollen das puristisch und sicher umsetzen. Ein Stack ist einem Stapel Papier bzw. einer Schreibtischablage nachempfunden, auf die man oben Dinge drauflegt und von der man jeweils Dinge nur von oben nehmen kann. Zudem ist ein Blick auf das oberste Element möglich. Darüber hinaus gibt es noch eine Größenangabe oder zumindest eine Prüfung, ob Elemente vorhanden sind. Damit ergeben sich folgende Methoden, die das sogenannte Application Programming Interface (API) bilden:

1. `void push(E)` – Ein Element oben hinzufügen.
2. `E pop()` – Das oberste Element nehmen.
3. `E peek()` – Einen Blick auf das oberste Element werfen.
4. `boolean isEmpty()` – Prüfen, ob der Stack leer ist.

Diese vier Methoden reichen, um Stacks für diverse Aufgabenstellungen in der Praxis gewinnbringend einsetzen zu können. Wir können dazu folgendes Interface erstellen:

```java
public interface IStack<E>
{
    void push(E elem);
    E pop();
    E peek();
    boolean isEmpty();
}
```

Algorithmus

Basierend auf den obigen grundlegenden Anforderungen implementieren wir eine Klasse `MyStack<E>`. Dort kommt eine `ArrayList<E>` als Datenspeicher zum Einsatz. Darauf wird nach außen allerdings kein direkter Zugriff angeboten, sondern nur indirekt in Form der für einen Stack typischen, zuvor aufgelisteten Methoden. Deshalb implementieren wir das obige Interface `IStack<E>`.

Jeder Aufruf von `push()` fügt am Listenende ein Element hinzu. Auf diese Weise simuliert man den Stapel. Beim Zugriff auf das oberste Element mit `pop()` oder `peek()` wird bei gültigem Index das oberste Element zurückgegeben und im Falle von `pop()` auch aus dem Stack entfernt. Bei einem ungültigen Zugriff wird von Java automatisch eine `IndexOutOfBoundsException` ausgelöst – Exceptions dienen der Kommunikation und Behandlung von Fehlersituationen und werden später in Kapitel 11 beschrieben. Schließlich delegiert `isEmpty()` die Prüfung an die Liste:

```java
public class MyStack<E> implements IStack<E>
{
    private final List<E> values = new ArrayList<>();

    @Override
    public void push(final E elem)
    {
        values.add(elem);
    }

    @Override
    public E pop()
    {
        return values.remove(values.size() - 1);
    }

    @Override
    public E peek()
    {
        return values.get(values.size() - 1);
    }

    @Override
    public boolean isEmpty()
    {
        return values.isEmpty();
    }
}
```

Dies ist nur eine sehr einfache Implementierung. Sinnvollerweise würde man noch Prüfungen einfügen, um Zugriffe auf einen leeren Stack zu vermeiden.

Prüfung

Den gerade implementierten Stack können wir mithilfe eines vordefinierten Ablaufs prüfen. Zunächst fügen wir zwei Elemente ein. Dann schauen wir mit peek() auf das oberste. Danach entnehmen wir mit pop() zweimal Elemente. Diese sollten in umgekehrter Reihenfolge zum Einfügen geliefert werden. Schließlich prüfen wir noch, ob der Stack leer ist. Weil dies der Fall ist, sollte ein nachfolgender Zugriff auf das oberste Element eine Exception auslösen (hier nicht gezeigt):

```java
MyStack<String> stack = new MyStack<>();
stack.push("first");
stack.push("second");

System.out.println("PEEK: " + stack.peek());
System.out.println("POP: " + stack.pop());
System.out.println("POP: " + stack.pop());
System.out.println("ISEMPTY: " + stack.isEmpty());
```

Damit kommt es zu folgenden Ausgaben:

```
PEEK: second
POP: second
POP: first
ISEMPTY: true
```

6.4   Aufgaben und Lösungen

6.4.1   Aufgabe 1: Tennisverein-Mitgliederliste

Nehmen wir an, wir verwalten die Mitglieder des Tennisvereins in Form einer Liste. Implementieren Sie folgenden Registrierungsprozess: Zunächst melden sich Michael, Tim und Werner an. Prüfen Sie, ob sich Jana schon angemeldet hat. Nun registriert sich Andreas. Schließlich melden sich Lili, Jana und Natalija an. Geben Sie die Anzahl der Mitglieder aus.

Lösung

Die Aufgabenstellung bietet schon den ersten Anhaltspunkt. Wir benötigen eine veränderliche Liste. Deswegen nutzen wir die `ArrayList`. Die jeweiligen Meldungen von mehreren Teilnehmern können wir auch als Listen modellieren und hier `List.of()` nutzen. Um die so entstandenen temporären Listen der Mitgliederliste hinzuzufügen, nutzen wir `addAll()`. Ob sich Jana schon angemeldet hat, lässt sich durch einen Aufruf von `contains()` feststellen. Den Nachzügler Andreas als Einzeleintrag fügen wir mit `add()` hinzu. Nun registrieren sich drei Damen, die per `List.of()` erzeugt und mit `addAll()` hinzugefügt werden. Schließlich ermitteln wir mit `size()` die Anzahl der Mitglieder:

```
jshell> List<String> mitgliederListe = new ArrayList<>()
mitgliederListe ==> []

jshell> mitgliederListe.addAll(List.of("Michael", "Tim", "Werner"))
$381 ==> true

jshell> mitgliederListe.contains("Jana")
$382 ==> false

jshell> mitgliederListe.add("Andreas")
$383 ==> true

jshell> mitgliederListe.addAll(List.of("Lili", "Jana", "Natalija"))
$384 ==> true

jshell> int anzahl = mitgliederListe.size()
anzahl ==> 7
```

6.4.2   Aufgabe 2: Liste mit Farbnamen füllen und filtern

Als Aufgabe sollen Sie eine Liste mit Namen von Farben befüllen – seien Sie einfach kreativ oder verwenden Sie Rot, Grün, Blau, Violett und Gelb. Danach sollen für alle Farben, deren Name eine ungerade Länge besitzt, der Name inklusive Länge des Namens ausgegeben werden.

Lösung

Nach der Definition einer passende Liste durchlaufen wir diese mit einer for-each-Schleife. Jeden Eintrag prüfen wir in `if` durch Aufruf von `length()` mithilfe des Modulo-Operators auf ungerade Länge. Ist das der Fall, geben wir den Farbnamen und die Längeninformation aus:

```
jshell> var colors = List.of("Red", "Green", "Blue", "Purple", "Yellow")
colors ==> [Red, Green, Blue, Purple, Yellow]

jshell> for (String color : colors)
   ...> {
   ...>       int length = color.length();
   ...>       if (length % 2 != 0)
   ...>           System.out.println(color + " has length: " + length);
   ...> }
Red has length: 3
Green has length: 5
```

6.4.3   Aufgabe 3: Duplikate entfernen – Variante 1

In dieser Aufgabe geht es im ersten Teil darum, aus einer Liste alle doppelten Einträge zu entfernen. Nehmen wir dazu eine Liste von Städten, die konsolidiert werden soll. Darüber hinaus soll eine sortierte Aufbereitung erfolgen.

Lösung

Selbstverständlich gibt es diverse Möglichkeiten, Duplikate aus einer Liste zu entfernen. Die natürlichste und mit dem wenigsten eigenen Programmieraufwand verbundene Lösung, ist die Überführung in ein Set durch Aufruf des passenden Konstruktors – eben weil ein Set keine Duplikate erlaubt und diese automatisch beim Erstellen entfernt werden. Zur Sortierung nutzen wir die Klasse `TreeSet`:

```
jshell> List<String> cities = List.of("Kiel", "Hamburg", "Zürich", "Bremen",
   ...>                        "Hamburg", "Zürich", "Kiel", "Bremen")
cities ==> [Kiel, Hamburg, Zürich, Bremen, Hamburg, Zürich, Kiel, Bremen]

jshell> new TreeSet<String>(cities)
$448 ==> [Bremen, Hamburg, Kiel, Zürich]
```

6.4.4   Aufgabe 4: Duplikate entfernen – Variante 2

Im zweiten Teil der Aufgabe sollen die Buchstaben eines Texts derart reduziert werden, dass nur noch ein Exemplar jedes Buchstabens als einzelner Eintrag in einer Liste
enthalten ist und die ursprüngliche Reihenfolge erhalten bleibt. Betrachten wir ein Beispiel. Es wird dort Folgendes erwartet:

```
"ABC_ABCD_ABCDE" => [A, B, C, _, D, E]
```

Lösung

Etwas anspruchsvoller und aufwendiger ist das Löschen von doppelten Buchstaben aus
einem Text. Zwar könnten wir den String in eine Liste konvertieren und dann die Schritte wie zuvor ausführen, jedoch würden wir dann die in der Aufgabenstellung geforderte
Originalreihenfolge der Buchstaben verlieren: Beim `HashSet` ist es sofort einsichtig,
dass die Reihenfolge nicht beibehalten wird. Außerdem wird beim `TreeSet` eine Sortierung vorgenommen, sodass diese nur mit Zufall mit der Originalreihenfolge übereinstimmen würde.

Duplikate löschen mit Reihenfolge   Die eben angewendete Strategie mit einem
Set als Datenspeicher führt uns zu der Idee, für jeden gefundenen Buchstaben eine
Speicherung in einem Set vorzunehmen. Wir durchlaufen den String zeichenweise von
vorne nach hinten und im Falle der Nichtexistenz in den bereits aufgefundenen Buchstaben fügen wir den aktuellen Buchstaben zur Ergebnisliste hinzu. Zudem muss er
danach noch in die Menge der bereits gefundenen Buchstaben aufgenommen werden:

```
jshell> List<String> removeDuplicates(String input)
   ...> {
   ...>     List<String> result = new ArrayList<>();
   ...>     Set<String> alreadySeen = new HashSet<>();
   ...>
   ...>     for (char ch : input.toCharArray())
   ...>     {
   ...>         String currentCharAsString = "" + ch;
   ...>
   ...>         if (!alreadySeen.contains(currentCharAsString))
   ...>         {
   ...>             alreadySeen.add(currentCharAsString);
   ...>             result.add(currentCharAsString);
   ...>         }
   ...>     }
   ...>     return result;
   ...> }
|  created method removeDuplicates(String)

jshell> removeDuplicates("Dies ist der Eingabetext")
$12 ==> [D, i, e, s,  , t, d, r, E, n, g, a, b, x]

jshell> removeDuplicates("ABC_ABCD_ABCDE" )
$13 ==>  [A, B, C, _, D, E]

jshell> removeDuplicates("ABCABCDDEFFEGHHH")
$14 ==> [A, B, C, D, E, F, G, H]
```

6.4.5 Aufgabe 5: Hauptstädte

In dieser Aufgabe sollen zu speziellen Länderkennungen, wie CH, DE oder GB, die jeweiligen Landeshauptstädte ermittelt werden. Schreiben Sie dazu eine Methode `String capitol(Map<String,String> availableMappings, String state)`. Existiert die Kennung nicht, so soll eine passende Information ausgegeben werden.

Lösung

Wir definieren zunächst eine Methode `String capitol(Map<String,String> availableMappings, String state)`. Dort nutzen wir eine Map, die wir zuvor mit `Map.of()` mit einigen Werten befüllt haben. Zur Abfrage rufen wir `getOrDefault()` auf. Diese Methode liefert uns entweder den korrekten Eintrag, sofern dieser zu dem gewünschten Schlüssel existiert, oder aber einen Fallback-Wert, hier den Text `"UNKNOWN STATE: "`, sowie den Schlüssel:

```
jshell>  var capitalCities = Map.of("CH", "Bern", "DE", "Berlin",
   ...>                             "GB", "London");

jshell> String capitol(Map<String,String> availableMappings, String state)
   ...> {
   ...>     return availableMappings.getOrDefault(state, "UNKNOWN STATE: " +
       state);
   ...> }
|  created method capitol(Map<String,String>,String)

jshell> capitol(capitalCities, "CH")
$81 ==> "Bern"

jshell> capitol(capitalCities, "US")
$82 ==> "UNKNOWN STATE: US"
```

6.4.6 Aufgabe 6: Häufigkeiten von Namen

Stellen Sie sich vor, es wäre eine Liste mit Namen gegeben. Nun wollen Sie wissen, welcher Name am häufigsten vorkommt bzw. genauer, für alle Namen deren Anzahl ermitteln.

Lösung

Gegeben seien beispielsweise folgende Namen:

```
jshell> var names = List.of("Tim", "Tom", "Mike", "Jim", "Tim", "Mike", "James",
       "Mike")
names ==> [Tim, Tom, Mike, Jim, Tim, Mike, James, Mike]
```

Überlegen wir kurz, wie wir die Aufgabenstellung sinnvoll umsetzen können.

Zum Aufbereiten des Resultats bietet sich eine Map an, hier von Name auf Anzahl, also `String` auf `Integer`:

```
jshell> var nameToCountMap = new HashMap<String, Integer>()
nameToCountMap ==> {}
```

Nun durchlaufen wir die Liste von vorne nach hinten und schauen für jeden Namen nach, ob dieser bereits in der Map hinterlegt ist. Falls dies der Fall ist, lesen wir den aktuellen Zähler mit `get()` aus, addieren den Wert 1 und speichern den Wert mit `put()`. Gab es noch keinen Eintrag für den Namen, so fügen wir initial den Wert 1 mithilfe von `put()` hinzu:

```
jshell> for (String name : names)
   ...> {
   ...>     if (nameToCountMap.containsKey(name))
   ...>     {
   ...>         int currentCount = nameToCountMap.get(name);
   ...>         nameToCountMap.put(name, currentCount + 1);
   ...>     }
   ...>     else
   ...>     {
   ...>         nameToCountMap.put(name, 1);
   ...>     }
   ...> }

jshell> nameToCountMap
nameToCountMap ==> {Mike=3, Tom=1, James=1, Tim=2, Jim=1}
```

Das Ganze lässt sich mit zwei bislang noch nicht vorgestellten Methoden in Kombination mit Lambdas (vgl. Kapitel 9) elegant wie folgt lösen:

```
for (String name : names)
{
    nameToCountMap.computeIfPresent(name, (key, value) -> value++);
    nameToCountMap.putIfAbsent(name, 1);
}
```

6.4.7   Aufgabe 7: Objekte mit Maps selbst gebaut

Wir haben bereits Klassen zur Modellierung und Strukturierung von Daten kennengelernt. Probieren Sie einmal aus, wie man eine Map für die Datenhaltung nutzen könnte, wenn es keine Klassen dafür gäbe.

Definieren Sie für zwei Personen deren Namen, einen Geburtstag sowie einen Wohnort in Form von Einträgen. Seien Sie bezüglich der Werte kreativ. Ermitteln Sie dann den Wohnort der ersten Person und den Geburtstag der zweiten.

Lösung

Wir definieren zwei Variablen, hier namens `michael` und `tim`. Die entsprechenden Werte modellieren wir in Form von Schlüssel-Wert-Paaren. Hilfreich ist dazu die Methode `Map.of()`, mit der das Ganze schnell und einfach von der Hand geht. Nun ist lediglich ein Zugriff mit `get()` und passender Angabe des Schlüssels vonnöten:

```
jshell> var michael = Map.of("name", "Michael",
   ...>                      "birthday", LocalDate.of(1971, 2, 7),
   ...>                      "city", "Zürich")
michael ==> {birthday=1971-02-07, name=Michael, city=Zürich}

jshell> var tim = Map.of("name", "Tim",
   ...>                  "birthday", LocalDate.of(1971, 3, 27),
   ...>                  "city", "Kiel")
tim ==> {birthday=1971-03-27, name=Tim, city=Kiel}

jshell> michael.get("city")
$388 ==> "Zürich"

jshell> tim.get("birthday")
$389 ==> 1971-03-27
```

6.4.8   Aufgabe 8: Listenreihenfolge umdrehen (mit Stack)

In dieser Aufgabe lernen wir ein Einsatzgebiet von Stacks kennen, nämlich das Umkehren von Reihenfolgen. Schreiben Sie eine Methode `List<T> reverse(List<T>)`, die eine Ergebnisliste erzeugt und die Elemente der Originalliste dort in umgekehrter Reihenfolge liefert.

Beispiele

Eingabe	Resultat
[1, 2, 3, 4]	[4, 3, 2, 1]
["A", "BB", "CCC", "DDDD"]	["DDDD", "CCC", "BB", "A"]

Algorithmus   Eine simple Lösung besteht darin, eine Liste von hinten nach vorne zu durchlaufen und pro Position das aktuelle Element einer Ergebnisliste hinzuzufügen. Das kann man indexbasiert folgendermaßen implementieren:

```java
static <T> List<T> reverse(final List<T> values)
{
    final List<T> result = new ArrayList<>();

    for (int i = values.size() - 1; i >= 0; i--)
    {
        result.add(values.get(i));
    }
    return result;
}
```

Hier erfolgt mit `get(i)` jeweils ein indexbasierter Zugriff. Ein solcher ist für `ArrayList<E>` extrem performant, aber für `LinkedList<E>` deutlich schlechter bezüglich der Performance. Dort führt jeder positionsbasierte Zugriff zu einem Listendurchlauf bis zu dem gewünschten Element. Wie vermeidet man das?

Für die Fälle, bei denen kein performanter indizierter Zugriff gegeben ist und man trotzdem die Reihenfolge performant umdrehen muss, bietet sich ein Stack an – genauso wie für diverse andere Algorithmen, so auch hier: Man durchläuft die Liste von vorne nach hinten und legt jeweils das aktuelle Element auf den Stack. Danach nimmt man so lange das oberste Element vom Stack und fügt dieses einer Ergebnisliste hinzu, bis der Stack leer ist:

```java
static <T> List<T> listReverseWithStack(final List<T> inputs)
{
    // Idee: Durchlaufe die Liste von vorne nach hinten (performant) und
    // befülle einen Stack
    final Stack<T> allValues = new Stack<>();
    final Iterator<T> it = inputs.iterator();
    while (it.hasNext())
    {
        allValues.push(it.next());
    }

    // Leere den Stack und befülle eine Ergebnisliste
    final List<T> result = new ArrayList<>();
    while (!allValues.isEmpty())
    {
        result.add(allValues.pop());
    }

    return result;
}
```

Diese Lösung benötigt zwar zwei Durchläufe und zusätzlichen Speicher, ist aber deutlich effizienter als die Variante mit Aufrufen der indexbasierten Methode `get()` in einer Schleife. Wieso? Wenn man eine `LinkedList<E>` nutzt, iteriert diese für jeden Indexzugriff durch ihre Elemente bis zur gewünschten Position, was dann in quadratischer Laufzeit resultiert.[3]

Der Vollständigkeit halber probieren wir die Implementierung noch für die beiden Beispiellisten aus:

```
jshell> listReverseWithStack(List.of(1, 2, 3, 4))
$25 ==> [4, 3, 2, 1]

jshell> listReverseWithStack(List.of("A", "BB", "CCC", "DDDD"))
$26 ==> [DDDD, CCC, BB, A]
```

---

[3]Für Details zu diesen Themen verweise ich einmal wieder auf meine Bücher »Der Weg zum Java-Profi« [3] und »Java Challenge« [5].

7 Ergänzendes Wissen

In diesem Kapitel schauen wir uns einige Themen wie primitive Typen und Zahlen aus einem neuen Blickwinkel oder anhand neuer Aspekte an, ergänzen unser Wissen etwa zum Ternary-Operator oder erweitern unsere Java-Kenntnisse beispielsweise zu Fallunterscheidungen mit `switch`. Ergänzend werden auch Konstrukte wie `break` und `continue` in Schleifen zur Abrundung Ihres Wissen thematisiert. Den Abschluss bildet dann die Beschreibung einer »Rekursion« genannten Technik, mit der sich diverse Problemstellungen elegant lösen lassen.

Beginnen wir aber mit dem Thema Sichtbarkeits- und Gültigkeitsbereiche, um Variablen im Kontext von Methoden, Schleifen usw. noch besser zu verstehen.

7.1 Sichtbarkeits- und Gültigkeitsbereiche

Zur sinnvollen Verwendung von Variablen müssen wir uns noch Gedanken über deren Gültigkeitsbereich machen. Was bedeutet das? Unter dem Gültigkeitsbereich eines Namens versteht man den Bereich eines Programms, innerhalb dessen es möglich ist, auf eine Variable durch den Namen zuzugreifen.

Wenn wir eine Variable im Sourcecode definieren, dann ist sie von dort bis zum Ende des Blocks gültig. Wenn wir danach versuchen, die Variable noch mal neu zu definieren, so resultiert dies in einem Kompilierfehler, nachfolgend als Kommentar angedeutet:

```
{
    System.out.println("Scope Example");

    System.out.println("variable result not visible before it's declaration");

    int result = 42;

    System.out.println("variable result now visible with value: " + result);

    if (result == 42)
    {
        System.out.println("variable result still visible with value: " + result
            );

        // Duplicate local variable result
        //int result = 47;
    }
}
```

Method Scope

Wird eine Variable innerhalb einer Methode deklariert, so besitzt diese den sogenannten Method Scope. Die Variable ist dadurch nur in dieser bestimmten Methode gültig. Also konkret: Nehmen wir an, wir definieren in einer Methode an einer Stelle eine Variable `length`. Dann können wir weder in den Zeilen davor noch außerhalb von dieser Methode auf diese Variable zugreifen. Man spricht auch von lokalen Variablen. Nach der Abarbeitung einer Methode existieren die lokalen Variablen nicht mehr. Im folgenden Beispiel gibt es die Variable `length` nur so lange, wie die Methode ausgeführt wird. Ein erneuter Methodenaufruf erzeugt die Variable neu:

```
int doSomething(String info)
{
    int length = info.length();

    return length;
}
```

Block Scope

Aber nicht nur innerhalb von Methoden gibt es einen Scope, sondern auch innerhalb verschachtelter Blöcke. Dann spricht man vom Block Scope. Erinnern wir uns: Ein Block beschreibt diejenigen Zeilen zwischen zwei geschweiften Klammern (also innerhalb von {}). Dann gilt: Variablen, die innerhalb von Blöcken deklariert werden, sind nur für die Zeilen zwischen den geschweiften Klammern zugreifbar – natürlich erst startend mit der Folgezeile der Deklaration.

Im folgenden Beispiel definieren wir im äußersten Block eine Variable `first`, im nächstinneren die Variable `second` und schließlich im innersten Block die Variable `third`. Wie schon zuvor sind die Variablen ab ihrer Definition sichtbar, und zwar bis zum Ende ihres Blocks. Durch die Verschachtlungen sind dann `second` bzw. `third` nach dem Blockende im jeweils äußeren Block nicht mehr zugreifbar.

```
int first = 1;
{
    // NOCH NICHT SICHTBAR
    // System.out.println(second);
    int second = 22;
    System.out.println(first);
    System.out.println(second);

    {
        int third = 333;
        System.out.println("Nur im Block sichtbar: " + third);
    }

    // NICHT MEHR SICHTBAR: third cannot be resolved to a variable
    // System.out.println(third);
}
// NICHT MEHR SICHTBAR: second cannot be resolved to a variable
// System.out.println(second);
```

Attribute

In Kapitel 5 zur objektorientierten Programmierung hatten wir schon Attribute kennengelernt und einfach so benutzt. Im Kontext der Sichtbarkeit und der Gültigkeitsbereiche möchte ich noch erwähnen, dass man für diese vom sogenannten Class Level Scope oder kurz Class Scope spricht. Attribute werden innerhalb von Klassen (an beliebiger Stelle außerhalb von Methoden, aber bevorzugt am Klassenanfang deklariert bzw. definiert). Attribute sind dann in allen Methoden der Klasse verfügbar. Bei Namenskonflikten mit Methodenparametern kann man diese mit `this` direkt ansprechen und somit von potenziell gleichnamigen Parametern unterscheiden.

```java
public class ScopeExample
{
    int x;
    String info;

    public ScopeExample(int x, String info)
    {
        this.x = x;
        this.info = info;
    }

    // ...
}
```

7.2   Primitive Typen und Wrapper-Klassen

Wir haben bisher einige Variablen mitsamt verschiedener Typen definiert und genutzt. In Java unterscheidet man zwischen den sogenannten primitiven Datentypen und den Referenztypen, die sich auf Objekte beziehen. Ein primitiver Datentyp bietet dagegen lediglich Zugriff auf Werte und besitzt keine zusätzlichen Methoden.

In diesem Unterkapitel wollen wir uns mit primitiven Datentypen sowie den dazu korrespondierenden Wrapper-Klassen beschäftigen. Einführend stelle ich grundlegende Eigenschaften vor. Danach lernen wir die Konvertierung und Verarbeitung von Werten kennen.

7.2.1   Grundlagen

Fast alles ist in Java ein Objekt. Zusätzlich existieren verschiedene primitive Datentypen, die Werte ohne Verhalten repräsentieren. Bekannterweise sind das in Java die Typen `byte`, `short`, `int`, `long`, `float` und `double` für Zahlen, `boolean` für boolesche Werte sowie der Typ `char` für einzelne Zeichen. Für die primitiven Datentypen gibt es **Wrapper-Klassen**, die die primitiven Datentypen als unveränderliches Objekt darstellen und mit etwas Funktionalität »umhüllen«, z. B. das Parsen eines Werts aus einem String.

Primitive Zahlentypen werden in zwei Gruppen unterteilt:

- **Ganzzahltypen** speichern ganze Zahlen, also ohne Nachkommastellen, sowohl als positive als auch als negative Zahlen (z. B. 123 oder -456). Gültige Typen sind `byte`, `short`, `int` und `long`. Welchen Typ Sie verwenden sollten, hängt von dem benötigten Wertebereich ab.
- **Fließkommatypen** oder **Gleitkommatypen** stellen Zahlen mit einem Nachkommaanteil dar, der eine oder mehrere Dezimalstellen umfasst. Es gibt zwei Typen mit unterschiedlicher Genauigkeit: `float` und `double`, wobei `float` nur etwa bis zu 6 oder 7 Nachkommastellen abdeckt, während es `double` auf ca. 16 Nachkommastellen bringt. Generell sollte man bei Gleitkommatypen jedoch immer Rundungsprobleme bedenken.

Tabelle 7-1 listet die primitiven Typen und die korrespondierenden Wrapper-Klassen auf, nennt deren Anzahl an Bits sowie deren Wertebereich. Für die Wrapper-Klassen sind die Wertebereiche über jeweils eigene Konstanten `MIN_VALUE` und `MAX_VALUE` definiert. Darüber hinaus ist wissenswert, dass die Wrapper-Klassen alle aus dem Package `java.lang` stammen und die Wrapper-Zahlentypen `Short`, `Integer`, `Long`, `Float` und `Double` die gemeinsame Basisklasse `java.lang.Number` besitzen.

Tabelle 7-1 *Primitive Datentypen und korrespondierende Wrapper-Klassen*

Primitiver Typ	Wrapper	Bits	Wertebereich und Kommentar
`byte`	`Byte`	8	$-2^7 .. 2^7-1$ (-128 .. 127)
`short`	`Short`	16	$-2^{15} .. 2^{15}-1$ (-32.768 .. 32.767)
`int`	`Integer`	32	$-2^{31} .. 2^{31}-1$ (-2.147.483.648 .. 2.147.483.647)
`long`	`Long`	64	$-2^{63} .. 2^{63}-1$ (-9.223.372.036.854.775.808 .. 9.223.372.036.854.775.807)
`float`	`Float`	32	$\pm 1.4e - 45 .. \pm 3.4e + 38$
`double`	`Double`	64	$\pm 4.9e - 324 .. \pm 1.8e + 308$
`boolean`	`Boolean`	-	`false` und `true`
`char`	`Character`	16	$0 .. 2^{16}-1$ (0 (`\u0000`) .. 65535 (`\uffff`)) Einzelne Zeichen, wie 'A' oder 'c'

Tipp: Wahl von primitiven Datentypen

Bei Berechnungen mit Ganzzahlen bietet es sich an, bevorzugt mit `int` und `long` zu arbeiten. Nur selten ist der Einsatz von `byte` oder `short` sinnvoll. Bei Gleitkommazahlen sollte man möglichst das genauere `double` statt `float` nutzen.

Wissenswertes zu primitiven Datentypen

Für die verschiedenen primitiven Datentypen gibt es spezielle Literale (Zeichenfolgen), die Repräsentanten oder Werte des primitiven Typs sind. Ganzzahlenliterale sind ohne weitere Angabe vom Typ `int`:

```
int nr = 4711;
int second = 2;

// Achtung: 'l' ist sehr leicht mit der Ziffer '1' zu verwechseln
long longNumber1 = 47111;
long longNumber2 = 4711L;
```

Im Listing ist gezeigt, dass man durch ein nachgestelltes kleines `l` bzw. großes `L` eine Zahl vom Typ `long` definieren kann. Aufgrund der besseren Lesbarkeit und der leichteren Unterscheidbarkeit von der Ziffer 1 empfiehlt sich das Zeichen `L` statt `l`. Schauen wir uns der Vollständigkeit noch an, wie man die kleineren Typen definieren kann:

```
jshell> byte byteVar = 0b0000_1111
byteVar ==> 15

jshell> short shortVar = 32167
shortVar ==> 32167
```

Bei Berechnungen mit Gleitkommazahlen (auch Floating-Point genannt) sind die Werte im Gegensatz zu den Ganzzahlen standardmäßig immer vom »größeren« Datentyp `double`. Optional können `double`s durch Angabe von `d` bzw. `D` explizit gekennzeichnet werden. Dies ist aber eigentlich nur für Werte vom Typ `float` notwendig: Ein nachgestelltes `f` bzw. `F` »verkleinert« Werte auf den Typ `float`. Das Gesagte wird durch folgendes Listing verdeutlicht:

```
double pi = 3.14159;
float one_quarter = 1/4F;
double pi_2 = 3.14159D;
```

Merkwürdigkeiten bei Berechnungen Um Sie für mögliche Probleme bei Berechnungen zu sensibilisieren, zeige ich ein paar einfache Divisionen, die sich in der JShell gut selbst nachvollziehen lassen:

```
System.out.println(7 / 2);      // 3
System.out.println(7 / 2.0);    // 3.5
System.out.println(7.0 / 2);    // 3.5
System.out.println(7.0 / 2.0);  // 3.5
```

Bei der ersten Division kann man sich fragen, wieso denn das Ergebnis 3 und nicht 3.5 ist, wie man es erwarten würde. Das liegt ganz einfach daran, dass die erste Division eine Operation auf zwei `int`-Werten ist und diese besitzen nun mal keine Nachkommastellen. Erst wenn einer der Operanden eine Gleitkommazahl ist, wird auch das Ergebnis zu einer Gleitkommazahl und man erhält das mathematisch korrekte Ergebnis.

Selbst einfache Berechnungen mit den Gleitkommatypen `float` und `double` können bereits zu Ungenauigkeiten führen. Folgendes Beispiel einer `for`-Schleife, die zehnmal den Wert `0.1` addiert und anschließend die Abweichung der berechneten Summe mit dem erwarteten Wert `1` ausgibt, macht mögliche Probleme eindrucksvoll deutlich. Außerdem werden Zwischenstände sowie eine Abweichung zwischen Literalen mit gleichem Zahlenwert für die Typen `float` und `double` gezeigt:

```java
public static void main(final String[] args)
{
    float sum = 0.0f;
    for (int i = 0; i < 10; i++)
        sum += 0.1;

    System.out.println("sum:  1 != " + sum);
    System.out.println("3 * add  = " + (0.1 + 0.1 + 0.1));
    System.out.println("3 * 0.1  = " + 3 * 0.1);
    System.out.println("7 * 0.1  = " + 7 * 0.1);
    System.out.println("compare  = " + (0.3f == 0.3d)); // Float ?= Double
}
```

Das Programm produziert folgende Ausgaben:

```
sum:  1 != 1.0000001
3 * add  = 0.30000000000000004
3 * 0.1  = 0.30000000000000004
7 * 0.1  = 0.7000000000000001
compare  = false
```

Anhand der Ausgaben erkennt man mögliche Überraschungen durch Rundungsfehler ziemlich gut.[1]

Besonders erwähnenswert ist, dass man zunächst darüber verwundert sein könnte, dass gleiche Zahlenliterale für `float` und `double` verschiedene Werte besitzen. Nach kurzem Nachdenken wird dies durch die unterschiedliche Anzahl an Nachkommastellen und die dort auftretenden Rundungsfehler verständlich.

Wissenschaftliches Zahlenformat   Eine Fließkommazahl kann als wissenschaftliche Zahl mit einem "e" dargestellt werden, um die Potenz von 10 anzugeben:

```
jshell> float f1 = 35e3f
f1 ==> 35000.0

jshell> double d1 = 12E4d
d1 ==> 120000.0
```

---

[1]Benötigt man exakte Berechnungen ohne Rundungsüberraschungen, so bieten sich die in diesem Buch nicht weiter behandelten Klassen `BigInteger` und `BigDecimal` an.

Wissenswertes zu Modulo und negativen Zahlen   Neben Multiplikation und Division wird auch die Modulo-Operation (%) recht häufig verwendet. Sie dient dazu, den Rest einer Division zu ermitteln. Dies kann man beispielsweise dazu nutzen, um zu prüfen, ob eine Zahl gerade ist. Dazu vergleicht man den Rest mit dem Wert 0. Wenn man nun feststellen möchte, ob eine Zahl ungerade ist, könnte man auf die Idee kommen, zu prüfen, ob der Rest 1 ist. Das Ergebnis birgt eine Überraschung. Folgende Zeilen zeigen einige Beispiele:

```
// hier scheint noch alles okay zu sein ...
System.out.println("2 is even? " + (2 % 2 == 0));
System.out.println("-2 is even? " + (-2 % 2 == 0));

// hier kommen die Merkwürdigkeiten ...
System.out.println("3 is odd? " + (3 % 2 == 1));
System.out.println("-3 is odd? " + (-3 % 2 == 1));
System.out.println("-3 is odd? " + (-3 % 2 == -1));
```

Diese Zeilen geben Folgendes aus:

```
2 is even? true
-2 is even? true
3 is odd? true
-3 is odd? false
-3 is odd? true
```

Wie man sieht, wird für ungerade negative Zahlen, etwa die -3, das falsche Ergebnis ausgegeben. Die zweite Prüfung zeigt, dass die Modulo-Operation für negative Zahlen überraschenderweise negative Werte liefert und somit die ungerade Zahl aufgrund der fehlerhaften Prüfung als gerade einordnet.

Eine Korrektur fällt nicht schwer, wenn man sich des Problems bewusst ist. Statt auf gleich 1 prüft man auf ungleich 0. Basierend darauf erstellen wir eine korrigierte und korrekte Realisierung als Methode:

```
private static boolean isOddCorrected(final int val)
{
    return (val % 2) != 0;
}
```

Binär-, Oktal- und Hexadezimaldarstellung   Neben der gebräuchlichen Darstellung von Zahlen in der Dezimalschreibweise wird in der Informatik recht häufig auch eine Binär-, Oktal- und Hexadezimaldarstellung benötigt (also Zahlen mit der Basis 2, 8 bzw. 16). Zur Unterscheidung der Zugehörigkeit von Literalen zu Zahlensystemen gibt es Präfixe: '0x' bzw. '0X' steht für hexadezimale Zahlen, eine führende 0 für Oktalzahlen. Für Binärzahlen dient das Präfix '0b' bzw. '0B', gefolgt von einer Folge von Nullen und Einsen. Für Oktalzahlen dürfen nur die Ziffern 0 – 7 genutzt werden. Für hexadezimale Zahlen sind neben den Ziffern 0 – 9 darüber hinaus auch die Buchstaben a – f bzw. A – F erlaubt, die die Werte 10 – 15 repräsentieren. Mit diesem Wissen betrachten wir Zahlenliterale in den verschiedenen Formaten:

```
jshell> int octalLiteral = 0567;
octalLiteral ==> 375

jshell> int hexLiteral = 0xABC
hexLiteral ==> 2748

jshell> int binaryLiteral = 0b01101001
binaryLiteral ==> 105
```

Die Notation für Oktalliterale rein mit führender Null und ohne Buchstabenkürzel birgt den Fallstrick, dass jede Zahl mit einer führenden Null automatisch zu einer Zahl im Oktalsystem wird, auch wenn dies eventuell gar nicht beabsichtigt war.

Unterstriche in numerischen Literalen   Zur übersichtlicheren Notation von Konstanten ist es erlaubt, Ziffern in Ganzzahlenliteralen mit einem Unterstrich zu separieren. Dabei sind auch mehrere Unterstriche zur Separation erlaubt, allerdings nicht direkt am Anfang oder Ende eines Zahlenliterals – aber es sind durchaus auch mehrere Unterstriche direkt nacheinander erlaubt. Das Ganze kann man unter anderem zur Trennung von Nibbles (4 Bits) bei Bytewerten oder zur Simulation von Tausenderpunkten folgendermaßen einsetzen:

```
jshell> byte binaryLiteral = 0b0110_1001
binaryLiteral ==> 105

jshell> int oneMillion = 1_000__000
oneMillion ==> 1000000
```

7.2.2   Casting: Typerweiterungen sowie -verkleinerungen

Variablen können unterschiedliche Typen besitzen und müssen teilweise aufeinander abgebildet werden. Dabei sind verschiedene Dinge zu beachten.

Widening   Eine Wertebereichserweiterung ist in jedem Fall ungefährlich, weil etwa ein long einen größeren Wertebereich besitzt als ein int und somit alle Zahlen darstellen kann, die auch der kleinere Datentyp enthält. Dabei findet ein sogenanntes *Widening* statt, das folgende Kette bis zu dem gewünschten Typ durchläuft:

$$\text{byte} \Rightarrow \text{short} \Rightarrow \text{int} \Rightarrow \text{long} \Rightarrow \text{float} \Rightarrow \text{double}$$

Narrowing   Was passiert aber, wenn man den Wertebereich verkleinert? Das stellt potenziell eine gefährliche Operation dar, weil eventuell Informationen verloren gehen, etwa für den Fall, dass man den Wert 1.000.000 einer Variablen vom Typ short zuweist, die maximal Werte bis 32767 darstellen kann, wie im folgenden Beispiel:

```
final short truncated = (short)1_000_000;
System.out.println("truncated: " + truncated);
```

Als Ausgabe erhält man dann Folgendes:

```
truncated: 16960
```

Derartige Typverkleinerungen (auch *Narrowing* genannt) bergen ganz offensichtlich die Gefahr für einen Informationsverlust und eine falsche Berechnung. *Daher sind die Casts explizit zu notieren*.

Restriktionen beim Type Casting   Wir haben gerade das Narrowing-Casting gesehen, bei dem man als Entwickler bewusst einen möglichen Informationsverlust in Kauf nimmt, etwa wie im folgenden Beispiel das Beschneiden der Nachkommastellen:

```
double myDouble = 9.78;
int myInt = (int) myDouble; // Manual casting: double to int
```

Falls ein Cast nicht möglich ist, löst Java zur Laufzeit eine Exception aus (vgl. Kapitel 11). Schauen wir hier ein Beispiel an:

```
jshell> (int) "ABC"
|  Error:
|  incompatible types: java.lang.String cannot be converted to int
|  (int) "ABC"
|        ^---^
```

Anhand der Fehlermeldung wird deutlich, dass man einen String mit Buchstaben nicht sinnvoll in ein `int` wandeln kann. Probieren wir es mal mit Ziffern aus – allerdings ist auch das erfolglos, Strings lassen sich nicht so einfach in `int` wandeln. Die dazu benötigten Methoden werden im Anschluss behandelt.

```
jshell> (int)"1234"
|  Error:
|  incompatible types: java.lang.String cannot be converted to int
|  (int)"1234"
|       ^----^
```

7.2.3   Konvertierung von Werten

Nachdem wir einiges an Wissen über primitive Datentypen erworben haben, wollen wir uns nun mit der Konvertierung von Werten beschäftigen, etwa um Strings in Wrapper-Instanzen und Wrapper-Instanzen in Werte primitiver Typen sowie auch andersherum umzuwandeln.

Konstruktion von Wrapper-Klassen

Wrapper-Objekte kann man durch einen Konstruktoraufruf mit einem String oder einem Wert eines primitiven Datentyps erzeugen – allerdings empfiehlt sich eher die Nutzung einer der überladenen `valueOf()`-Methoden, weil so unnötige Objektkonstruktionen verhindert werden können. Dieser Umstand führt auch dazu, dass die Konstruktoren seit Java 9 als deprecated markiert sind:

```
// nicht empfohlene Variante
final Integer valueByLiteral = new Integer(7);
final Integer valueByString = new Integer("14");

// bevorzugter Weg
final Integer valueByLiteral2 = Integer.valueOf(7);
final Integer valueByString2 = Integer.valueOf("14");
```

Natürlich entspricht nicht jeder beliebige String einer Zahl. Um Fehler beim Konvertieren auszudrücken, kann für Parameter vom Typ `String` eine `java.lang.NumberFormatException` ausgelöst werden.

Wrapper-Klassen und weitere Konvertierungen

Die Wrapper-Klassen ermöglichen, Werte primitiver Datentypen aus verschiedenen Repräsentationsformen (String, Typ-Literal) in Objekte umzuwandeln (***Boxing***). Aus einem solchen Wrapper-Objekt kann wieder ein primitiver Datentyp ermittelt werden (***Unboxing***). Dadurch können primitive Datentypen und Wrapper-Klassen nahezu ohne Unterschied verwendet werden. Sofern benötigt, findet eine Umwandlung automatisch statt. Man spricht daher auch von ***Auto-Boxing*** und ***Auto-Unboxing***.

```
final Integer autoBoxing = 7;               // int -> Integer
final int autoUnboxing = new Integer(4711); // Integer -> int
```

Hierbei gibt es aber folgende Einschränkung: Es können keine Methoden auf primitiven Typen aufgerufen werden: Beispielsweise ist `5.intValue()` nicht möglich.

Abbildung 7-1 zeigt die Konvertierungen.

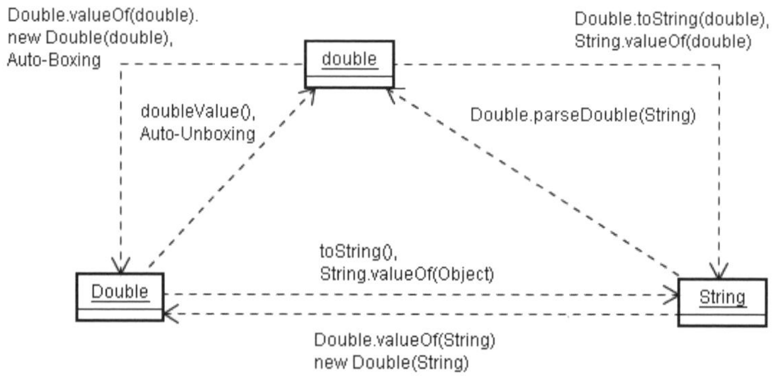

Abbildung 7-1 *Konvertierung von Wrappern, Strings und primitiven Werten*

■ **String** ⇒ **Wrapper** – Die Umwandlung eines Strings in einen Wrapper erfolgt durch statische `valueOf()`-Methoden der jeweiligen Wrapper-Klasse bzw. durch Übergabe eines Strings an deren Konstruktor.

■ **Wrapper** ⇒ **primitiver Typ** – Objekte der Wrapper-Klassen kann man über deren Objektmethoden `xyzValue()`, etwa `integerObj.intValue()`, in Werte eines primitiven Typs umwandeln. `xyz` steht dabei für alle möglichen primitiven Typen, also `byte`, `short`, `int`, `long`, `float` oder `double`. Zusätzlich kann immer noch in andere primitive Zahlentypen umgewandelt werden, etwa `byte`, `short` oder `int`.

■ **String** ⇒ **primitiver Typ** – Mithilfe von statischen `parseXYZ()`-Methoden der jeweiligen Wrapper-Klasse kann man einen Zahlen repräsentierenden String direkt in einen Wert eines primitiven Typs umwandeln. `XYZ` steht dabei für alle möglichen primitiven Typen, also `byte`, `short`, `int`, `long`, `float` oder `double`, allerdings wird hier der erste Buchstabe großgeschrieben, also etwa `Integer.parseInt()`. Diese Methoden sind eine Abkürzung der Hintereinanderausführung der Methoden `valueOf()` und `xyzValue()`. Die bislang beschriebenen Methoden nehmen eine Dezimaldarstellung an. Wie behandelt man aber oktale oder hexadezimale Angaben? Falls die Angabe im String nicht im Dezimalformat, sondern oktal oder hexadezimal vorliegt, kann man die Methode `decode()` der Klasse `Integer` bzw. `Long` nutzen.

■ **Primitiver Typ** ⇒ **String** – Um einen primitiven Typ in einen String umzuwandeln, gibt es in der Klasse `String` überladene statische `valueOf()`-Methoden. Diese werden u. a. zur Umwandlung bei Ausgaben mit `toString()` eingesetzt.

Beispiel: Parsen von Zahlen

Möchte man prüfen, ob ein beliebiger Eingabestring eine gültige Ganzzahl darstellt, so kann man dafür beispielsweise die statische Methode `Integer.parseInt(String)` verwenden:

```
jshell> Integer.parseInt("1234567")
$7 ==> 1234567
```

Aufgrund des beschränkten Wertebereichs eines `Integers` ist diese jedoch nur für Eingabewerte bis etwas über 2 Milliarden geeignet. Für größere Wertebereiche lässt sich die statische Methode `Long.parseLong(String)` nutzen.

```
jshell> Integer.parseInt("123456789123456789")
|  Exception java.lang.NumberFormatException: For input string: "
      123456789123456789"

jshell> Long.parseLong("123456789123456789")
$9 ==> 123456789123456789
```

Für Gleitkommazahlen bieten sich abhängig vom Wertebereich die statischen Methoden `parseFloat(String)` bzw. `parseDouble(String)` der Klassen `Float` bzw. `Double` an. Bedenken Sie bitte dabei Folgendes: *Für Nachkommastellen wird nur die amerikanische Notation mit einem Punkt statt eines Kommas korrekt ausgewertet.*

Schauen wir uns zum Abschluss noch ein Beispiel für das eben Gesagte an:

```
jshell> Double.parseDouble("47.11")
$11 ==> 47.11

jshell> Double.parseDouble("47,11")
|  Exception java.lang.NumberFormatException: For input string: "47,11"
```

7.3   Ternary-Operator (?-Operator)

Manchmal ist eine Kombination aus `if` und `else` etwas umständlich und lang. Als Abhilfe gibt es eine Kurzform, die als ternärer Operator bekannt ist. Ternär, weil sie aus drei Teilen besteht:

```
variable = (condition) ? expressionTrue :  expressionFalse;
```

Damit wird es möglich, mehrere Zeilen einer `if`-/`else`-Konstruktion durch eine einzige Zeile zu ersetzen.

Beispiel

Das folgende Konstrukt aus `if` und `else`

```
int time = 20;
if (time < 18)
{
    System.out.println("Good day.");
}
else
{
    System.out.println("Good evening.");
}
```

kann wie folgt vereinfacht werden:

```
int time = 20;
String result = (time < 18) ? "Good day." : "Good evening.";
System.out.println(result);
```

Schauen wir uns ein weiteres Beispiel an:

```
jshell> int age = 49
age ==> 49

jshell> age >= 18 ? "old enough": "too young"
$133 ==> "old enough"
```

Im Beispiel ist die 49 größer gleich der 18 und damit die Bedingung erfüllt, somit wird »`old enough`« ausgegeben. Wäre der Wert von `age` beispielsweise 7, dann würde die Bedingung zu false ausgewertet und »`too young`« ausgegeben.

> **Tipp: ?-Operator in der Praxis**
>
> Obwohl es verlockend ist, Platz zu sparen, bedenken Sie für eine gute Lesbarkeit und Verständlichkeit Folgendes: Sie sollten sich wirklich auf einfache Abfragen beschränken, sonst wird der ternäre Operator recht schnell unleserlich.

7.4 Aufzählungen mit enum

Für diverse Anwendungsfälle gibt es einige vordefinierte, zusammengehörende Werte, etwa Jahreszeiten (Frühling, Sommer, Herbst, Winter) oder T-Shirt-Größen (XS, S, M, L, XL).

Erste Idee: Arrays für fixe Werte

Überlegen wir kurz: Wie würden wir Derartiges mit unserem bisherigen Wissen implementieren? Eine ziemlich naheliegende Idee wäre es, dafür Arrays mit fixen Werten wie folgt zu definieren:

```
jshell> String[] jahreszeiten = { "Frühling", "Sommer",
   ...>                            "Herbst", "Winter" }
jahreszeiten ==> String[4] { "Frühling", "Sommer", "Herbst", "Winter" }

jshell> String[] tshirtSizes = { "XS", "S", "M", "L", "XL" }
tshirtSizes ==> String[5] { "XS", "S", "M", "L", "XL" }
```

Betrachten wir mal einen Einsatz:

```
jshell> System.out.println(jahreszeiten[0])
Frühling

jshell> System.out.println("Ich mag " + jahreszeiten[1])
Ich mag Sommer
```

Fallstricke   Das Ganze wirkt noch etwas unhandlich, aber es birgt auch richtige Fallstricke – man kann nämlich unerwartet in dem Array ändern:

```
jshell> jahreszeiten[1] = "Zürich"
$116 ==> "Zürich"

jshell> System.out.println("Ich mag " + jahreszeiten[1])
Ich mag Zürich
```

Aufzählungen mit `enum` als Abhilfe

Gerade haben wir mit Arrays mit fixen Werten etwas getrickst, aber diese Modellierungsvariante offenbart schnell ihre Nachteile.

Besser wäre es doch, wenn wir die Werte fix definieren und in Form eines Typs bereitstellen könnten. Dazu kann man Aufzählungen nutzen. Um eine Aufzählung zu erstellen, verwenden Sie das Schlüsselwort `enum` und trennen die einzelnen Konstanten mit einem Komma. Beachten Sie, dass die Konstanten per Konvention in Großbuchstaben geschrieben werden sollten:

```
jshell> enum Jahreszeiten
   ...> {
   ...>      FRÜHLING, SOMMER, HERBST, WINTER
   ...> }
|  created enum Jahreszeiten

jshell> enum Size
   ...> {
   ...>      XS, S, M, L, XL
   ...> }
|  created enum Size
```

Dadurch entsteht jeweils ein eigener Typ, hier namens `Jahreszeiten` und `Size`. Die dort vorgegebenen Werte lassen sicht nicht mehr modifizieren und es können auch keine Aufzählungswerte ergänzt oder umdefiniert werden. Eine Aufzählung ist somit eine geordnete Sammlung konstanter Werte.

Möchte man eine solche Konstante verwenden, so geschieht das durch Angabe des Typnamens und des Konstantennamens etwa wie folgt:

```
jshell> Size tshirtSize = Size.XL
tshirtSize ==> XL
```

Der Enum-Typ hat eine Methode `values()`, die alle Enum-Konstanten so zurückgibt, dass diese mit einer for-each-Schleife durchlaufen werden können:

```
jshell> for (Size currentSize : Size.values())
   ...>      System.out.println(currentSize)
XS
S
M
L
XL
```

Besonderheit von `enum`: Werte für Konstanten

Manchmal ist es wünschenswert, nicht nur den Namen der Konstanten, sondern auch beschreibende Eigenschaften vorgeben zu können. Das gilt etwa für die Modellierung von Himmelrichtungen, die uns in einer Vielzahl von Anwendungsfällen begegnen. Insbesondere im Kontext von zweidimensionalen Arrays ist es äußerst praktisch und trägt deutlich zur Lesbarkeit und Verständlichkeit bei, wenn man in der Aufzählung neben allen wesentlichen Himmelsrichtungen zudem Offsets in x- und y-Richtung definiert:

```
public enum Direction
{
    N(0,-1), NE(1,-1),
    E(1,0), SE(1,1),
    S(0,1), SW(-1,1),
    W(-1,0), NW(-1,-1);

    public final int dx;
    public final int dy;

    private Direction(final int dx, final int dy)
    {
        this.dx = dx;
        this.dy = dy;
    }
}
```

7.5   Switch

Neben `if` gibt es noch eine weitere Möglichkeit zur Behandlung von Alternativen: die `switch`-Anweisung. Diese erlaubt es, abhängig von einem Ausdruck einen von vielen Blöcken auszuwählen, der ausgeführt wird. Die möglichen Alternativen werden durch `case` beschrieben. Der in diesem Fall auszuführende Sourcecode findet sich direkt darunter. Passt keiner der Fälle, so kann man eine Standardbehandlung mithilfe von `default` vorgeben. Zur Auswahl der Fälle bzw. Werte können nach `case` Zahlen, Enums oder Strings als Werte genutzt werden.

```
switch (Ausdruck)
{
  case x:
      // Block für Fall X
      break;
  case y:
      // Block für Fall Y
      break;
  default:
      // Block für alle anderen Fälle
}
```

Die Schlüsselwörter `break` und `default` sind optional: Mit `break` wird die Ausführung nach dem Block beendet und `default` erlaubt es uns bekanntermaßen, einen Fallback anzugeben, wenn kein `case` passt.

Was passiert dabei im Detail?

1. Der Ausdruck wird ausgewertet.
2. Der Wert des Ausdrucks wird mit den Werten der einzelnen `case`s verglichen.
3. Bei einer Übereinstimmung wird der zugehörige Block ausgeführt.
4. Gibt es keine Übereinstimmung. so wird der Block von `default` ausgeführt.

Beispiel

Das folgende Beispiel verwendet die Nummer des Wochentags zur Ermittlung des Namens:

```
jshell> int day = 4;
   ...> switch (day) {
   ...>    case 1:
   ...>       System.out.println("Monday");
   ...>       break;
   ...>    case 2:
   ...>       System.out.println("Tuesday");
   ...>       break;
   ...>    case 3:
   ...>       System.out.println("Wednesday");
   ...>       break;
   ...>    case 4:
   ...>       System.out.println("Thursday");
   ...>       break;
   ...>    case 5:
   ...>       System.out.println("Friday");
   ...>       break;
   ...>    case 6:
   ...>       System.out.println("Saturday");
   ...>       break;
   ...>    case 7:
   ...>       System.out.println("Sunday");
   ...>       break;
   ...> }
day ==> 4
Thursday
```

Besonderheit `break`

Die Verarbeitung der Anweisungen der in den `case` angegebenen Blöcken besitzt eine (unschöne) Besonderheit: Wie zuvor schon erwähnt, muss `break` als letzte Anweisung notiert werden, um die Abarbeitung des Blocks eines `case` zu stoppen. Macht man dies nicht, so werden die Anweisungen des folgenden `case` ausgeführt. Diese Besonderheit wird Fall Through genannt. Das kann zu ziemlichen Verwirrungen führen, wie es nachfolgend gezeigt wird:

```
jshell> String light = "RED"
light ==> "RED"

jshell> switch (light)
   ...> {
   ...>       case "RED":
   ...>          System.out.println("Rote Ampel");
   ...>       case "GREEN":
   ...>          System.out.println("Freie Fahrt");
   ...>       default:
   ...>          System.out.println("WAR DAS GELB???");
   ...> }
Rote Ampel
Freie Fahrt
WAR DAS GELB???
```

7.6   Moderne Switch Expressions

Schauen wir uns nun die sogenannten und mit mit Java 14 eingeführten Switch Expressions an. Das ist eine neue, leicht modifizierte Syntax für `switch`. Damit lassen sich Fallunterscheidungen deutlich eleganter als zuvor formulieren.

7.6.1   Einführendes Beispiel

Zur Demonstration der Switch Expressions verwende ich als Beispiel die Abbildung von Wochentagen auf deren textuelle Länge.

Um den Bedarf der Syntaxanpassung besser nachvollziehen zu können, betrachten wir zunächst, wie man diese Aufgabenstellung mit der alten Syntax formuliert hätte. Danach sehen wir uns die Vorteile durch die neue Syntax von `switch` an.

Analyse: Was waren einige bisherige Schwachstellen beim `switch`?

Beginnen wir mit der Implementierung der Abbildung von Wochentagen vom Typ `DayOfWeek` (vgl. Abschnitt 12.1.1) auf deren textuelle Länge mit der älteren Syntax:

```
DayOfWeek day = DayOfWeek.FRIDAY;

int numOfLetters;
switch (day)
{
    case MONDAY:
    case FRIDAY:
    case SUNDAY:
        numOfLetters = 6;
        break;
    case TUESDAY:
        numOfLetters = 7;
        break;
    case THURSDAY:
    case SATURDAY:
        numOfLetters = 8;
        break;
    case WEDNESDAY:
        numOfLetters = 9;
        break;
    default:
        numOfLetters = -1;
}
```

Betrachten wir den Sourcecode kritisch. Zunächst einmal wirkt das gezeigte Konstrukt nicht elegant und ist zudem ziemlich lang. Auch die Mehrfachangabe von Werten ist gewöhnungsbedürftig. Schlimmer noch: Es wird ein `break` benötigt, damit die Verarbeitung überraschungsfrei abläuft und es zu keinem Fall Through kommt. Zudem müssen wir die (künstliche) Hilfsvariable `numOfLetters` in jedem Zweig korrekt setzen. Insbesondere ist trotz der eigentlich vollständigen Abdeckung der Enum-Werte das `default` nötig, da der Compiler sonst moniert, dass die Variable `numOfLetters` möglicherweise nicht initialisiert ist – außer man hat dieser initial schon einen Wert zugewiesen. Wie geht es also besser?

Syntax der neuen Switch Expressions

Mit den neuen »Switch Expressions« wird die Formulierung von Fallunterscheidungen deutlich erleichtert und bietet eine intuitive Schreibweise:

```
DayOfWeek day = DayOfWeek.FRIDAY;

int numOfLetters = switch (day)
{
    case MONDAY, FRIDAY, SUNDAY -> 6;
    case TUESDAY                 -> 7;
    case THURSDAY, SATURDAY      -> 8;
    case WEDNESDAY               -> 9;
};
```

An diesem Beispiel erkennen wir einige syntaktische Neuerungen: Neben dem offensichtlichen Pfeil statt des Doppelpunkts können nun auch mehrere Werte hinter dem `case` angegeben werden. Praktischerweise wird kein `break` mehr benötigt: Die hinter dem Pfeil notierten Anweisungen werden jeweils nur spezifisch für das `case` ausgeführt und es existiert bei dieser Syntax kein Fall Through. Außerdem kann das `switch` nun einen Wert zurückgeben, wodurch sich die Definition von Hilfsvariablen vermeiden lässt. Statt nach dem Pfeil lediglich einen Wert anzugeben, ist hier auch problemlos die Angabe von Ausdrücken wie Zuweisungen oder Methodenaufrufen möglich, selbstverständlich nach wie vor ohne die Notwendigkeit eines `breaks`: Mehr noch, dies ist in der neuen Syntax nach dem Pfeil nicht mehr erlaubt.

Besonderheit: Vollständigkeitsprüfung

Bei der alten Variante von `switch` konnte man das `default` weglassen oder auch die Angabe eines `case` für einzelne Werte, beispielsweise `WEDNESDAY`. Der Compiler hätte das im `switch` selbst nicht bemängelt und erst später beim Zugriff auf die im Beispiel genutzte Variable darauf hingewiesen, dass diese nicht in jedem Fall initialisiert ist.

Das hat sich praktischerweise mit den neuen Switch Expressions verbessert: Nehmen wir an, wir hätten im obigen Beispiel keine Angabe von `WEDNESDAY` gemacht. Dann wird dies direkt vom Compiler im `switch` bemängelt: »`A Switch expression should cover all possible values.`« Die IDEs bieten dann die Wahl, entweder das passende `case` oder ein `default` hinzuzufügen, aber nicht beides: Es wird automatisch die vollständige Abdeckung der Enum-Werte erkannt. Diese Neuerung ist deshalb nötig, weil das `switch` in jedem Anwendungsfall einen Wert zurückgeben muss.

Während es für `enums` noch recht klar ist, stellt sich die Frage, wie geht das für andere Typen, etwa `ints`? Hier kann der Compiler nur feststellen, dass gegebenenfalls nicht alle Werte abgedeckt sind, und bemängelt: »`A Switch expression should cover all possible values.`« Dann schlagen die IDEs vor, ein `default` hinzuzufügen – hier durch Auskommentieren angedeutet:

```
String numericString = switch (value)
{
    case 1 -> "one";
    case 2 -> "two";
    case 3 -> "three";
    // default -> "N/A";
};
```

7.6.2 Weitere Gründe für die Neuerung

Auf die Vollständigkeitsprüfung der Werteüberdeckung in den `cases` möchte ich nochmals etwas genauer eingehen, weil in diesem Kontext beim Gebrauch von `switch` mitunter Schwierigkeiten bestehen.

Fallstrick 1: Unvollständige Wertangaben   Nachfolgend wollen wir einen Wert aus der Aufzählung `java.time.Month` auf den korrespondierenden Monatsnamen abbilden. Das kann man konventionell in etwa wie folgt lösen:[2]

```
Month month = Month.JULY;

String monthAsString;
switch (month)
{
    case JANUARY:
        monthAsString = "January";
        break;
    case FEBRUARY:
        monthAsString = "February";
        break;
    case MARCH:
        monthAsString = "March";
        break;
    //...
    /*
    case JULY:
        monthAsString = "July";
        break;
    */
    //...
    default:
        monthAsString = "N/A";
}
```

Erneut ist das gezeigte Konstrukt nicht wirklich elegant. Je nachdem, ob für den Wert `Month.JULY` ein `case` definiert ist oder nicht – hier in Form eines mehrzeiligen Kommentares angedeutet –, erhält man den Wert »July« oder »N/A«. Außerdem wird ein `break` benötigt, damit die Verarbeitung überraschungsfrei abläuft.

---

[2]Mit dem Date and Time API ließe sich das komplizierte Konstrukt natürlich deutlich vereinfachen: `month.getDisplayName(TextStyle.FULL, Locale.UK)`.

Fallstrick 2: Fall Through und `default` zwischen den `breaks`   Betrachten wir etwas ziemlich Ungeschicktes, nämlich das `default` mitten in den `cases` und ohne ein `break`:

```
// ACHTUNG: Mitunter ganz übler Fehler: default mitten zwischen den cases
Month month = Month.JULY;

String monthAsString;
switch (month)
{
    case JANUARY:
        monthAsString = "January";
        break;
    default:
        monthAsString = "N/A";  // hier auch noch Fall Through
    case FEBRUARY:
        monthAsString = "February";
        break;
    case MARCH:
        monthAsString = "March";
        break;
}
```

Die Eingabe `Month.FEBRUARY` führt erwartungskonform zum Wert »February«, allerdings geschieht dies unerwartet auch für die Eingabe `Month.JULY`. Wie kommt das? Zunächst wird aufgrund des in den `cases` nicht aufgeführten Werts `JULY` der Defaultzweig angesprungen und wegen des fehlenden `breaks` auch noch (unerwartet) ein Fall Through ausgelöst. Dadurch wird der Code für `case FEBRUARY` ausgeführt, was schon ziemlich verwirrend sein kann.

Abhilfe durch die neuen Switch Expressions   Mithilfe der neuen Syntax lässt sich das Ganze viel einfacher wie folgt schreiben:

```
static String monthToName(final Month month)
{
    return switch (month)
    {
        case JANUARY -> "January";
        default -> "N/A";  // hier KEIN Fall Through
        case FEBRUARY -> "February";
        case MARCH -> "March";
    };
}
```

Besonders erwähnenswert ist, dass man direkt den vom `switch`-Konstrukt berechneten Wert zurückgeben kann. Außerdem kommt es nicht zum Fall Through. Dadurch liefert die Eingabe `Month.FEBRUARY` erwartungskonform »February«, und zudem ist das `default` inmitten der `cases` nicht ganz so dramatisch, allerdings sicher auch nicht schön. Anders als bei der alten Syntax kommt es durch die Eingabe `Month.JULY` eben nicht mehr zu einer unerwarteten Ausgabe »February«, sondern wie durch `default` spezifiziert zu »N/A«. Darüber hinaus gilt: Gäbe es ein `case JULY`, so würde dieses immer angesprungen werden, unabhängig von der Position des `defaults`, also analog zum Verhalten der bisherigen `switch`-Anweisung.

7.7 Pattern Matching bei Switch Expressions (Java 17 Preview)

Mit Java 16 wurde Pattern Matching für `instanceof` eingeführt. Damit ist es möglich, ein sogenanntes Typmuster zu akzeptieren und einen Mustervergleich durchzuführen. Dadurch kann man sich lästige Casts sparen – Details finden Sie in Abschnitt 5.4.5.

Diese Syntax-Neuerung ist nun auch für `switch` möglich und erlaubt dort eine Vereinfachung und auch das Ersetzen aufwendiger `if-elseif-else`-Aufrufe durch ein verständliches `switch`-Konstrukt. Allerdings ist das Ganze zunächst in Form von Preview Features umgesetzt und zum Nachvollziehen müssen Sie diese geeignet aktivieren, etwa wie folgt in der JShell:

```
$ jshell --enable-preview
|  Welcome to JShell -- Version 17-ea
|  For an introduction type: /help intro
```

Hinweis Die nachfolgenden Beispiele sind stark an diejenigen aus JEP 406 (JEP – Java Enhancement Proposal, `https://openjdk.java.net/jeps/406`) angelehnt.

7.7.1 Einführendes Beispiel

Nehmen wir an, wir müssten eine generische Methode zum Formatieren von Werten schreiben. Sofern wir Java 16 nutzen, können wir dies mithilfe von Pattern Matching und `instanceof` einigermaßen lesbar wie folgt schreiben – das Ganze wäre ohne Java 16 deutlich schlimmer, da wir für jeden Typ noch eine Zeile mit einem Cast ergänzen müssten (vgl. Abschnitt 5.4.5):

```java
static String formatterJdk16instanceof(Object obj) {
    String formatted = "unknown";
    if (obj instanceof Integer i) {
        formatted = String.format("int %d", i);
    } else if (obj instanceof Long l) {
        formatted = String.format("long %d", l);
    } else if (obj instanceof Double d) {
        formatted = String.format("double %f", d);
    } else if (obj instanceof String s) {
        formatted = String.format("String %s", s);
    }
    return formatted;
}
```

Die Methode können wir exemplarisch für zwei Werte aufrufen:

```
jshell> formatterJdk16instanceof(42.195)
$6 ==> "double 42.195000"

jshell> formatterJdk16instanceof("Sweet 16")
$7 ==> "String Sweet 16"
```

Syntax-Neuerung mit Java 17

Mit der Syntax-Neuerung können wir das Ganze mithilfe der schon in Java 14 eingeführten und zuvor in Abschnitt 7.6 vorgestellten Switch Expressions folgendermaßen
vereinfachen:

```
static String formatterJava17PatternSwitch(Object obj) {
    return switch (obj) {
        case Integer i -> String.format("int %d", i);
        case Long l    -> String.format("long %d", l);
        case Double d  -> String.format("double %f", d);
        case String s  -> String.format("String %s", s);
        default        -> o.toString();
    };
}
```

Das können wir exemplarisch für zwei Werte aufrufen:

```
jshell> formatterJava17PatternSwitch(42.195)
$8 ==> "double 42.195000"

jshell> formatterJava17PatternSwitch("Charming 17")
$9 ==> "String Charming 17"
```

7.7.2   Spezialitäten

Bisherige Unterstützung von `null` in `case`

Bislang war es nicht möglich, in den `case`s eines `switch`s den Wert `null` zu behandeln, sondern dazu war folgende Spezialbehandlung nötig:

```
jshell> static void switchSpecialNullSupport(String str)
   ...> {
   ...>     if (str == null)
   ...>     {
   ...>         System.out.println("special handling for null");
   ...>         return;
   ...>     }
   ...>
   ...>     switch (str)
   ...>     {
   ...>         case "Java", "Python" -> System.out.println("cool language");
   ...>         default -> System.out.println("everything else");
   ...>     }
   ...> }
|  created method switchSpecialNullSupport(String)

jshell> switchSpecialNullSupport("Michael")
everything else

jshell> switchSpecialNullSupport("Java")
cool language
```

Syntax-Neuerung mit Java 17

Mit Java 17 und aktivierten Preview Features können wir nun auch `null`-Werte angeben und das ganze Konstrukt vereinheitlichen:

```
jshell> static void switchSupportingNull(String str)
   ...> {
   ...>     switch (str)
   ...>     {
   ...>         case null -> System.out.println("null is allowed in preview");
   ...>         case "Java", "Python" -> System.out.println("cool language");
   ...>         default -> System.out.println("everything else");
   ...>     }
   ...> }
|  created method switchSupportingNull(String)

jshell> switchSupportingNull(null)
null is allowed in preview

jshell> switchSupportingNull("Python")
cool language
```

Unterstützung von Abfragen

Analog zu `instanceof` sind in den `cases` nun auch Abfragen wie die folgenden möglich:

```
static void processData(Object obj) {
    switch (obj) {
        case String str && str.startsWith("V1") -> System.out.println("
            Processing V1");
        case String str && str.startsWith("V2") -> System.out.println("
            Processing V2");
        case Integer i && i > 10 && i < 100 -> System.out.println("Processing
            ints");
        default -> throw new IllegalArgumentException("invalid input");
    }
}
```

Probieren wir das doch einfach einmal aus:

```
jshell> processData("V1 Data")
Processing V1

jshell> processData("V2 Data")
Processing V2

jshell> processData(42)
Processing ints

jshell> processData(7271)
|  Exception java.lang.IllegalArgumentException: invalid input
|        at processData (#8:6)
|        at (#12:1)
```

7.8 `Break` und `Continue` in Schleifen

In diesem Abschnitt wollen wir uns noch mit `break` und `continue` als zwei Beson-derheiten mit dem Hang zum schlechten Stil beschäftigen. Zunächst lernen wir deren Funktionsweise und kleinere Problemchen kennen. Danach schauen wir uns an, wie man es besser und geschickter implementieren kann.

7.8.1 Funktionsweise von `break` und `continue` in Schleifen

`break` in `for`

Die `break`-Anweisung hatten wir kurz im Kontext der alten Syntax von `switch` ken-nengelernt, um ein Fall Through zu verhindern. Die `break`-Anweisung dient auch dazu, aus einer Schleife beim Eintreten einer bestimmten Bedingung herauszuspringen.

Schauen wir uns als Beispiel folgende `for`-Schleife von 0 bis 10 an. Durch das `if` und das anschließende `break` springt man aus der Schleife (diese wird nicht weiter durchlaufen), wenn die Variable `i` den Wert 4 erreicht:

```
for (int i = 0; i < 10; i++) {
    if (i == 4) {
        break;
    }
    System.out.println(i);
}
```

Dadurch kommt es zu folgenden Ausgaben:

```
0
1
2
3
```

`continue` in `for`

Mit `continue` bricht man die aktuelle Iteration (einen Durchlauf) der Schleife ab. Das geschieht oftmals in Kombination mit `if`, also wenn eine bestimmte Bedingung eintritt. Alle Anweisungen des Schleifenrumpfes nach `continue` werden übersprungen (nicht mehr ausgeführt) und die Schleife wird mit der nächsten Iteration fortgesetzt.

Wir nutzen wieder eine `for`-Schleife von 0 bis 10. Durch das `if` und das `continue` erfolgt keine Ausgabe für die Wert 4, 6 und 8:

```
for (int i = 0; i < 10; i++) {
    if (i == 4 || i == 6 || i == 8) {
        continue;
    }
    System.out.println(i);
}
```

Dadurch kommt es zu folgenden Ausgaben:

```
0
1
2
3
5
7
9
```

break und continue in while

Konsistenterweise kann man break und continue auch in while-Schleifen verwenden. Während break analog wie bei for-Schleifen arbeitet, gibt es bei continue einen kleinen Unterschied, den wir am Beispiel sehen werden.

Beginnen wir wieder mit dem break für den Wert 4 wie folgt:

```
int i = 0;
while (i < 10) {
    System.out.println(i);
    i++;
    if (i == 4) {
        break;
    }
}
```

Dadurch kommt es erwartungskonform zu folgenden Ausgaben:

```
0
1
2
3
```

Was passiert bei continue? Wir nutzen wieder eine Schleife von 0 bis 10. Durch das if und das continue erfolgt keine Ausgabe für die Wert 4, 6 und 8:

```
int i = 0;
while (i < 10) {
    if (i == 4 || i == 6 || i == 8) {
        i++;
        continue;
    }
    System.out.println(i);
    i++;
}
```

Dadurch kommt es wie erwartet zu folgenden Ausgaben:

```
0
1
2
3
5
7
9
```

Wie schon angedeutet, gibt es bei `continue` und `while` eine Besonderheit: Es wird zwar auch der aktuelle Schleifendurchlauf abgebrochen, jedoch erfolgt im Gegensatz zur `for`-Schleife nicht automatisch das Inkrementieren oder Dekrementieren der Schleifenvariablen, man muss es explizit ausführen – wie oben auch geschehen.

Schnell ist aber folgender Implementierungsfehler gemacht – hier ist zur Verdeutlichung die Veränderung des Schleifenzählers noch als Kommentar verblieben:

```java
int i = 0;
while (i < 10) {
    if (i == 4 || i == 6 || i == 8) {
        // i++;
        continue;
    }
    System.out.println(i);
    i++;
}
```

Es kommt dann zu folgender Ausgabe:

```
0
1
2
3
```

Doch danach verharrt Java in einer Endlosschleife, weil die Variable `i` für ewig beim Wert 4 verweilt. Es hilft nur noch ein Programmabbruch.

7.8.2   Wie macht man es besser?

Wenn man sich die Konstrukte anschaut, bergen diese ein gewisses Potenzial für Missverständnisse. Für das `break` und das `continue` kann man zumindest für die `while`-Schleife eine deutliche Vereinfachung erzielen. Schauen wir uns das Vorgehen an.

Beim `break`

Beim `break` wird die Schleife abgebrochen. Falls es sich um eine einfache Abfrage handelt, bietet es sich an, die obere Grenze der Schleife anzupassen, also die Schleifenabbruchbedingung passend zu korrigieren:

```java
int i = 0;
while (i < 4) {
    System.out.println(i);
    i++;
}
```

Für die `for`-Schleife gilt dies analog.

Beim continue

Ebenso kann man im Fall von continue die Prüfung invertieren und damit auf das continue verzichten. Bedenken Sie, dass beim Invertieren aus OR (||) dann AND (&&) und natürlich aus == dann != wird.

Die ursprüngliche Bedingung lautete:

```
if (i == 4 || i == 6 || i == 8) {
```

Diese ändert sich dann zu

```
if (i != 4 && i != 6 && i != 8) {
```

Setzen wir dies in die ursprüngliche Schleife ein und entfernen auch das continue wie folgt:

```
int i = 0;
while (i < 10) {
    if (i != 4 && i != 6 && i != 8) {
        System.out.println(i);
    }
    i++;
}
```

Wir sehen, wie die Implementierung an Klarheit gewinnt. Verbleibt noch das Ausprobieren: Dann erhalten wir die korrekten Ausgaben, haben aber die Logik in der Schleife vereinfachen und damit leichter nachvollziehbar gestalten können.

```
0
1
2
3
5
7
9
```

Bleiben noch for und continue: Hier lässt sich kein Gewinn durch eine Umformung erzielen.

7.9 Rekursion

Rekursion ist eine Methode, bei der eine Funktion sich selbst aufruft. Diese Vorgehensweise bietet eine Möglichkeit, komplizierte Probleme in einfachere Teilprobleme zu zerlegen, die leichter zu lösen sind.

Rekursion ist möglicherweise ein wenig schwierig zu verstehen. Der beste Weg dazu ist, damit zu experimentieren.

Einführendes Beispiel

Die Berechnung der Fakultät ist ein Beispiel für eine einfache rekursive Definition. Mathematisch ist die **Fakultät** für eine positive Zahl n als das Produkt (also die Multiplikation) aller natürlichen Zahlen von 1 bis einschließlich n definiert. Zur Notation wird das Ausrufezeichen der entsprechenden Zahl nachgestellt. Beispielsweise steht 5! für die Fakultät der Zahl 5:

$$5! = 5 * 4 * 3 * 2 * 1 = 120$$

Dies lässt sich wie folgt verallgemeinern:

$$n! = n * (n-1) * (n-2) * ... * 2 * 1$$

Basierend darauf ergibt sich die rekursive Definition:

$$n! = \begin{cases} 1, & n = 0, \, n = 1 \\ n \cdot (n-1)!, & \forall n > 1 \end{cases}$$

Dabei steht das umgedrehte »A« ($\forall$) für »für alle« .

Dies lässt sich ziemlich direkt in Java übertragen:

```
jshell> public static int fac(int n) {
   ...>     if (n == 0 || n == 1)
   ...>         return 1;
   ...>
   ...>     System.out.println("calling fac(" + (n-1) + ")");
   ...>     return n * fac(n-1);
   ...> }
   ...>
|  created method fac(int)
```

Rufen wir das mal für ein paar Werte auf und vollziehen die Selbstaufrufe anhand der Konsolenausgaben nach:

```
jshell> fac(5)
calling fac(4)
calling fac(3)
calling fac(2)
calling fac(1)
$154 ==> 120
```

Was passiert unter der Motorhaube? Wenn `fac()` aufgerufen wird, dann wird der aktuelle Wert mit der Fakultät für den um eins verringerten Wert multipliziert. Damit ergeben sich etwa folgende Schritte:

```
5 * fac(4)
5 * 4 * fac(3)
...
5 * 4 * 3 * 2 * fac(1)
5 * 4 * 3 * 2 * 1
```

Beispiel: Fibonacci-Zahlen

Auch die **Fibonacci-Zahlen** lassen sich hervorragend rekursiv definieren, wobei die Formel schon ein klein wenig komplexer ist:

$$fib(n) = \begin{cases} 1, & n = 1 \\ 1, & n = 2 \\ fib(n-1) + fib(n-2), & \forall n > 2 \end{cases}$$

Es ergibt sich für die ersten n folgender Werteverlauf:

n	1	2	3	4	5	6	7	8
fib(n)	1	1	2	3	5	8	13	21

Wenn man sich die Berechnungsvorschrift grafisch verdeutlicht, dann wird schnell klar, wie weit sich der Baum der Selbstaufrufe potenziell aufspannt – für größere n wäre der Aufrufbaum viel ausladender, wie es durch die gestrichelten Pfeile angedeutet ist:

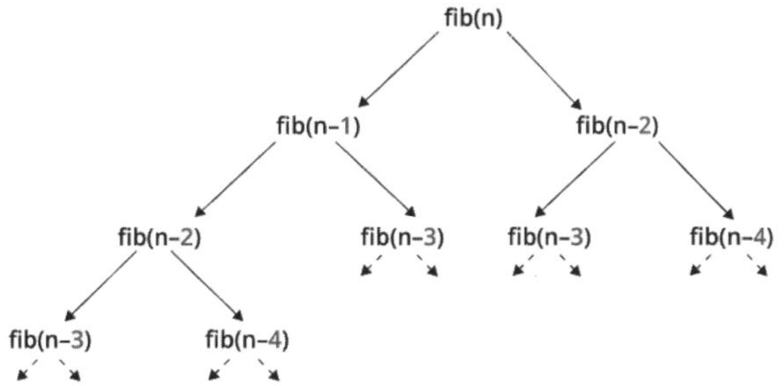

Abbildung 7-2 *Fibonacci rekursiv*

Selbst bei diesem exemplarischen Aufruf erkennt man, dass diverse Aufrufe mehrmals erfolgen, etwa für $fib(n-4)$ und $fib(n-2)$, aber insbesondere dreimal für $fib(n-3)$. Das führt sehr schnell zu aufwendigen und langwierigen Berechnungen. Wie wir dies optimieren können, erfahren Sie in meinen Büchern »Der Weg zum Java-Profi« [3] sowie »Java Challenge« [5]. Letzteres Buch behandelt die Thematik sehr detailliert und zeigt neben einführenden Beispielen auch richtig vertrackte Problemstellungen und wie man diese mit Rekursion lösen kann.

Tipp: Abweichende Definition mit null als Startwert

Es sei noch angemerkt, dass es eine Abwandlung gibt, die beim Wert 0 startet. Dann gilt $fib(0) = 0$ und $fib(1) = 1$ und danach gemäß der rekursiven Definition $fib(n) = fib(n-1) + fib(n-2)$. Dies produziert die gleiche Zahlenfolge wie die obige Definition, nur um den Wert für die 0 ergänzt.

Beispiel: Lineal

Mit Rekursion lassen sich auch Grafiken erzeugen. Nachfolgend wird eine grafisch simple Variante ausgegeben, die den Unterteilungen eines Lineals nachempfunden ist:

```
-
==
-
===
-
==
-
```

Tatsächlich lässt sich das unter Zuhilfenahme von Java-11-Bordmitteln in Form der Methode `repeat(n)` leicht rekursiv wie folgt formulieren, wobei zweimal ein rekursiver Abstieg erfolgt:

```java
static void fractalGenerator(final int n)
{
    if (n < 1)
        return;

    if (n == 1)
        System.out.println("-");
    else
    {
        fractalGenerator(n - 1);
        System.out.println("=".repeat(n));
        fractalGenerator(n - 1);
    }
}
```

7.10   Aufgaben und Lösungen

7.10.1   Aufgabe 1: Würfelspiel

In dieser Aufgabe soll ein einfaches Würfelspiel nachgebildet werden. Es soll in einer Schleife jeweils ein Wurf mit einem Würfel simuliert werden. Die Schleife soll beim Würfeln einer 6 abgebrochen und die Anzahl an Versuchen protokolliert werden. Damit das Ganze schön lesbar bleibt, beginnen Sie bitte damit, eine Hilfsmethode `int rollDice()` zu schreiben, die den zufälligen Ausgang eines Wurfs modelliert. Für die Lösung nehmen wir an, dass wir keine boolesche Variable zum Schleifenabbruch nutzen dürfen, sondern lediglich `break`.

Lösung

Wie in der Aufgabenstellung gewünscht, implementieren wir zunächst die Methode zum Simulieren eines Würfelwurfs. Dabei greifen wir auf die Methode `Math.random()` zurück, die wir bereits in Abschnitt 2.5.3 kennengelernt haben. Beachten müssen wir, dass diese Methode Werte von 0.0 bis 1.0 (exklusiv) liefert. Somit müssen wir zum einen den Offset 1 angeben und zum anderen eine Multiplikation mit dem Wert 6 ausführen. Dadurch erhalten wir einen Zufallswert im Bereich von 1 bis 6:

```
jshell> int rollDice()
   ...> {
   ...>     return (int) (1 + Math.random() * 6);
   ...> }
|  created method rollDice()

jshell> rollDice()
$397 ==> 2

jshell> rollDice()
$398 ==> 5
```

Machen wir uns nun an die Modellierung der Würfelrunden. Um den Abbruch für das Würfeln bei einer 6 umzusetzen, nutzen wir eine passend gewählte Prüfung mit `if` sowie ein `break`:

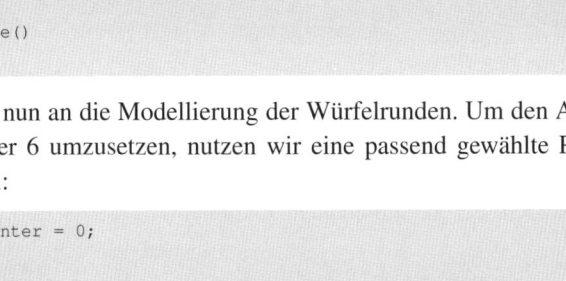

```
jshell> int counter = 0;
counter ==> 0

jshell> while (true)
   ...> {
   ...>     int number = rollDice();
   ...>     counter++;
   ...>     if (number == 6)
   ...>     {
   ...>         System.out.println("It took " + counter + " trys");
   ...>         break;
   ...>     }
   ...> }
It took 4 trys
```

7.10.2   Aufgabe 2: Prüfung auf Vokale mit `switch`

In dieser Aufgabenstellung soll für beliebige Buchstaben geprüft werden, ob diese ein Vokal (also a,e,i,o,u) sind. Nutzen Sie dazu ein `switch` in einer Methode `isVowel(char)`.

Lösung

Mithilfe der neuen Syntax bei `switch` können wir einfach alle Vokale kommasepariert aufführen. Aus Gründen der besseren Lesbarkeit geschieht dies für Groß- und Kleinbuchstaben separat. Mit `default` werden alle anderen Eingaben auf `false` abgebildet:

```
jshell> boolean isVowel(char letter)
   ...> {
   ...>     return switch (letter)
   ...>     {
   ...>         case 'a', 'e', 'i', 'o', 'u' -> true;
   ...>         case 'A', 'E', 'I', 'O', 'U' -> true;
   ...>         default -> false;
   ...>     };
   ...> }
|  created method isVowel(char)
```

Rufen wir die gerade erstellte Methode einmal exemplarisch für verschiedene Buchstaben auf:

```
jshell> isVowel('A')
$299 ==> true

jshell> isVowel('e')
$300 ==> true

jshell> isVowel('F')
$301 ==> false
```

7.10.3   Aufgabe 3: Temperaturumrechnung

Gegeben seien folgende Formeln, um Temperaturangaben in Fahrenheit und Celsius jeweils in das andere Format umrechnen zu können:

$$\text{Temperatur in } °F = \text{Temperatur in } °C \times 1,8 + 32$$

$$\text{Temperatur in } °C = (\text{Temperatur in } °F - 32)/1,8$$

Schreiben Sie zwei Methoden, die diese Berechnungen realisieren. Gegeben sei noch folgende `enum`-Aufzählung:

```
jshell> enum TempConv { F2C, C2F }
|  created enum TempConv
```

Schreiben Sie zur Umrechnung eine Methode `convert(TempConv, int)`, die die Methoden abhängig von Enum passend mit ternärem Operator aufruft.

Lösung

Zuerst implementieren wir die beiden Berechnungsmethoden analog zu der jeweiligen gegebenen mathematischen Formel wie folgt:

```
jshell> double fahrenheitToCelsius(int tempFH)
   ...>    {
   ...>          return (tempFH - 32) / 1.8;
   ...> }
|  created method fahrenheitToCelsius(int)

jshell> double celsiusToFahrenheit(int tempCS)
   ...>    {
   ...>          return tempCS * 1.8 + 32;
   ...> }
|  created method celsiusToFahrenheit(int)
```

Basierend auf diesen beiden Hilfsmethoden und dem schon gegebenen enum kann man die Konvertierung ganz einfach mit einem Ternary-Operator folgendermaßen implementieren:

```
jshell> double convert(TempConv convert, int temperature)
   ...> {
   ...>      return convert == TempConv.C2F ? celsiusToFahrenheit(temperature) :
   ...>                               fahrenheitToCelsius(temperature);
   ...> }
|  created method convert(TempConv,int)
```

Probieren wir das Ganze einmal für einige Temperaturangaben aus:

```
jshell> convert(TempConv.C2F , 35)
$309 ==> 95.0

jshell> convert(TempConv.F2C , 95)
$310 ==> 35.0

jshell> convert(TempConv.C2F , 40)
$311 ==> 104.0

jshell> convert(TempConv.F2C , 104)
$312 ==> 40.0
```

Alternative mit `switch`   Nehmen wir an, es wären noch weitere Umrechnungen gewünscht und geplant. In dem Fall bietet sich ein `switch` wie folgt an:

```
jshell> double convertMoreReadable(TempConv convert, int temperature)
   ...> {
   ...>      return switch(convert) {
   ...>          case C2F -> celsiusToFahrenheit(temperature);
   ...>          case F2C -> fahrenheitToCelsius(temperature);
   ...>      };
   ...> }
|  created method convertMoreReadable(TempConv,int)
```

Durch das neue `switch` wird praktischerweise automatisch sichergestellt, dass alle Fälle des enum behandelt werden.

7.10.4   Aufgabe 4: Palindrom-Prüfung mit Rekursion

Testen Sie für eine textuelle Eingabe, ob diese unabhängig von Groß- und Kleinschreibung ein Palindrom ist, also ob der Text von vorne nach hinten und von hinten nach vorne gelesen gleich ist. Beispiele sind »Otto« oder »DrehMalAmHerd«. Nutzen Sie eine rekursive Methode.

Lösung

Die erste Lösungsidee besteht darin, für einen String zu schauen, ob er kürzer oder ein Zeichen lang ist. Dann haben wir per Definition ein Palindrom. Ist der String länger, so müssen wir die äußeren beiden Buchstaben auf Übereinstimmung prüfen. Sofern diese gegeben ist, verkürzen wir den String um je ein Zeichen vorne und hinten durch passenden Aufruf von substring() und testen diesen verkürzten String erneut. Das wiederholt sich, bis wir bei einem String der Länge 0 oder 1 ankommen oder aber vorher eine Abweichung gefunden haben.

```
jshell> boolean isPalindromeRec(String input)
   ...> {
   ...>     if (input.length() <= 1)
   ...>         return true;
   ...>
   ...>     int endPos = input.length() - 1;
   ...>     String lowerInput = input.toLowerCase();
   ...>     if (lowerInput.charAt(0) == lowerInput.charAt(endPos))
   ...>         return isPalindromeRec(lowerInput.substring(1, endPos));
   ...>
   ...>     return false;
   ...> }
|  created method isPalindromeRec(String)
```

Rufen wir die Implementierung mit folgenden Eingaben auf. um die korrekte Funktionsweise nachzuprüfen:

```
jshell> isPalindromeRecV2("Otto")
$6 ==> true

jshell> isPalindromeRecV2("Michael")
$8 ==> false

jshell> isPalindromeRecV2("DrehMalAmHerd")
$9 ==> true
```

Etwas ungeschickt ist bei dieser Realisierung ist, dass ständig neue (jeweils vorne und hinten um ein Zeichen verkürzte) Strings erzeugt werden und ständig toLowerCase() aufgerufen wird, obwohl das nach dem ersten Mal überflüssig ist, da dann ja sicher schon eine Umwandlung stattgefunden hat.

Bleiben wir bei der grundsätzlichen Idee des positionsweisen Vergleichs, aber anstatt ständig neue Strings zu erzeugen, lässt sich das Ganze viel eleganter mithilfe von zwei Positionsmarkern lösen. Wir teilen die Aufgabe noch in eine steuernde Methode und eine Hilfsmethode. In der ersten sorgen wir für die korrekte Parametrierung und wandeln den String zudem in Kleinbuchstaben um. Die eigentliche Arbeit erfolgt dann in der Hilfsmethode `isPalindromeHelper()`. Dort werden wieder die jeweiligen Buchstaben so lange verglichen, wie diese übereinstimmen und sich die Positionsmarker nicht überlappen:

```
jshell> boolean isPalindromeRecV2(String input)
   ...> {
   ...>     return isPalindromeHelper(input.toLowerCase(), 0, input.length() -
         1);
   ...> }
   ...>
   ...> boolean isPalindromeHelper(String input, int start, int end)
   ...> {
   ...>     if (start >= end)
   ...>         return true;
   ...>
   ...>     if (input.charAt(start) == input.charAt(end))
   ...>         return isPalindromeHelper(input, start + 1, end - 1);
   ...>
   ...>     return false;
   ...> }
```

Rufen wir diese Version wieder mit den Eingaben von zuvor auf:

```
jshell> isPalindromeRecV2("Otto")
$6 ==> true

jshell> isPalindromeRecV2("Michael")
$8 ==> false

jshell> isPalindromeRecV2("DrehMalAmHerd")
$9 ==> true
```

Aufstieg

8 Mehr zu Klassen und Objektorientierung

In diesem Kapitel werden wir einige Themen rund um Klassen und objektorientiertes Design noch etwas vertiefen. Insbesondere gehe ich auf die Begrifflichkeiten Generalisierung, Spezialisierung und Polymorphie sowie Sub-Typing und Sub-Classing ein. Zum Abschluss wird dann noch Hintergrundwissen zu inneren Klassen als einem besonderen Sprachfeature von Java vermittelt.

8.1 Wissenswertes zu Vererbung

Wir haben Vererbung bereits in Abschnitt 5.3 als eine Möglichkeit zur Erweiterung von Klassen um Verhalten kennengelernt. In den nachfolgenden Abschnitten gehe ich auf ein paar wichtige Details und Begrifflichkeiten im Kontext von Vererbung ein.

8.1.1 Generalisierung und Spezialisierung

Durch Vererbung entsteht eine *Klassenhierarchie*. Das bedeutet, dass eine Aufgliederung in Basis- und Subklassen erfolgt. Eine einfache Klassenhierarchie ist in Abbildung 8-1 dargestellt.

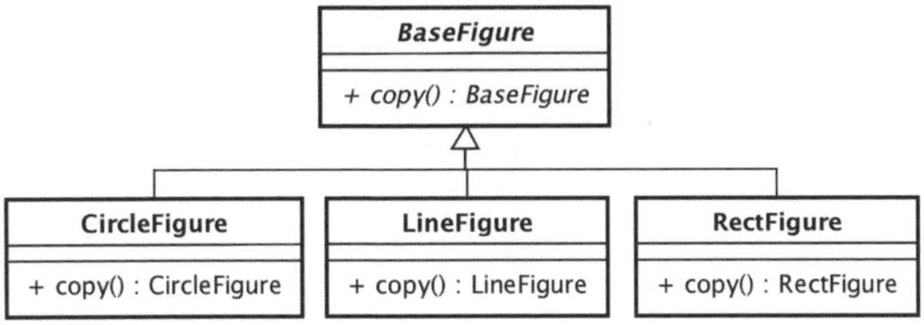

Abbildung 8-1 *Klassenhierarchie*

Wenn man diese gedanklich in Richtung Subklasse durchläuft, spricht man von einer *Spezialisierung*, und der Weg in Richtung Basisklasse wird ***Generalisierung*** genannt (vgl. Abbildung 8-2).

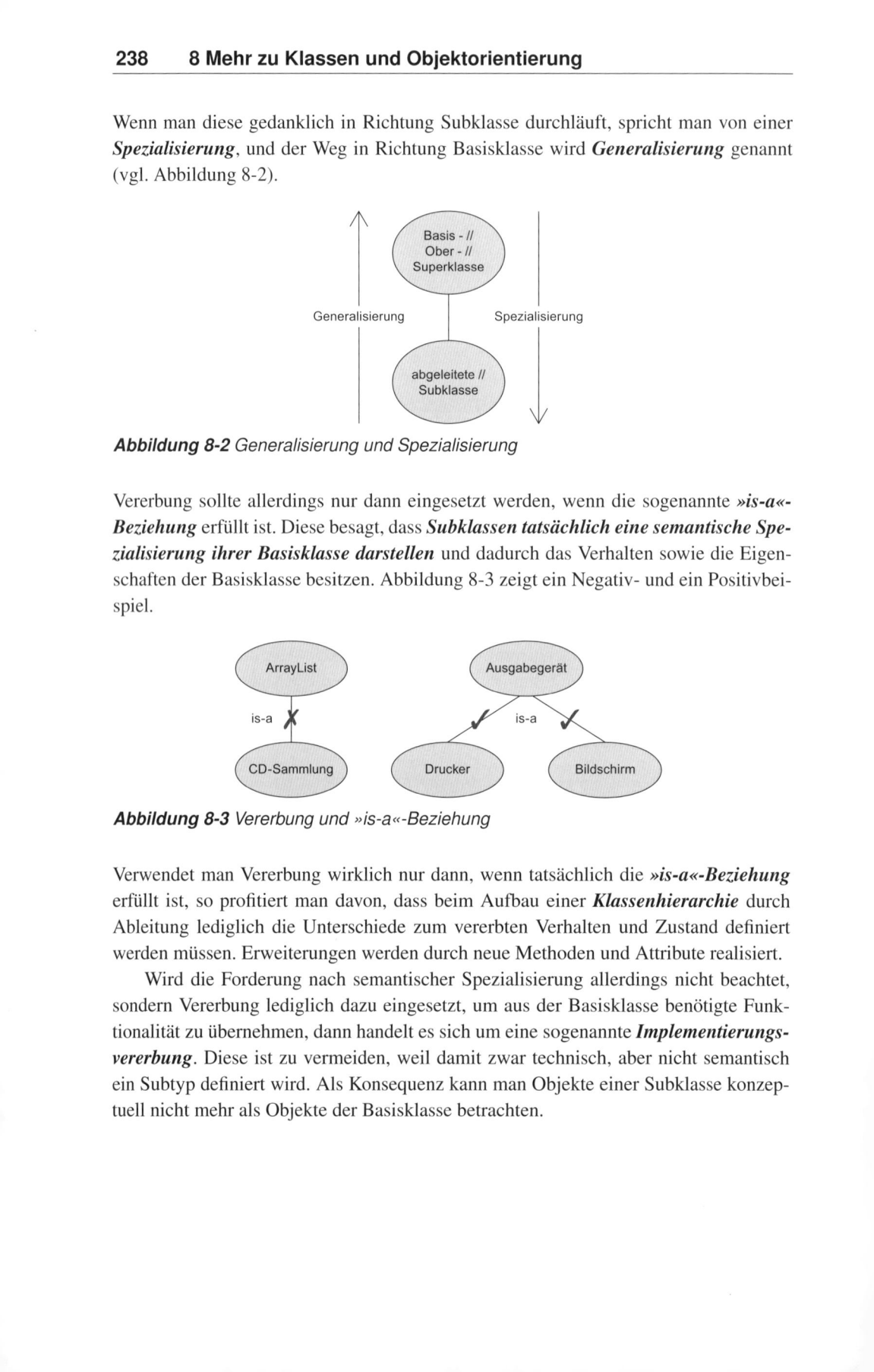

Abbildung 8-2 *Generalisierung und Spezialisierung*

Vererbung sollte allerdings nur dann eingesetzt werden, wenn die sogenannte *»is-a«-Beziehung* erfüllt ist. Diese besagt, dass **Subklassen tatsächlich eine semantische Spezialisierung ihrer Basisklasse darstellen** und dadurch das Verhalten sowie die Eigenschaften der Basisklasse besitzen. Abbildung 8-3 zeigt ein Negativ- und ein Positivbeispiel.

Abbildung 8-3 *Vererbung und »is-a«-Beziehung*

Verwendet man Vererbung wirklich nur dann, wenn tatsächlich die *»is-a«-Beziehung* erfüllt ist, so profitiert man davon, dass beim Aufbau einer ***Klassenhierarchie*** durch Ableitung lediglich die Unterschiede zum vererbten Verhalten und Zustand definiert werden müssen. Erweiterungen werden durch neue Methoden und Attribute realisiert.

Wird die Forderung nach semantischer Spezialisierung allerdings nicht beachtet, sondern Vererbung lediglich dazu eingesetzt, um aus der Basisklasse benötigte Funktionalität zu übernehmen, dann handelt es sich um eine sogenannte ***Implementierungsvererbung***. Diese ist zu vermeiden, weil damit zwar technisch, aber nicht semantisch ein Subtyp definiert wird. Als Konsequenz kann man Objekte einer Subklasse konzeptuell nicht mehr als Objekte der Basisklasse betrachten.

Oftmals ist es hilfreich, sich neu eingeführte Konzepte an einem konkretes Beispiel zu verdeutlichen. Nehmen wir dazu als Basis eine Klasse zur Modellierung von Fahrzeugen, die durch Beschleunigen und Bremsen ihre Geschwindigkeit verändern können. Autos können beispielsweise noch den Scheibenwischer aktivieren, Fahrräder dagegen noch klingeln. Beide erben aber die Methoden der Basis.

8.1.2 Polymorphie

Variablen eines Basistyps können beliebige davon abgeleitete Spezialisierungen referenzieren. Das wird als Vielgestaltigkeit oder *Polymorphie* bezeichnet. Polymorphie basiert auf dem Unterschied zwischen dem *Kompiliertyp* und dem *Laufzeittyp*. Der Kompiliertyp ist der zur Kompilierzeit bekannte Basistyp, also derjenige im Sourcecode angegebene. Der Laufzeittyp entspricht der konkret verwendeten Spezialisierung während der Programmausführung. Betrachten wir dazu eine Klassenhierarchie der Klassen `Base`, `Sub` und `SubSub` sowie deren Methoden `doIt()` und `doThat()`. Die Klassenhierarchie ist in Abbildung 8-4 dargestellt.

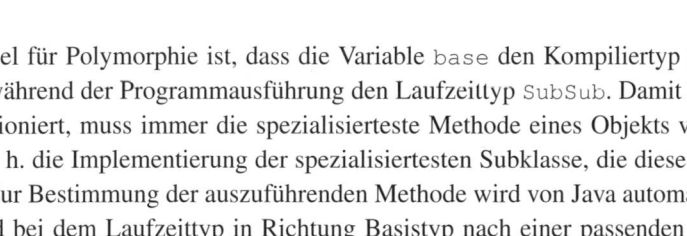

Abbildung 8-4 *Polymorphie und dynamisches Binden*

Ein Beispiel für Polymorphie ist, dass die Variable `base` den Kompiliertyp `Base` besitzt und während der Programmausführung den Laufzeittyp `SubSub`. Damit Polymorphie funktioniert, muss immer die spezialisierteste Methode eines Objekts verwendet werden, d. h. die Implementierung der spezialisiertesten Subklasse, die diese Methode anbietet. Zur Bestimmung der auszuführenden Methode wird von Java automatisch dazu startend bei dem Laufzeittyp in Richtung Basistyp nach einer passenden Methode gesucht. Für den Aufruf von `doIt()` startet die Suche daher in der Klasse `SubSub`. Dort wird Java allerdings nicht fündig, sodass die Suche sukzessive weiter nach oben in der Vererbungshierarchie fortgesetzt wird, bis eine Methodendefinition gefunden wird. In diesem Beispiel ist dies für `doIt()` in der Klasse `Sub` der Fall. Das beschriebene Verfahren zum Auffinden der auszuführenden Methode wird *dynamisches Binden* (*Dynamic Binding*) genannt.

8.1.3   Sub-Classing und Sub-Typing

Spezialisierung ist sowohl zwischen Klassen als auch zwischen Interfaces möglich. Beides wird durch das Schlüsselwort `extends` ausgedrückt.

Sub-Classing

Zwischen Klassen wird durch Spezialisierung ein Vererben von Verhalten erreicht, d. h., eine Klasse ist eine spezielle Ausprägung einer anderen Klasse, übernimmt deren Verhalten und kann eigene Merkmale und Verhaltensweisen hinzufügen. Hier spricht man von *Sub-Classing*:

```java
class BaseClass
{
    private String baseAttribute;

    public String method()
    {
    }
}

class SubClass extends BaseClass
{
    private int additionalAttribute;

    @Override
    public String method()
    {
        super.method();

        // additional behaviour
    }
}
```

Nochmals zur Erinnerung: Zum Aufruf der bzw. Zugriff auf die entsprechenden Methoden (oder seltener Attribute) der Basisklasse dient das Schlüsselwort `super`.

Sub-Typing

Eine Spezialisierung eines Interface erweitert die Menge der Methoden eines anderen Interface. In diesem Fall spricht man von *Sub-Typing*:

```java
interface BaseInterface
{
    public String method();
}

interface SubInterface extends BaseInterface
{
    public String additionalMethod();
}
```

> **Tipp: Sprachgebrauch: Sub-Typing**
>
> Bei Klassen spricht man häufiger der Einfachheit halber auch von Sub-Typing. Dies
> erleichtert die Diskussion, denn eine Vererbung zwischen Klassen ist streng genom-
> men sowohl Sub-Classing als auch Sub-Typing. Das Implementieren eines Interface
> ist jedoch nur Sub-Typing.

8.2 Varianten innerer Klassen

In Java sind innere Klassen ein verbreitetes Sprachmittel. Sie sind den gewöhnlichen
Klassen ähnlich, jedoch innerhalb von Klassen (oder sogar Methoden) definiert, deswegen ihr Name. Mithilfe innerer Klassen lassen sich einige Entwurfsprobleme, etwa
die Definition von nur innerhalb einer Klasse sichtbaren Hilfsklassen oder Datencontai-
nerklassen, elegant lösen. Im nachfolgenden Listing sind zwei Varianten innerer Klassen gezeigt: *normale* und *statische innere* Klassen. Diese stellen häufig Funktionalität
bereit, die lediglich für die äußere (umgebende) Klasse von Interesse ist.

```java
public class OuterClass
{
    public class InnerClass
    {
        // ...
    }

    public static class StaticInnerClass
    {
        // ...
    }
}
```

Neben den bisher vorgestellten Formen von inneren Klassen existieren noch die zwei
später vorgestellten Spezialformen: *methodenlokale* und *anonyme innere* Klassen.

8.2.1 »Normale« innere Klassen

Innere Klassen besitzen eine implizite Referenz auf eine Instanz der äußeren Klasse und
können dadurch auf deren Elemente zugreifen – sogar auf die privaten. *Allerdings folgt
daraus auch, dass immer ein Objekt der umgebenden Klasse existieren muss, um ein
Objekt einer inneren Klasse zu erzeugen.* Dadurch ergibt sich eine etwas merkwürdige
Syntax zur Objekterzeugung:

```java
// Variante 1
final OuterClass.InnerClass inner = new OuterClass().new InnerClass();

// Variante 2
final OuterClass outer = new OuterClass();
final OuterClass.InnerClass inner2 = outer.new InnerClass();
```

8.2.2   Statische innere Klassen

Wenn äußere Klassen lediglich erzeugt werden, um Zugriff auf innere Klassen zu bieten, so ist dies eher unnatürlich. Das gilt insbesondere dann, wenn es sich bei den inneren Klassen nur um Hilfsklassen oder Datencontainer handelt. Oftmals dienen sie als semantische Strukturierung und sind in der Regel unabhängig von einer Instanz der äußeren Klasse. Dafür existiert das Sprachmittel der statischen inneren Klassen. Das illustriert die Klasse `TripleVO`. Diese realisiert einen Datencontainer, der die drei Attribute `value1` bis `value3` anbietet:

```java
public final class StaticInnerClassExample
{
    public static final class TripleVO
    {
        private final int value1;
        private final int value2;
        private final int value3;

        private TripleVO(final int value1, final int value2, final int value3)
        {
            this.value1 = value1;
            this.value2 = value2;
            this.value3 = value3;
        }

        public final int getValue1() { return value1; }
        public final int getValue2() { return value2; }
        public final int getValue3() { return value3; }
    }

    // ...
}
```

Statische innere Klassen besitzen keine implizite Referenz auf die äußere Klasse, wodurch auch keine Zugriffe auf nicht statische Attribute der äußeren Klassen möglich sind. Statische innere Klassen können mit folgender Syntax erzeugt werden:

```java
StaticInnerClassExample.TripleVO inner = new StaticInnerClassExample.TripleVO();
```

Allgemeiner gilt dann:

```java
OuterClass.StaticInnerClass inner = new OuterClass.StaticInnerClass();
```

8.2.3 Methodenlokale innere Klassen

Innere Klassen können sogar lokal innerhalb von Methoden definiert werden und sind auch nur dort sichtbar und zugreifbar, weshalb sich keine Sichtbarkeit angeben lässt. Diesen lokalen inneren Klassen ist sowohl ein Zugriff auf Attribute der äußeren Klasse als auch auf die in der Methode definierten Variablen und Methodenparameter möglich, sofern sich diese nicht mehr ändern, also explizit final oder »*effectively final*« sind.[1]

```
private void doSomething()
{
    int counter = 100;
    final int constant = 200;

    // Keine Sichtbarkeitsmodifier erlaubt, public usw. => Compile-Error
    /* public */ class MethodLocalInnerClass
    {
        public void printVar()
        {
            // System.out.println("counter = " + counter ); // => Compile-Error
            System.out.println("constant = " + constant);
        }
    }
    counter++; // Ohne diese Zeile wäre der obige Zugriff auf counter erlaubt
    new MethodLocalInnerClass().printVar();
}
```

8.2.4 Anonyme innere Klassen

Manchmal sind innere Klassen so speziell und nur für eine einmalige Aufgabe verwendbar, dass man sie weder benennen noch mehrfach erzeugen möchte. Das lässt sich mithilfe anonymer innerer Klassen realisieren. Diese sind innerhalb von Klassen oder Methoden definiert und besitzen keinen Namen, sind also anonym. Ohne Klassennamen können sie allerdings auch keinen Konstruktor bereitstellen. Meistens bestehen diese Klassen nur aus wenigen Methoden – häufig sogar lediglich aus einer. Dann spricht man von **SAM-Typen** (**Single Abstract Method**). Diese spielen für **Lambdas** eine wichtige Rolle, die wir in Kapitel 9 genauer betrachten werden. Anonyme innere Klassen sind in ihrer Definition dahingehend eingeschränkt, dass sie entweder auf einem Interface basieren oder eine Klasse erweitern. Der ausschließliche Sinn besteht darin, die Methoden der Basisklasse zu überschreiben bzw. die Methoden eines Interface zu implementieren. Zwar kann man in einer anonymen inneren Klasse zusätzliche Methoden definieren, allerdings können diese niemals von außerhalb der Klasse aufgerufen werden.

---

[1] Seit JDK 8 muss eine Variable nicht mehr explizit final definiert werden, sondern es reicht aus, wenn sich deren Wert nicht mehr ändert. Diese Unveränderlichkeit wird vom Compiler erkannt.

Die zur Definition verwendete Schreibweise ist zunächst vielleicht etwas gewöhnungs-bedürftig, da weder das Schlüsselwort `extends` noch `implements` angegeben wird. Stattdessen folgt die Klassendefinition syntaktisch direkt der Instanziierung der Basis-klasse bzw. des Interface:[2]

```
final Runnable newRunnable = new Runnable()
{
    public void run()
    {
        // ...
    }
}; // ACHTUNG DAS SEMIKOLON IST WICHTIG => SONST COMPILE-ERROR
```

---

[2]In diesem speziellen Fall kann daher genau nur das angegebene Interface erfüllt werden. Sind mehrere Interfaces zu erfüllen, so ist es erforderlich, dass man ein neues Interface einführt, das die benötigten Interfaces erweitert.

9 Lambdas und Streams

Dieses Kapitel stellt sowohl Lambda-Ausdrücke (kurz *Lambdas*) als auch das damit engverbundene Stream-API einführend vor. Beides in Kombination ermöglicht es, Lösungen oftmals elegant zu formulieren.

9.1 Einstieg in Lambdas

Das Sprachkonstrukt Lambda kommt aus der *funktionalen Programmierung*. Vereinfacht gesprochen ist ein *Lambda* ein Behälter für Sourcecode, der vielfältig eingesetzt werden kann.

9.1.1 Syntax von Lambdas

Lambdas ähneln Methoden, besitzen im Gegensatz dazu jedoch keinen Namen. Zudem findet sich keine explizite Angabe eines Rückgabetyps oder potenziell ausgelöster Exceptions. Damit ergibt sich eine ziemlich kurze, auf das Wesentliche reduzierte Schreibweise mit folgender Syntax:

```
(Parameterliste) -> { Ausdruck oder Anweisungen }
```

Ein paar einfache Beispiele für Lambdas sind die Addition von zwei Zahlen vom Typ `int`, die Multiplikation eines `long`-Werts mit dem Faktor 2 oder eine parameterlose Funktion zur Ausgabe eines Textes auf der Konsole. Diese Aktionen kann man als Lambdas wie folgt schreiben:

```
(int x, int y) -> { return x + y; }
(long x)  -> { return x * 2; }
() -> { String msg = "Lambda"; System.out.println("Hello " + msg); }
```

Tatsächlich sehen diese Anweisungen recht unspektakulär aus, und insbesondere wird klar, dass ein Lambda lediglich ein Stück ausführbarer Sourcecode ist, der

■ keinen Namen besitzt, sondern lediglich Funktionalität, und dabei

■ keine explizite Angabe eines Rückgabetyps und

■ keine Deklaration von Exceptions erfordert und erlaubt.[1]

---

[1]Das gilt für sogenannte Checked Exceptions (vgl. Abschnitt 11.4). Solche vom Basistyp `RuntimeException` sind erlaubt.

Lambdas im Java-Typsystem

Wir haben bisher gesehen, dass sich einfache Berechnungen mithilfe von Lambdas ausdrücken lassen. Wie können wir diese aber nutzen und aufrufen? Versuchen wir zunächst, einen Lambda einer `java.lang.Object`-Referenz zuzuweisen, so wie es mit jedem anderen Objekt in Java möglich ist:

```
// Compile-Error: incompatible types: Object is not a functional interface
Object greeter = () -> { System.out.println("Hello Lambda"); };
```

Die gezeigte Zuweisung wird nicht unterstützt und führt zu einem Kompilierfehler. Die Fehlermeldung gibt einen Hinweis auf inkompatible Typen und verweist darauf, dass `Object` kein Functional Interface ist. Aber was ist ein Functional Interface?

> **Besonderheit: Lambdas im Java-Typsystem**
>
> Bis JDK 8 konnte in Java jede Referenz auf den Basistyp `Object` abgebildet werden. Mit Lambdas existiert nun ein Sprachelement, das nicht direkt dem Basistyp `Object` zugewiesen werden kann, sondern nur an Functional Interfaces.

9.1.2   Functional Interfaces und SAM-Typen

Ein *Functional Interface* repräsentiert ein Interface mit genau einer abstrakten Methode. Ein solches wird auch *SAM-Typ* genannt, wobei SAM für Single Abstract Method steht. Diese Art von Interfaces gibt es nicht erst seit Java 8 im JDK, sondern schon seit Langem und vielfach – wobei es früher für sie aber keine Bezeichnung gab. Vertreter der SAM-Typen und Functional Interfaces sind etwa `Runnable`, `FileFilter`, `FilenameFilter`, `ActionListener`, `EventHandler` usw.

```
@FunctionalInterface
public interface Runnable
{
    public abstract void run();
}
```

Das Listing zeigt die Markierung mit der Annotation `@FunctionalInterface` aus dem Package `java.lang`. Damit wird ein Interface explizit als Functional Interface gekennzeichnet. Die Angabe der Annotation ist optional: Jedes Interface mit genau nur einer abstrakten Methode (SAM-Typ) stellt auch ohne explizite Kennzeichnung ein Functional Interface dar. Wenn die Annotation angegeben wird, kann der Compiler eine Fehlermeldung produzieren, falls es (versehentlich) mehrere abstrakte Methoden gibt.

Implementierung von Functional Interfaces

Ein SAM-Typ bzw. Functional Interface lässt sich durch eine anonyme innere Klasse implementieren. Seit JDK 8 sind Lambdas zu bevorzugen. Voraussetzung dafür ist, dass mit dem Lambda die abstrakte Methode des Functional Interface erfüllt werden kann, d. h., dass die Anzahl der Parameter übereinstimmt sowie deren Typen und der Rückgabetyp kompatibel sind. Betrachten wir zur Verdeutlichung zunächst ein allgemeines, etwas abstraktes Modell zur Transformation von bisherigen Realisierungen eines SAM-Typs mithilfe einer anonymen inneren Klasse in einen Lambda-Ausdruck:

```
// SAM-Typ als anonyme innere Klasse
new SAMTypeAnonymousClass()
{
    public void samTypeMethod(METHOD-PARAMETERS)
    {
        METHOD-BODY
    }
}

// SAM-Typ als Lambda
(METHOD-PARAMETERS) -> { METHOD-BODY }
```

Bei kurzen Methodenimplementierungen, wie sie für SAM-Typen häufig vorkommen, ist das Verhältnis von Nutzcode zu Boilerplate-Code (auch Noise genannt) bislang recht schlecht. Wenn man für derartige Realisierungen Lambdas einsetzt, so kann man mit einer Zeile das ausdrücken, was sonst fünf oder mehr Zeilen benötigt. Nachfolgend wird dies für das Interface `Comparator<T>` verdeutlicht.

Beispiel: `Comparator<T>`   Die Vorteile von Lambdas lassen sich für den Typ `Comparator<T>` gut demonstrieren. Mit einem `Comparator<T>` wird ein Vergleich von zwei Instanzen vom Typ `T` realisiert, indem man die abstrakte Methode `int compare(T, T)` passend implementiert. Der Rückgabewert bestimmt die Reihenfolge der Werte. Wollte man zwei Strings nach deren Länge sortieren, so entsteht herkömmlicherweise einiges an Sourcecode:

```
Comparator<String> compareByLength = new Comparator<>()
{
    @Override
    public int compare(final String str1, final String str2)
    {
        return Integer.compare(str1.length(), str2.length());
    }
};
```

Wenn man Lambdas nutzt, lässt sich der Komparator knackig wie folgt schreiben:

```
Comparator<String> compareByLength = (final String str1, final String str2) ->
{
    return Integer.compare(str1.length(), str2.length());
};
```

Type Inference und Kurzformen der Syntax

Die Syntax von Lambdas besitzt einige Besonderheiten, um den Sourcecode prägnant formulieren zu können. Durch die sogenannte *Type Inference* ermittelt der Compiler die passenden Typen aus dem Einsatzkontext und es ist dadurch möglich, auf die Angabe der Typen für die Parameter im Sourcecode zu verzichten. Den vorherigen Komparator schreibt man ohne Typangabe bei den Parametern des Lambdas wie folgt:

```
Comparator<String> compareByLength = (str1, str2) ->
{
    return Integer.compare(str1.length(), str2.length());
};
```

Eine weitere Verkürzung in der Schreibweise eines Lambdas erreicht man durch folgende Regeln: Falls das auszuführende Stück Sourcecode ein Ausdruck ist, können die geschweiften Klammern um die Anweisungen entfallen. Ebenfalls kann dann das Schlüsselwort `return` weggelassen werden und der Rückgabewert entspricht dem Ergebnis des Ausdrucks. Außerdem gilt: Existiert lediglich ein Eingabeparameter, so sind die runden Klammern um den Parameter optional. Damit ergibt sich für die Ausdrücke

```
(int x, int y) -> { return x + y; }
(long x) -> { return x * 2; }
```

folgende Kurzschreibweise:

```
(x, y) -> x + y
x -> x * 2
```

Neben dem offensichtlichen Vorteil einer kompakten Schreibweise ist etwas anderes viel entscheidender: Lambdas können flexibler als streng typisierte Methoden genutzt werden. Für die gezeigten Berechnungen ist ein Einsatz überall dort möglich, wo für die Parameter die Operatoren + bzw. * definiert sind, also für die Typen `int`, `float`, `double` usw. Anders formuliert: *Alles, was hergeleitet werden kann (und soll), darf in der Syntax weggelassen werden*. Als Beispiel betrachten wir folgende `ActionListener`-Implementierung, die schrittweise vereinfacht wird:

```
// Alter Stil
button.addActionListener(new ActionListener()
{
    @Override
    public void actionPerformed(final ActionEvent e)
    {
        System.out.println("button clicked (old way)");
    }
});
```

Diese herkömmliche Realisierung mithilfe einer anonymen inneren Klasse lässt sich als Lambda und mit Type Inference deutlich kürzer schreiben:

```
// Lambda-Variante mit Type Inference
button.addActionListener((event) -> { System.out.println("button clicked!"); });
```

Nutzt man zusätzlich die Regeln zur Schreibweisenabkürzung, so entsteht Folgendes:

```
// Lambda-Kurzschreibweise
button.addActionListener(event -> System.out.println("button clicked!"));
```

Lambdas als Parameter und als Rückgabewerte

Wir haben mittlerweile ein wenig Gespür für Lambdas entwickelt und wissen, dass man Lambdas anstelle einer anonymen inneren Klasse zur Realisierung eines SAM-Typs nutzen kann. Ebenso lassen sich Lambdas als Methodenparameter und als Rückgabe einer Methode verwenden, um Aufrufe lesbar zu gestalten.

Als Beispiel schauen wir uns das Sortieren einer Liste von Namen gemäß deren Länge an. Das können wir mit folgenden zwei Varianten eines Lambdas für das Interface `Comparator<T>` schreiben:

```
jshell> var names = Arrays.asList("Andy", "Michael", "Max", "Stefan")
names ==> [Andy, Michael, Max, Stefan]

jshell> // Lambda als Methodenparameter

jshell> names.sort((str1, str2) -> Integer.compare(str1.length(), str2.length())
   )

jshell> names
names ==> [Max, Andy, Stefan, Michael]

jshell> public static Comparator<String> compareByLength()
   ...> {
   ...>     return (str1, str2) -> Integer.compare(str1.length(), str2.length());
   ...> }
|  created method compareByLength()

jshell> // Alternativ Lambda als Rückgabe einer Methode und andere Sortierung

jshell> names.sort(compareByLength().reversed())

jshell> names
names ==> [Michael, Stefan, Andy, Max]
```

9.2 Methodenreferenzen

Neben Lambdas kann der Einsatz von Methodenreferenzen dazu beitragen, die Lesbarkeit des Sourcecodes zu erhöhen. Das Sprachfeature der Methodenreferenzen besitzt die Syntax `Klasse::Methodenname` und verweist auf ...

- eine Methode – `System.out::println`, `Person::getName`, ...
- einen Konstruktor – `ArrayList::new`, `Person[]::new`, ...

Das wirkt recht unspektakulär. Eine Methodenreferenz lässt sich aber zur Vereinfachung der Schreibweise anstelle eines Lambdas nutzen.

Betrachten wir folgendes Beispiel einer Konsolenausgabe:

```
jshell> List<String> names = List.of("Max", "Andy", "Michael")
names ==> [Max, Andy, Michael]

jshell> names.forEach(it -> System.out.println(it)) // Lambda
Max
Andy
Michael

jshell> names.forEach(System.out::println) // Methodenreferenz
Max
Andy
Michael
```

Wie man sieht, verbessert sich die Lesbarkeit durch den Einsatz der Methodenreferenz. Allerdings könnte man sich noch folgende Fragen zu der Ersetzung stellen: Methoden erhalten oftmals Parameter – wie auch im Listing. Wie werden diese für Methodenreferenzen übergeben? Wie ist die Reihenfolge bei mehreren? Die Antwort darauf ist, dass diese Informationen vom Compiler ermittelt und automatisch beim jeweiligen Methodenaufruf übergeben werden.

Ergänzend zu dieser Ausführung möchte ich an ein paar Beispielen zeigen, wie sich Methodenreferenzen auf Lambdas bzw. andersherum abbilden lassen. Dabei gibt es vier verschiedene Varianten, die in Tabelle 9-1 dargestellt sind.

Tabelle 9-1 *Methodenreferenzen*

Referenz auf ...	Als Methodenreferenz	Als Lambda
Statische Methode	`String::valueOf`	`obj -> String.valueOf(obj)`
Instanzmethode eines Typs	`Object::toString`	`obj -> obj.toString()`
	`String::compareTo`	`(str1, str2) -> str1.compareTo(str2)`
Instanzmethode eines Objekts	`person::getName`	`() -> person.getName()`
Konstruktor	`ArrayList::new`	`() -> new ArrayList<>()`

9.3   Externe vs. interne Iteration

Mittlerweile haben wir Lambdas ein paarmal in Aktion erlebt. Vor allem beim ***Durchlaufen einer Collection***, auch ***Iteration*** genannt, unterscheidet man die externe und die interne Iteration. Von ***externer Iteration*** spricht man, wenn der Vorgang der Iteration vom Aufrufer kontrolliert wird. Dagegen wird bei der ***internen Iteration*** das Durchlaufen durch die Collection-Klasse gekapselt und dort intern realisiert. Implementierungsdetails bleiben so verborgen, allerdings sind auch die Möglichkeiten zur Einflussnahme durch den Aufrufer begrenzt. Betrachten wir nachfolgend einige Beispiele für die externe und interne Iteration.

9.3.1 Externe Iteration

Nehmen wir an, wir wollten alle Elemente einer Collection auf der Konsole ausgeben. Herkömmlicherweise könnte man dies wie folgt implementieren:

```java
final List<String> names = Arrays.asList("Andi", "Mike", "Ralph", "Stefan" );

// Klassische Variante mit Iterator ...
final Iterator<String> it = names.iterator();
while (it.hasNext())
{
    System.out.println(it.next());
}

// ... oder alternativ mit indiziertem Zugriff
for (int i = 0; i < names.size(); i++)
{
    System.out.println(names.get(i));
}

// JDK-5-Schreibweise mit "for-each"
for (final String name : names)
{
    System.out.println(name);
}
```

Dieses Beispiel verdeutlicht die iterative und sequenzielle Abarbeitung sowohl für die Variante mit Iterator als auch für den danach gezeigten indizierten Zugriff. Die Variante mit der sogenannten for-each-Schleife zeigt den sequenziellen Charakter weniger klar. In allen drei Fällen spricht man von *externer Iteration*, weil die *Traversierung im Applikationscode programmiert* wird.

9.3.2 Interne Iteration

Wir haben bei der Beschreibung von Collections verschiedene Iterationsvarianten besprochen, unter anderem auch die mit `forEach()` und einem Lambda. Das Besondere daran ist, dass man die in der internen Iteration auszuführende Funktionalität übergibt. Dazu bieten sich sowohl Lambdas als auch Methodenreferenzen an:

```java
// Interne Iteration in zwei Varianten
names.forEach(name -> System.out.println(name));
names.forEach(System.out::println);
```

Die im Listing gezeigte Form wird *interne Iteration* genannt, weil die Iteration nicht vom Entwickler selbst programmiert werden muss, sondern diese *in der Collection realisiert* wird. Man übergibt nur die auszuführende Aktion.

9.3.3   Das Interface `Predicate<T>`

Das funktionale Interface `java.util.function.Predicate<T>` erlaubt es, sogenannte **Prädikate** zu formulieren. Das sind boolesche Bedingungen, die durch Aufruf
der im Interface definierten Methode `boolean test(T)` ausgewertet werden. Das Interface `Predicate<T>` ist wie folgt definiert (gekürzt):

```
@FunctionalInterface
public interface Predicate<T>
{
    boolean test(T t);

    // ...
}
```

Im folgenden Listing sind mithilfe von Lambdas und Methodenreferenzen einfache Prüfungen auf den Wert `null`, einen Leerstring oder eine Mindestlänge von 5 Zeichen kurz
und knackig formuliert:

```
jshell> Predicate<String> isNull = str -> str == null
isNull ==> $Lambda$66/0x0000000800c3ce90@32d992b2

jshell> Predicate<String> isEmpty = String::isEmpty
isEmpty ==> $Lambda$67/0x0000000800c3d2e8@5dfcfece

jshell> Predicate<String> fiveOrMoreChars = str -> str.length() >= 5
fiveOrMoreChars ==> $Lambda$68/0x0000000800c3dd58@100fc185
```

Wir sehen die ziemlich kryptische Protokollierung der Definition der Lambdas in der
JShell. Für uns ist das aber nicht weiter von Relevanz, da wir nur den sprechenden
Namen der Variablen nutzen.

Probieren wir das Ganze doch einmal aus und lernen dabei gleich mit `negate()`
und `not()` noch zwei Varianten der Negation kennen:

```
jshell> String name = "Moin"
name ==> "Moin"

jshell> isNull.test(name)
$283 ==> false

jshell> isEmpty.test(name)
$284 ==> false

jshell> fiveOrMoreChars.negate().test(name)
$286 ==> true

jshell> Predicate.not(fiveOrMoreChars).test(name)
$287 ==> true
```

Die Aufrufe mit `test()` wirken noch etwas ungelenk. Tatsächlich sollte man die Methoden aus dem Functional Interface wohl eher selten selbst aufrufen. Im Kontext des
Stream-APIs muss man dies nicht, sondern es geschieht versteckt im Framework. Dann
ergibt sich deutlich lesbarer Sourcecode.

Beispiel: `Predicate<T>` in Aktion

Ein weiteres Beispiel für den sinnvollen Einsatz von `Predicate<T>` ist die Methode `removeIf()`, mit der man in Listen entsprechende Elemente löschen kann.

```
jshell> var cities = List.of("Kiel", "Köln", "Aachen", "Zürich", "Bern",
   ...>                       "Bremen", "Hamburg", "Lübeck", "Luzern")
cities ==> [Kiel, Köln, Aachen, Zürich, Bern, Bremen, Hamburg, Lübeck, Luzern]

jshell> var mutableCities = new ArrayList<>(cities)
mutableCities ==> [Kiel, Köln, Aachen, Zürich, Bern, Bremen, Hamburg, Lübeck,
    Luzern]

jshell> mutableCities.removeIf(Predicate.not(fiveOrMoreChars))
$293 ==> true

jshell> mutableCities
mutableCities ==> [Aachen, Zürich, Bremen, Hamburg, Lübeck, Luzern]
```

Im Listing sehen wir den Aufruf der Methode `removeIf(Predicate<E>)`, die Elemente aus einer Collection entfernt, die der übergebenen Bedingung entsprechen. Hier werden alle Städte mit weniger als 5 Zeichen aus der Liste gelöscht.

9.4 Streams im Überblick

Beim Konzept der **Streams** spielt das Interface `java.util.stream.Stream<T>` eine Schlüsselrolle. Streams sind eine Abstraktion für **Folgen von Verarbeitungsschritten auf Daten**. Darüber hinaus ähneln Streams sowohl Collections als auch Iteratoren, wobei Streams keine Speicherung der Daten vornehmen und nur einmal traversiert werden können. Als weitere Analogie kann die Abarbeitung als Fließband betrachtet werden. Dabei unterscheidet man zwischen diesen drei Typen von Operationen: **Create** (Erzeugung), **Intermediate** (Berechnung) und **Terminal** (Ergebnisermittlung). Nachfolgend ist dies schematisch dargestellt:

$$\underbrace{Quelle \Rightarrow STREAM}_{Create} \Rightarrow \underbrace{OP_1 \Rightarrow OP_2 \Rightarrow ... \Rightarrow OP_{n-1}}_{Intermediate} \Rightarrow \underbrace{OP_n \Rightarrow Ergebnis}_{Terminal}$$

Einführendes Beispiel

Das folgende Listing zeigt die Operationen, ohne auf Details einzugehen. Hier geht es zunächst nur darum, einen ersten Eindruck für Streams und die Verarbeitung damit zu bekommen. Dazu schauen wir uns eine Liste von Personen an, die auf alle Erwachsenen gefiltert und als `List<Person>` zurückgegeben wird:

```
List<Person> adults = persons.stream().          // Create
                      filter(Person::isAdult).    // Intermediate
                      collect(Collectors.toList()); // Terminal
```

Neben all diesen (noch unbekannten) Implementierungsneuerungen erkennt man sehr schön, dass sich Konzepte und das »Was« viel klarer erkennen lassen und nicht das »Wie« (die Details der Implementierung der Funktionalität) im Vordergrund steht.

9.4.1   Streams erzeugen – Create Operations

Nach dem ersten Beispiel zu Streams wollen wir unsere Kenntnisse vertiefen. In den folgenden Abschnitten stelle ich einige Varianten zur Erzeugung von Streams vor.

Streams für Arrays und Collections

Für Arrays oder Collections erzeugt die Methode `stream()` ein `Stream`-Objekt:

```
final String[] namesData = { "Karl", "Ralph", "Andi", "Andy", "Mike" };
final List<String> names = Arrays.asList(namesData);

final Stream<String> streamFromArray = Arrays.stream(namesData);
final Stream<String> streamFromList = names.stream();
```

Als Besonderheit können Collections eine sequenzielle sowie eine parallele Variante eines Streams liefern:

```
final Stream<String> sequentialStream = names.stream();
final Stream<String> parallelStream = names.parallelStream();
```

Für Arrays bietet die Utility-Klasse `java.util.Arrays` dagegen nur Zugriff auf eine sequenzielle Variante. Um hier auf Parallelverarbeitung zu wechseln, kann man die Methode `parallel()` auf dem zu parallelisierenden Stream aufrufen. Für das obige Array müsste man somit Folgendes schreiben:

```
final Stream<String> parallelArrayStream = Arrays.stream(namesData).parallel();
```

Streams für vordefinierte Wertebereiche

Teilweise soll über Streams ein fixer, vordefinierter Wertebereich abgebildet und bearbeitet werden. Dazu gibt es spezielle Methoden, etwa `of()`, `range()` und `chars()`:

```
final Stream<String> names = Stream.of("Tim", "Andy", "Mike");   // String
final Stream<Integer> integers = Stream.of(1, 4, 7, 7, 9, 7, 2); // Integer

final IntStream values = IntStream.range(0, 100);                // int
final IntStream chars = "This is a test".chars();                // int
```

Im Listing kommt neben dem generischen Interface `Stream<T>` auch das für den primitiven Datentyp `int` spezifische Interface `java.util.stream.IntStream` zum Einsatz. Die Verarbeitung erfolgt in dieser Art von Streams mit Werten primitiver Typen und nicht wie bei `Stream<Integer>` mit `Integer`-Objekten. Zudem gibt es es zur Verarbeitung der primitiven Typen `long` und `double` die Klassen `LongStream` und `DoubleStream` aus dem Package `java.util.stream`.

9.4.2 Intermediate und Terminal Operations im Überblick

Gebräuchliche Anwendungsfälle für den Einsatz von Streams sind etwa das Filtern, das Transformieren und das Sortieren von Werten. Dazu nutzt man sogenannte *Intermediate Operations*. Diese beschreiben *Verarbeitungsschritte*, die sich einfach hintereinanderschalten lassen. Das Besondere daran ist, dass zunächst keine Berechnungen erfolgen, sondern lediglich die Abläufe beschrieben werden. Dabei unterscheidet man zudem zwischen *zustandslosen* und *zustandsbehafteten* Varianten. Filtern ist eine zustandslose Aktion. Damit ist gemeint, dass für jedes Element des Streams unabhängig von den anderen diese Aktion ausführbar ist. Dadurch lassen sich zustandslose Operationen auch hervorragend parallelisieren. Sortieren ist dagegen eine zustandsbehaftete Aktion, die die Kenntnis der anderen Elemente im Stream (oder zumindest eines Teils davon) erfordert. Da Streams keine (oder für zustandsbehaftete Operationen meistens nur eine Untermenge der) Daten zwischenspeichern, verbrauchen Streams im Gegensatz zu Collections in der Regel deutlich weniger Speicher. Somit hat die Konstruktion von Streams oftmals wenig Einfluss auf Speicherbedarf und Ausführungszeit.

Irgendwann sollen die *Bearbeitungsergebnisse* zusammengefasst, auf der Konsole ausgegeben oder anderweitig verarbeitet werden. Dazu dienen *Terminal Operations*. Erst durch eine Terminal Operation werden auch die durch die Intermediate Operations beschriebenen Verarbeitungsschritte ausgeführt.

Zudem möchte ich *Short-circuiting Operations* als eine weitere Variante vorstellen. Diese zeichnen sich dadurch aus, dass sie ihre Berechnungen nicht immer vollständig für alle Elemente eines Streams ausführen (müssen). Beispiele sind die Suche nach einem beliebigen Treffer oder eine Prüfung, ob es überhaupt ein Element gibt, das einer gewünschten Bedingung genügt. Beides kann abgebrochen werden, sobald man ein erstes Resultat hat. Insbesondere bei Parallelverarbeitung kann diese Eigenschaft von Short-circuiting Operations die Berechnung deutlich beschleunigen. Erwähnenswert ist, dass Short-circuiting Operations sowohl für Intermediate Operations als auch und vor allem für Terminal Operations existieren. In den nachfolgenden Auflistungen sind die Namen von Short-circuiting Operations jeweils kursiv dargestellt.

9.4.3 Zustandslose Intermediate Operations

In diesem Abschnitt betrachten wir verschiedene zustandslose Intermediate Operations und beginnen mit der Filterung von Werten. Danach kommen wir zur Extraktion bzw. zum Mapping von Werten.

Modellklasse

Um eine etwas praxisnähere Besprechung der Thematik zu ermöglichen, nutzen wir eine Modellierung einer Person als `record`. Dabei lernen wir zudem kennen, dass man sowohl eigene Methoden in Records definieren kann als auch eigene Konstruktoren, die weniger oder andere Parameter als diejenigen durch die Parameterliste vorgegebenen besitzen können:

```
jshell> public record Person(String name, int age, String city, Gender gender)
   ...> {
   ...>     Person(String name, int age, String city)
   ...>     {
   ...>         this(name, age, city, Gender.MALE);
   ...>     }
   ...>
   ...>     boolean isAdult()
   ...>     {
   ...>         return age() >= 18;
   ...>     }
   ...>
   ...>     boolean livesIn(String city)
   ...>     {
   ...>         return this.city.equals(city);
   ...>     }
   ...> }
|  created record Person, however, it cannot be referenced until class Gender,
     and variable Gender are declared
```

Die Geschlechtsangabe modellieren wir als `enum` folgendermaßen:

```
jshell> public enum Gender {
   ...>     MALE, FEMALE
   ...> }
|  created enum Gender
```

Die Methode `filter()` – Filterung

Das Filtern ist eine gebräuchliche Funktionalität, die leider nicht in Collections, aber in Streams bereitgestellt wird.

Betrachten wir dazu als Beispiel eine Liste von `Person`-Objekten. Daraus wollen wir mithilfe von `filter(Predicate<Person>)` diejenigen ermitteln, die erwachsen sind, indem wir die Methodenreferenz `Person::isAdult` nutzen:

```
jshell> var persons = List.of(new Person("John", 44, "Zürich"),
   ...>                        new Person("Janne", 41, "Kiel", Gender.FEMALE),
   ...>                        new Person("James", 5, "Hamburg"));
persons ==> [Person[name=John, age=44, city=Zürich, gender=MA ... ity=Hamburg,
     gender=MALE]]

jshell> Stream<Person> adults = persons.stream().filter(Person::isAdult)
adults ==> java.util.stream.ReferencePipeline$2@6536e911
```

Die im obigen Listing gezeigte Bedingung `isAdult` kann man als Lambda schreiben oder man verwendet eine besser lesbare Methodenreferenz, die auf die Methode `isAdult()` in dem zuvor vorgestellten Record `Person` verweist. Damit erhalten wir folgende Ausgaben:

```
jshell> adults.forEach(System.out::println)
Person[name=John, age=44, city=Zürich, gender=MALE]
Person[name=Janne, age=41, city=Kiel, gender=FEMALE]
```

Mehrstufige Filterung   In der Praxis soll oftmals eine mehrstufige Filterung nach verschiedenen Kriterien erfolgen. Mit der Pipeline- oder Fließbandanalogie im Hinterkopf kann man dazu mehrere Filter hintereinanderschalten, wie dies folgendes Listing für drei Filterbedingungen zeigt:

```
jshell> Stream<Person> allAdultJohns = persons.stream().
   ...>                 filter(Person::isAdult).
   ...>                 filter(person -> person.name().equals("John")).
   ...>                 filter(john -> john.livesIn("Zürich"))
allAdultJohns ==> java.util.stream.ReferencePipeline$2@2e817b38
```

Auf diese Weise ermitteln wir zunächst alle Erwachsenen und dann all diejenigen, deren Name »John« ist. Bezogen auf diese Ergebnismenge werden wiederum nur diejenigen beibehalten, die wohnhaft in Zürich sind. In diesem Fall genau ein Eintrag:

```
jshell> allAdultJohns.forEach(System.out::println)
Person[name=John, age=44, city=Zürich, gender=MALE]
```

Meinung: Namensgebung von Lambda-Parametern

Wie Sie vielleicht bemerkt haben, verwende ich für die Parameter in Lambdas bevorzugt sprechende Namen oder aber Standards wie `it`. Meiner Meinung nach gilt auch hier, dass man so lesbar wie möglich programmieren sollte. Nur weil man funktional programmiert, heißt das nicht, dass man wieder auf Namensverkümmerungen wie `a`, `p`, `x` zurückgreifen muss. Natürlich gibt es auch Fälle, in denen Kürzel mit einem Buchstaben ihren Wert haben. Das gilt immer dann, wenn im Lambda eine beliebige Berechnung erfolgt, etwa `x -> x + 1`. Dabei trägt der Parameter keine oder nur wenig semantische Bedeutung – meistens, weil eine »echte« mathematische Funktion beschrieben wird.

Die Methode `map()` – Mapping von Daten, Extraktion von Werten

Neben der Filterung ist die Konvertierung oder Extraktion von Werten eine typische Intermediate Operation. Hierbei soll eine Menge von Eingabedaten in ein anderes Format überführt oder abgebildet werden. So könnte etwa aus einer Liste von Personen jeweils das Attribut Name, Wohnort oder Alter extrahiert werden. Dabei findet eine Abbildung oder ein Mapping von einem Typ auf einen anderen statt: Im Beispiel wird aus dem Typ `Person` ein Attribut herausgelesen und auf denjenigen Typ des gewünschten Attributs, z. B. `String`, abgebildet. Dazu kann man Spezialisierungen des Interface `Function<T,R>` nutzen und dort die Methode `apply(T)` entsprechend implementieren. Das Interface `Function<T,R>` ist wie folgt definiert:

```
interface Function<T,R>
{
    R apply(T t);
}
```

Nehmen wir an, es wäre der Name aus einem `Person`-Objekt zu extrahieren. Dies implementieren wir mithilfe eines Lambdas wie folgt:

```
Function<Person, String> nameExtractor_V1 = person -> person.name();
```

Mit diesem Vorwissen machen wir uns daran, die Extraktion des Namens bzw. des Alters für eine Liste von Personen folgendermaßen auszuprogrammieren:

```
jshell> var persons = List.of(new Person("John", 44, "Zürich"),
   ...>                       new Person("Janne", 41, "Kiel", Gender.FEMALE),
   ...>                       new Person("James", 5, "Hamburg"));
persons ==> [Person[name=John, age=44, city=Zürich, gender=MA ... ity=Hamburg,
    gender=MALE]]

jshell> // Mapping auf Name mit Lambda

jshell> Stream<Person> adultsStream = persons.stream().filter(Person::isAdult)
adultsStream ==> java.util.stream.ReferencePipeline$2@2b552920

jshell> Stream<String> namesStream = adultsStream.map(person -> person.name())
namesStream ==> java.util.stream.ReferencePipeline$3@578486a3

jshell> // Mapping auf Alter mit Methodenreferenz

jshell> Stream<Integer> agesStream = persons.stream().map(Person::age).
   ...>                                      filter(age -> age >= 18)
agesStream ==> java.util.stream.ReferencePipeline$2@31cefde0
```

Schauen wir uns mal die Ergebnisse an:

```
jshell> namesStream.forEach(System.out::println)
John
Janne

jshell> agesStream.forEach(System.out::println)
44
41
```

Die Methoden `takeWhile()` und `dropWhile()`

Nachfolgend schauen wir uns noch folgende zwei Methoden an:

- `takeWhile(Predicate<T>)` – Verarbeitet Elemente des Streams, solange die als `Predicate<T>` übergebene Bedingung erfüllt ist.
- `dropWhile(Predicate<T>)` – Überspringt Elemente des Streams, solange die als `Predicate<T>` übergebene Bedingung erfüllt ist.

Zur Demonstration der beiden Methoden nutzen wir jeweils einen Stream von Namen, startend mit einigen, die mit dem Buchstaben T beginnen, gefolgt von anderen Namen sowie schließlich wieder mit einem Namen, der mit T anfängt. Hier nutzen wir jeweils die Möglichkeit, einen Stream mit vordefinierten Werten durch einen Aufruf von `of()` zu erzeugen:

```
jshell> Stream.of("Tim", "Tom", "Mike", "Marius", "Tim").
   ...>         takeWhile(str -> str.startsWith("T")).
   ...>         forEach(System.out::println)
Tim
Tom

jshell> Stream.of("Tim", "Tom", "Mike", "Marius", "Tim").
   ...>         dropWhile(str -> str.startsWith("T")).
   ...>         forEach(System.out::println)
Mike
Marius
Tim
```

Die Ausgabe des Namens »Tim« nach dem Überspringen am Anfang verdeutlicht, dass bei Aufrufen von `dropWhile()` nur zu Beginn die Einhaltung der Bedingung überprüft wird. Gilt diese einmal, so erfolgt danach keine weitere Prüfung mehr und es werden im Anschluss möglicherweise Elemente konsumiert, die gegen die angegebene Bedingung verstoßen.

Beide Methoden in Kombination   Insbesondere lässt sich die Kombination beider Methoden sinnvoll einsetzen. Das gilt etwa immer dann, wenn zunächst Informationen so lange auszusortieren sind, bis diese einem gewissen Gütekriterium oder Wert entsprechen, und dann im Anschluss so lange gelesen werden sollen, bis eine Abbruchbedingung erfüllt ist.

Das folgende Beispiel zeigt, wie man die Informationen, die zwischen den Markierungen `<START>` und `<END>` liegen, aus einem `Stream<String>` extrahieren kann:

```
jshell> var words = Stream.of("ab", "bla", "<START>",
   ...>                        "Text", "zwischen", "Start- ",
   ...>                        "und", "Ende-Begrenzern",
   ...>                        "<END>", "saas", "bla")
words ==> java.util.stream.ReferencePipeline$Head@6e8cf4c6

jshell> var extracted = words.dropWhile(word -> !word.equals("<START>")).
   ...>                        skip(1).
   ...>                        takeWhile(word -> !word.equals("<END>"))
extracted ==> java.util.stream.WhileOps$1@312b1dae
```

Das `skip(1)` ist nötig, um den Begrenzer `<START>` nicht mit in die Ergebnisliste aufzunehmen. Auf ähnliche Weise könnte man übrigens auch die Header- oder Body-Informationen eines HTML-Dokuments extrahieren.

Die Ausgaben des Programms zeigen sehr schön die Extraktion:

```
jshell> extracted.forEach(System.out::println)
Text
zwischen
Start-
und
Ende-Begrenzern
```

9.4.4   Zustandsbehaftete Intermediate Operations

Nachfolgend lernen wir verschiedene zustandsbehaftete Intermediate Operations kennen: Das Sortieren und Herausfiltern doppelter Einträge zeige ich zuerst. Danach gehe ich auf das Beschränken der Ausgabe auf eine gewisse Anzahl von Elementen ein: Dabei kann sowohl der Startwert als auch die Anzahl der gewünschten, im Stream zu verbleibenden Elemente festgelegt werden.

Die Methoden `distinct()` und `sorted()` – Duplikate entfernen und Ausgaben sortieren

Bevor wir mit der Funktionalität loslegen, schreiben wir uns eine Methode, um die gleichen Ausgangsdaten mehrfach als Stream bereitstellen zu können:

```
jshell> private static Stream<Integer> createIntStream()
   ...> {
   ...>     return Stream.of(7, 1, 4, 3, 7, 2, 6, 5, 7, 9, 8);
   ...> }
|  created method createIntStream()
```

Das Herausfiltern doppelter Einträge und das Sortieren von Einträgen ist im folgenden Listing durch Aufrufe der Methoden `distinct()` und `sorted()` realisiert. Dabei betrachten wir zunächst die Ausführung jeder Methode für sich und danach in Kombination:

```
jshell> Stream<Integer> distinct = createIntStream().distinct()
distinct ==> java.util.stream.DistinctOps$1@cd2dae5

jshell> Stream<Integer> sorted= createIntStream().sorted()
sorted ==> java.util.stream.SortedOps$OfRef@22a67b4

jshell> Stream<Integer> sortedAndDistinct = createIntStream().sorted().
   ...>                                                       distinct()
sortedAndDistinct ==> java.util.stream.DistinctOps$1@3b084709
```

Führt man die Zeilen aus, indem man die Terminal Operation `toList()` aufruft, so werden doppelte Elemente entfernt und die Zahlen sortiert. Man erhält die erwartete Ausgabe:

```
jshell> System.out.println("distinct:          " + distinct.toList());
distinct:          [7, 1, 4, 3, 2, 6, 5, 9, 8]

jshell> System.out.println("sorted:            " + sorted.toList());
sorted:            [1, 2, 3, 4, 5, 6, 7, 7, 7, 8, 9]

jshell> System.out.println("sortedAndDistinct: " + sortedAndDistinct.toList());
sortedAndDistinct: [1, 2, 3, 4, 5, 6, 7, 8, 9]
```

Die Methoden `limit()` und `skip()` – Ausgaben beschränken

Die bereits gezeigte Filterung mit `filter(Predicate<T>)` erlaubt es, den Datenbestand einzuschränken. Eine Variante davon ist es, die Ergebnismenge auf n Elemente zu begrenzen. Dazu kann man einen Aufruf von `limit(long)` nutzen. In Kombination mit `skip(long)` zum Überspringen von n Datensätzen kann man sogenanntes *Paging* realisieren – eine Aufbereitung von n Ergebnissen auf einer Seite, wie man dies etwa von der Präsentation von Suchergebnissen im Internet kennt. Man kann die Ausgabe folgendermaßen auf 25 Sucheinträge ab dem 75. Eintrag beschränken:

```
searchResults.skip(75).limit(25);
```

Es gibt aber noch weitere Anwendungsfälle für `limit(long)` und `skip(long)`, nämlich im Zusammenhang mit unendlichen Streams, etwa für eine Folge von `int`-Werten:

```
jshell> IntStream iteratingValues = IntStream.iterate(0, x -> x + 1)
iteratingValues ==> java.util.stream.IntPipeline$Head@9660f4e

jshell> IntStream someValues = iteratingValues.skip(50).limit(12)
someValues ==> java.util.stream.SliceOps$2@67205a84

jshell> someValues.forEach(System.out::println)
50
51
52
53
54
55
56
57
58
59
60
61
```

Im Beispiel sehen wir die Begrenzung des unendlichen Streams auf bestimmte Datensätze – hier die 12 Einträge, die auf die ersten 50 Einträge folgen.

9.4.5   Terminal Operations

Bisher haben wir mithilfe von Streams verschiedene Berechnungen ausgeführt und dabei bereits die Terminal Operation `forEach(Consumer<T>)` genutzt, um Konsolenausgaben zu produzieren. Betrachten wir Terminal Operations nun ein wenig allgemeiner. Erinnern wir uns zunächst nochmals daran, dass diese zur Abarbeitung der Pipeline führen und dadurch ein Ergebnis produzieren.

Die Methode `collect()` – Streams in Collections übertragen

Mithilfe von `forEach(Consumer<T>)` kann man bekanntermaßen über die Berechnungsergebnisse iterieren, z. B. um diese auszugeben. Für diverse Anwendungsfälle ist es erforderlich, die Daten aus einem `Stream<E>` in einer `Collection<E>` zu speichern. Mithilfe von `java.util.stream.Collector`-Instanzen kann man die Daten auslesen und z. B. in eine Liste übertragen. Praktischerweise bietet die Utility-Klasse `java.util.stream.Collectors` schon verschiedene vordefinierte Methoden, die passende `Collector`-Instanzen zurückliefern. Dadurch reduziert sich die Komplexität der `Collector`-Bereitstellung stark, wie dies nachfolgend gezeigt ist:

```
final List<Integer> ages = agesStream.collect(Collectors.toList());
final List<String> names = namesStream.collect(Collectors.
                                     toCollection(ArrayList::new));
```

Im Listing sehen wir den für viele Anwendungsfälle praktischen Aufruf von `toList()`. Benötigt man mehr Kontrolle über den Typ der Ergebnisdatenstruktur, so kann man die Methode `toCollection()` aufrufen, der man die Referenz auf den Konstruktor der gewünschten Collection übergibt, wie dies im zweiten Aufruf dargestellt ist.

Die Methode `toList()` – Streams in Liste übertragen

Seit Java 16 gibt es eine neue, sehr praktische Methode, um einen Stream in eine Liste zu konvertieren. Man kann somit den Aufruf von `collect(Collectors.toList())` kürzer als `toList()` schreiben.

```
jshell> List<String> names = List.of("Tim", "Tom", "Mike", "Michael", "James", "
    John")
names ==> [Tim, Tom, Mike, Michael, James, John]

jshell> names.stream().filter(str -> str.startsWith("M")).toList()
$423 ==> [Mike, Michael]
```

Die Methoden `joining()`, `groupingBy()` und `partitioningBy()`

Neben der Ausgabe auf der Konsole oder der Umwandlung der Daten eines Streams in eine Collection sind weitere Transformationen wünschenswert, etwa das Verknüpfen von Strings sowie die Gruppierung oder Partitionierung von Daten. Dazu bietet die Utility-Klasse `Collectors` verschiedene Hilfsmethoden, die man gewinnbringend in Kombination mit der Methode `collect()` nutzen kann:

- `joining()` – Fasst Einträge als Typ `String` mit Trennzeichen zusammen.
- `groupingBy()` – Gruppiert Elemente anhand eines Kriteriums.
- `counting()` – Zählt die Vorkommen in Kombination mit `groupingBy()`.
- `partitioningBy()` – Unterteilt die Eingabedaten basierend auf einer Realisierung eines `Predicate<T>` in zwei Partitionen.

Den Einsatz der obigen Methoden zeigen die folgende Listings, wobei hier zur besseren Lesbarkeit der Berechnungen statische Imports genutzt werden. Als Beispieldaten verwenden wir verschiedene Namen:

```
jshell> import static java.util.stream.Collectors.*

jshell> List<String> names = List.of("Stefan", "Ralph", "Andi", "Mike",
   ...>                               "Florian", "Michael", "Sebastian")
names ==> [Stefan, Ralph, Andi, Mike, Florian, Michael, Sebastian]
```

`joining()`   Wir bereiten eine kommaseparierte Repräsentation wie folgt auf:

```
jshell> String joined = names.stream().sorted().collect(joining(", "))
joined ==> "Andi, Florian, Michael, Mike, Ralph, Sebastian, Stefan"
```

`groupingBy()`   Nun wollen wir die Namen nach deren Länge gruppieren:

```
jshell> Map<Integer, List<String>> grouped =
   ...>                     names.stream().
   ...>                         collect(groupingBy(String::length))
grouped ==> {4=[Andi, Mike], 5=[Ralph], 6=[Stefan], 7=[Florian, Michael], 9=[
   Sebastian]}
```

`groupingBy()` **mit Zählung durch** `counting()`   Wir gehen noch einen Schritt weiter und ergänzen noch eine Zählung wie folgt:

```
jshell> Map<Integer, Long> groupedAndCount =
   ...>                     names.stream().
   ...>                         collect(groupingBy(String::length,
   ...>                             counting()))
groupedAndCount ==> {4=2, 5=1, 6=1, 7=2, 9=1}
```

`partitioningBy()`   Mitunter möchte man die Daten bezüglich eines Kriteriums in zwei Teile partitionieren. Hier sollen alle Namen mit mehr als vier Zeichen in eine Gruppe und die kürzeren Namen in eine andere unterteilt werden. Dazu definieren wir zunächst einen Lambda:

```
jshell> Predicate<String> fiveAndMore = str -> str.length() > 4
fiveAndMore ==> $Lambda$67/0x0000000800c1bd18@5aaa6d82
```

Diesen verwenden wir dann wie folgt zu Partitionierung:

```
jshell>Map<Boolean, List<String>> partitions =
   ...>                     names.stream().
   ...>                         filter(str -> str.contains("i")).
   ...>                         collect(partitioningBy(fiveAndMore))
partitions ==> {false=[Andi, Mike], true=[Florian, Michael, Sebastian]}
```

9.5   Aufgaben und Lösungen

9.5.1   Aufgabe 1: Erwachsene aus Personenliste extrahieren

Nehmen wir an, es wären Personen in Form eines Records modelliert und einige als Liste wie folgt bereitgestellt:

```
jshell> record Person(String name, int age) {}
|  created record Person

jshell> List<Person> persons = new ArrayList<>()
persons ==> []

jshell> persons.addAll(List.of(new Person("Mike", 37), new Person("Tim", 49),
   ...>                        new Person("Tom", 5), new Person("Michael", 50),
   ...>                        new Person("Jim", 7), new Person("James", 17)))
$112 ==> true
```

Ihre Aufgabe besteht darin, alle Personen älter als 17 Jahre zu ermitteln. Finden Sie eine möglichst kurze Lösung, die eine passende Methode aus dem JDK sowie einen Lambda nutzt.

Hinweis: Preview-Features in der JShell in Java 16 nutzen

Falls Sie möglicherweise noch Java 16 verwenden, dann müssen Sie die JShell mit `jshell --enable-preview` starten, damit Sie die Records verwenden können.

Lösung

Beginnen wir mit der Formulierung der Bedingung, die grob `age >= 18` lauten könnte. Da wir aber auf einer Liste von `Person`-Objekten arbeiten, müssen wir die Person auf das Alter abbilden und dieses abfragen. Als `Predicate<Person>` schreibt man das folgendermaßen:

```
jshell> Predicate<Person> isAdult = person -> person.age() >= 18
isAdult ==> $Lambda$43/0x0000000800c1ef20@5a42bbf4
```

Nun kann man auf die Methode `removeIf()` zurückgreifen – doch halt, wir sollen ja alle Personen entfernen, die jünger sind, also müssen wir die Bedingung negieren:

```
jshell> persons.removeIf(isAdult.negate())
$119 ==> true

jshell> persons.forEach(System.out::println)
Person[name=Mike, age=37]
Person[name=Tim, age=49]
Person[name=Michael, age=50]
```

9.5.2 Aufgabe 2: Stream-API

Es sollen in Daten, die als Stream vorliegen, Elemente vom Anfang gelesen werden, solange eine Bedingung erfüllt ist, bzw. am Anfang übersprungen werden, falls eine Bedingung noch nicht gilt. Als Datenbasis dienen folgende zwei Streams:

```
Stream<String> values1 = Stream.of("a", "b", "c", "", "e", "f");
Stream<Integer> values2 = Stream.of(1, 2, 3, 11, 22, 33, 7, 10);
```

Aufgabe 2a: Ermitteln Sie aus dem Stream `values1` so lange Werte, bis ein Leerstring gefunden wird. Geben Sie die Werte auf der Konsole aus.

Aufgabe 2b: Überspringen Sie in Stream `values2` die Werte, solange der Wert kleiner als 10 ist. Geben Sie die Werte auf der Konsole aus.

Lösung

Das Stream-API enthält mit `takeWhile()` und `dropWhile()` zwei Methoden, die es erlauben, nur so lange Elemente zu lesen bzw. Elemente zu überspringen, wie eine Bedingung erfüllt ist.

Aufgabe 2a: Um so lange Werte aus dem Stream zu ermitteln, bis ein Leerstring gefunden wird, bietet sich die Methode `takeWhile()` in Kombination mit einem `Predicate<String>` wie folgt an:

```
jshell> Stream<String> values1 = Stream.of("a", "b", "c", "", "e", "f");
values1 ==> java.util.stream.ReferencePipeline$Head@4fca772d

jshell> values1.takeWhile(str -> !str.isEmpty()).
   ...>          forEach(System.out::println)
a
b
c
```

Aufgabe 2b: Zum Überspringen von Werten nutzen wir `dropWhile()`. Hier ist die Bedingung, dass die Werte kleiner als 10 sind:

```
jshell> Stream<Integer> values2 = Stream.of(1, 2, 3, 11, 22, 33, 7, 10);
values2 ==> java.util.stream.ReferencePipeline$Head@b1bc7ed

jshell> values2.dropWhile(n -> n < 10).
   ...>          forEach(System.out::println)
11
22
33
7
10
```

9.5.3   Aufgabe 3: Informationen mit Stream-API extrahieren

Extrahieren Sie die Head- und die Body-Informationen mit geeigneten Prädikaten und geeigneten Methoden des Stream-APIs.

```
List<String> tokens = List.of("<html>",
         "<head>",
            "<title>This is TITLE</title>",
         "</head>",
         "<body>",
            "<h1>THIS IS THE H1 HEADER</h1>",
            "<p>Paragraph content</p>",
         "</body>",
   "</html>");
```

Tipp   Nutzen Sie zwei Prädikate:

```
Predicate<String> isBodyStart = // TODO
Predicate<String> isBodyEnd = // TODO
```

Zum Vergleich von Strings bietet sich die Methode `equalsIgnorCase()` an.

Lösung

Bekanntermaßen enthält das Stream-API mit `takeWhile()` und `dropWhile()` zwei Methoden, die es erlauben, nur so lange Elemente zu lesen bzw. Elemente zu überspringen, wie eine Bedingung erfüllt ist. Wir müssen nun noch die Start- und Endbedingung korrekt formulieren und können dann auf die schon bewährte Kombination inklusive `skip(1)` zurückgreifen. Allerdings müssen wir dabei bedenken, die Bedingungen noch zu negieren:

```
jshell> Predicate<String> isBodyStart = str -> str.equalsIgnoreCase("<body>")
isBodyStart ==> $Lambda$52/0x0000000800c14208@73a8dfcc

jshell> Predicate<String> isBodyEnd = str -> str.equalsIgnoreCase("</body>")
isBodyEnd ==> $Lambda$53/0x0000000800c14660@3f8f9dd6

jshell> tokens.stream().dropWhile(Predicate.not(isBodyStart)).
   ...>                 skip(1).
   ...>                 takeWhile(Predicate.not(isBodyEnd)).
   ...>                 forEach(System.out::println)
<h1>THIS IS THE H1 HEADER</h1>
<p>Paragraph content</p>
```

9.5.4 Aufgabe 4: Häufigkeiten von Namen

Stellen Sie sich vor, es wäre eine Liste mit Namen gegeben. Nun wollen Sie wissen, welcher Name am häufigsten vorkommt bzw. genauer, für alle Namen deren Anzahl ermitteln. Etwas Ähnliches haben wir bereits als Lösung in Kapitel 6 zu Collections erstellt. Hier wollen wir die Stream-Funktionalität nutzen.

Gegeben seien beispielsweise folgende Namen:

```
jshell> var names = List.of("Tim", "Tom", "Mike", "Jim", "Tim", "Mike", "Mike")
names ==> [Tim, Tom, Mike, Jim, Tim, Mike, Mike]
```

Lösung

Überlegen wir kurz, wie wir die Aufgabenstellung sinnvoll umsetzen können. Zum Aufbereiten des Resultats bietet sich eine Map an, hier von Name auf Anzahl, also `String` auf `Integer`. Erinnern wir uns an `groupingBy()` und `counting()`. Diese kombinieren wir geeignet wie folgt:

```
jshell> names.stream().collect(Collectors.groupingBy(name -> name,
   ...>                         Collectors.counting()))
$21 ==> {Mike=3, Tom=1, Tim=2, Jim=1}
```

9.5.5 Aufgabe 5: Kollektoren

Behalten Sie alle langen Namen (> 5 Zeichen) aus den als Stream gegebenen Kandidaten und gruppieren Sie die zuvor gefilterten Namen gemäß dem Anfangsbuchstaben. Geben Sie die Werte auf der Konsole aus. Das erwartete Ergebnis ist

```
{T=[Thomas], K=[Karthikeyan], M=[Michael, Marius]}
```

für folgende Eingaben:

```
Stream<String> names = Stream.of("Tim", "Tom", "Michael",
                        "Thomas", "Karthikeyan", "Marius");
```

Lösung

Zunächst einmal definieren wir einen Filter und wenden diesen an. Danach folgt eine Gruppierung nach dem Anfangsbuchstaben, zu dessen Ermittlung wir `charAt(0)` aufrufen. Zur Konsolenausgabe benötigen wir die Abwandlung von `forEach()` für Maps:

```
jshell> names.filter(str -> str.length() > 5).
   ...>        collect(Collectors.groupingBy(str -> str.charAt(0))).
   ...>        forEach((key, val) -> System.out.println(key + ":" + val));
T:[Thomas]
K:[Karthikeyan]
M:[Michael, Marius]
```

10 Verarbeitung von Dateien

Ein wichtiger Bestandteil vieler Anwendungen ist die Verarbeitung von Informationen aus Dateien, die das dauerhafte Speichern von Daten ermöglichen. Java bietet zur Ein- und Ausgabe in den Packages `java.io` und `java.nio` einen objektorientierten Zugang und mehrere Möglichkeiten zum Erstellen, Lesen, Aktualisieren und Löschen von Dateien. Dazu existiert die Klasse `java.io.File` seit Javas Anfangstagen. Zwischenzeitlich kam mit dem Interface `java.nio.file.Path` eine leichter nutzbare Variante zur Interaktion mit dem Dateisystem hinzu. Ebenso wurden einige grundlegende Funktionalitäten in die Utility-Klasse `java.nio.file.Files` integriert. Nachfolgend beginnen wir mit den neueren und einfacher handhabbaren Varianten und schauen im Verlaufe des Kapitels einführend auf die Verarbeitung von Dateien mit der Klasse `File`.

Bitte beachten Sie, dass es bei der Kommunikation und Ein- und Ausgabe immer auch zu Fehlern oder zumindest Problemen kommen kann, etwa dass eine Datei nicht vorhanden ist oder nicht in sie geschrieben werden kann. Aus Gründen der Übersichtlichkeit und weil wir das Thema Fehlerbehandlung erst später in Kapitel 11 vertiefen, wird in den nachfolgenden Beispielen zur Ein- und Ausgabe auf eine ansonsten notwendige Fehlerbehandlung weitestgehend verzichtet.

10.1 Schnelleinstieg

Um die nachfolgenden Aktionen sinnvoll ausführen zu können, wollen wir die folgende Verzeichnisstruktur als Grundlage für weitere Aktionen anlegen und dabei gleich die passenden Funktionalitäten kennenlernen.

```
files-examples-dir
|-- example-data.csv
|-- example-file.txt
|-- rename-dir
|-- subdir1
`-- subdir2
```

Hinweis: Pfadtrenner

Auf eine Sache möchte ich noch explizit hinweisen, bevor es losgeht. Ich verwende einen Mac, weshalb der Pfadtrenner ein / ist, bei Windows ist dies ein \.

10.1.1   Das Interface `Path` und die Utility-Klasse `Files`

Einen wichtigen Bestandteil zur Interaktion mit dem Dateisystem bildet das Interface `java.nio.file.Path`. Ein Objekt vom Typ `Path` erhält man durch Aufruf von `Path.of(String)`, etwa wie folgt:

```
jshell> Path.of("example-dir")
$1 ==> example-dir
```

Über das Interface `Path` wird ein Pfad im Dateisystem (also ein Verzeichnis inklusive übergeordneten Verzeichnissen) oder im Speziellen eine Datei repräsentiert, die verarbeitet werden soll. Für die eigentlichen Aktionen und Zugriffe ist die Hilfsklasse `java.nio.file.Files` zuständig, etwa um ein Verzeichnis anzulegen, dieses auszulesen oder zu bestimmen, ob ein `Path` ein Verzeichnis repräsentiert:

```
jshell> Files.createDirectory(Path.of("first-dir"))
$2 ==> first-dir

jshell> Files.createDirectory(Path.of("first-dir/second-dir"))
$3 ==> first-dir/second-dir

jshell> Files.createDirectory(Path.of("first-dir/third-dir"))
$4 ==> first-dir/third-dir

jshell> Files.list(Path.of("first-dir")).filter(Files::isDirectory).
   ...>                                  forEach(System.out::println)
first-dir/second-dir
first-dir/third-dir
```

Dort finden wir weitere Methoden wie `copy()` und `move()` zum Kopieren und Verschieben von Dateien. Diese Funktionalität kann auch in Kombination mit der Klasse `File` verwendet werden. Dazu existieren Methoden, um zwischen den APIs zu wechseln. Das wird später kurz thematisiert.

10.1.2   Anlegen von Dateien und Verzeichnissen

Genau wie für unser Beispiel zur Dateiverarbeitung müssen auch in der Praxis immer mal wieder Dateien oder Verzeichnisse angelegt werden. Gerade haben wir dies zum Einstieg in die Klasse `Files` schon kurz gesehen.

Erzeugen neuer Verzeichnisse

Wir können ein neues Verzeichnis mit der Methode `createDirectory()` erstellen. Als Parameter übergibt man den Pfad des neuen Verzeichnisses. Dabei kann entweder ein vollständiger Pfad angegeben werden oder aber nur ein Verzeichnis. Dann wird dieses im aktuellen Arbeitsverzeichnis erstellt.

Im nachfolgenden Beispiel legen wir das Hauptverzeichnis für das Beispiel neu an. Danach erstellen wir noch drei Unterverzeichnisse:

```
jshell> Files.createDirectory(Path.of("files-examples-dir"))
$20 ==> files-examples-dir

jshell> Files.createDirectory(Path.of("files-examples-dir/rename-dir"))
$21 ==> files-examples-dir/rename-dir

jshell> Files.createDirectory(Path.of("files-examples-dir/subdir1"))
$22 ==> files-examples-dir/subdir1

jshell> Files.createDirectory(Path.of("files-examples-dir/subdir2"))
$23 ==> files-examples-dir/subdir2
```

Erzeugen neuer Dateien

Analog zu Verzeichnissen lassen sich Dateien mit der Methode `createFile()` erstellen.[1]

Zur Komplettierung unseres Beispiels legen wir die Dateien `example-data.csv` und `example-file.txt` inklusive Angabe des Verzeichnisses an:

```
jshell> var newCsvFile = Files.createFile(Path.of("files-examples-dir/example-
    data.csv"))
newCsvFile ==> files-examples-dir/example-data.csv

jshell> var newTxtFile = Files.createFile(Path.of("files-examples-dir/example-
    file.txt"))
newTxtFile ==> files-examples-dir/example-file.txt
```

10.1.3   Inhalt eines Verzeichnisses auflisten

Um die gerade durchgeführten Modifikationen zu sehen, wollen wir das Verzeichnis ausgeben. Die Methode `list(Path)` der Klasse `Files` liefert den Inhalt eines Verzeichnisses als `Stream<Path>`. Dadurch kann man noch Filterungen oder andere Aktionen ausführen (vgl. Abschnitt 9.4). Hier nutzen wir das mit Java 16 eingeführte `toList()`, um die Daten als Liste zu erhalten. Wir erstellen eine Methode, weil wir die Funktionalität des Verzeichnisauflistens später immer mal wieder einsetzen werden:

```
jshell> List<Path> listDirectory(Path dir) throws IOException
   ...> {
   ...>     try (Stream<Path> content = Files.list(dir))
   ...>     {
   ...>         return content.toList();
   ...>     }
   ...> }
|  created method listDirectory(Path)
```

Auch bei dieser Implementierung greifen wir zum Ressourcenmanagement wieder auf das praktische Automatic Resource Management (ARM) zurück (vgl. Abschnitt 11.3). In den nachfolgenden Beispielen werde ich dies nur noch bei Bedarf erwähnen.

---

[1]Dateien kann man jedoch nur in existierenden Verzeichnissen erstellen. Wenn das Verzeichnis `dirXyz` nicht existiert, schlägt ein Aufruf von `createFile("dirXyz/b.txt")` fehl.

Probieren wir dies für das zuvor erstellte Verzeichnis einmal aus:

```
jshell> var pathToDir = Path.of("files-examples-dir")
pathToDir ==> files-examples-dir

jshell> listDirectory(pathToDir).forEach(System.out::println)
files-examples-dir/example-file.txt
files-examples-dir/rename-dir
files-examples-dir/subdir2
files-examples-dir/example-data.csv
files-examples-dir/subdir1
```

10.1.4   Pfad ist Datei oder Verzeichnis?

An der von `listDirectory()` gelieferten Auflistung sehen wir nicht direkt und zweifelsfrei, ob es sich bei einem Pfadnamen um eine Datei oder ein Verzeichnis handelt. Dabei können die Methoden `isDirectory()` und `isRegularFile()` aus der Utility-Klasse `Files` hilfreich sein.

```
jshell> for (var path : dirContent)
   ...> {
   ...>     if (Files.isDirectory(path))
   ...>     {
   ...>         System.out.println(path + " is a directory");
   ...>     }
   ...>     if (Files.isRegularFile(path))
   ...>     {
   ...>         System.out.println(path + " is a file");
   ...>     }
   ...> }
files-examples-dir/example-file.txt is a file
files-examples-dir/rename-dir is a directory
files-examples-dir/subdir2 is a directory
files-examples-dir/example-data.csv is a file
files-examples-dir/subdir1 is a directory
```

10.1.5   Dateiaktionen und die Utility-Klasse `Files`

In der Utility-Klasse `Files` gibt es diverse statische Methoden zu entdecken. Viele dieser Methoden geben Objekte vom Interface `Path` zurück oder operieren darauf. Stellvertretend betrachten wir kurz folgende Hilfsmethoden:

- `write(Path, Iterable<CharSequence>, OpenOption...)` – Schreibt die übergebenen Textzeilen in die durch den `Path`-Parameter referenzierte Datei. Der Schreibmodus wird durch die angegebene(n) `OpenOption`(s) bestimmt, etwa `CREATE`, `APPEND` oder `TRUNCATE_EXISTING` zum Erzeugen, Anhängen oder Überschreiben. Erinnern wir uns: Die drei Punkte in der Methodensignatur nennen sich Var Args und erlauben eine Mehrfachangabe. Dadurch kann man kommasepariert mehrere Optionen spezifizieren.

- `readAllLines(Path)` – Liest eine Datei zeilenweise ein und gibt die Zeilen als `List<String>` zurück.
- `lines(Path)` – Stellt eine Datei zeilenweise als `Stream<String>` (vgl. Abschnitt 9.4) bereit.

Diese Methoden sind besonders nützlich, was ich anhand eines Beispiels verdeutlichen möchte. Hierbei erzeugen und befüllen wir eine temporäre Textdatei namens `WriteText.txt` mit ein wenig Inhalt und nutzen dazu die Methode `write()`, der wir eine Liste mit zu schreibenden Strings übergeben. Schließlich lesen wir die in die Datei geschriebenen Informationen mit den zwei vorgestellten Methoden aus.

```java
import java.io.IOException;
import java.nio.file.Files;
import java.nio.file.Path;
import java.nio.file.StandardOpenOption;
import java.util.List;
import java.util.stream.Stream;

public class FilesExample
{
    public static void main(final String[] args) throws IOException
    {
        final Path destinationFile = Files.createTempFile("WriteText", ".txt");
        final List<String> content = List.of("This", "is", "the", "content");

        // Datei schreiben
        final Path resultFile = Files.write(destinationFile, content,
                                StandardOpenOption.CREATE,
                                StandardOpenOption.APPEND);

        // Zeilen der Datei als Liste einlesen und ausgeben
        System.out.println(Files.readAllLines(resultFile));

        // Zeilen der Datei als Stream einlesen und ausgeben
        try (Stream<String> contentAsStream = Files.lines(resultFile))
        {
            contentAsStream.forEach(line -> System.out.println(line));
        }
    }
}
```

Hierbei sehen wir zur Formulierung der Ausgabe mit Streams einen Lambda-Ausdruck (vgl. Abschnitt 9.1). Außerdem nutzen wir hier das sogenannte Automatic Resource Management (ARM). Das wird in Abschnitt 11.3 kurz thematisiert.

Nach dem Starten erhält man dann folgende Ausgabe:

```
[This, is, the, content]
This
is
the
content
```

Informationen in Dateien schreiben und daraus lesen

Gerade haben wir die Methoden `write()` und `readAllLines()` zum Schreiben und Lesen von Informationen kennengelernt. Dieser Abschnitt stellt die beiden Methoden `writeString()` und `readString()` aus der Utility-Klasse `Files` zum Schreiben und Lesen von Texten in und aus Dateien vor. Intuitiv geht man möglicherweise von einer zeilenweisen Verarbeitung aus. Aber anders als man es vielleicht erwarten könnte, schreiben und lesen die Methoden ohne weitere Parametrierung jeweils die gesamte Datei. Zum besseren Verständnis schauen wir uns das an einem Beispiel an.

Beispiel   Folgendes Beispiel zeigt das zweimalige Schreiben bzw. Lesen von Strings, wobei standardmäßig von UTF-8 als Codierung ausgegangen wird. Der Zugriff auf eine Datei wird mithilfe von `Path.of()` bereitgestellt:

```
Path destinationPath = Path.of("files-examples-dir/example-file.txt")

Files.writeString(destinationPath, "1: This is a 'string to file' test\n");
Files.writeString(destinationPath, "2: Second line");

final String line1 = Files.readString(destinationPath);
final String line2 = Files.readString(destinationPath);
System.out.println(line1);
System.out.println(line2);
```

Sofern man von einer zeilenweisen Verarbeitung ausgeht und das Programmfragment ausführt, erwartet man vermutlich die beiden zuvor geschriebenen Zeilen als Ausgabe, doch man erhält abweichend Folgendes:

```
2: Second line
2: Second line
```

Das liegt daran, dass beim Schreiben standardmäßig, wenn auch etwas überraschend der Überschreibmodus und nicht der Modus des Anhängens genutzt wird.
Folgende Modifikation behebt das:

```
Files.writeString(destinationPath, "1: This is a 'string to file' test\n");
Files.writeString(destinationPath, "2: Second line", StandardOpenOption.APPEND);

final String line1 = Files.readString(destinationPath);
final String line2 = Files.readString(destinationPath);
```

Führen wir das Ganze nochmals aus, dann erhalten wir folgende Ausgabe – wiederum möglicherweise etwas verwunderlich:

```
1: This is a 'string to file' test
2: Second line
1: This is a 'string to file' test
2: Second line
```

Wie schon eingangs kurz angedeutet, wird die gesamte Datei als ein String eingelesen. In der Klasse `String` existiert praktischerweise die Methode `lines()`, die einen `Stream<String>` (vgl. Abschnitt 9.4) zurückliefert. Damit nehmen wir schließlich folgende Korrektur vor:

```
Files.writeString(destinationPath, "1: This is a 'string to file' test\n");
Files.writeString(destinationPath, "2: Second line", StandardOpenOption.APPEND);

String content = Files.readString(destinationPath);

content.lines().forEach(System.out::println);
```

Im Listing nutzen wir mit `System.out::println` eine Methodenreferenz (vgl. Abschnitt 9.2). Damit erhalten wir dann die erwartete Ausgabe:

```
1: This is a 'string to file' test
2: Second line
```

Alternative zum Einlesen: `readAllLines()`

Auch die schon kurz vorgestellte Methode `readAllLines()` ist sehr praktisch zum Einlesen von Daten. Sie ermöglicht es, den Inhalt von Dateien in einem Rutsch einzulesen und als `List<String>` bereitzustellen. Nachfolgend nutzen wir diese Methode, um unsere zuvor geschriebene Datei mit den zwei Zeilen als Nutzinhalt einzulesen:

```
Path exampleFile = Path.of("files-examples-dir/example-file.txt");
List<String> lines = Files.readAllLines(exampleFile);

for (String line : lines)
    System.out.println(line);
```

Als Ergebnis erhalten wir folgende Ausgabe:

```
1: This is a 'string to file' test
2: Second line
```

Weitere Fallstricke

Zuvor haben wir schon gesehen, dass die beiden Methoden `writeString()` und `readString()` zwar das Verarbeiten von textuellen Informationen mit Dateien vereinfachen, man dabei aber auch ein paar Dinge beachten muss. Eine weitere Besonderheit besteht in der Angabe der Daten. Eben haben wir schon an passenden Stellen ein `\n` als Zeilentrenner angegeben.

Betrachten wir für eine Personenliste, was passiert, wenn wir das nicht tun würden:

```
Path personenListe = Path.of("files-examples-dir/personenListe.txt");

Files.writeString(personenListe, "PERSONEN");
Files.writeString(personenListe, "Person1: Michael", StandardOpenOption.APPEND);
Files.writeString(personenListe, "Person2: Peter", StandardOpenOption.APPEND);

String content = Files.readString(personenListe);
System.out.println(content);
```

Das Ergebnis sieht wie folgt aus:

```
PERSONENPerson1: MichaelPerson2: Peter
```

Das ist noch etwas unhandlich, wie kommen wir an die einzelnen Informationen bzw. Zeilen? Wenn wir genau hinschauen, haben wir (hier bewusst) vergessen, jeweils ein Zeilenendezeichen zu schreiben.

10.1.6   Informationen zu `Path`-Objekten ermitteln

Auf Existenz prüfen

Für einige Anwendungsfälle ist es wichtig, zu wissen, ob eine Datei oder ein Verzeichnis schon existiert oder nicht. Dazu dient die Funktion `exists()`:

```
jshell> Files.exists(Path.of("UnknownFile.txt"))
$51 ==> false

jshell> Files.createFile(Path.of("UnknownFile.txt"))
$52 ==> UnknownFile.txt

jshell> Files.exists(Path.of("UnknownFile.txt"))
$53 ==> true
```

Zugriff auf den Namensbestandteil

Ein `Path`-Objekt repräsentiert bekanntermaßen eine Datei bzw. ein Verzeichnis im Dateisystem. Dazu besitzt das `Path`-Objekt auch die Informationen zu übergeordneten Verzeichnissen. Mithilfe der Methode `toAbsolutePath()` kann man die Position im Dateisystem in Erfahrung bringen:

```
jshell> Path absolute = Path.of(".").toAbsolutePath()
absolute ==> /Users/michaeli/.
```

Manchmal ist auch nur der konkrete Datei- bzw. Verzeichnisname von Interesse. Dazu existiert die Methode `getFileName()`, die wiederum ein `Path`-Objekt liefert. Oftmals möchte man jedoch einen String erhalten, weshalb man dann `toString()` aufruft – in der JShell wäre das nicht nötig, in einem normalen Java-Programm dagegen schon:

```
jshell> Path simpleFile = Path.of("SimpleFile.txt")
simpleFile ==> SimpleFile.txt

jshell> simpleFile.getFileName().toString()
$33 ==> "SimpleFile.txt"

jshell> Path.of("parentDir/subDir").getFileName()
$34 ==> "subDir"
```

Bei der zuvor gezeigten reinen Angabe des Dateinamens gilt der `Path` ausgehend vom aktuellen Verzeichnis. Für dieses existiert bekanntlich die Abkürzung '.'. Das haben wir zuvor schon zur Ermittlung des absoluten Pfads genutzt.

Dateigröße bestimmen

Mitunter ist man an der Größe einer Datei oder eines Verzeichnisses im Dateisystem interessiert. Diese Informationen liefert die Methode `size()`, sofern die Datei bzw. das Verzeichnis existiert. Allerdings ist das Ganze für Verzeichnisse komplizierter zu bestimmen. Zudem entsprechen die Informationen nicht immer 100 % der tatsächlichen Größe im Dateisystem (sondern sind eine Angabe in Bytes), weil Dateisysteme speziell aufgebaut sind. Zudem weicht die Angabe von Betriebssystem zu Betriebssystem ab:

```
jshell> Files.size(Path.of("files-examples-dir/example-file.txt"))
$70 ==> 50

jshell> Files.size(Path.of("."))
$71 ==> 928
```

Berechtigungen zu `Path`-Objekten

Ab und zu muss man ermitteln können, ob in die Datei geschrieben werden darf oder ob nur Lesezugriff erlaubt ist. Dabei helfen die Methoden `isWritable()` und `isReadable()`.

```
jshell> Path exampleFile = Path.of("files-examples-dir/example-file.txt")
exampleFile ==> files-examples-dir/example-file.txt

jshell> Files.isWritable(exampleFile)
$73 ==> true

jshell> Files.isReadable(exampleFile)
$74 ==> true
```

10.1.7 Kopieren

Für das Kopieren von Dateien nutzt man die Funktion `copy()` unter Angabe von Quelle und Ziel folgendermaßen: `Files.copy(sourcePath, destPath)`.

Beispiel

Im folgenden Beispiel wollen wir die bereits angelegte Datei `example-file.txt` kopieren. Das erfordert zwei passend gewählte `Path`-Objekte und einen Aufruf von `copy()`:

```
jshell> Path pathOrig = Path.of("files-examples-dir/example-file.txt")
pathOrig ==> files-examples-dir/example-file.txt

jshell> Path pathDest = Path.of("files-examples-dir/copy-of-example-file.txt");
pathDest ==> files-examples-dir/copy-of-example-file.txt

jshell> Files.copy(pathOrig, pathDest);
$84 ==> files-examples-dir/copy-of-example-file.txt
```

Erneut ist die eingangs entwickelte Methode `listDirectory()` hilfreich, um den Erfolg der Aktionen nachzuvollziehen:

```
jshell> var pathToDir = Path.of("files-examples-dir")
pathToDir ==> files-examples-dir

jshell> listDirectory(pathToDir).forEach(System.out::println)
files-examples-dir/example-file.txt
files-examples-dir/rename-dir
files-examples-dir/subdir2
files-examples-dir/example-data.csv
files-examples-dir/subdir1
files-examples-dir/copy-of-example-file.txt
files-examples-dir/personenListe.txt
```

Beispiel 2

Wir wollen das Beispiel ausbauen und nun auch zwischen verschiedenen Verzeichnissen kopieren. In diesem Fall kopieren wir die Datei `example-file.txt` zweimal in
das Unterverzeichnis `subdir2`:

```
jshell> var pathDest1 = Path.of("files-examples-dir/subdir2/example-file-1.txt")
pathDest1 ==> files-examples-dir/subdir2/example-file-1.txt

jshell> var pathDest2 = Path.of("files-examples-dir/subdir2/example-file-2.txt")
pathDest2 ==> files-examples-dir/subdir2/example-file-2.txt

jshell> Files.copy(pathOrig, pathDest1);
$93 ==> files-examples-dir/subdir2/example-file-1.txt

jshell> Files.copy(pathOrig, pathDest2);
$94 ==> files-examples-dir/subdir2/example-file-2.txt
```

Auch das prüfen wir kurz folgendermaßen nach:

```
jshell> var pathToSubDir = Path.of("files-examples-dir/subdir2")
pathToSubDir ==> files-examples-dir/subdir2

jshell> listDirectory(pathToSubDir).forEach(System.out::println)
files-examples-dir/subdir2/example-file-2.txt
files-examples-dir/subdir2/example-file-1.txt
```

10.1.8 Umbenennen

Mithilfe der Funktion `move()` lässt sich eine Datei oder ein Verzeichnis umbenennen. Dazu übergibt man den ursprünglichen Namen sowie den gewünschten Namen in Form von `Path`-Objekten als Parameter. Nachfolgend nennen wir die Datei `to-be-renamed.txt` in `renamed.txt` um bzw. andersherum, je nach Existenz der Dateien.

Wir beginnen mit dem initialen Anlegen der Datei:

```
jshell> var parentPath = "files-examples-dir/rename-dir"
parentPath ==> "files-examples-dir/rename-dir"

jshell> var initialFile = Files.createFile(Path.of(parentPath + "/to-be-renamed.
     txt"))
initialFile ==> files-examples-dir/rename-dir/to-be-renamed.txt

jshell> listDirectory(Path.of(parentPath))
$101 ==> [files-examples-dir/rename-dir/to-be-renamed.txt]
```

Nun kann man das Umbenennen in folgender Funktion definieren und danach aufrufen:

```
public static void rename() throws IOException
{
    String renameDir = "files-examples-dir/rename-dir";
    Path pathOrig = Path.of(renameDir+"/to-be-renamed.txt");
    Path pathDest = Path.of(renameDir+"/renamed.txt");

    if (Files.exists(pathOrig))
        Files.move(pathOrig, pathDest);
    else if (Files.exists(pathDest))
        Files.move(pathDest, pathOrig);
}
```

Die Ausgabe wechselt hin und her zwischen:[2]

```
jshell> rename()

jshell> listDirectory(Path.of(parentPath))
$104 ==> [files-examples-dir/rename-dir/renamed.txt]

jshell> rename()

jshell> listDirectory(Path.of(parentPath))
$106 ==> [files-examples-dir/rename-dir/to-be-renamed.txt]
```

---

[2]Natürlich nur, wenn man nicht von Hand die Dateien umbenennt oder löscht. :-)

10.1.9   Löschen

Wir beginnen die Besprechung des Löschens mit ein paar Vorarbeiten, nämlich dem initialen Anlegen eines Verzeichnisses und zweier Dateien:

```
jshell> Files.createDirectory(Path.of("dir-to-be-deleted"))
$107 ==> dir-to-be-deleted

jshell> Files.createFile(Path.of("dir-to-be-deleted/to-be-deleted-1.txt"))
$108 ==> dir-to-be-deleted/to-be-deleted-1.txt

jshell> Files.createFile(Path.of("dir-to-be-deleted/to-be-deleted-2.txt"))
$109 ==> dir-to-be-deleted/to-be-deleted-2.txt
```

Löschen einer Datei

Eine Datei kann mit der Methode `delete()` entfernt (tatsächlich gelöscht und nicht nur in den Papierkorb bewegt) werden. Im Listing sehen wir das Löschen der ersten Datei. Zudem betrachten wir den Verzeichnisinhalt, um das Löschen nachzuvollziehen:

```
jshell> Files.delete(Path.of("dir-to-be-deleted/to-be-deleted-1.txt"))

jshell> listDirectory(Path.of("dir-to-be-deleted"))
$111 ==> [dir-to-be-deleted/to-be-deleted-2.txt]
```

Löschen eines Verzeichnisses

Bekanntermaßen kann man eine Datei mit der Funktion `delete()` löschen. Analog dazu entfernt die Methode `delete()` auch ein leeres Verzeichnis, jedoch nicht eins mit Inhalt. Das resultiert in einer `java.nio.file.DirectoryNotEmptyException`.

Beginnen wir mit dem Löschen eines leeren Verzeichnisses, das wir direkt vor dem Löschen anlegen:

```
jshell> Files.createDirectory(Path.of("dir-to-be-deleted/new_and_empty"))
$113 ==> dir-to-be-deleted/new_and_empty

jshell> listDirectory(Path.of("dir-to-be-deleted"))
$114 ==> [dir-to-be-deleted/to-be-deleted-2.txt, dir-to-be-deleted/new_and_empty
    ]
```

Nun rufen wir das Löschen auf und überprüfen dies durch eine Auflistung des übergeordneten Verzeichnisses:

```
jshell> Files.delete(Path.of("dir-to-be-deleted/new_and_empty"))

jshell> listDirectory(Path.of("dir-to-be-deleted"))
$116 ==> [dir-to-be-deleted/to-be-deleted-2.txt]
```

Probieren wir nun einmal das Löschen eines nicht leeren Verzeichnisses, obwohl wir wissen, dass dies nicht unterstützt wird, wie es auch die ausgelöste Exception zeigt:

```
jshell> Files.delete(Path.of("dir-to-be-deleted"))
|  Exception java.nio.file.DirectoryNotEmptyException: dir-to-be-deleted
```

Löschen eines nicht leeren Verzeichnisses

Wie gerade erwähnt und auch gezeigt, kann man mit `delete()` jedoch nur leere Verzeichnisse löschen. Das ist manchmal unpraktisch. Um Verzeichnisse trotz Inhalt sauber löschen zu können, bedarf es einer eigenen Implementierung, die für Verzeichnisse immer wieder rekursiv deren Inhalt abarbeitet und sich dazu selbst aufruft. Schließlich ist am Ende der Methode sichergestellt, dass das jeweilige Verzeichnis leer ist und dann wird das `Path`-Objekt gelöscht. Das funktioniert ebenfalls so für einzelne Dateien:

```
jshell> void deleteDir(Path toBeDeleted) throws IOException
   ...> {
   ...>     if (Files.isDirectory(toBeDeleted))
   ...>     {
   ...>         try (Stream<Path> content = Files.list(toBeDeleted))
   ...>         {
   ...>             for (Path currentPath : content.toList())
   ...>             {
   ...>                 deleteDir(currentPath);
   ...>             }
   ...>         }
   ...>     }
   ...>     Files.delete(toBeDeleted);
   ...> }
|  created method deleteDir(Path)
```

Schauen wir uns nun an, wie wir diese Funktionalität einsetzen können. Unser Verzeichnis `to-be-deleted` enthält ja noch Dateien, das Löschen wäre aber auch problemlos möglich, wenn dort noch Verzeichnisse enthalten wären:

```
jshell> deleteDir(Path.of("dir-to-be-deleted"))

jshell> listDirectory(Path.of("dir-to-be-deleted"))
|  Exception java.nio.file.NoSuchFileException: dir-to-be-deleted
```

10.2 Dateibehandlung und die Klasse `File`

In vielen Programmen findet man noch die ältere Klasse `java.io.File`, die ich Ihnen deshalb hier noch kurz vorstellen möchte.

Eine Instanz der Klasse `File` kann entweder eine Datei oder ein Verzeichnis im Dateisystem repräsentieren. Dazu speichert ein `File`-Objekt den Namen und den Pfad lediglich textuell, aber nicht das tatsächliche Dokument oder dessen Inhalt. Es existieren daher in der Klasse `File` keine Methoden, um Daten in eine Datei zu schreiben oder daraus zu lesen. Dazu gibt es verschiedene Ausprägungen von `Reader` und `Writer`, die wir später kurz kennenlernen werden.

10.2.1   Konvertierung von `Path` in `File` und zurück

Einführend schauen wir uns an, wie man mit `toFile()` bzw. `toPath()` zwischen den beiden Welten wechseln kann:

```
jshell> Path pathDir = Path.of("my-first-created-dir")
pathDir ==> my-first-created-dir

jshell> File fileFromPath = pathDir.toFile()
fileFromPath ==> my-first-created-dir

jshell> Path fromFile = fileFromPath.toPath()
fromFile ==> my-first-created-dir
```

10.2.2   Die Klasse `File` im Kurzüberblick

Nochmals zur Erinnerung: Ein `File`-Objekt kann entweder eine Datei oder ein Verzeichnis im Dateisystem repräsentieren. Ein `File`-Objekt konstruiert man aus der Angabe eines Pfadnamens. Dieser kann aus dem Datei- oder Verzeichnisnamen und optional der Angabe des übergeordneten Verzeichnisses bestehen:[3] Schauen wir uns ein kurzes Beispiel für eine Textdatei an:

```
jshell> File myObj = new File("filename.txt")
myObj ==> filename.txt
```

Aktionen mit `File`

Nachdem ein `File`-Objekt erzeugt wurde, kann man verschiedene Aktionen ausführen. Betrachten wir nun einige elementare Methoden der Klasse `File`:

- `isFile()` und `isDirectory()` – Diese Methoden prüfen, ob ein `File`-Objekt eine Datei oder ein Verzeichnis repräsentiert.
- `getName()` – Liefert den Dateinamen.
- `exists()` – Prüft, ob ein `File`-Objekt tatsächlich im Dateisystem existiert.
- `createNewFile()` – Erzeugt eine neue Datei, die durch das `File`-Objekt repräsentiert wird.
- `delete()` – Löscht die Datei, die durch das `File`-Objekt repräsentiert wird. Gleiches gilt für Verzeichnisse, allerdings nur, wenn diese leer sind.
- `renameTo()` – Mithilfe dieser Methode lässt sich eine Datei oder ein Verzeichnis umbenennen.
- `mkdir()` und `mkdirs()` – Ein Aufruf der Methode `mkdir()` erzeugt das durch das `File`-Objekt angegebene Verzeichnis. Mit `mkdirs()` werden bei Bedarf auch alle dazu benötigten übergeordneten Verzeichnisse angelegt.

---

[3]Wie die bereits vorgestellten `Path`-Objekte repräsentieren `File`-Objekte lediglich einen Pfad im Dateisystem und verwalten keinen Inhalt. Deswegen wird durch einen Konstruktoraufruf weder eine Datei noch ein Verzeichnis angelegt. Das erfordert explizit einen Methodenaufruf.

- `list()` – Ermittelt den Inhalt eines Verzeichnisses als `String[]`. Die `list()`-Methode liefert in Fehlersituationen den Wert `null` statt eines `String`-Arrays der Länge 0. Das ist potenziell fehlerträchtig.
- `listFiles()` – Ermittelt, ähnlich zu `list()`, den Inhalt eines Verzeichnisses. Die Rückgabe erfolgt hier als `File[]`.

Für die meisten der gerade genannten Aktionen bieten sich elegantere Alternativen in modernem Java an, die wir zuvor auch schon in verschiedenen Beispielen kennengelernt haben. Daher gehe ich nachfolgend nur exemplarisch auf das Umbenennen ein.

Umbenennen

Mithilfe der Methode `renameTo()` lässt sich eine Datei oder ein Verzeichnis umbenennen. Nachfolgend nennen wir die Datei `Data.txt` in `Data-renamed.txt` um, nachdem wir sie erzeugt haben:

```
jshell> File fileOrig = new File("Data.txt")
fileOrig ==> Data.txt

jshell> boolean created = fileOrig.createNewFile()
created ==> true

jshell> File fileDest = new File("Data-renamed.txt")
fileDest ==> Data-renamed.txt

jshell> boolean renamed = fileOrig.renameTo(fileDest)
renamed ==> true
```

10.2.3 Dateiinhalte verarbeiten und Systemressourcen

Während man in anderen Sprachen oftmals Dateien öffnen muss, ist der Gedanke in Java ein wenig anders. Die Klasse `File` abstrahiert Dateien und Verzeichnisse und bietet für diese verschiedene Methoden.

Die Klassen `InputStream`, `OutputStream` sowie `Reader` und `Writer`

Um mit Dateien inhaltlich zu arbeiten, gibt es die I/O-Streams (I/O = Input/Output), die sowohl als Byte- als auch als Zeichen-Streams existieren. Dabei bilden `java.io.InputStream` und `java.io.OutputStream` die Schnittstelle zu Datenquellen und -senken (bytebasiert). Für unsere Beispiele ist die zeichenbasierte Ein- und Ausgabe eingängiger und auch interessanter. Diese erfolgt mithilfe der Basisklassen `java.io.Reader` bzw. `java.io.Writer`. Diese Klassen können problemlos Umlaute und Sonderzeichen in den Daten verarbeiten.

Die Klasse `Reader` besitzt dazu `read()`-Methoden, die auf Zeichen, also dem Typ `char`, arbeiten statt wie beim `InputStream` mit Bytes (`byte`). Die Klasse `Writer` besitzt ebenfalls Methoden, die auf Zeichen arbeiten, etwa einige `write()`-Methoden, die sowohl `char[]` als auch Strings und Teilstrings in den Stream schreiben können.

Nachfolgende Tabelle verdeutlicht den Zusammenhang nochmals:

Art	Lesen	Schreiben
Bytes	InputStream	OutputStream
Zeichen	Reader	Writer

Ergänzend finden sich in den Klassen `Writer` und `OutputStream` die Methoden `flush()` und `close()`. Dabei entleert `flush()` den Ausgabestrom und erzwingt ein physikalisches Schreiben möglicherweise zwischengespeicherter Daten. Mit `close()` wird der Ausgabestrom geschlossen und es werden alle dadurch belegten Betriebssystemressourcen wieder freigegeben.

Öffnen und Schließen

Unabhängig von byte- oder zeichenorientiert sind zur Verarbeitung immer die Schritte Öffnen und Schließen nötig. Wenn man mit I/O-Streams arbeitet, dann müssen diese immer zunächst geöffnet werden. Dies geschieht durch die Konstruktion des `Reader`s oder `Writer`s. Dadurch werden auch Systemressourcen belegt, die wir später (nach den benötigten Aktionen) freigeben sollten. Wenn wir mit der Durchführung von Operationen auf der Datei fertig sind, müssen wir die Datei bzw. die durch die Streams belegten Systemressourcen ordnungsgemäß schließen. Deswegen sieht man das folgende Muster immer wieder, wobei die Datei durch `new FileWriter(myFile))` erzeugt wird, wenn sie nicht bereits existiert.

```
filestream = new FileReader/Writer(myFile)

# perform file operations

filestream.close()
```

Das Ganze birgt aber ein Problem: Tritt während des Zugriffs auf die Datei ein Fehler auf und wird eine Exception ausgelöst, so wird die Datei nicht ordnungsgemäß geschlossen, da `close()` nicht mehr ausgeführt wird.

Eine bessere Variante besteht in der Kombination von `try` und `finally`. Beides werden wir in Kapitel 11 genauer besprechen. Hier reicht es, zu verstehen, dass der Block im `try` und in jedem Fall auch der Block im `finally` ausgeführt wird – selbst wenn zuvor eine Exception ausgelöst wurde:

```
private static void writeLines(File myFile) throws IOException
{
    FileWriter writer = new FileWriter(myFile);
    try
    {
        writer.write("First Line\n");
        writer.write("Second Line\n");
        writer.flush();
    }
    finally
    {
        if (writer != null)
            writer.close();
    }
}
```

Der Aufruf von `flush()` sorgt dafür, dass die Daten tatsächlich in die Datei geschrieben werden. Sonst geschieht dies spätestens bei einem Aufruf von `close()`.

Es gibt sogar noch eine elegantere und kürzere Variante namens Automatic Resource Management (ARM) (vgl. Abschnitt 11.3) mit einer speziellen Syntax beim `try`. Dabei wird von Java automatisch immer sichergestellt, dass `close()` aufgerufen wird, jedoch müssen wir es nicht mehr explizit schreiben – es erfolgt intern:

```
private static void writeLines(File myFile) throws IOException
{
    try (FileWriter writer = new FileWriter(myFile))
    {
        writer.write("First Line\n");
        writer.write("Second Line\n");
        writer.flush();
    }
}
```

10.3 Praxisbeispiel: Directory-Baum darstellen

In diesem Praxisbeispiel geht es darum, eine grafische Ausgabe eines Verzeichnisbaums zu erzeugen. In der ersten Ausbaustufe sollen Dateien und Verzeichnisse pro Verzeichnisebene um je 4 Zeichen eingerückt werden, wodurch sich die Struktur optisch gut nachvollziehen lässt. Das ergibt beispielsweise folgende Ausgabe:

```
first-file
second-file
example-dir
    nested-file-1
    nested-file-2
...
```

10.3.1   Basisvariante

Zur Umsetzung greifen wir auf die bereits beschriebenen Basisfunktionalitäten zurück. Dies geschieht in einer Methode printDirectory(), die das aktuelle Verzeichnis und die momentane Einrückungstiefe als Parameter erhält. Als Erstes wird der Verzeichnisinhalt mit list() bestimmt. Danach wird für jedes Element der Name per Aufruf von repeat() passend eingerückt ausgegeben. Im Falle eines Verzeichnisses rufen wir die Methode mit dem aktuellen Verzeichnis und einem erhöhten Zähler auf. Derartige Selbstaufrufe werden auch Rekursion genannt (vgl. Abschnitt 7.9) und erlauben es oftmals, Programme elegant, verständlich und kurz zu halten:

```java
import java.io.IOException;
import java.nio.file.Files;
import java.nio.file.Path;
import java.util.List;

public class DirectoryTreeWithPath
{
    static void printDirectory(Path currentDir, int level) throws IOException
    {
        try (Stream<Path> dirContent = Files.list(currentDir))
        {
            for (Path path : dirContent.toList())
            {
                System.out.print("    ".repeat(level));
                System.out.println(path.getFileName());
                if (Files.isDirectory(path))
                {
                    printDirectory(path, level + 1);
                }
            }
        }
    }

    public static void main(String[] args) throws IOException
    {
        String userHome = System.getProperty("user.home");

        printDirectory(Path.of(userHome + "/files-examples-dir"), 0);
    }
}
```

Im Listing sehen wir noch die Ermittlung des Benutzerverzeichnisses durch Zugriff auf das passende Property mit System.getProperty().

Schauen wir uns zur Ergänzung unseres Wissens einmal an, wie die Funktionalität mit dem alten API und der Klasse File realisiert werden kann – in diesem speziellen Fall ermöglicht auch das ältere API eine sehr verständliche Implementierung:

```java
import java.io.File;
import java.io.IOException;

public class DirectoryTree
{
    static void printDirectory(File currentDir, int level)
    {
        final File[] files = currentDir.listFiles();
        for (File file : files)
        {
            System.out.print("    ".repeat(level));
            System.out.println(file.getName());
            if (file.isDirectory())
            {
                printDirectory(file, level + 1);
            }
        }
    }

    public static void main(String[] args) throws IOException
    {
        String userHome = System.getProperty("user.home");
        File currentDir = new File(userHome + "/files-examples-dir");

        printDirectory(currentDir, 0);
    }
}
```

Beide Implementierungen produzieren beispielsweise folgende Ausgabe – sofern Sie alle Aktionen im Benutzerverzeichnis ausgeführt haben:

```
example-file.txt
rename-dir
    to-be-renamed.txt
subdir2
    example-file-2.txt
    example-file-1.txt
example-data.csv
subdir1
copy-of-example-file.txt
personenListe.txt
```

Obwohl diese Ausgabe wirklich schon nicht schlecht ist, wäre es doch wünschenswert, diese grafisch ein wenig zu pimpen.

10.3.2 Variante mit schönerer Darstellung

Unser Wunsch ist es, vertikale und horizontale Verbindungslinien in die Darstellung zu integrieren. Weder am grundsätzlichen Ablauf noch am rekursiven Aufruf muss etwas geändert werden. Es ist nur eine Modifikation bei der Ausgabe des Namens erforderlich. Zunächst prüfen wir, ob das letzte Element erreicht wurde, um davor '\– ' auszugeben und für alle anderen Fälle '|– '. Hier müssen wir die klassische `for`-Schleife verwenden, damit wir herausfinden können, ob das letzte Element erreicht wurde.

```java
import java.io.IOException;
import java.nio.file.Files;
import java.nio.file.Path;
import java.util.List;
import java.util.stream.Stream;

public class DirectoryTree2
{
    static void printDirectory(Path currentDir, int level) throws IOException
    {
        try (Stream<Path> dirContent = Files.list(currentDir))
        {
            List<Path> paths = dirContent.toList();

            for (int i = 0; i < paths.size(); i++)
            {
                Path path = paths.get(i);
                boolean isLast = i == paths.size() - 1;

                System.out.print("    ".repeat(level));
                if (isLast)
                    System.out.print("\\-- ");
                else
                    System.out.print("|-- ");

                System.out.println(path.getFileName());
                if (Files.isDirectory(path))
                {
                    printDirectory(path, level + 1);
                }
            }
        }
    }

    public static void main(String[] args) throws IOException
    {
        String userHome = System.getProperty("user.home");

        printDirectory(Path.of(userHome + "/files-examples-dir"), 0);
    }
}
```

Nutzt man diese Methode, so ergibt sich etwa folgende Ausgabe:

```
|-- example-file.txt
|-- rename-dir
    \-- to-be-renamed.txt
|-- subdir2
    |-- example-file-2.txt
    \-- example-file-1.txt
|-- example-data.csv
```

```
|-- subdir1
|-- copy-of-example-file.txt
\-- personenListe.txt
```

Obwohl das schon richtig gut aussieht, wäre es noch wünschenswert, wenn die Linie zwischen verschachtelten Verzeichnissen durchgezogen wäre. Wie erreichen wir das?

10.3.3 Finale Variante mit ausgeklügelter Darstellung

Dazu müssen wir bei der Einrückung noch etwas nachjustieren. Das erfordert einen kleinen Trick: Wir übergeben jetzt nicht mehr das Level zum Einrücken, sondern eine Zeichenfolge. Dadurch können wir geeignet zwischen vier Leerzeichen '   ' und einer Linie '| ' unterscheiden. Erneut ändert sich am prinzipiellen Ablauf nichts, allerdings am Aufruf, wo jetzt statt eines int ein String zum Einsatz kommt.

```java
import java.io.IOException;
import java.nio.file.Files;
import java.nio.file.Path;
import java.util.List;
import java.util.stream.Stream;

public class DirectoryTree3
{
    static void printDirectory(Path currentDir, String indent) throws
        IOException
    {
        try (Stream<Path> dirContent = Files.list(currentDir))
        {
            List<Path> paths = dirContent.toList();

            for (int i = 0; i < paths.size(); i++)
            {
                Path path = paths.get(i);
                boolean isLast = i == paths.size() - 1;

                System.out.print(indent);

                if (isLast)
                    System.out.print("\\-- ");
                else
                    System.out.print("|-- ");

                System.out.println(path.getFileName());
                if (Files.isDirectory(path))
                {
                    String newIndent = isLast ? "    " : "|   ";
                    printDirectory(path, indent + newIndent);
                }
            }
        }
    }

    public static void main(String[] args) throws IOException
    {
        String userHome = System.getProperty("user.home");

        printDirectory(Path.of(userHome + "/files-examples-dir"), "");
    }
}
```

Unsere Modifikation führt nun aber zu einer richtig gelungenen Ausgabe, analog zu folgender:

```
|-- example-file.txt
|-- rename-dir
|   \-- to-be-renamed.txt
|-- subdir2
|   |-- example-file-2.txt
|   \-- example-file-1.txt
|-- example-data.csv
|-- subdir1
|-- copy-of-example-file.txt
\-- personenListe.txt
```

10.4   Aufgaben und Lösungen

10.4.1   Aufgabe 1: Texte in Datei schreiben und wieder lesen

Schreiben Sie ein paar Zeilen in die Datei und lesen Sie sie danach wieder aus.

Lösung

Zum Schreiben erzeugen wir uns zunächst einmal ein `Path`-Objekt, das wir dann an die Methode `writeString()` übergeben. Als Besonderheit sehen wir hier den Einsatz von Text Blocks, also die Möglichkeit, mehrzeilige Strings zu definieren. Dadurch können wir auf die Newline-Angaben verzichten:

```
jshell> Path textFile = Path.of("textfile.txt")
textFile ==> textfile.txt

jshell> Files.writeString(textFile, """
   ...>          This is the first line
   ...>          This is the second line
   ...>          Fun with Text Blocks""")
$16 ==> textfile.txt
```

Wie folgt lesen wir die Datei mit `readString()` als Ganzes ein und bereiten die einzelnen Zeilen mit `lines()` auf:

```
jshell> String content = Files.readString(textFile)
content ==> "This is the first line\nThis is the second line\nFun with Text
      Blocks"

jshell> content.lines().forEach(line -> System.out.println(line))
This is the first line
This is the second line
Fun with Text Blocks
```

10.4.2   Aufgabe 2: Dateigrößen

Bestimmen Sie die Größe der in der vorherigen Aufgabenstellung geschriebenen Datei.

Lösung

Die Größe einer Datei kann man mithilfe der Methode `size()` bestimmen. Wir schreiben erneut Daten hinein und rufen die Methode nochmals auf:

```
jshell> Path textFile = Path.of("textfile.txt")
textFile ==> textfile.txt

jshell> Files.size(textFile)
$20 ==> 67

jshell> Files.writeString(textFile, "Additional data\n")
$21 ==> textfile.txt

jshell> Files.size(textFile)
$22 ==> 16
```

Zunächst sind wir eventuell verwundert, wieso die Dateigröße geschrumpft ist. Wenn wir uns dann jedoch an die Einleitung erinnern, so fällt uns sicher wieder ein, dass `writeString()` standardmäßig die bestehenden Daten überschreibt. Setzen wir das Beispiel fort und fügen ein paar weitere Daten hinzu, um die Größenveränderung beobachten zu können.

```
jshell> Files.writeString(textFile, "More data\n", StandardOpenOption.APPEND)
$23 ==> textfile.txt

jshell> Files.size(textFile)
$24 ==> 26
```

10.4.3   Aufgabe 3: Existenzprüfung

Schreiben Sie ein Java-Programm, das prüft, ob eine Datei oder ein Verzeichnis, das durch den Pfadnamen angegeben ist, existiert oder nicht.

Lösung

Ob ein durch ein `Path`-Objekt referenziertes Verzeichnis oder eine Datei existiert, bestimmt man mit einem Aufruf von `exists()`. Zunächst nutzen wir dies für die in den vorherigen Aufgaben angelegte Textdatei und danach für jeweils ein unbekanntes Verzeichnis bzw. eine ebensolche Datei:

```
jshell> Path textFile = Path.of("textfile.txt")
textFile ==> textfile.txt

jshell> Files.exists(textFile)
$25 ==> true

jshell> Files.exists(Path.of("unknown.txt"))
$26 ==> false

jshell> Files.exists(Path.of("../unknownDir"))
$27 ==> false
```

10.4.4   Aufgabe 4: Rechteprüfung

Schreiben Sie ein Java-Programm, um zu prüfen, ob eine Datei oder ein Verzeichnis lesbar oder schreibbar sind, also die passenden Lese- und Schreibrechte existieren.

Lösung

In der Einführung haben wir die Methoden `isWritable()` und `isReadable()` kennengelernt, um Berechtigungen zu prüfen. Wiederum nutzen wir die in den vorherigen Aufgaben angelegte Textdatei für diese Prüfung:

```
jshell> Path textFile = Path.of("textfile.txt")
textFile ==> textfile.txt
```

```
jshell> Files.isWritable(textFile)
$29 ==> true

jshell> Files.isReadable(textFile)
$30 ==> true
```

10.4.5   Aufgabe 5: Verzeichnisinhalt auflisten

Schreiben Sie ein Java-Programm, um den Inhalt eines Verzeichnisses auszugeben, ohne dies für alle möglicherweise enthaltenen Unterverzeichnisse zu wiederholen. Dabei sollen Verzeichnisse und Dateien unterschiedlich markiert werden. Geben Sie auch die Dateigröße an und für Verzeichnisse einfach -/-.

Das kann in etwa so aussehen:

```
rename-dir -/- [DIR]
gson-2.8.6.jar 240255
student.json 26
bin -/- [DIR]
filename.txt 52
ExampleFile.txt 49
Highscores.csv 247
personenListe.txt 38
src -/- [DIR]
```

Lösung

In der Einführung hatte ich die Methode `list()` zum Ermitteln des Verzeichnisinhalts vorgestellt. Zudem wurden dort die Methoden `isDirectory()` und `size()` besprochen, die wir zum Aufbereiten einer Auflistung mit Informationen zu Dateigröße und einem Hinweis, etwa `[DIR]`, für Verzeichnisse realisieren:

```java
public static void main(String[] args) throws IOException
{
    Path dir = Path.of(".");

    try (Stream<Path> dirContent = Files.list(dir))
    {
        List<Path> dirContentAsList = dirContent.toList();

        for (Path current : dirContentAsList)
        {
            long size = Files.size(current);
            boolean isDir = Files.isDirectory(current);

            String pureName = current.getFileName().toString();
            String dirMarker = isDir ? " [DIR]" : "";
            String sizeInfoMarker = isDir ? " -/-" : " " + size;

            System.out.println(pureName + sizeInfoMarker + dirMarker);
        }
    }
}
```

11 Fehlerbehandlung mit Exceptions

Jedes etwas komplexere Programm muss mit gewissen Fehlersituationen umgehen können. Es erfordert immer ein wenig an Mehrarbeit und zusätzliche Zeilen Sourcecode, um auf unerwartete Situationen reagieren oder Fehler abfangen zu können. Dieser Aufwand ist allerdings erforderlich, um für stabile und verlässliche Software zu sorgen.

Zur Behandlung von Fehlern oder außergewöhnlichen Situationen bieten moderne Programmiersprachen mit Exceptions die Möglichkeit zur Verarbeitung von Fehlerzuständen. Das sind spezielle Sprachkonstrukte, um den Nutzcode und die Verarbeitung von Fehlerzuständen besser voneinander zu trennen. Insbesondere ist es möglich, Exceptions an die aufrufende Methode weiterzureichen, falls man an der betreffenden Stelle nicht in der Lage ist, den Fehler angemessen zu behandeln.

11.1 Schnelleinstieg

Bei der Ausführung von Java-Programmcode können verschiedene Fehler auftreten, beispielsweise aufgrund falscher Eingaben, nicht existierender Dateien oder anderer unerwarteter Rahmenbedingungen.

Wenn als Folge des Fehlers eine Exception ausgelöst wird, dann stoppt die Programmausführung. Es wird ein Exception-Objekt erzeugt und diesem oftmals eine Fehlermeldung mitgegeben. Tatsächlich sind Exceptions nichts anderes als normale Java-Objekte, die spezifische Informationen über Fehlerzustände bereitstellen können. Die Idee ist, dass basierend darauf an anderer Stelle die Behandlung des Fehlers erfolgen kann.

Nachfolgend ist der Ablauf für eine Umwandlung zweier Texte in eine Ganzzahl gezeigt:

```
jshell> Integer.valueOf("7271")
$16 ==> 7271

jshell> Integer.valueOf("ERROR")
|  Exception java.lang.NumberFormatException: For input string: "ERROR"
|        at NumberFormatException.forInputString (NumberFormatException.java:67)
|        at Integer.parseInt (Integer.java:660)
|        at Integer.valueOf (Integer.java:991)
|        at (#17:1)
```

Während dies bei reinen Ziffern problemlos möglich ist, führt der Umwandlungsversuch in eine Ganzzahl für den Text ERROR (selbstverständlich) zu einem Problem. Das resultiert in einem Programmabbruch und produziert einen sogenannten Stacktrace, eine Protokollierung der Aufrufhierarchie bis zur fehlerhaften Programmstelle. Dort sehen wir, dass es zu einer in Java vordefinierten `NumberFormatException` kommt. Falls diese Ausführung nicht in der JShell, sondern in einem Java-Programm erfolgt, würden mögliche Programmzeilen nach dem fehlerhaften Umwandlungsversuch nicht mehr ausgeführt:

Wichtige vordefinierte Fehler

Bereits im Verlauf des Buchs und gerade eben haben wir gesehen, dass Java auf Fehlersituationen mit dem Auslösen von Exceptions reagiert. Dabei gibt es für verschiedene Arten von Problemen verschiedene Typen von Exceptions. Vier recht gebräuchliche vordefinierte Exception-Typen sind diese:

- `IllegalArgumentException` – Mit einer `IllegalArgumentException` können falsche Belegungen von Parametern ausgedrückt werden.
- `NullPointerException` – Sind Eingabewerte `null`, so kann man darauf mit einer `NullPointerException` reagieren.
- `IllegalStateException` – Sind benötigte Daten nicht korrekt initialisiert, so kann dies über eine `IllegalStateException` kommuniziert werden.
- `UnsupportedOperationException` – Auf eine fehlende Implementierung kann mittels einer `UnsupportedOperationException` hingewiesen werden.

11.1.1 Fehlerbehandlung

Mitunter können Programme sinnvoll fortgeführt werden, obwohl eine Fehlersituation aufgetreten ist. Dazu bedarf es in der Regel einer dem Problem angepassten Fehlerbehandlung. In Java kann man mit dem Exception Handling potenziell Fehler auslösenden Sourcecode von Fehler behandelndem Sourcecode trennen.

Fehlerbehandlung mit `try` und `catch`

Fehlersituationen lassen sich mit folgender strukturellen Aufteilung verarbeiten, wobei, wie angedeutet, mehrere `catch`-Blöcke möglich sind – Details folgen in Kürze.

```
try
{
    // Hier können Exceptions auftreten
}
catch (Exception-Typ1 e)
{
    // Hier können Fehlersituationen behandelt werden
}
catch (Exception-Typ2 e)
{
    // Hier können Fehlersituationen behandelt werden
}
```

Im `try`-Block stehen diejenigen Anweisungen, die potenziell Fehler verursachen, getreu dem Motto »Give it a try – Versuch mal, ob es funktioniert«. Wenn dann ein Fehler auftritt, kann dieser durch einen `catch`-Block behandelt werden. Dazu notiert man im `catch`-Block den Sourcecode, der zur Fehlerbehandlung ausgeführt werden soll. Wenn ein Fehler auftritt, dann wird die Programmausführung gestoppt und der passende `catch`-Block abgearbeitet. Welche Art von Problem das ist, wird durch den Typ der Exception klar. Auch weitere Informationen zum Problem (textuelle Beschreibung/Fehlermeldung, Fehlerursache, ...) können aus der Exception ermittelt werden.

Passender `catch`-Block   Betrachten wir als Beispiel das Ermitteln eines Zahlenwerts aus einer textuellen Angabe. Wir beginnen mit dem Fall, dass alles so weit korrekt ist:

```
jshell> try
   ...> {
   ...>     int result = Integer.parseInt("127");
   ...>     System.out.println("parsing returned " + result);
   ...> }
   ...> catch (NumberFormatException ex)
   ...> {
   ...>     System.out.println("can't parse to integer");
   ...> }
parsing returned 127
```

Hier wird keine Exception ausgelöst und der `catch`-Block wird demzufolge nicht ausgeführt. Stattdessen werden alle Anweisungen des `try`-Blocks abgearbeitet.

Um die Fehlerbehandlung in Aktion zu erleben, soll diesmal das Ermitteln eines Zahlenwerts aus einer textuellen Angabe fehlschlagen. Daher wird hier bewusst erneut der unsinnige Wert ERROR übergeben:

```
jshell> try
   ...> {
   ...>     int result = Integer.parseInt("ERROR");
   ...>     System.out.println("parsing returned " + result);
   ...> }
   ...> catch (NumberFormatException nfe)
   ...> {
   ...>     System.out.println("can't parse to integer");
   ...> }
can't parse to integer
```

Wie erwartet, kann der Wert ERROR nicht in eine Ganzzahl gewandelt werden, was eine `NumberFormatException` auslöst. Das wiederum stoppt die Ausführung der Anweisungen im `try` und springt den passenden `catch`-Block an. Folglich wird nicht wie zuvor `parsing returned ...`, sondern nur die folgende Fehlermeldung ausgegeben:

```
can't parse to integer
```

Unpassender `catch`-Block   Die gerade gezeigte Verarbeitung eines möglichen Umwandlungsfehlers war recht eingängig. Wir sollten uns aber noch fragen, was geschieht, wenn kein passender `catch`-Block existiert, etwa wie folgt:

```
jshell> try
   ...> {
   ...>     Integer.valueOf("ERROR");
   ...> }
   ...> catch (FileNotFoundException ex)
   ...> {
   ...>     System.out.print("file not found!");
   ...> }
|  Error:
|  exception java.io.FileNotFoundException is never thrown in body of
|     corresponding try statement
|  catch (FileNotFoundException ex)
|  ^-------------------------------...
```

Wir sehen, dass Java diese Situation automatisch erkennt und darauf mit einem Fehler reagiert – das hat insbesondere mit sogenannten Checked Exceptions zu tun. In Abschnitt 11.4 erfahren Sie mehr dazu.

Rekapitulation   Rekapitulieren wir kurz: In diesem Beispiel wird das Ganze noch mal deutlich: Tritt bei der Abarbeitung der Anweisungen des `try`-Blocks ein Fehler auf, der eine Exception auslöst, so stoppt die Verarbeitung der Anweisungen im `try`-Block. Es wird direkt ein auf die Exception ausgelegter `catch`-Block angesprungen – sofern ein solcher existiert. Gibt es keinen auf den Typ der Exception passenden `catch`-Block, so wird die Exception so lange an die aufrufenden Methoden weitergegeben (propagiert), bis entweder ein passender `catch`-Block gefunden oder die `main()`-Methode erreicht wird und damit die Programmausführung stoppt.

Auf mehrere Exceptions reagieren   Es können auch mehrere `catch`-Blöcke existieren, die zu verschiedenen Arten von Fehlersituationen korrespondieren und jeweils andere Typen von Exceptions behandeln. Bei Auftreten eines Fehlers wird der Typ der ausgelösten Exception mit den Exception-Typangaben in den `catch`-Blöcken abgeglichen und von dem Block behandelt, der mit dem Typ der Exception inklusive Basistypen (am besten) übereinstimmt. Dabei werden die Blöcke in der Reihenfolge ihrer Deklaration durchgegangen, also von oben nach unten, und der erste, der fängt, gewinnt. Alle anderen Blöcke werden nicht ausgeführt.

In folgendem Beispiel forcieren wir zunächst ein paarmal eine `NumberFormat-Exception` aufgrund der fehlschlagenden Umwandlung eines Strings in einen `int`. Schließlich kommt es dann zu zwei Fehlern beim indizierten Zugriff:

```
public class MultipleExceptions
{
    public static void main(String[] args)
    {
        var names = List.of("Tim", "Tom", "Mike");

        for (int i = 0; i < 5; i++)
        {
            try
            {
                int value = Integer.valueOf(names.get(i));
            }
            catch (NumberFormatException | ArithmeticException ex)
            {
                System.out.println("can't parse to integer");
            }
            catch (ArrayIndexOutOfBoundsException aioobe)
            {
                System.out.println("wrong index");
            }
        }
    }
}
```

Wir sehen im Beispiel noch die |-separierte Angabe von zwei Exception-Typen. Dies wird Multi Catch genannt. Bei der Ausführung erhalten wir folgende Ausgaben:

```
can't parse to integer
can't parse to integer
can't parse to integer
wrong index
wrong index
```

Unspezifisches Exception Handling   Es ist auch möglich, aber nicht empfehlenswert, ein allgemeines Exception Handling nur mit `catch Exception`, also mit Angabe des allgemeinsten Exception-Typs, wie folgt zu schreiben:

```
jshell> try
   ...> {
   ...>     System.out.println("INVALID INDEX: " + names.get(42));
   ...> }
   ...> catch (Exception ex)
   ...> {
   ...>     System.out.println("an unspecified error occurred");
   ...> }
an unspecified error occurred
```

Warum ist das nicht empfehlenswert? Mit der gezeigten Art lassen sich Fehlersituationen nicht unterscheiden und somit kann man nicht adäquat auf unterschiedliche Probleme reagieren. Nur selten ist diese Form der Fehlerbehandlung daher sinnvoll.

Der letzte Wille – abschließende Aktionen und der `finally`-Block

Als Letztes verbleibt die Besprechung des `finally`-Blocks. Dieser ist optional und seine Anweisungen werden immer dann ausgeführt, wenn der `finally`-Block vorhanden ist – also egal, ob ein Fehler aufgetreten ist oder nicht. Sinnvoll kann man den `finally`-Block nutzen, um auf jeden Fall benötigte Aufräumarbeiten durchzuführen – im Speziellen auch dann, wenn eine Exception ausgelöst wurde, für die kein passender `catch`-Block existiert. Schauen wir uns den Aufbau von `try-catch` und `finally` an:

```
try
{
    // Hier können Exceptions auftreten
}
catch (Exception e)
{
    // Hier werden Exceptions abgearbeitet, sofern der catch-Block vorhanden ist.
    // Ansonsten muss die Exception in der Methodensignatur aufgeführt werden,
    // falls es eine Checked Exception (vgl. Abschnitt 11.4) ist.
}
finally
{
    // Wird immer durchlaufen, ist allerdings optional
}
```

Sofern `finally` angegeben ist, muss das `catch` nicht zwingend angegeben werden:

```
try
{
    // Hier können Exceptions auftreten
}
finally
{
    // Wird immer durchlaufen, ist allerdings optional
}
```

Betrachten wir ein konkretes, allerdings recht künstliches Beispiel:

```
jshell> try
   ...> {
   ...>     System.out.println("INVALID INDEX: " + names[42]);
   ...> }
   ...> catch (ArrayIndexOutOfBoundsException aioobe)
   ...> {
   ...>     System.out.println("wrong index");
   ...> } finally {
   ...>     System.out.println("ALWAYS EXECUTED");
   ...> }
wrong index
ALWAYS EXECUTED
```

Ein etwas praktischeres Beispiel ist das Schließen einer Datei:

```
BufferedReader br = null;
try
{
    br = new BufferedReader(new FileReader(path));
    return br.readLine();
}
finally
{
    try
    {
        / unschönerweise kann close() eine Exception auslösen
        if (br != null)
            br.close();
    }
    catch(final IOException ioe)
    {
        // Für close() nicht sinnvoll behandelbar, ggf. Protokollierung
    }
}
```

Insbesondere wird durch den `finally`-Block sichergestellt, dass die Datei geschlossen und die damit belegten Systemressourcen wieder freigegeben werden. Eine elegantere Möglichkeit dazu wird in Abschnitt 11.3 kurz besprochen.

11.1.2 Exceptions selbst auslösen – `throw`

Mittlerweile haben wir schon mehrmals gesehen, dass bei der Abarbeitung von Programmen in gewissen Fehlersituationen automatisch Exceptions ausgelöst werden. Aber auch wir als Programmierer können selbst Exceptions auslösen. Dazu dient das Schlüsselwort `throw` in Kombination mit einem Ausnahmetyp. Gebräuchlich sind in Java etwa die vordefinierte Ausnahmetypen, wie `FileNotFoundException`, `Array-IndexOutOfBoundsException` und `IllegalArgumentException`.

In der folgenden Methode prüfen wir die Gültigkeit des Parameters `value`. Falls der Wert kleiner oder größer als die Grenzwerte ist, lösen wir eine `IllegalArgument-Exception` aus – dabei könnte der Hinweis noch etwas informativer ausfallen:

```
jshell> void ensureValueInRange(int value, int lowerBound, int upperBound)
   ...> {
   ...>     if (value < lowerBound || value > upperBound)
   ...>         throw new IllegalArgumentException("out of bounds");
   ...> }
|  created method ensureValueInRange(int,int,int)
```

Experimentieren wir ein klein wenig. Der erste Aufruf ist erfolgreich, der zweite stellt jedoch einen Wertebereichsverstoß dar, der sich wie folgt auswirkt:

```
jshell> ensureValueInRange(5, 2, 7)

jshell> ensureValueInRange(7, 10, 100)
|  Exception java.lang.IllegalArgumentException: out of bounds
|        at ensureValueInRange (#21:4)
|        at (#23:1)
```

11.1.3   Eigene Exception-Typen definieren

In Java ist es problemlos möglich, eigene Typen von Exceptions, z. B. eine `Customer-NotFoundException`, zu definieren. Das ist immer dann nützlich, wenn man spezifischere Informationen zu möglichen Fehlersituationen bereitstellen möchte und die in Java vordefinierten Exceptions die Fehlersituation nicht adäquat beschreiben würden. Zur Definition eigener Exception-Typen kann man auf die später in Abschnitt 11.4 detaillierter behandelten Basistypen `Exception` und `RuntimeException` zurückgreifen.

```
public class CustomerNotFoundException extends Exception
{
    public CustomerNotFoundException(String message)
    {
        super(message);
    }

    public CustomerNotFoundException(String message, Throwable throwable)
    {
        super(message, throwable);
    }
}
```

11.1.4   Exceptions propagieren – `throws`

Wird eine Exception ausgelöst und wird diese nicht durch ein passendes `catch` behandelt, so wird sie die Aufrufkette der Methoden entlang hochgereicht, bis sie entweder behandelt wurde oder aber in der `main()`-Methode zu einem Programmabbruch führt. Schauen wir uns ein simples Beispiel an:

```
public class ExceptionPropagation
{
    public static void main(String[] args)
    {
        func1();
    }

    static void func1()
    {
        func2();
    }

    static void func2()
    {
        throw new IllegalStateException("propagate me");
    }
}
```

Das produziert folgende Ausgaben:

```
Exception in thread "main" java.lang.IllegalStateException: propagate me
    at ch11_exceptions.ExceptionPropagation.func2(ExceptionPropagation.java:16)
    at ch11_exceptions.ExceptionPropagation.func1(ExceptionPropagation.java:11)
    at ch11_exceptions.ExceptionPropagation.main(ExceptionPropagation.java:7)
```

Besonderheit bei Checked Exception Wenn die ausgelöste Exception eine Checked Exception ist, dann muss man die Möglichkeit des Auftretens in der Methodensignatur angeben:

```java
public class ExceptionPropagation2
{
    static class OwnCheckException extends Exception
    {
    }

    public static void main(String[] args) throws OwnCheckException
    {
        func1();
    }

    static void func1() throws OwnCheckException
    {
        func2();
    }

    static void func2() throws OwnCheckException
    {
        throw new OwnCheckException();
    }
}
```

Das produziert folgende Ausgaben:

```
Exception in thread "main" ch11_exceptions.
    ExceptionPropagation2$OwnCheckException
    at ch11_exceptions.ExceptionPropagation2.func2(ExceptionPropagation2.java
        :21)
    at ch11_exceptions.ExceptionPropagation2.func1(ExceptionPropagation2.java
        :16)
    at ch11_exceptions.ExceptionPropagation2.main(ExceptionPropagation2.java:11)
```

11.2 Fehlerbehandlung in der Praxis

Wenn wir Methoden schreiben, sollten wir uns auch immer überlegen, mit welchen Werten sie überhaupt sinnvoll umgehen können. In der Informatik spricht man auch von Preconditions. Auch ohne die theoretischen Hintergründe ist uns relativ einleuchtend, dass Funktionalitäten vielleicht nicht sinnvoll für negative Werte arbeiten. Deswegen sollten wir eine spezielle Behandlung für den Aufruf mit negativen Werten wie folgt integrieren:

```java
jshell> public static double inverse_squareroot(int n) {
   ...>     if (n < 0)
   ...>         throw new IllegalArgumentException("n must not be negative, but
       was " + n);
   ...>
   ...>     return 1 / Math.sqrt(n);
   ...> }
|  created method inverse_squareroot(int)
```

Zu Beginn der Methode wird der Wert des Parameters geprüft. Ist dieser negativ, so wird eine `IllegalArgumentException` ausgelöst. Dies sorgt dafür, dass die Ausführung der Methode an der Stelle abgebrochen wird und es erfolgt auch keine Rückgabe eines Werts. Von der JVM wird automatisch diese Exception so lange an die weiteren Aufrufer weitergereicht, bis entweder ein spezifischer `catch`-Block gefunden oder die `main()`-Methode erreicht wurde. Im letzteren Fall wird das Programm mit einer Fehlermeldung abgebrochen.

In unserem Beispiel sehen wir gleich noch einen Trick aus der Praxis. Wenn Sie eine Fehlermeldung erzeugen, sollten Sie dort alle relevanten Informationen zusammentragen und beifügen.

Schauen wir uns dies konkret an:

```
jshell> inverse_squareroot(4)
$43 ==> 0.5

jshell> inverse_squareroot(16)
$44 ==> 0.25

jshell> inverse_squareroot(-16)
|  Exception java.lang.IllegalArgumentException: n must not be negative, but was
       -16
```

Tipp: Gültigkeitsprüfungen

Für Ihre ersten Experimente reicht es völlig, wenn Sie über gültige Wertebereiche nachdenken und dem obigen Muster folgend Gültigkeitsprüfungen in Ihre Programme, genauer die öffentlichen Methoden (also mit der Sichtbarkeit `public`), einbauen.

Warum nur in die `public`-Methoden? Die kurze Antwort: Vertrauen Sie sich etwa selbst nicht? Also, Sie sollten an den Systemgrenzen die Gültigkeit prüfen, aber nicht notorisch immer und überall im Programm. Stellen Sie sich einmal die reale Welt vor und eine Passkontrolle: Diese erfolgt lediglich bei der Einreise, nicht aber ständig auf offener Straße.

11.3   Automatic Resource Management (ARM)

Aufräumarbeiten bei I/O-Operationen können durch die dazu notwendigen `try-catch`-Blöcke recht umfangreich und unleserlich werden. Praktischerweise bietet Java für diese Aufgaben ein automatisches Ressourcenmanagement. Dieses entlastet den Entwickler von manuellen Aufräumarbeiten und es hilft dabei, weniger Fehler zu machen.

Betrachten wir als Beispiel das Einlesen der ersten Zeile einer Datei. Beginnen wir mit dem Aufwand der manuellen Aufräumarbeiten ohne ARM beim Einsatz eines `BufferedReader`s:

```java
// I/O ohne ARM
public static String readFirstLine(final String path) // throws IOException
{
    BufferedReader br = null;
    try
    {
        br = new BufferedReader(new FileReader(path));
        return br.readLine();
    }
    catch (final IOException ex)
    {
        // handle or rethrow
    }
    finally
    {
        // Diese manuellen Aufräumarbeiten werden durch ARM überflüssig
        try
        {
            if (br != null)
                br.close();
        }
        catch(final IOException ioe)
        {
            // ignore
        }
    }
    return "";
}
```

Zur Aktivierung des ARM muss die Verarbeitung in einem speziellen `try`-Block mit runden Klammern und mit der Angabe der später freizugebenden Ressourcenvariablen erfolgen:

```java
public static String readFirstLine(final String path)
{
    // Spezielle Angabe der Ressourcenvariablen
    try (final FileReader fr = new FileReader(path);
         final BufferedReader br = new BufferedReader(fr))
    {
        return br.readLine();
    }
    catch (final IOException ex)
    {
        // handle or rethrow
    }
    return "";
}
```

Für jede in den runden Klammern des `try`-Blocks angegebene Variable wird beim Verlassen des `try`-Blocks *automatisch* die Methode `close()` aufgerufen. Das setzt allerdings voraus, dass die dort verwendeten Typen der Variablen das Interface `java.lang.AutoCloseable` erfüllen. Dann werden die Aufrufe passend generiert.

Wie im Listing gezeigt, sollte man Verkettungen von Konstruktoraufrufen vermeiden, da dann möglicherweise nicht alle Ressourcen freigegeben werden. Vielmehr ist eine separate Definition wie oben zu empfehlen.

Die Themengebiete Fehlerbehandlung mit Exceptions und I/O können in diesem Buch nur überblicksartig vorgestellt werden. Für weitere Details konsultieren Sie bitte mein Buch »Der Weg zum Java-Profi« [3].

11.4   Hintergrundwissen: Checked und Unchecked Exceptions

In Java unterscheidet man zur Behandlung von Fehlersituationen zwischen Checked Exceptions und Unchecked Exceptions. Nachfolgende Abbildung 11-1 zeigt die Ableitungshierarchien der beiden Arten von Exceptions. Zudem ist dort der Typ `Error` zu sehen, der für schwerwiegende Fehlersituationen steht, etwa `OutOfMemoryError`, und nicht vom Programm behandelt werden sollte. Derartiges betrachten wir nicht weiter.

Checked Exceptions sind Bestandteil des »Vertrags« zwischen Aufrufer und Bereitsteller einer Methode und zeigen mögliche, durch Aufrufer zu erwartende Fehlersituationen an. Sie müssen daher in der Methodensignatur mit dem Schlüsselwort `throws` angegeben werden. Dies sichert ab, dass Aufrufer entweder selbst aktiv mit einem `catch`-Block darauf reagieren oder ansonsten automatisch eine Propagation an weitere aufrufende Methoden erfolgt.

Eine Behandlung ist für *Unchecked Exceptions* mit dem Basistyp `Runtime-Exception` nicht zwingend erforderlich – aber möglich, und man kann diese normal mit einem `catch`-Block bearbeiten. Weil aber Unchecked Exceptions üblicherweise

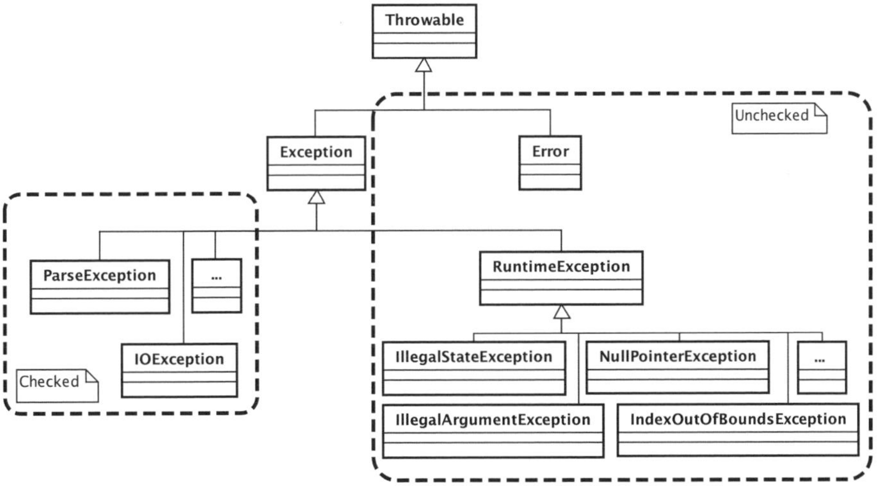

Abbildung 11-1 *Exception-Hierarchie*

schwerwiegende Programmierprobleme oder unerwartete Situationen ausdrücken, ist das Verarbeiten mit einem `catch`-Block eher ungewöhnlich: Ein Aufrufer kann darauf oft nicht sinnvoll reagieren. Daher sind Unchecked Exceptions in der Regel auch nicht Bestandteil der Methodensignatur (obwohl man sie dort explizit aufführen kann). Man kann Unchecked Exceptions etwa zur Signalisierung ungültiger Parameterwerte in Form einer `IllegalArgumentException` nutzen.

Hinweise zum Einsatz

Einige Programmierer geraten in Versuchung, nur noch Unchecked Exceptions einzusetzen und eigene Exception-Klassen von `java.lang.RuntimeException` abzuleiten. Obwohl dies vom »lästigen« Bearbeiten einer möglicherweise auftretenden Exception befreit und auch keine Fehler beim Kompilieren provoziert, erschwert ein derartiges Vorgehen es manchmal doch, angemessen auf Fehlersituationen reagieren zu können: Einerseits sieht man in der Methodensignatur nicht, dass eine Exception ausgelöst wird, weshalb dies in der Methodendokumentation aufgeführt werden sollte. Andererseits kann die Exception einfach ignoriert werden. Sie führt dann zur Laufzeit zu einem unerwarteten Programmfehler. Im Extremfall wird eine solche Exception unbehandelt bis zur `main()`-Methode und damit zur JVM propagiert, wodurch die Verarbeitung gestoppt wird.

Aus dieser Diskussion leiten wir folgenden Hinweis ab: *Wenn es einem Aufrufer möglich ist, eine außergewöhnliche Situation zu behandeln, so sollte eine Checked Exception bevorzugt werden. Ist nicht davon auszugehen, dass ein Aufrufer die Fehlersituation korrigieren soll, oder ist ein Aufrufer dazu höchstwahrscheinlich nicht in der Lage, so ist eine Unchecked Exception die richtige Wahl.*

12 Datumsverarbeitung

Das JDK bietet mittlerweile eine Vielzahl praktischer Funktionalitäten zur Datumsverarbeitung. Darunter befindet sich die nicht intuitive Maschinenzeit, die linear voranschreitet. Diese wird durch die Klasse `java.time.Instant` modelliert. Dabei wird ein spezieller Zeitpunkt in Nanosekunden seit dem 1.1.1970 repräsentiert. Besser zur menschlichen Denkweise passen beispielsweise die Klassen `LocalDate`, `LocalTime` und `LocalDateTime`, die Datumswerte ohne Zeitzonen in Form eines Datums, einer Zeit sowie einer Kombination daraus repräsentieren.

12.1 Schnelleinstieg

Zum Zugriff auf die eingebauten Klassen zur Datumsverarbeitung müssen wir das Package `java.time` importieren. Das Package enthält viele Datums- und Zeitklassen, z. B. die gerade genannten `LocalDate`, `LocalTime` und `LocalDateTime`. Beginnen wir aber mit den zwei Aufzählungen `DayOfWeek` und `Month`.

12.1.1 Die Aufzählungen `DayOfWeek` und `Month`

Der Einsatz dieser beiden Aufzählungen sorgt für gute Lesbarkeit und vermeidet Fehler, weil man typsichere Konstanten anstelle von Magic Numbers verwenden kann, also beispielsweise den Monat Februar nicht als 2, sondern als `Month.February` repräsentiert. Darüber hinaus sind Berechnungen mit den Aufzählungstypen möglich. Nachfolgend demonstriere ich dies, indem ich durch Aufruf von `plus()` zu einem Sonntag 5 Tage hinzuaddiere und zum Februar 13 Monate. Wie erwartet, landet man an einem Freitag bzw. im März:

```
jshell> import java.time.*

jshell> DayOfWeek sunday = DayOfWeek.SUNDAY
sunday ==> SUNDAY

jshell> Month february = Month.FEBRUARY
february ==> FEBRUARY

jshell> sunday.plus(5)
$75 ==> FRIDAY

jshell> february.plus(13)
$76 ==> MARCH
```

Monatslänge bestimmen

Ab und an möchte man erfahren, wie viele Tage ein Monat hat. Dazu existiert die Methode `length(isLeapYear)`, der man über einen booleschen Parameter mitgeben muss, ob es sich um ein Schaltjahr handelt. Wie wir das ermitteln, schauen wir uns gleich nach dem Beispiel an:

```
jshell> Month.FEBRUARY.length(false)
$227 ==> 28

jshell> Month.FEBRUARY.length(true)
$228 ==> 29

jshell> Month.MARCH.length(false)
$229 ==> 31

jshell> Month.MARCH.length(true)
$230 ==> 31
```

Wie erwartet, ändert sich die Länge des Februars von 28 auf 29 Tage abhängig davon, ob ein Jahr ein Schaltjahr ist. Die Länge vom März und den anderen Monaten bleibt erwartungskonform gleich.

Länge des Jahrs bestimmen

Ebenso wie die Monatslänge kann auch die Länge des Jahrs von Interesse sein. Dabei hilft die Klasse `Year` und ihre Methode `length()`:

```
jshell> Year.of(2000).length()
$238 ==> 366

jshell> Year.of(2021).length()
$239 ==> 365
```

Schaltjahr bestimmen

Wie schon angedeutet, wäre es wünschenswert, die Schaltjahresangabe programmatisch ermitteln zu können. Auch dabei hilft die Klasse `Year`, die eine vordefinierte Prüfung in Form der Methode `isLeap()` auf Schaltjahre bietet:

```
jshell> Year.of(2000).isLeap()
$231 ==> true

jshell> Year.of(2021).isLeap()
$232 ==> false
```

12.1.2 Die Klasse `LocalDate`

Wie eingangs erwähnt, hat die Darstellung von Zeitangaben in Millisekunden, die zwar hilfreich für die Verarbeitung mit Computern ist, nur sehr wenig mit der menschlichen Denkweise und der Orientierung im Zeitsystem zu tun. Menschen denken bevorzugt in Zeitabschnitten oder wiederkehrenden Datumsangaben, etwa 24.12. für Heiligabend, 31.12. für Silvester usw., also Datumsangaben ohne Uhrzeit und Jahr. Manchmal benötigt man »unvollständige Zeitangaben«, wie Uhrzeiten ohne Bezug zu einem Datum, etwa 18:00 Uhr Feierabend, oder als Kombination: dienstags und donnerstags 19 Uhr Karate-Training.

Die Klasse `LocalDate` repräsentiert eine Datumangabe, bestehend aus Jahr, Monat und Tag ohne Zeitinformationen, etwa 23.11.2020. Mit der Klasse `LocalTime` wird eine Zeitangabe ohne Datumsangabe modelliert, z. B. 18:00 Uhr. Die Klasse `LocalDateTime` ist eine Kombination aus `LocalDate` und `LocalTime`. Auf die beiden gehe ich in Abschnitt 12.1.3 ein.

Aktuelles Datum anzeigen und Werte abfragen

Um das aktuelle Datum anzuzeigen, importieren Sie die Klasse `LocalDate` und verwenden ihre `now()`-Methode. Oftmals hilfreich ist die Ermittlung des Wochentags. Dazu dient `getDayOfWeek()`:

```
jshell> import java.time.LocalDate

jshell> LocalDate now = LocalDate.now()
now ==> 2021-02-05

jshell> now.getDayOfWeek()
$71 ==> FRIDAY

jshell> now.getDayOfMonth()
$77 ==> 5

jshell> now.getDayOfYear()
$78 ==> 36
```

Ein spezielles Datum als `LocalDate` repräsentieren

Wichtiger als der aktuelle Zeitpunkt ist vielfach ein konkretes Datum. Dieses kann entweder basierend auf den einzelnen Informationen eines Datums mit `of()` oder aber basierend auf einer textuellen Information wie folgt ermittelt werden:

```
jshell> LocalDate michasBirthday = LocalDate.of(1971, Month.FEBRUARY, 7)
michasBirthday ==> 1971-02-07

jshell> LocalDate sophiesBirthday = LocalDate.parse("2020-11-23")
sophiesBirthday ==> 2020-11-23
```

Wochentag und Tag im Monat bzw. Jahr bestimmen

Für ein gegebenes Datum als `LocalDate` kann man unter anderem den zugehörigen Wochentag sowie den Tag im Monat bzw. Jahr bestimmen. Dabei helfen die Methoden `getDayOfWeek()`, `getDayOfMonth()` und `getDayOfYear()`:

```
jshell> LocalDate sophiesBirthday = LocalDate.parse("2020-11-23")
sophiesBirthday ==> 2020-11-23

jshell> sophiesBirthday.getDayOfWeek()
$244 ==> MONDAY

jshell> sophiesBirthday.getDayOfMonth()
$245 ==> 23

jshell> sophiesBirthday.getDayOfYear()
$246 ==> 328
```

Monatslänge und Länge des Jahrs bestimmen

Zuvor hatten wir schon kennengelernt, wie wir die Länge eines Monats und eines Jahrs bestimmen. Das ist auch über spezielle Methoden in `LocalDate` möglich. Hierbei kann auf die zuvor benötigte Angabe der Schaltjahreigenschaft verzichtet werden, weil dies durch die Jahresinformation im `LocalDate` automatisch gegeben ist.

```
jshell> LocalDate now = LocalDate.now()
now ==> 2021-02-10

jshell> now.lengthOfMonth()
$241 ==> 28

jshell> now.lengthOfYear()
$242 ==> 365
```

Einfache Datumsarithmetik

Basierend auf einem `LocalDate` lässt sich einfache Datumsarithmetik ausführen. Im folgenden Listing sehen wir dazu verschiedene Berechnungen mithilfe von `plusXyz()`- sowie `minusXyz()`-Methoden.

```
jshell> LocalDate michasBirthday = LocalDate.of(1971, Month.FEBRUARY, 7)
michasBirthday ==> 1971-02-07

jshell> michasBirthday.plusYears(49).plusMonths(10).minusDays(14)
$185 ==> 2020-11-23
```

Arithmetik für Abfragen Wir können das Ganze natürlich kombinieren, um zu schauen, auf welchen Wochentag der Geburtstag des Autors nach 18 bzw. 50 Jahren fiel:

```
jshell> michasBirthday.plusYears(18).getDayOfWeek()
$187 ==> TUESDAY

jshell> michasBirthday.plusYears(50).getDayOfWeek()
$190 ==> SUNDAY
```

Ermittlung von Zeitdifferenzen

Immer mal wieder benötigt man Informationen etwa über die Anzahl der Tage bis zum Quartalsende oder bis zum Jahresende. Dabei ist die Methode until() eine große Hilfe. Wir definieren den 10. Februar und den 31. März des Jahres 2021 sowie den 31.12.2022 als LocalDate und berechnen dann durch Aufruf von until() einige Zeitspannen:

```
jshell> LocalDate feb10th = LocalDate.parse("2021-02-10")
feb10th ==> 2021-02-10

jshell> LocalDate endOf1stQuarter = LocalDate.parse("2021-03-31")
endOf1stQuarter ==> 2021-03-31

jshell> Period timeDiffQuarter = feb10th.until(endOf1stQuarter)
timeDiffQuarter ==> P1M21D

jshell> LocalDate silvester22 = LocalDate.of(2022, 12, 31)
silvester22 ==> 2022-12-31

jshell> Period timeDiffSilvester = feb10th.until(silvester22)
timeDiffSilvester ==> P1Y10M21D
```

Die Klasse Period In diesem Beispiel lernen wir eine weitere Klasse kennen, nämlich Period. Diese Klasse modelliert einen Zeitabschnitt größerer Dauer, beispielsweise »2 Monate« oder »3 Tage«.

Anhand des Beispiels und dessen Ausgaben lernen wir einiges über die Klasse Period: Zunächst ist da die etwas kryptische Stringrepräsentation, die der ISO 8601 folgt. Dabei ist P das Startkürzel (für Period) und dann stehen Y für Jahre, M für Monate und D für Tage. Als Besonderheit sind auch negative Offsets erlaubt, etwa P-2M4D.

Eine Period kann man nicht nur durch until() erhalten, sondern auch selbst erzeugen. Dazu bietet Period verschiedene ofXyz()-Methoden, etwa ofMonths(). Einer so erzeugten Period kann man dann mit withXyz() noch Zeitdauern anhängen, nachfolgend für zwei Monate und sieben Tage gezeigt:

```
jshell> Period twoMonthsSevenDays = Period.ofMonths(2).withDays(7)
twoMonthsSevenDays ==> P2M7D

jshell> feb10th.plus(twoMonthsSevenDays)
$251 ==> 2021-04-17
```

Zeitsprünge machen

Für diverse Anwendungsfälle ist es wünschenswert, virtuelle Zeitsprünge ausführen zu können. Im einfachsten Fall nutzt man dafür eine `Period`, um Zeitdauern zu einem Datum hinzuzufügen oder davon abzuziehen. Nachfolgend sind diese Berechnungen für den 10. Februar und eine Zeitspanne von zwei Monaten und sieben Tagen gezeigt:

```
jshell> LocalDate feb10th = LocalDate.parse("2021-02-10")
feb10th ==> 2021-02-10

jshell> Period twoMonthsSevenDays = Period.ofMonths(2).withDays(7)
twoMonthsSevenDays ==> P2M7D

jshell> feb10th.plus(twoMonthsSevenDays)
$251 ==> 2021-04-17

jshell> feb10th.minus(twoMonthsSevenDays)
$252 ==> 2020-12-03
```

Gebräuchlicher ist es vermutlich, auf fixe Tage zu springen, also etwa vom aktuellen Tag auf den Anfang oder das Ende des Monats. Dabei hilft uns die Klasse `TemporalAdjusters` mit einer Vielzahl an Methoden. Exemplarisch schauen wir uns zunächst den Sprung an den Anfang und das Ende eines Monats an:

```
jshell> import java.time.temporal.TemporalAdjusters

jshell> LocalDate michasBirthday = LocalDate.of(1971, Month.FEBRUARY, 7)
michasBirthday ==> 1971-02-07

jshell> LocalDate firstDayInFebruary =
...>           michasBirthday.with(TemporalAdjusters.firstDayOfMonth())
firstDayInFebruary ==> 1971-02-01

jshell> LocalDate lastDayInFebruary =
...>           michasBirthday.with(TemporalAdjusters.lastDayOfMonth())
lastDayInFebruary ==> 1971-02-28
```

Integration von `LocalDate` und dem Stream-API

Die Klasse `LocalDate` bietet noch eine besondere Methode namens `datesUntil()`. Diese erzeugt einen `Stream<LocalDate>` zwischen zwei `LocalDate`-Instanzen – optional ist es möglich, eine Schrittweite vorzugeben. Das klingt zunächst nicht weiter spektakulär, erlaubt es uns aber, verschiedene Berechnungen recht elegant zu formulieren, insbesondere weil wir die Integration und Möglichkeiten des Stream-APIs nutzen können. Eine Kurzeinführung bietet Abschnitt 9.4. [1]

Im nachfolgenden Beispiel verwenden wir den Geburtstag des Autors und den Heiligabend desselben Jahres zur Demonstration von Berechnungen mit der Methode `datesUntil()`:

---

[1] Für eine ausführliche Besprechung des mächtigen Stream-APIs möchte ich Sie an mein Buch »Der Weg zum Java-Profi« [3] verweisen.

```
public static void main(final String[] args)
{
    final LocalDate myBirthday = LocalDate.of(1971, Month.FEBRUARY, 7);
    final LocalDate christmas = LocalDate.of(1971, Month.DECEMBER, 24);

    System.out.println("Day-Stream");
    final Stream<LocalDate> daysUntil = myBirthday.datesUntil(christmas);
    daysUntil.skip(150).limit(4).forEach(System.out::println);

    System.out.println("\n3-Month-Stream");
    final Stream<LocalDate> monthsUntil =
                        myBirthday.datesUntil(christmas, Period.ofMonths(3));
    monthsUntil.limit(3).forEach(System.out::println);
}
```

Führen wir das Programm aus, so wird ausgehend vom 7. Februar zunächst 150 Tage in die Zukunft gesprungen, wodurch man am 7. Juli landet. Dann werden vier Werte eines Streams von Tagen ausgegeben:

```
Day-Stream
1971-07-07
1971-07-08
1971-07-09
1971-07-10
```

Zudem zeigen die zweiten Ausgaben die Vorgabe einer Schrittweite, hier drei Monate. Ausgehend vom 7. Februar werden zusätzlich zu diesem Datum noch zwei Daten in die Zukunft aufgelistet:

```
3-Month-Stream
1971-02-07
1971-05-07
1971-08-07
```

12.1.3 Die Klassen `LocalTime` und `LocalDateTime`

Bereits zuvor hatte ich schon kurz angesprochen, dass mit der Klasse `LocalTime` eine Zeitangabe ohne Datumsangabe modelliert wird, z. B. 18:00 Uhr. Auch die Klasse `LocalDateTime` wurde als Kombination aus `LocalDate` und `LocalTime` erwähnt. Nun wollen wir ein paar Möglichkeiten kennenlernen.

Aktuelle Zeit (auch mit Datum) anzeigen

Um die aktuelle Uhrzeit (Stunde, Minute, Sekunde und Nanosekunde) anzuzeigen, importieren Sie die Klasse `LocalTime` und verwenden Sie deren Methode `now()`:

```
jshell> import java.time.LocalTime

jshell> import java.time.LocalDateTime

jshell> LocalTime now = LocalTime.now()
now ==> 18:56:58.488188
```

```
jshell> LocalDateTime now = LocalDateTime.now()
now ==> 2021-01-07T18:57:09.169928

jshell> LocalTime fiveInTheAfternoon = LocalTime.parse("17:30:15")
fiveInTheAfternoon ==> 17:30:15

jshell> LocalTime atTen = LocalTime.of(10,00,00)
atTen ==> 10:00

jshell> LocalTime tenFifteen = atTen.plusMinutes(15)
tenFifteen ==> 10:15

jshell> LocalTime breakfastTime = tenFifteen.minusHours(2);
breakfastTime ==> 08:15
```

Ermittlung von Zeitdifferenzen

Immer mal wieder benötigt man Informationen etwa über die zeitliche Distanz zwischen zwei Zeitangaben. Dabei hilft die Klasse `java.time.Duration`. Sie bietet eine Methode `between()`. Ermitteln wir doch die Differenzen der drei Zeitpunkte vom Abschnitt zuvor:

```
jshell> Duration.between(atTen, tenFifteen)
$273 ==> PT15M

jshell> Duration.between(atTen, fiveInTheAfternoon)
$274 ==> PT7H30M15S

jshell> Duration.between(atTen, breakfastTime)
$275 ==> PT-1H-45M
```

Ergänzend erlaubt es die Klasse `Duration`, eine Zeitdauer in Nanosekunden festzulegen. Instanzen der Klasse `Duration` können durch Aufruf verschiedener Methoden konstruiert werden, z. B. aus Werten unterschiedlicher Zeiteinheiten[2]:

```java
public static void main(final String[] args)
{
    // Erzeugung mit ofXyz()-Methoden
    final Duration durationFromNanos = Duration.ofNanos(3);
    final Duration durationFromMillis = Duration.ofMillis(7);
    final Duration durationFromSeconds = Duration.ofSeconds(15);
    final Duration durationFromMinutes = Duration.ofMinutes(30);
    final Duration durationFromHours = Duration.ofHours(45);
    final Duration durationFromDays = Duration.ofDays(60);

    System.out.println("From Nanos:   " + durationFromNanos);
    System.out.println("From Millis:  " + durationFromMillis);;
    System.out.println("From Seconds: " + durationFromSeconds);
    System.out.println("From Minutes: " + durationFromMinutes);
    System.out.println("From Hours:   " + durationFromHours);
    System.out.println("From Days:    " + durationFromDays);
}
```

---

[2]Zeiteinheiten mit variabler Länge, wie Monate, werden nicht unterstützt.

Führen wir das Programm aus, so kommt es zu den gezeigten Ausgaben, wobei im Speziellen folgende Dinge von Interesse sind: Zeitdifferenzen werden offenbar minimal in der Zeiteinheit Sekunden (allerdings mit Nachkommastellen) und maximal in der Zeiteinheit von Stunden abgebildet, wodurch für 60 Tage der Wert 1440 Stunden zustande kommt:

```
From Nanos:   PT0.000000003S
From Millis:  PT0.007S
From Secs:    PT15S
From Minutes: PT30M
From Hours:   PT45H
From Days:    PT1440H
```

Beim Betrachten dieser Ausgaben könnten wir durch die Stringrepräsentation von `Duration` irritiert sein. Diese mag zunächst etwas ungewöhnlich erscheinen. Sie folgt aber der Norm ISO 8601 und die Ausgabe startet immer mit dem Kürzel `PT`.[3] Danach gibt es Sektionen für Stunden (`H`), Minuten (`M`) und Sekunden (`S`). Sofern nötig, werden Millisekunden bzw. gar Nanosekunden als Dezimalzahl dargestellt.

Tipp: Verarbeitung mit Zeitzonen

Neben der Klasse `LocalDateTime` zur Repräsentation von Datum und Uhrzeit ohne Zeitzonenbezug existiert eine Klasse `java.time.ZonedDateTime`. Dieser ist eine Zeitzone zugeordnet und bei Berechnungen werden nicht nur die Zeitzone, sondern auch die Auswirkungen von Sommer- und Winterzeit berücksichtigt.

Zeitzonen werden im JDK durch die Klasse `ZoneId` modelliert. Eine solche kann man basierend auf textuellen Zeitzonenkennungen durch Aufruf von `ZoneId.of(String)` ermitteln. Einen Überblick über alle Zeitzonen erhält man durch Aufruf von `ZoneId.getAvailableZoneIds()`.

12.2 Nächste Schritte

12.2.1 Datumsarithmetik

Zur Vervollständigung unseres Wissens lernen wir Berechnungen kennen, beispielsweise um an den Monatsanfang oder um einige Tage oder gar Monate in die Zukunft oder die Vergangenheit zu springen. Praktischerweise sind diverse nützliche Operationen der Datumsarithmetik in der Utility-Klasse `TemporalAdjusters` aus dem Package `java.time.temporal` gebündelt. Im Beispiel für die Klasse `LocalDate` haben wir einen ersten Eindruck von den Möglichkeiten gewinnen können. Dieses Wissen wollen wir nun ausbauen.

---

[3]Laut `http://en.wikipedia.org/wiki/ISO_8601#Durations` ergibt sich dies aus der historischen Benennung Period, also `P`, und das `T` steht für Time.

Vordefinierte `TemporalAdjusters`

In der Utility-Klasse `TemporalAdjusters` findet man eine Menge gebräuchlicher Operationen der Datumsarithmetik. Das sind unter anderem:

- `firstDayOfMonth()`, `firstDayOfNextMonth()` und `lastDayOfMonth()` – Diese Methoden berechnen den ersten oder letzten Tag im (nächsten) Monat.
- `firstDayOfYear()`, `firstDayOfNextYear()` und `lastDayOfYear()` – Damit ermittelt man den ersten oder letzten Tag im (nächsten) Jahr.
- `firstInMonth(DayOfWeek)`, `lastInMonth(DayOfWeek)` – Springt zum ersten oder letzten als Parameter übergebenen Wochentag im Monat.
- `next(DayOfWeek)`, `nextOrSame(DayOfWeek)`, `previous(DayOfWeek)` und `previousOrSame(DayOfWeek)` – Mit diesen Methoden kann man den nächsten oder vorherigen Wochentag berechnen, etwa den nächsten Freitag. Dabei wird gegebenenfalls auch berücksichtigt, ob man sich bereits an diesem Wochentag befindet. In diesem Fall findet selbstverständlich keine Anpassung statt.
- `ofDateAdjuster(UnaryOperator<LocalDate>)` – Mithilfe dieser Methode lassen sich `TemporalAdjusters` erstellen. Die auszuführenden Berechnungen werden mithilfe eines `UnaryOperator<LocalDate>` beschrieben. Das ermöglicht viele Berechnungen, beispielsweise springt man mit dem Lambda `date -> date.plusDays(5)` fünf Tage in die Zukunft.

Beispiel

Zur Verdeutlichung schauen wir uns noch einige Zeitsprünge an den Anfang und das Ende des Monats sowie auf verschiedene Wochentage an:

```java
public static void main(final String[] args)
{
    final LocalDate michasBirthday = LocalDate.of(1971, Month.FEBRUARY, 7);

    var firstDayInFebruary =
        michasBirthday.with(TemporalAdjusters.firstDayOfMonth());
    var lastDayInFebruary =
        michasBirthday.with(TemporalAdjusters.lastDayOfMonth());
    var previousMonday =
        michasBirthday.with(TemporalAdjusters.previous(DayOfWeek.MONDAY));
    var nextFriday =
        michasBirthday.with(TemporalAdjusters.next(DayOfWeek.FRIDAY));

    System.out.println("michasBirthday:      " + michasBirthday);
    System.out.println("firstDayInFebruary:  " + firstDayInFebruary);
    System.out.println("lastDayInFebruary:   " + lastDayInFebruary);
    System.out.println("previousMonday:      " + previousMonday);
    System.out.println("nextFriday:          " + nextFriday);
}
```

Im Listing sehen wir verschiedene Berechnungen mithilfe von `TemporalAdjusters`, etwa die Methode `lastDayOfMonth()` zur Ermittlung des letzten Tags im Monat, hier um den letzten Tag des Monats Februar im Jahr 1971 zu bestimmen. Diese werden mit `with()` auf dem jeweiligen `LocalDate` wirksam.

Führt man das Programm aus, so erhält man folgende Ausgaben:

```
michasBirthday:    1971-02-07
firstDayInFebruary: 1971-02-01
lastDayInFebruary: 1971-02-28
previousMonday:    1971-02-01
nextFriday:        1971-02-12
```

12.2.2 Formatierung und Parsing

Die Klasse `java.time.format.DateTimeFormatter` ist bei der formatierten Ausgabe und beim Parsing von Datumswerten hilfreich. Neben diversen vordefinierten Formaten kann man vielfältige eigene Varianten bereitstellen. Das wird unter anderem durch die Methoden `ofPattern()` und `parse()` mit Angabe eines Formats möglich. Dabei ist es praktischerweise möglich, ein komplexeres Muster zur Formatierung anzugeben und sogar auch zum Parsen zu verwenden.

Dabei sind folgende Platzhalter weit verbreitet:

- `y` – Jahresangabe, mit `yy` erhält man eine zweistellige und mit `yyyy` eine vierstellige Jahreszahl
- `M` – Monatsangabe, mit `M` und `MM` erhält man eine Kurzangabe, mit `MMMM` einen vollen Monatsnamen
- `d` – Tagesangabe des Tags im Monat
- `H` – Uhrzeitangabe (0 – 23)
- `m` – Minutenangabe (0 – 59)
- `s` – Sekundenangabe (0 – 59)

Das wird im folgenden Listing demonstriert – es gibt eine Vielzahl weiterer Möglichkeiten, die hier nicht alle vorgestellt werden können. Deshalb ist ein Blick in die ausführliche Dokumentation des JDKs lohnenswert (`https://docs.oracle.com/en/java/javase/16/docs/api/java.base/java/time/format/DateTimeFormatter.html`).

```
jshell> import static java.time.format.DateTimeFormatter.*

jshell> import java.time.format.DateTimeFormatter

jshell> DateTimeFormatter ddMMyyyyFormat = ofPattern("dd.MM.yyyy")
ddMMyyyyFormat ==> Value(DayOfMonth,2)'.'Value(MonthOfYear,2)'.'Value(YearOfEra
    ,4,19,EXCEEDS_PAD)

jshell> DateTimeFormatter ddMMMMyyFormat = ofPattern("dd-MMMM-yy")
ddMMMMyyFormat ==> Value(DayOfMonth,2)'-'Text(MonthOfYear)'-'ReducedValue(
    YearOfEra,2,2,2000-01-01)

jshell> LocalDate now = LocalDate.now()
now ==> 2021-02-22

jshell> ddMMyyyyFormat.format(now)
$145 ==> "22.02.2021"
```

```
jshell> ddMMMMyyFormat.format(now)
$146 ==> "22-Februar-21"

jshell> LocalTime time = LocalTime.now()
time ==> 17:04:16.626865

jshell> DateTimeFormatter HHmmssFormat = ofPattern("HH:mm:ss")
HHmmssFormat ==> Value(HourOfDay,2)':'Value(MinuteOfHour,2)':'Value(
    SecondOfMinute,2)

jshell> DateTimeFormatter specialHHmmssFormat = ofPattern("'Stunde:' HH / '
    Minute:' mm")
specialHHmmssFormat ==> 'Stunde:'' 'Value(HourOfDay,2)' ''/'' ''Minute:'' 'Value
    (MinuteOfHour,2)

jshell> HHmmssFormat.format(time)
$150 ==> "17:04:16"

jshell> specialHHmmssFormat.format(time)
$151 ==> "Stunde: 17 / Minute: 04"
```

Im Beispiel sehen wir, dass es sogar möglich ist, textuelle Bestandteile anzugeben. Diese sind in Hochkomma einzuschließen. Aber besser noch: Das funktioniert nicht nur beim Formatieren, sondern auch beim Parsen:

```
jshell> specialHHmmssFormat.format(time)
$151 ==> "Stunde: 17 / Minute: 04"

jshell> HHmmssFormat.parse("11:12:13")
$152 ==> {},ISO resolved to 11:12:13
```

Das Ganze scheint recht einfach zu sein, doch was passiert, wenn wir daraus eine Variable machen wollen, um später mit den Werten weiterzuarbeiten? Tatsächlich resultiert der Aufruf von parse() in einer Exception:

```
jshell> LocalTime time1 = HHmmssFormat.parse("11:12:13")
|  Error:
|  incompatible types: java.time.temporal.TemporalAccessor cannot be converted
    to java.time.LocalTime
|  LocalTime time1 = HHmmssFormat.parse("11:12:13");
|                    ^---------------------------^
```

Stattdessen müssen wir die parse()-Methoden aus den Klassen LocalDate bzw. LocalTime wie folgt nutzen:

```
jshell> LocalTime time1 = LocalTime.parse("11:12:13", HHmmssFormat)
time1 ==> 11:12:13

jshell> LocalTime time2 = LocalTime.parse("Stunde: 09 / Minute: 02",
   ...>                                    specialHHmmssFormat)
time2 ==> 09:02

jshell> LocalDate date = LocalDate.parse("23.11.2020", ddMMyyyyFormat)
date ==> 2020-11-23
```

12.3   Praxisbeispiel: Kalenderausgabe

In diesem Praxisbeispiel wollen wir eine Methode `void printCalendar(Month, int)` schreiben, die zu einem gegebenen Monat und Jahr ein passendes Kalenderblatt auf der Konsole ausgibt.

Für den April 2020 erwarten wir folgende Ausgabe:

```
Mo Di Mi Do Fr Sa So
.. .. 01 02 03 04 05
06 07 08 09 10 11 12
13 14 15 16 17 18 19
20 21 22 23 24 25 26
27 28 29 30 -- -- --
```

Natürlich sollten wir auch ein Ende an einem Sonntag sowie den Start an einem Montag prüfen, um sicherzustellen, dass dies auch korrekt funktioniert. Wählen Sie für Ersteres den Mai 2020 und für Letzteres den Juni 2020.

Vorüberlegungen

Bereits am Kalenderblatt für den April 2020 erkennt man ein paar Besonderheiten und Herausforderungen, die auf uns warten:

- Potenziell angebrochene erste und letzte Woche
- Immer am Sonntag erfolgt ein Umbruch.
- Wie bringt man Wochentage und die Anzahl an Tagen miteinander in Verbindung?

Lösung

Zu Beginn geben wir in einer Titelzeile die Wochentage aus. Danach ermitteln wir für den Monat, mit welchem Wochentag er startet. Ist es nicht der Montag, so überspringen wir mit `skipTillFirstDayOfMonth()` einige Wochentage. Um die einzelnen Tage auszugeben, müssen wir die Monatslänge basierend auf den Informationen zum Schaltjahr mit `length()` berechnen. Nun kommt der Teil mit ein paar Tricks. Wir laufen alle Datumswerte ab und geben die Zahl formatiert aus. Beim Erreichen eines Sonntags geht es in einer neuen Zeile weiter. Zum Weitergehen zum nächsten Wochentag schreiben wir eine Hilfsmethode `calcNextWeekDay()`. Zum Abschluss sollen alle nicht mehr zu dem Monat gehörenden Tage mit der Zeichenfolge `--` markiert werden. Das ist Aufgabe der Methode `fillFromMonthEndToSunday()`:

```java
static void printCalendar(final Month month, final int year)
{
    System.out.println("Mo Di Mi Do Fr Sa So ");

    LocalDate cur = LocalDate.of(year, month, 1);
    DayOfWeek firstInMonth = cur.getDayOfWeek();

    skipTillFirstDayOfMonth(firstInMonth);
```

```
DayOfWeek currentWeekDay = firstInMonth;
int lengthOfMonth = month.length(Year.of(year).isLeap());
for (int i = 1; i <= lengthOfMonth; i++)
{
    System.out.print(String.format("%02d", i) + " ");
    if (currentWeekDay == DayOfWeek.SUNDAY)
        System.out.println();

    currentWeekDay = nextWeekDay(currentWeekDay);
}

 fillFromMonthEndToSunday(currentWeekDay);

// letzter Tag nicht Sonntag, dann Umbruch
if (currentWeekDay != DayOfWeek.MONDAY)
    System.out.println();
}
```

Kommen wir nun zur Hilfsmethode zum Weitergehen von einem Wochentag auf den nächsten sowie zyklisch vom Sonntag auf einen Montag. Das kann man basierend auf der Aufzählung DayOfWeek und einer Modulo-Operation implementieren – noch einfacher ist es, die in DayOfWeek vordefinierte Methode plus() zu nutzen, die diese Spezialbehandlung automatisch realisiert:

```
static DayOfWeek calcNextWeekDay(final DayOfWeek nextWeekDay)
{
    return nextWeekDay.plus(1);
}
```

Verbleiben noch die Methoden zur Ausgabe der ersten und letzten nicht zum Monat gehörenden Wochentage. Für Ersteres laufen wir ausgehend von einem Montag bis zum Wochentag des ersten Tags des Monats und nutzen dazu die gezeigte Hilfsmethode:

```
static void skipTillFirstDayOfMonth(final DayOfWeek firstInMonth)
{
    DayOfWeek currentWeekDay = DayOfWeek.MONDAY;
    while (currentWeekDay != firstInMonth)
    {
        System.out.print(".. ");
        currentWeekDay = nextWeekDay(currentWeekDay);
    }
}
```

Zum Abschluss der Ausgabe füllen wir die restlichen Tage mit -- auf, bis wir ausgehend vom letzten Wochentag des Monats bei einem Sonntag angelangt sind:

```
static void fillFromMonthEndToSunday(final DayOfWeek currentWeekDay)
{
    DayOfWeek nextWeekDay = currentWeekDay;
    while (nextWeekDay != DayOfWeek.MONDAY)
    {
        System.out.print("-- ");
        nextWeekDay = nextWeekDay(nextWeekDay);
    }
}
```

> **Tipp: Hilfsmethoden und richtige Strukturierung**
>
> Wie schon einige Male demonstriert, vereinfacht es die Problemlösung (oftmals sogar deutlich), wenn man sich geeignete Hilfsmethoden erstellt. Das erlaubt es, in der Implementierung des Algorithmus stärker auf der logischen Ebene zu verbleiben und sich weniger mit Implementierungsdetails abzulenken.

Prüfung

Kopieren Sie die Methoden in die JShell und denken Sie wieder an den Import `import java.time.*`. Danach können wir dann die drei exemplarischen Fälle einfach einmal durchspielen:

```
jshell> printCalendar(Month.APRIL, 2020)
Mo Di Mi Do Fr Sa So
.. .. 01 02 03 04 05
06 07 08 09 10 11 12
13 14 15 16 17 18 19
20 21 22 23 24 25 26
27 28 29 30 -- -- --

jshell> printCalendar(Month.MAY, 2020)
Mo Di Mi Do Fr Sa So
.. .. .. .. 01 02 03
04 05 06 07 08 09 10
11 12 13 14 15 16 17
18 19 20 21 22 23 24
25 26 27 28 29 30 31

jshell> printCalendar(Month.JUNE, 2020)
Mo Di Mi Do Fr Sa So
01 02 03 04 05 06 07
08 09 10 11 12 13 14
15 16 17 18 19 20 21
22 23 24 25 26 27 28
29 30 -- -- -- -- --
```

12.4   Aufgaben und Lösungen

12.4.1   Aufgabe 1: Wochentage

Welcher Wochentag war der Heiligabend 2019 (24. Dezember 2019)? Welche Wochentage waren der erste und der letzte Tag im Dezember 2019?

Beispiele   Folgende Wochentage sollten das Ergebnis sein:

Eingabe	Resultat
24. Dezember 2019	Dienstag
01. Dezember 2019	Sonntag
31. Dezember 2019	Dienstag

Lösung

Wir erzeugen ein korrespondierendes `LocalDate`-Objekt und ermitteln über die Methoden `getDayOfWeek()` den zugehörigen Wochentag. Das wiederholen wir, nachdem wir mithilfe eines passenden `TemporalAdjuster`s auf den ersten bzw. letzten Tag im Dezember gesprungen sind.

Zunächst erstellen wir eine Hilfsmethode zur Ausgabe:

```
jshell> import java.time.*

jshell> void printWeekDay(LocalDate date)
   ...> {
   ...>      System.out.println(date + " is a " + date.getDayOfWeek());
   ...> }
|  created method printWeekDay(LocalDate)
```

Nun definieren wir drei `LocalDate` und geben die Informationen mithilfe der gerade implementierten Hilfsmethode aus:

```
jshell> import java.time.temporal.*

jshell> LocalDate christmasEve = LocalDate.of(2019, 12, 24)
christmasEve ==> 2019-12-24

jshell> var decemberFirst = christmasEve.with(TemporalAdjusters.firstDayOfMonth
     ())
decemberFirst ==> 2019-12-01

jshell> var decemberLast = christmasEve.with(TemporalAdjusters.lastDayOfMonth())
decemberLast ==> 2019-12-31

jshell> printWeekDay(christmasEve)
2019-12-24 is a TUESDAY

jshell> printWeekDay(decemberFirst)
2019-12-01 is a SUNDAY

jshell> printWeekDay(decemberLast)
2019-12-31 is a TUESDAY
```

12.4.2   Aufgabe 2: Freitag, der 13.

Berechnen Sie alle Vorkommen von Freitag, dem 13. für einen Bereich, definiert durch zwei `LocalDate`. Schreiben Sie eine allgemeingültige Methode `List<LocalDate> allFriday13th(LocalDate, LocalDate)`, wobei das Startdatum inklusive und das Enddatum exklusive anzugeben ist.

Beispiel   Für diese Zeitspanne vom 1.1.2013 bis einschließlich 31.12.2015 sollten folgende Datumswerte ermittelt werden:

Zeitspanne	Resultat
2013 – 2015	[2013-09-13, 2013-12-13, 2014-06-13, 2015-02-13, 2015-03-13, 2015-11-13]

Lösung

In dieser Aufgabe nutzen wir zwei Prädikate, um sowohl auf Freitag als auch auf den 13. zu testen. Um die entsprechenden zu prüfenden Tage bereitzustellen, hilft uns die Methode `datesUntil()`. Die Aufbereitung erfolgt dann mit den Standardmethoden aus dem Stream-API. Besonders erwähnenswert ist hier die mit Java 16 eingeführte praktische Methode `toList()`:

```
jshell> import java.time.*

jshell> List<LocalDate> allFriday13th(LocalDate start, LocalDate end)
   ...> {
   ...>       Predicate<LocalDate> isFriday = day -> day.getDayOfWeek() ==
   ...>                                       DayOfWeek.FRIDAY;
   ...>
   ...>       Predicate<LocalDate> is13th = day -> day.getDayOfMonth() == 13;
   ...>
   ...>       List<LocalDate> allFriday13th = start.datesUntil(end).
   ...>                                       filter(isFriday).
   ...>                                       filter(is13th).
   ...>                                       toList();
   ...>       return allFriday13th;
   ...> }
|  created method allFriday13th(LocalDate,LocalDate)
```

Wir führen nun noch die obigen Zeilen aus:

```
jshell> var allFriday13th = allFriday13th(LocalDate.of(2013, 1, 1),
   ...>                                    LocalDate.of(2016, 1, 1))
allFriday13th ==> [2013-09-13, 2013-12-13, 2014-06-13, 2015-02-13, 2015-03-13,
   2015-11-13]
```

12.4.3   Aufgabe 3: Mehrmals Freitag, der 13.

In welchen Jahren gab es mehrfach Freitag, den 13.? Um diese Frage etwa für den Zeitraum von 2013 bis einschließlich 2015 zu beantworten, berechnen Sie eine Map, in der zu jedem Jahr die entsprechenden Freitage assoziiert sind. Schreiben Sie dazu die Methode `Map<Integer, List<LocalDate>> friday13th-Grouped(LocalDate, LocalDate)`.

Beispiele

Jahr	Resultat
2013	[2013-09-13, 2013-12-13]
2014	[2014-06-13]
2015	[2015-02-13, 2015-03-13, 2015-11-13]

Lösung

Basierend auf der in der vorherigen Aufgabe definierten Methode kann man zur Gruppierung nach Jahren wiederum das Stream-API in Form der Methode `groupingBy()` nutzen. Schließlich wollen wir die Jahre noch sortiert aufbereiten, weshalb wir das Ergebnis in eine `TreeMap<K,V>` überführen:

```
jshell> Map<Integer, List<LocalDate>> friday13thGrouped(LocalDate start,
   ...>                                                  LocalDate end)
   ...> {
   ...>     Function<LocalDate, Integer> extractYear = LocalDate::getYear;
   ...>     return new TreeMap<>(allFriday13th(start, end).stream().
   ...>                 collect(Collectors.groupingBy(extractYear)));
   ...> }
|  created method friday13thGrouped(LocalDate,LocalDate)
```

Schauen wir uns noch kurz an, ob das Ganze wie erwartet funktioniert:

```
jshell> LocalDate start = LocalDate.of(2013, 1, 1)
start ==> 2013-01-01

jshell> LocalDate end = LocalDate.of(2016, 1, 1)
end ==> 2016-01-01

jshell> var resultAll = allFriday13th(start, end)
resultAll ==> [2013-09-13, 2013-12-13, 2014-06-13, 2015-02-13, 2015-03-13,
    2015-11-13]

jshell> var resultGrouped = friday13thGrouped(start, end)
resultGrouped ==> {2013=[2013-09-13, 2013-12-13], 2014=[2014-06-13] ... ,
    2015-03-13, 2015-11-13]}

jshell> resultGrouped.forEach((key, value) -> System.out.println(key + ": " +
    value))
2013: [2013-09-13, 2013-12-13]
2014: [2014-06-13]
2015: [2015-02-13, 2015-03-13, 2015-11-13]
```

12.4.4   Aufgabe 4: Schaltjahre

In dieser Aufgabe soll die Anzahl der Schaltjahre in einem Bereich, gegeben durch `Year`-Instanzen, gezählt werden. Dazu implementieren wir eine Methode `long countLeapYears(Year, Year)`, wobei das Startjahr inklusive und das Endjahr exklusive anzugeben ist.

Beispiele

Zeitraum	Resultat
2010 – 2019	2
2000 – 2019	5

Lösung

Zwar könnten wir mit etwas Überlegen und Tricksen wieder auf die Methode `datesUntil()` zurückgreifen, doch hier wollen wir einen anderen Weg gehen. Mit dem Stream-API und der Methode `range()` lassen sich Zahlenwerte als `IntStream` erzeugen. Nun filtern wir all diejenigen, die ein Schaltjahr sind. Danach müssen wir zum Zählen lediglich noch `count()` aus dem Stream-API aufrufen:

```
jshell> import java.time.*

jshell> static long countLeapYears(Year start, Year end)
   ...> {
   ...>      return IntStream.range(start.getValue(), end.getValue()).
   ...>                filter(Year::isLeap).
   ...>                count();
   ...> }
|  created method countLeapYears(Year,Year)
```

Überprüfen wir die Funktionalität für den Zeitraum von 2010 bis 2019, so sollten wir laut obiger Tabelle zwei Schaltjahre als Ergebnis erhalten. Im Zeitraum 2000 bis 2019 sind es sogar fünf:

```
jshell> countLeapYears(Year.of(2010), Year.of(2019))
$262 ==> 2

jshell> countLeapYears(Year.of(2000), Year.of(2019))
$263 ==> 5
```

III | Praxisbeispiele

13 Praxisbeispiel: Tic Tac Toe

Tic Tac Toe ist ein Strategiespiel für zwei Personen. Gespielt wird auf einem Spielfeld mit 3 × 3 Feldern. Die Spieler markieren abwechselnd freie Positionen entweder mit einem Kreuz oder einem Kreis. Derjenige, der zuerst 3 gleiche Formen in einer Reihe horizontal, vertikal oder diagonal erreicht, gewinnt das Spiel.

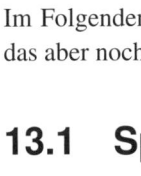

Abbildung 13-1 *Beispiel für ein Tic-Tac-Toe-Spielfeld*

Im Folgenden ist es das Ziel, ein Grundgerüst für ein Tic-Tac-Toe-Spiel zu erstellen, das aber noch genug Raum für eigene Experimente und Erweiterungen bietet.

13.1 Spielfeld initialisieren und darstellen

Zum Einstieg müssen wir eine geeignete Repräsentation bzw. Modellierung des Spielfelds finden. Für das 3 × 3-Spielfeld bietet sich ein char[][] mit jeweils 3 Einträgen pro Richtung an. Die Symbole Kreuz und Kreis kann man gut durch die Buchstaben X und O repräsentieren. Für ein leeres Feld könnte man ein Leerzeichen nutzen. Aus Darstellungsgründen wollen wir ein Minuszeichen verwenden.

Nachfolgend schreiben wir eine Methode, die zunächst ein neues zweidimensionales Array erzeugt und dann die Zeilen und Spalten je 3-mal durchläuft und im Array jeweils an passender Position ein Minuszeichen speichert:

```
jshell> public char[][] initializeBoard() {
   ...>
   ...>     char[][] board = new char[3][3];
   ...>     for (int row = 0; row < 3; row++) {
   ...>         for (int col = 0; col < 3; col++) {
   ...>             board[row][col] = '-';
   ...>         }
   ...>     }
   ...>     return board;
   ...> }
|  created method initializeBoard()
```

Machen wir uns an die Darstellung. Diese erfolgt zwar auf der Konsole, soll aber doch ein wenig ansprechend sein und die Felder als Rechtecke visualisieren. Dazu verwenden wir horizontale und vertikale Linien. In Java sieht das dann so aus:. Wir laufen über alle Zeilen und Spalten und ergänzen an passender Stelle die Linienbestandteile:

```
jshell> public void printBoard(char[][] board) {
   ...>     System.out.println("-------------");
   ...>
   ...>     for (int row = 0; row < 3; row++) {
   ...>         System.out.print("| ");
   ...>         for (int col = 0; col < 3; col++) {
   ...>             System.out.print(board[row][col] + " | ");
   ...>         }
   ...>         System.out.println();
   ...>         System.out.println("-------------");
   ...>     }
   ...> }
|  created method printBoard(char[][])
```

Probieren wir das einmal aus:

```
jshell> var tictactoeBoard = initializeBoard()
tictactoeBoard ==> char[3][] { char[3] { '-', '-', '-' }, char[3] {  ... har[3]
     { '-', '-', '-' } }

jshell> printBoard(tictactoeBoard)
-------------
| - | - | - |
-------------
| - | - | - |
-------------
| - | - | - |
-------------
```

13.2   Setzen der Steine

Nachdem das Spielfeld bereit ist, wollen wir das Ganze mit Leben füllen. Laut Regelwerk wechseln sich die Spieler ab und platzieren an freien Positionen entweder ihr Kreuz oder ihren Kreis. Die folgende Methode prüft zunächst, ob die durch Zeile `row` und Spalte `col` übergebene Postion im Spielfeld noch frei ist. Nur dann wird im Array der übergebene Spielstein gesetzt.

```
boolean placeMark(char[][] board, int row, int col, char currentPlayerMark)
{
    if (board[row][col] == '-')
    {
        board[row][col] = currentPlayerMark;
        return true;
    }
    return false;
}
```

Probieren wir das wiederum einmal aus:

```
jshell> placeMark(tictactoeBoard, 0, 0, 'X')
$74 ==> true

jshell> placeMark(tictactoeBoard, 1, 1, 'O')
$75 ==> true

jshell> placeMark(tictactoeBoard, 0, 1, 'X')
$76 ==> true

jshell> printBoard(tictactoeBoard)
-------------
| X | X | - |
-------------
| - | O | - |
-------------
| - | - | - |
-------------
```

Das sieht doch schon prima aus. Natürlich kann man hier noch feilen und erweitern.
Darauf gehe ich später kurz ein.

Was auf jeden Fall noch implementiert werden soll, ist die Prüfung, ob ein Spieler
gewonnen hat.

13.3 Prüfen auf Sieg

Um festzustellen, ob ein Spieler der Sieger ist, muss man alle Horizontalen und Verti-
kalen sowie die zwei Diagonalen auf drei gleiche Steine prüfen. Wie ab und zu schon
mal erwähnt, empfiehlt es sich beim Programmieren, in kleinen Bausteinen und Funktionalitäten zu denken.

Grundgerüst

Daher setzt sich unsere Prüfung auf Sieg aus drei Aufrufen von speziellen Prüfungen
der Richtungen zusammen:

```
jshell> public boolean checkForWin(char[][] board, char currentPlayerMark)
   ...> {
   ...>     return checkRowsForWin(board, currentPlayerMark) ||
   ...>         checkColumnsForWin(board, currentPlayerMark) ||
   ...>         checkDiagonalsForWin(board, currentPlayerMark);
   ...> }
|  created method checkForWin(char[][],char), however, it cannot be invoked
      until method checkRowsForWin(char[][],char), method checkColumnsForWin(char
      [][],char), and method checkDiagonalsForWin(char[][],char) are declared
```

Baustein 1: Prüfung auf drei gleiche Symbole

Okay, dann wollen wir mal die einzelnen Methoden implementieren. Bevor wir direkt loslegen, sollten wir ein wenig überlegen. Es wird eigentlich immer eine Prüfung auf drei Felder benötigt, ob diese mit dem derzeitigen Spielersymbol übereinstimmen. Das kann man wie folgt implementieren:

```
jshell> boolean checkAllSame(char c1, char c2, char c3, char currentPlayerMark)
...> {
...>     return ((c1 == currentPlayerMark) && (c1 == c2) && (c2 == c3));
...> }
|  created method checkAllSame(char,char,char,char)
```

Baustein 2: Prüfung der Horizontalen und Vertikalen

Mit dieser Hilfsfunktion können wir die horizontale Prüfung so gestalten, dass wir jeweils alle Werte aus den drei Spalten übergeben. Diese Prüfung erfolgt dann zeilenweise für alle drei Zeilen. Analog geschieht diese für die Spaltenprüfung. Dort laufen wir in x-Richtung, also Spalte für Spalte, und nutzen dann die Positionsangaben für die drei Zeilen:

```
jshell> boolean checkRowsForWin(char[][] board, char currentPlayerMark)
...> {
...>     for (int row = 0; row < 3; row++)
...>     {
...>         if (checkAllSame(board[row][0], board[row][1], board[row][2],
...>                          currentPlayerMark))
...>         {
...>             return true;
...>         }
...>     }
...>     return false;
...> }
|  created method checkRowsForWin(char[][],char)

jshell> boolean checkColumnsForWin(char[][] board, char currentPlayerMark)
...> {
...>     for (int col = 0; col < 3; col++)
...>     {
...>         if (checkAllSame(board[0][col], board[1][col], board[2][col]
...>                          currentPlayerMark))
...>         {
...>             return true;
...>         }
...>     }
...>     return false;
...> }
|  created method checkColumnsForWin(char[][],char)
```

Erneut sehen wir, dass es am einfachsten ist, wenn man Probleme in kleinere Probleme zerlegt und die entstehenden Lösungsbausteine geeignet kombiniert. Dadurch bleibt das Programm auch meistens gut verständlich.

Baustein 3: Prüfung der Diagonalen

So, nun benötigen wir nur noch die Prüfung für die zwei Diagonalen. Das sind die Positionen 0,0, 1,1, 2,2 sowie 0,2, 1,1 und 2,0. Diese prüfen wir folgendermaßen:

```
jshell> boolean checkDiagonalsForWin(char[][] board, char currentPlayerMark)
   ...> {
   ...>     return checkAllSame(board[0][0], board[1][1], board[2][2],
   ...>                         currentPlayerMark) ||
   ...>            checkAllSame(board[0][2], board[1][1], board[2][0],
   ...>                         currentPlayerMark);
   ...> }
|  created method checkDiagonalsForWin(char[][],char)
```

13.4   Bausteine im Einsatz

Führen wir nun unser Spiel fort, bei dem der Spieler 'O' etwas unaufmerksam ist, wodurch der Spieler 'X' mit der oberen Horizontalen gewinnen sollte:

```
jshell> placeMark(tictactoeBoard, 2, 1, 'O')
$79 ==> true

jshell> placeMark(tictactoeBoard, 0, 2, 'X')
$80 ==> true

jshell> printBoard(tictactoeBoard)
-------------
| X | X | X |
-------------
| - | O | - |
-------------
| - | O | - |
-------------

jshell> checkForWin(tictactoeBoard, 'O')
$86 ==> false

jshell> checkForWin(tictactoeBoard, 'X')
$87 ==> true
```

Zwischenfazit

Zwar lässt sich noch die eine oder andere Erweiterung, etwa eine Prüfung auf Gleichstand, ein richtiges Gameplay mit Abwechseln der Spieler usw., implementieren. Wir sind hier mit dem Erreichten aber sehr zufrieden. Warum?

Das Schöne an diesem Programm sind die vielen kleinen Bausteine in Form von Methoden, die passend ineinandergreifen. Dieser Programmierstil empfiehlt sich vor allem auch für größere Projekte, um möglichst die Übersicht und leichte Erweiterbarkeit zu gewährleisten. Hier profitieren wir davon, dass jede Funktionalität praktischerweise in sich abgeschlossen und damit leicht nachvollziehbar sowie verständlich ist.

Bonus

Wir können die Darstellung des Spielfelds ein wenig abwandeln:

```
jshell> public void printBoardNicer(char[][] board)
   ...> {
   ...>     for (int row = 0; row < 3; row++)
   ...>     {
   ...>         for (int col = 0; col < 3; col++)
   ...>         {
   ...>             System.out.print(" " + board[row][col] + " ");
   ...>             if (col < 2)
   ...>                 System.out.print("|");
   ...>         }
   ...>         System.out.println();
   ...>         if (row < 2)
   ...>             System.out.println("---+---+---");
   ...>     }
   ...> }
|  modified method printBoardNicer(char[][])

jshell> printBoardNicer(tictactoeBoard)
 X | X | X
---+---+---
 - | O | -
---+---+---
 - | O | -
```

Mögliche Erweiterungen

Falls Sie interessiert sind, diesen Prototyp zu einem Spiel weiterzuentwickeln, dann
können Sie sich an folgenden Erweiterungen versuchen:

- Modellierung der Spielsteine als `enum`
- Spieler dürfen nur abwechselnd ziehen
- Benutzereingabe für gewünschte Positionen
- Prüfung auf Gleichstand
- Grafische Ausgabe z. B. mit Swing

14 Praxisbeispiel: CSV-Highscore-Liste einlesen

In diesem Kapitel verdeutlicht ein weiteres Praxisbeispiel die Verarbeitung von kommaseparierten Daten, auch CSV (Comma Separated Values) genannt. Statt trockener Anwendungsdaten nutzen wir als Eingabe eine Liste von Spielständen.

Stellen wir uns eine x-beliebige Spieleapplikation vor, die es einem Spieler erlaubt, entsprechende Punktzahl vorausgesetzt, sich in einer Highscore-Liste zu verewigen. Es soll ein Einlesen beim Programmstart erfolgen.

14.1 Verarbeitung von Spielständen (Highscores)

Modellierung der Spielstände

Die Highscores werden als Liste von Elementen des im folgenden Listing gezeigten Records `Highscore` verwaltet – `records` sind ein modernes Java-Feature, das wir bereits in Abschnitt 5.6 kennengelernt haben.

```
record Highscore(String name, int points, int level, LocalDate day)
{
}
```

Einlesen der Spielstände

Nehmen wir weiterhin an, die Spielstände wären kommasepariert etwa wie folgt in einer Datei `Highscores.csv` gespeichert. In diesem Beispiel sind bewusst auch fehlerhafte Einträge dargestellt, die dazu dienen, die Implementierung einer robusten Fehlerbehandlung zu demonstrieren und zu testen:

```
# Name, Punkte, Level
Matze,    1000,    7
Peter,     985,    6
ÄÖÜßöäü,   777,    5

# Fehlender Level
Peter,     985,

# Falsches Format des Levels
Peter,     985,    A6
```

Betrachten wir die Implementierung der Klasse, die die dargestellte Datei mit Spielständen einliest. Erwähnenswert ist, dass wir uns bei der Methode `readAllLines()`
nicht um das Öffnen und Schließen kümmern müssen, das geschieht automatisch:

```java
import java.io.IOException;
import java.nio.charset.StandardCharsets;
import java.nio.file.Files;
import java.nio.file.Paths;
import java.util.ArrayList;
import java.util.List;
import java.util.Optional;

public final class HighscoresCsvImporter
{
    public static List<Highscore> readHighscoresFromCsv(final String fileName)
    {
        final List<Highscore> highscores = new ArrayList<>();

        try
        {
            final List<String> lines = Files.readAllLines(
                        Paths.get(fileName), StandardCharsets.ISO_8859_1);

            for (String line : lines)
            {
                if (!isEmptyLineOrComment(line))
                {
                    try
                    {
                        Highscore highscore = extractHighscoreFrom(line);
                        highscores.add(highscore);
                    }
                    catch (final IllegalArgumentException e)
                    {
                        System.err.println("Skipping invalid point or level value
                                '" + line + "'");
                    }
                }
            }
        }
        catch (final IOException e)
        {
            System.err.println("processing of file '" +
                        fileName + "' failed: " + e);
        }

        return highscores;
    }

    private static boolean isEmptyLineOrComment(final String line)
    {
        return line.isBlank() || line.stripLeading().startsWith("#");
    }

    // ...
}
```

Basierend auf den einzelnen Zeilen müssen wir die Informationen extrahieren. Diese Extraktionsarbeit wird durch die im Anschluss gezeigte Methode `extractHigh-
scoreFrom(String)` geleistet.

14.2   Extraktion der Daten

Die jeweilige Zeile wird durch Aufruf der Methode `split(String)` der Klasse `String` ausgewertet und in einzelne Tokens unterteilt. Wir stellen zuerst sicher, dass die erwartete Anzahl an Tokens vorliegt, und protokollieren Verstöße. Beim Umwandeln der textuellen Informationen nutzen wir die Methode `Integer.parseInt()` für Zahlen. Leer- oder Kommentarzeilen erkennen wir durch die Methode `isEmptyLineOrComment()` und überspringen diese.

Liegen alle Daten im gewünschten Format vor, so wird daraus ein unveränderliches `Highscore`-Objekt erstellt. Unvollständige oder ungültige Objekte sind somit ausgeschlossen.

```java
private static Highscore extractHighscoreFrom(final String line)
        throws IllegalArgumentException
{
    final int VALUE_COUNT = 3;

    // Spalte die Eingabe mit ';' oder ',' auf
    final String[] values = line.split(";|,");

    // Behandlung von unvollständigen Einträgen
    if (values.length != VALUE_COUNT)
    {
        throw new IllegalArgumentException("invalid line");
    }

    // Auslesen der Werte als String + Typprüfung
    final String name = values[0].trim();
    final int points = Integer.parseInt(values[1].strip());
    final int level = Integer.parseInt(values[2].strip());

    return new Highscore(name, points, level);
}
```

Das folgende Listing zeigt die `main()`-Methode, die die zuvor beschriebene Funktionalität aufruft:

```java
public static void main(String[] args)
{
    System.out.println(readHighscoresFromCsv("Highscores.csv"));
}
```

Das Programm liest alle Werte aus der Datei `Highscores.csv` ein und filtert nicht valide Daten heraus – inklusive einer Protokollierung. Anschließend werden dann alle korrekten Daten in Form einer Liste zurückgeliefert und auf der Konsole ausgegeben:

```
Skipping invalid point or level value 'Peter,      985, '
Skipping invalid point or level value 'Peter,      985,    A6 '
[Highscore[name=Matze, points=1000, level=7], Highscore[name=Peter, points=985,
    level=6], Highscore[name=ÄÖÜßöäü, points=777, level=5]]
```

14.3 Besonderheiten der Implementierung

Nachdem wir die Klasse konkret in Aktion erlebt haben, möchte ich noch auf einige Dinge etwas genauer eingehen.

Behandlung von Fehlern beim Öffnen der Datei   Im Falle eines Fehlers beim Öffnen der Datei `Highscores.csv` protokollieren wir ein derartiges Problem und beenden die Verarbeitung. In jedem Fall werden beim Einlesen mit `readAllLines()` automatisch Aufräumarbeiten durchgeführt und allozierte Systemressourcen korrekt wieder freigegeben.

Auch die Applikation kann geregelt weiterarbeiten. Sie erhält in diesem Fall entweder eine leere Highscore-Liste oder eine, die mit den Daten gefüllt ist, die nur die korrekt extrahierten Einträge enthalten.

Behandlung von Leerzeilen und Kommentaren   Die Hilfsmethode `isEmpty-LineOrComment(String)` erlaubt es, sowohl Leerzeilen als auch Kommentarzeilen bei der Auswertung zu überspringen. Danach werden die eingelesenen Zeilen mithilfe der Methode `split(String)` der Klasse `String` gemäß einer übergebenen Trennzeichenfolge in Tokens in Form eines `String[]` zerlegt.

Solche Hilfsmethoden sorgen für mehr Lesbarkeit im eigentlichen Applikationscode und halten diesen frei von Implementierungsdetails.

Ignorieren von unvollständigen Eingaben   Beim Einlesen von textuellen Daten aus CSV-Dateien kann man Inkonsistenzen in den gespeicherten Daten nicht ausschließen. So etwas sollte die Auswertung berücksichtigen und fehlertolerant darauf reagieren. In diesem Beispiel wird bei unvollständiger Angabe von Informationen eine Warnmeldung protokolliert, die entsprechende Zeile übersprungen und das Parsing mit der nächsten Zeile der Eingabe fortgesetzt. Alternativ kann es aber im Falle von Fehlern sinnvoll sein, entweder gar keine Daten zu lesen oder zusätzlich noch eine Liste mit Fehlern aufzubereiten.

Auswertung der Informationen   Sind alle benötigten Daten vorhanden, d. h., liegen drei Tokens in der Eingabe vor, so werden zunächst führende und nachfolgende Leerzeichen der Eingabewerte durch einen Aufruf der Methode `strip()` der Klasse `String` entfernt. Dadurch ist es bei der Angabe in der CSV-Datei erlaubt, beliebig viele Leerzeichen zur Ausrichtung der Daten zu verwenden, ohne dass sich dies auf die Daten selbst auswirkt. Der textuelle Wert für den Namen wird ohne weitere Prüfung übernommen. Die beiden Zahlenwerte werden durch die statische Methode `parseInt(String)` der Klasse `Integer` in einen `int`-Wert umgewandelt. Wird in der Eingabe keine Zahl angegeben, so löst dies eine `NumberFormatException` (eine Subklasse von `IllegalArgumentException`) aus und es wird kein `Highscore`-Objekt erzeugt. Sind alle Werte gültig, so werden diese dem Konstruktor der Klasse `Highscore` als Parameter zur Erzeugung eines neuen Objekts übergeben.

15 Praxisbeispiel: Worträtsel

In diesem Kapitel geht es um das Generieren von Worträtseln. Diese sind Ihnen vermutlich aus Zeitschriften bekannt. Die Herausforderung besteht darin, in einem wilden Mix aus scheinbar zufälligen Buchstaben verschiedene dort versteckte Begriffe zu finden. Unsere Aufgabe ist es nun, ein solches Worträtsel basierend auf einer Liste von Wörtern zu generieren. Es soll etwa wie nachfolgend gezeigt aussehen:

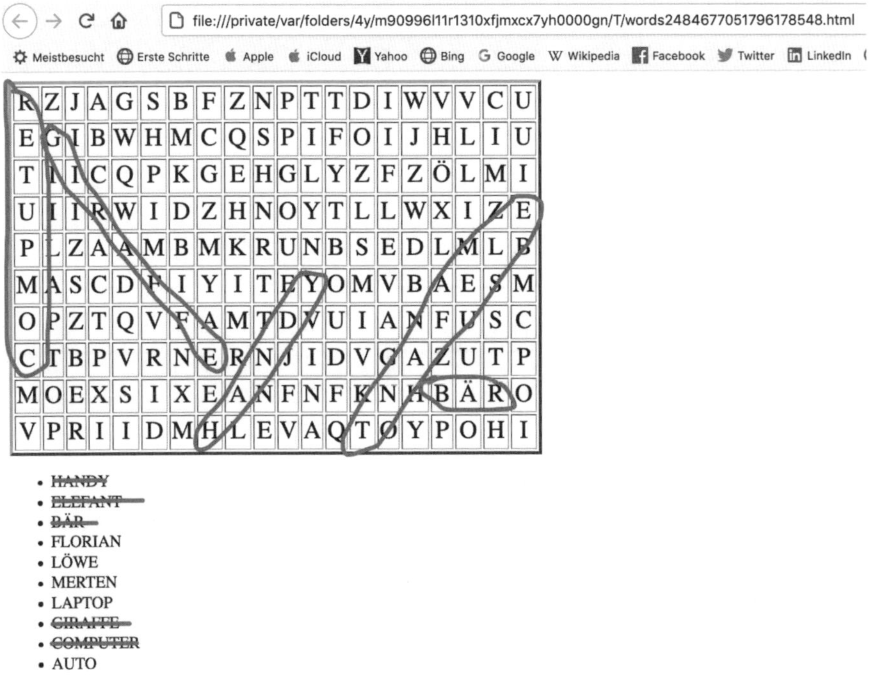

Abbildung 15-1 *Worträtsel als HTML im Browser*

Bei der Implementierung wollen wir Grundlagen eines guten Programmierstils und auch ein paar APIs kennenlernen bzw. das Wissen darüber vertiefen. Insbesondere wollen wir das Prinzip »Separation of Concerns« in Form der Trennung von Datenmodell und dessen Visualisierung beachten. Weitere Bestandteile der Applikation sind der Datenimport sowie die Generierung von einfachem HTML.

15.1 Applikationsdesign – Vorüberlegungen zur Strukturierung

In diesem Praxisbeispiel lege ich besonderen Wert darauf, eine logische Struktur aufzubauen, die in den Implementierungen der öffentlichen Methoden einen lesbaren Ablauf ähnlich zu einer Geschichte beschreibt und technische Details eher wenig zeigt. Das erfordert in der Regel die Erstellung einiger Hilfsmethoden und Hilfsklassen.

Basierend auf den bereits verfügbaren Informationen machen wir uns daran, die Struktur der Applikation grob festzulegen. Es ist von unschätzbarem Wert, sich initial Gedanken zu machen und ein gutes Verständnis für die zu lösende Aufgabe zu gewinnen. Mit diesem Wissen erstellt man sich einen groben Bauplan. Dabei geht es vor allem um Zuständigkeiten, aber nicht um konkrete Methoden. Das kann man in weiteren Schritten festlegen – einiges ergibt sich aber auch erst beim Implementieren. Lassen Sie uns nun starten.

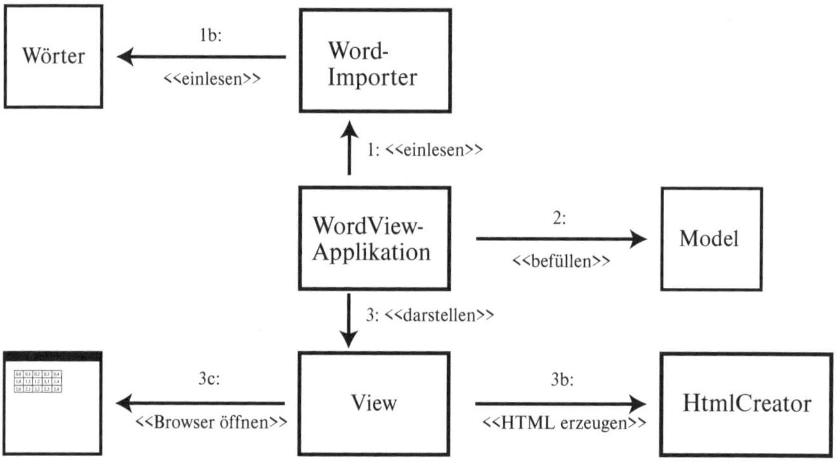

Abbildung 15-2 Applikationsdesign

15.2 Einlesen der verfügbaren Wörter

Beginnen wir mit der leichtesten Aufgabe, nämlich dem Anlegen einer Datei mit Wörtern. Damit das Ganze später programmatisch etwas anspruchsvoller wird, wollen wir dort Kommentarzeilen, eingeleitet durch #, sowie Leerzeilen erlauben. Beides soll selbstverständlich herausgefiltert werden.

Gegeben sei etwa folgende Datei mit Wörtern:

```
# Dinge
Auto
Computer
Bildschirm
```

```
Laptop
Handy
Stuhl

# Tiere
Tiger
Löwe
Elefant
Nashorn
Giraffe
Bär

# Namen
Michael
Tim
Merten
Florian
Clemens
```

Implementierung der Klasse `WordImporter`

Für das Einlesen der möglichen Wörter greifen wir auf die bereits vorgestellte Methode `readString()` der Klasse `Files` (vgl. Abschnitt 10.1.5) zurück, die alle Zeilen einer Datei als String einliest. Mit der Methode `lines()` der Klasse `String` erhalten wir einzelne Zeilen. Mithilfe des Stream-APIs (vgl. Abschnitt 9.4) wandeln wir die Texte in Großbuchstaben um und durch Aufruf von `map()` und `filter()` in Kombination mit Methodenreferenzen (vgl. Abschnitt 9.2) entfernen wir leere Zeilen oder solche mit Kommentaren. Das Ganze implementieren wir folgendermaßen:

```java
import java.io.IOException;
import java.nio.file.Files;
import java.nio.file.Path;
import java.util.List;

public class WordImporter
{
    public static List<String> importWords() throws IOException
    {
        Path wordsFile = Path.of("src/main/java/ch15_wordraetsel/words.txt");
        String content = Files.readString(wordsFile);

        return content.lines().map(String::trim).
                               map(String::toUpperCase).
                               filter(WordImporter::isRelevant).
                               toList();
    }

    private static boolean isRelevant(String word)
    {
        return !word.isEmpty() && !isComment(word);
    }

    private static boolean isComment(String word)
    {
        return word.startsWith("#") || word.startsWith("//");
    }
}
```

15.3   Hilfsdatenstrukturen

Die Implementierung des Versteckens von Wörtern wird vereinfacht, wenn wir die möglichen Richtungen in Form eines `enum` samt einer Schrittweite in x- und y-Richtung modellieren:

```java
public enum Direction
{
    N(0, -1), NE(1, -1), E(1, 0), SE(1, 1),
    S(0, 1), SW(-1, 1), W(-1, 0), NW(-1, -1);

    public int dx;
    public int dy;

    Direction(int dx, int dy)
    {
        this.dx = dx;
        this.dy = dy;
    }
}
```

Zudem wollen wir Positionen nicht separat in Form zweier Variablen für die x- und y-Position, sondern als eine Einheit repräsentieren. Dabei hilft uns folgender Record:

```java
public record Position(int x, int y)
{
    public Position adjustToDir(Direction dir)
    {
        return new Position(x + dir.dx, y + dir.dy);
    }
}
```

Als Besonderheit sehen wir, wie elegant sich eine Positionsänderung basierend auf dem zuvor definierten `enum` realisieren lässt. Weil Records bekanntermaßen unveränderliche Daten modellieren, erzeugen wir einfach ein neues `Position`-Objekt mit angepassten Koordinaten.

15.4   Datenmodell

Bislang haben wir uns um kleinere Bausteine gekümmert, die wir für unsere Applikation benötigen. Das Herzstück bildet das Modell, das sämtliche für das Programm relevanten Daten verwaltet

15.4.1   Datenspeicherung und Initialisierung

Wie angedeutet, verwaltet das Modell sowohl die zur Verfügung stehenden Wörter als auch die versteckten Wörter in Form von `List<String>` und bietet eine Abstraktion für das Spielfeld. Das Spielfeld selbst wird als zweidimensionales Array von `char` realisiert. Damit sieht die Implementierung wie folgt aus:

```java
import java.util.ArrayList;
import java.util.Collections;
import java.util.List;

public class Model
{
    private static final int MAX_TRYS         = 5;

    private final List<String>      allPossibleWords = new ArrayList<>();

    private final List<String>      wordsToSearch    = new ArrayList<>();

    private final char[][]          board            = new char[10][];

    Model(final List<String> wordsToUse, final int wordsToPlace)
    {
        allPossibleWords.addAll(wordsToUse);

        prepareBoard(wordsToPlace);
    }

    public void prepareBoard(final  int wordsToPlace)
    {
        initializeEmptyBoard();
        placeWords(wordsToPlace);
        fillUpWithRandomChars();
    }

    private void initializeEmptyBoard()
    {
        for (int y = 0; y < getBoardHeight(); y++)
        {
            board[y] = new char[getBoardWidth()];
            for (int x = 0; x < getBoardWidth(); x++)
            {
                board[y][x] = ' ';
            }
        }
    }

    public List<String> getWordsToSearch()
    {
        // erzeugt eine unmodifizierbare Ummantelung für die Rückgabe
        return Collections.unmodifiableList(wordsToSearch);
    }

    public char getAt(int x, int y)
    {
        return board[y][x];
    }

    public int getBoardWidth()
    {
        return 20;
    }

    public int getBoardHeight()
    {
        return 10;
    }

    // ...
```

15.4.2 Zufällige Wahl von Richtung, Position, Wort und Buchstabe

Im Modell benötigen wir für diverse Aktionen zufällige Werte aus einem vorgegebenen Wertebereich. Dafür erstellen wir uns folgende Hilfsmethode `randomRange(int)`:

```
// ...

private static int randomRange(int max)
{
    return (int) (max * Math.random());
}

// ...
```

Mit dieser Methode als Basis realisieren wir dann die Bestimmung einer zufälligen Richtung und Position. Ebenfalls kommt dies zur zufälligen Wahl eines beliebigen Worts aus der Liste der verfügbaren Wörter sowie zufälliger Buchstaben folgendermaßen zum Einsatz:

```
// ...

private static Direction chooseRandomDirection()
{
    int dirIdex = randomRange(8);

    return Direction.values()[dirIdex];
}

private Position chooseRandomPosition()
{
    final int randomX = randomRange(getBoardWidth());
    final int randomY = randomRange(getBoardHeight());

    return new Position(randomX, randomY);
}

private String chooseRandomWord()
{
    final int wordIdx = randomRange(allPossibleWords.size());

    return allPossibleWords.get(wordIdx);
}

private char randomChar()
{
    return (char) ('A' + randomRange(26));
}

// ...
```

15.4.3 Algorithmus zum Verstecken von Wörtern

Kommen wir zum Platzieren von Wörtern in der Methode `placeWords(int)`, die die Anzahl zu versteckender Wörter als Parameter erhält. Wir durchlaufen eine Schleife, solange wir noch nicht die übergebene Anzahl an Wörtern versteckt haben. Das Platzieren eines Worts ist in die Methode `placeSingleWord()` ausgelagert. Diese gibt `true` zurück, falls sie ein zufällig gewähltes Wort erfolgreich platzieren konnte. Als Folge wird der Zähler heruntergezählt, das entsprechende Wort aus der Liste der möglichen Kandidaten entfernt und in die Liste der zu suchenden Begriffe aufgenommen. Für den vermutlich seltenen Fall, dass ein Wort trotz mehrerer Versuche nicht auf das Spielfeld passt, wird ein Zähler für nicht erfolgreich platzierte Wörter erhöht. Tritt dieser Fall 5 Mal auf, so wird das Verstecken (vorzeitig) abgebrochen, da kaum mehr mit weiteren erfolgreichen Platzierungen zu rechnen ist und man dann das Rätsel einfach mit weniger Begriffen fertigstellen kann:

```java
// ...

private void placeWords(int wordsToPlace)
{
    int impossibleToPlace = 0;
    while (wordsToPlace > 0)
    {
        if (placeSingleWord())
        {
            wordsToPlace--;
        }
        else
        {
            // So verhindert man Endlosschleife
            impossibleToPlace++;
            if (impossibleToPlace > 5)
                break;
        }
    }
}

boolean placeSingleWord()
{
    boolean wordFits = false;

    final String word = chooseRandomWord();

    int currentTry = 0;
    while (currentTry < MAX_TRYS && !wordFits)
    {
        final Position pos = chooseRandomPosition();
        final Direction dir = chooseRandomDirection();

        wordFits = wordFitsOnBoard(word, pos, dir);
        if (wordFits)
        {
            putWordOnBoard(word, pos, dir);

            allPossibleWords.remove(word);
            wordsToSearch.add(word);
        }

        currentTry++;
    }

    return wordFits;
}

// ...
```

15.4.4   Wort prüfen und platzieren

Für jedes Wort, das wir im Spielfeld verstecken wollen, müssen wir sicherstellen, dass
es ausgehend von der Startposition und der gewünschten Richtung vollständig auf dem
Spielfeld platziert werden kann. Dazu wandeln wir das Wort in ein char[]. Mit einer
for-Schleife prüfen wir für jeden Buchstaben und dessen durch ein Position-Objekt
repräsentierter Position, ob diese gültig ist, d. h. auf dem Spielfeld liegt und noch unbelegt ist. In dem Fall wird die Position gemäß der gewählten Richtung angepasst. An-
dernfalls wir das Ganze abgebrochen.

Das Platzieren eines Worts läuft analog, jedoch benötigt es die Prüfungen dort
nicht.

```java
// ...

private boolean wordFitsOnBoard(String word, Position startPos, Direction dir
    )
{
    final char[] chars = word.toCharArray();

    Position pos = startPos;

    for (int i = 0; i < chars.length; i++)
    {
        if (isOnBoard(pos) && isEmptyCell(pos))
        {
            pos = pos.adjustToDir(dir);
        }
        else
        {
            return false;
        }
    }

    return true;
}

private void putWordOnBoard(String word, Position startPos, Direction dir)
{
    final char[] chars = word.toCharArray();

    Position pos = startPos;

    for (int i = 0; i < chars.length; i++)
    {
        board[pos.y()][pos.x()] = chars[i];
        pos = pos.adjustToDir(dir);
    }
}

// ...
```

Weitere Hilfsmethoden und Auffüllen mit zufälligen Buchstaben

Zum Schluss verbleiben nur noch ein paar Hilfsmethoden. Zunächst einmal eine solche, die für eine gegebene Position feststellt, ob diese in den Grenzen des Spielfelds liegt. Dann eine Prüfung auf leere Zellen und schließlich das Auffüllen der leeren Zellen mit zufälligen Buchstaben. Dazu muss man lediglich zwei verschachtelte Schleifen nutzen, die dann für jede Position prüfen, ob diese leer ist, und in dem Fall dann diese mit einem zufälligen Zeichen besetzen:

```
// ...

private boolean isOnBoard(Position pos)
{
    return (pos.y() >= 0 && pos.y() < getBoardHeight()) &&
           (pos.x() >= 0 && pos.x() < getBoardWidth());
}

private boolean isEmptyCell(Position pos)
{
    return isEmptyCell(pos.x(), pos.y());
}

private boolean isEmptyCell(int x, int y)
{
    return board[y][x] == ' ';
}

private void fillUpWithRandomChars()
{
    for (int y = 0; y < getBoardHeight(); y++)
    {
        for (int x = 0; x < getBoardWidth(); x++)
        {
            if (isEmptyCell(x, y))
            {
                board[y][x] = randomChar();
            }
        }
    }
}
```

Mit diesem Programmschnipsel ist die Implementierung der Klasse `Model` vollständig. Alles Weitere ist deutlich kürzer, auch weniger komplex und damit leichter verständlich zu realisieren. Machen wir also mit der HTML-Erzeugung weiter.

15.5 HTML-Erzeugung

Wenden wir uns nun der Aufbereitung der Ausgabe in HTML zu. Die Hilfsklasse
`HtmlCreator` besteht im Wesentlichen aus textuellem HTML. Dabei profitiert man
von den Text Blocks (vgl. Abschnitt 3.2.2), die mehrzeilige Strings sehr gut unterstützen. An geeigneten Stellen müssen wir noch die Daten integrieren. Dazu dienen die
Methoden `createTable()` und `createWordList()`. Erstere erstellt eine einfache
HTML-Repräsentation einer Tabelle und greift dazu auf die vom Modell bereitgestell-
ten Informationen zu Dimensionen mit `getBoardHeight()` und `getBoardWidth()`
sowie die einzelnen Buchstaben mit `getAt()` zu. Zur Aufbereitung der Liste mit den
versteckten Wörtern bietet das Datenmodell eine korrespondierende Methode namens
`getWordsToSearch()`.

```java
public class HtmlCreator
{
    private final Model model;

    public HtmlCreator(final Model model)
    {
        this.model = model;
    }

    public String exportAsHtml()
    {
        String result = """
                        <html>
                            <head>
                                <style>
                                    td {
                                        font-size: 18pt;
                                    }
                                </style>
                            </head>
                            <body>
                        """;

        result += createTable();
        result += createWordList();

        result += """
                            </body>
                        </html>
                        """;

        return result;
    }

    private String createWordList()
    {
        String result = "<ul>";

        for (String word : model.getWordsToSearch())
            result += "<li>" + word + "</li>";

        result += "</ul>";

        return result;
    }
}
```

```java
    private String createTable()
    {
        String result = "<table border = '3' style='text-align:center'";

        for (int y = 0; y < model.getBoardHeight(); y++)
        {
            result += "<tr>";
            for (int x = 0; x < model.getBoardWidth(); x++)
            {
                result += "<td>" + model.getAt(x, y) + "</td>";
            }
            result += "</tr>";
        }
        result += "</table>";

        return result;
    }
}
```

15.6 Hauptapplikation

Die Hauptapplikation `WordViewApplication` nutzt den `WordImporter`, um alle möglichen Wörter einzulesen. Diese werden bei der Konstruktion einer Instanz der Klasse `Model` übergeben. Bekanntermaßen sorgt diese intern für eine zufällige Auswahl und das Platzieren der Wörter sowie das Auffüllen mit zufälligen Buchstaben.

Danach können wir das Spielfeld auf der Konsole ausgeben und im Browser anzeigen. Die dazu genutzte Klasse `View` erhält das zuvor erzeugte `Model`. Die Implementierung der Klasse `View` schauen wir uns im Anschluss an.

Vorher betrachten wir, wie lesbar die Applikation aufgrund der gut gewählten Einzelbausteine implementiert werden kann:

```java
import java.io.IOException;
import java.util.List;

public class WordViewApplication
{
    public static void main(String[] args) throws IOException
    {
        final List<String> wordsToUse = WordImporter.importWords();
        final Model model = new Model(wordsToUse, 10);

        final View view = new View(model);
        view.displayOnConsole();
        view.displayInBrowser();
    }
}
```

Führen wir das Programm aus, so erhalten wir etwa folgende Konsolenausgabe:

```
RZJAGSBFZNPTTDIWVVCU
EGIBWHMCQSPIFOIJHLIU
TIICQPKGEHGLYZFZÖLMI
UIIRWIDZHNOYTLLWXIZE
PLZAAMBMKRUNBSEDLMLB
MASCDFIYITEYOMVBAESM
OPZTQVFAMTDVUIANFUSC
CTBPVRNERNJIDVGAZUTP
MOEXSIXEANFNFKNHBÄRO
VPRIIDMHLEVAQTOYPOHI
Search for: [HANDY, ELEFANT, BÄR, FLORIAN, LÖWE, MERTEN, LAPTOP, GIRAFFE,
        COMPUTER, AUTO]
```

Zudem wird ein Browserfenster bzw. ein neuer Tab mit folgendem Inhalt geöffnet:

R	Z	J	A	G	S	B	F	Z	N	P	T	T	D	I	W	V	V	C	U
E	G	I	B	W	H	M	C	Q	S	P	I	F	O	I	J	H	L	I	U
T	I	I	C	Q	P	K	G	E	H	G	L	Y	Z	F	Z	Ö	L	M	I
U	I	I	R	W	I	D	Z	H	N	O	Y	T	L	L	W	X	I	Z	E
P	L	Z	A	A	M	B	M	K	R	U	N	B	S	E	D	L	M	L	B
M	A	S	C	D	F	I	Y	I	T	E	Y	O	M	V	B	A	E	S	M
O	P	Z	T	Q	V	F	A	M	T	D	V	U	I	A	N	F	U	S	C
C	T	B	P	V	R	N	E	R	N	J	I	D	V	G	A	Z	U	T	P
M	O	E	X	S	I	X	E	A	N	F	N	F	K	N	H	B	Ä	R	O
V	P	R	I	I	D	M	H	L	E	V	A	Q	T	O	Y	P	O	H	I

- HANDY
- ELEFANT
- BÄR
- FLORIAN
- LÖWE
- MERTEN
- LAPTOP
- GIRAFFE
- COMPUTER
- AUTO

Abbildung 15-3 *Worträtsel als HTML im Browser*

15.7 Ausgabe als HTML und Darstellung im Browser

Die Klasse `View` ist für die Darstellung zuständig, etwa die Ausgabe auf der Konsole bzw. als HTML. Während Ersteres direkt mit zwei geschachtelten Schleifen gelöst wird, wird Letzteres zum Teil an die Hilfsklasse `HtmlCreator` delegiert. Schließlich wird das HTML als String in eine temporäre Datei geschrieben und mit der Methode `browse()` der Klasse `Desktop` im Browser angezeigt:

```java
import java.awt.Desktop;
import java.io.IOException;
import java.nio.file.Files;
import java.nio.file.Path;

public class View
{
    final Model model;

    public View(final Model model)
    {
        this.model = model;
    }

    public void displayOnConsole()
    {
        for (int y = 0; y < model.getBoardHeight(); y++)
        {
            for (int x = 0; x < model.getBoardWidth(); x++)
            {
                System.out.print(model.getAt(x, y));
            }
            System.out.println();
        }
    }

    public void displayInBrowser() throws IOException
    {
        Path htmlFile = createHtml();
        Desktop.getDesktop().browse(htmlFile.toUri());
    }


    private Path createHtml() throws IOException
    {
        String html = new HtmlCreator(model).exportAsHtml();

        Path htmlFile = Files.createTempFile("words", ".html");
        Files.writeString(htmlFile, html);

        return htmlFile;
    }
}
```

15.8 Fazit

Diese von der Funktionalität und Anzahl der Klassen schon etwas komplexere Applikation ließ sich aufgrund der Vorüberlegungen zum Design und der Aufteilung in einzelne Bausteine bzw. Funktionseinheiten ziemlich verständlich implementieren.

Für eigene Experimente möchte ich Ihnen ein ähnliches Vorgehen ans Herz legen. Dadurch werden sich Erfolge vermutlich viel schneller und nachhaltiger einstellen als mit der zu oft praktizierten »Vom-Hirn-direkt-in-die-Tastatur«-Methode.

Kleine Bausteine bieten neben der Übersichtlichkeit den Vorteil, dass man sie oftmals besser prüfen bzw. testen kann. Dabei helfen Unit Tests, die in Abschnitt 16.4 kurz vorgestellt werden.

IV Schlussgedanken

16 Gute Angewohnheiten

16.1 Grundregeln eines guten Programmierstils

Im Laufe der Zeit werden sich des Öfteren neue Wünsche oder Ideen für bisher implementierte Programme ergeben. Wenn Sie dann Änderungen und Anpassungen vornehmen müssen oder wollen, ist es von großem Vorteil, wenn der Sourcecode übersichtlich und gut lesbar ist. Dies erleichtert das Verständnis. Für den Computer ist das Kriterium der Lesbarkeit allerdings vollkommen unbedeutend, solange das Programm syntaktisch korrekt ist. Diese syntaktische Korrektheit sagt aber noch gar nichts aus. Selbst wenn das Programm auch noch semantisch korrekt ist, also keine inhaltlichen Fehler enthält, kann es immer noch fürchterlich strukturiert sein und damit jegliche Veränderung zur Qual werden lassen. Martin Fowler schreibt dazu Folgendes: »Any fool can write code that a computer can understand. Good programmers write code that humans can understand.« Übersetzt: *»Jeder Dummkopf kann Code schreiben, der für Computer verständlich ist. Gute Programmierer schreiben Code, den Menschen verstehen können«* [2].

Keep It Human-Readable

Die gute Lesbarkeit hat verschiedene Aspekte. Als Basis dienen aussagekräftige und sprechende Namen für Klassen, Methoden und Variablen. Gezielt eingesetzte erklärende Kommentare erleichtern das Verständnis und geben Kontextinformationen. Wichtig ist aber auch das Layout des Sourcecodes. Sind Einrückungen und Klammerungen nicht zu erkennen, so erschwert dies die Lesbarkeit ungemein.

Keep It Natural

Bevor Sie mit dem Entwurf Ihrer Software beginnen, sollten Sie die Anforderungen und Wünsche daran recht gut verstanden haben, da ansonsten die Gefahr groß ist, etwas zu entwerfen, was diese Bedürfnisse nicht (korrekt) erfüllt. Am besten schreiben Sie wichtige Dinge nieder, weil sich dadurch Ihr Verständnis für das zu lösende Problem verbessert. Das hilft dabei, ein besseres Bild zu gewinnen und eine angemessene und natürliche Lösung zu finden.

16.2 Coding Conventions

Hinweise zur Gestaltung des Sourcecodes werden durch sogenannte *Coding Conventions* beschrieben. Als Ausgangsbasis können die Regeln[1] von Scott Ambler [1] dienen. In diesem Abschnitt werden diese Basisregeln um weitere »Best Practices« ergänzt, die dabei helfen sollen, gewisse bekannte Fallstricke zu vermeiden.

Zweifelsohne profitiert man vor allem im Team von »gelebten« Coding Conventions, weil ein nahezu einheitlicher Programmierstil es ermöglicht, dass sich jeder Entwickler sofort auch in »fremdem« Sourcecode zurechtfindet, da alles ähnlich und vertraut ist. Aber auch wenn man alleine an einem Programmierprojekt arbeitet, ist es sinnvoll, sich einen guten Programmierstil durch Einhaltung von Coding Conventions anzugewöhnen. Zum einen vermeidet man so leichter Fehler und zum anderen macht es einfach mehr Spaß, in vorhandenem und gut strukturiertem Sourcecode an Erweiterungen zu arbeiten.

Nichtsdestotrotz erfordert die Einhaltung der Coding Conventions anfangs immer etwas Disziplin. Hilfreich kann eine langsame Gewöhnung mit der schrittweisen Verschärfung durch Aktivierung von immer mehr Regeln sein.

16.2.1 Grundlegende Namens- und Formatierungsregeln

Es ist sinnvoll, die bereits erwähnten Coding Conventions bezüglich Formatierung und Namensgebung als Basis für eigene Regeln zu verwenden. Als wesentliche Punkte für eine gute Übersicht und Lesbarkeit möchte ich folgende zwei Punkte besonders hervorheben, die in diesem Buch genutzt werden:

1. Klammern und Anweisungen sollten in jeweils eigenen Zeilen stehen, pro Zeile also möglichst nur eine Anweisung bzw. eine Variablendeklaration.
2. Zeilen sollten eine gewisse Länge nicht überschreiten. Ein Wert zwischen 100 und 150 Zeichen hat sich als praktikabel erwiesen.

Namensregeln

Eine konsistente Namensgebung von Variablen, Methoden und Klassen hilft, auf einen Blick diese Elemente erkennen und voneinander unterscheiden zu können. Für Namen gilt in der Regel die sogenannte *CamelCase-Schreibweise*, d. h., jedes neue Wort wird wieder mit einem Großbuchstaben begonnen. Tabelle 16-1 liefert Anregungen.

---

[1]http://www.ambysoft.com/essays/javaCodingStandards.html

Tabelle 16-1 Namenskonventionen

Typ	Präfix	Postfix	Beispiel
Packages	-	-	`mypackage.subpackage`
Interfaces	`I` / -	`IF` / -	`IFileInfo, Filterable`
Abstrakte Klassen	`Base, Abstract`	-	`AbstractProcessStep`
Klassen	-	-	`JobAssistant`
Testklassen	-	`Test`	`JobAssistantTest`
Methoden	-	-	`getFileName()`
Konstanten	-	-	`MAX_VALUE`
Lokale Variablen	-	-	`imageWidth`
Membervariablen	`-, m_, this.`	-	`name, m_name, this.name`

Hinweis: Stilfragen

Position der geschweiften Klammern Mitunter löst die Position der öffnenden, geschweiften Klammer kontroverse Diskussionen aus. Mir helfen Klammern in einer eigenen Zeile, die Struktur besser zu erkennen.

Präfixe für Attribute Die Diskussion um Präfixe für Attribute ist wohl genauso endlos zu führen wie die um die richtige Position der öffnenden Klammer. Allerdings können Präfixe manchmal helfen, Fehler zu vermeiden und die Übersicht zu erhöhen. Dies gilt vor allem bei der Verwendung von Übergabeparametern, die wie Attribute heißen. Folgende Methode `setCounter(int)` zeigt mögliche Fehler:

```
public void setCounter(int count)
{
    count = count;    // Achtung: Sinnlose Selbstzuweisung!
}
```

Hier findet nicht die gewünschte Änderung im Objektzustand statt, da die Variable an sich selbst zugewiesen wird. Als Abhilfe existieren folgende Möglichkeiten:

1. Aktivierung entsprechender Style-Checks in der IDE, sodass derartige Zuweisungen als fehlerhaft angemerkt werden.

2. Den Übergabeparameter `final` deklarieren, wodurch ein Kompilierfehler bei einer solchen versehentlichen Zuweisung erzeugt wird.

3. Die Angabe von `this.` verhindert die Zuweisung und man erreicht eine bessere visuelle Trennung von Attributen, lokalen Variablen und Parametern.

Alle Abhilfen lassen sich kombinieren. Nachfolgend sind Abhilfen 2 und 3 eingesetzt:

```
public void setCounter(final int count)
{
    this.count = count;
}
```

Typpräfixe für Attribute Das Präfix `m_` für Attribute führt zu einer starken visuellen Trennung – geht aber mit einer etwas schlechteren Lesbarkeit einher. Manchmal findet man zusätzliche Präfixe, etwa `str` für Strings oder `is` für boolesche Variablen. Auch hier scheiden sich wieder die Geister. *Auf jeden Fall sollte dies mit Bedacht genutzt werden.* In der Regel sollte nicht der Typ einer Variablen im Namen stecken, sondern bevorzugt ihre semantische Bedeutung.

Kennzeichnung von Interfaces Auch über die Verwendung von Präfixen bzw. Postfixen für Interfaces kann man diskutieren. Zum Teil mag ich diese explizite Kennzeichnung, aber oftmals lassen sich passendere Namen finden.

Teilweiser Verstoß gegen die Oracle-Regeln Meine Empfehlungen widersprechen zwar einigen Regeln von Oracle. Ein Blick in den Sourcecode des JDKs zeigt aber, dass die dort genutzten recht kurzen Zeilenlängen und die Formatierung nicht immer für gute Lesbarkeit sorgen. Schlussendlich ist die Sourcecode-Formatierung ein kontrovers diskutiertes Thema.

16.2.2 Namensgebung

Namensregeln lassen sich nur bedingt durch Tools prüfen. Zwar können diese gerade noch eine regelkonforme Schreibweise testen, aber für ein Tool ist der Name `map` oder `list` genauso gut oder schlecht wie die verständlichen Namen `nameToPersonMap` oder `deviceList`. Daher ist es sinnvoll, etwas Selbstdisziplin walten zu lassen.

Vermeide Namenskürzel

Aussagekräftige Namen machen ein Programm besser lesbar. Abkürzungen und Namenskürzel können das Verständnis erschweren, wenn es sich nicht gerade um die gebräuchlichen Abkürzungen `sb` für `StringBuffer` oder `it` für Objekte vom Typ `Iterator` handelt. Im Extremfall verkümmert ein Variablenname zu einer kryptischen Zusammenstellung aus den Anfangsbuchstaben der Teilworte, etwa `nds` für `NotificationDeliveryService`.[2] Manchmal und vor allem für gängige Abkürzungen (HTML, DB, XML) kann auch dies vernünftig sein. Oft leidet aber die Verständlichkeit ungemein. Als »Leckerbissen« hat mir ein Kollege die Variable `AAA` zugespielt ... nein, es hat nichts mit Batterien zu tun! Dies ist eine misslungene Abkürzung für eine booleschen Variable mit der Bedeutung »**A**lle **A**nschlüsse **A**nzeigen«.

---

[2]Allerdings empfinde ich `ioe` oder `sdf` für `IOException` im `catch` bzw. `SimpleDateFormat` als in Ordnung.

Schauen wir uns ein weiteres Negativbeispiel an, das Kommentare nutzt, um den ansonsten unleserlichen Sourcecode zu beschreiben:

```java
// enthält den Maximalwert
int val = -1;

// Durchlaufe alle vorhandenen Tabellenzeilen
for (int i = 0; i < 50; i++)
{
    val = Math.max(val, values[i].getValue());
}
```

Die beiden Kommentare sind trivial, kaum hilfreich und sogar ein wenig irreführend. Natürlich vermutet man, dass es sich bei i um die Zeile handelt und dass val den Maximalwert ermitteln soll, aber warum schreibt man es dann nicht gleich wie folgt?

```java
final int PERSON_TABLE_ROW_COUNT = 50;

int maxAge = -1;
for (int rowIndex = 0; rowIndex < PERSON_TABLE_ROW_COUNT; rowIndex++)
{
    maxAge = Math.max(maxAge, persons[rowIndex].getAge());
}
```

Durch eine sinnvolle Benennung der Variablen, hier z. B. maxAge statt val und persons statt values, wird nicht nur der Algorithmus (Berechnung des Maximums), sondern auch der dahinter liegende Sinn (maximales Alter der aufgelisteten Personen ermitteln) offensichtlich. Gut gewählte Namen sorgen also nicht nur für Verständlichkeit, sondern erlauben es auch, auf eine »Pseudokommentierung« zu verzichten.

Vermeide Variablennamen, die nur den Typ wiederholen

Manchmal findet man Sourcecode, in dem Variablennamen aus deren Typen hergeleitet werden. Derartige Variablennamen sind oftmals wenig verständlich, da sie keinen Hinweis auf den Einsatzzweck enthalten. Betrachten wir folgendes Beispiel:

```java
final Vector<File> vector = new Vector<>();

final List<File> list = new ArrayList<>();
final List<File> list1 = new ArrayList<>();
final List<File> list2 = new ArrayList<>();
```

Für einzelne temporäre Variablen kann es zum Teil schwierig sein, einen sinnvollen Namen zu finden – eine (reine) Nutzung des Typs ist dann durchaus tolerierbar. Es gibt aber Ausnahmen: Problematisch wird dies etwa, wenn mehrere Objekte gleichen Typs verwendet werden: Zur Unterscheidung muss man die Objekte irgendwie kennzeichnen. Meistens werden diese dann einfach durchnummeriert. Dabei stellt sich die Frage nach der Namenskonsistenz: Wird das erste Objekt mit einer »0« oder einer »1« gekennzeichnet oder erhält der Name, wie im obigen Beispiel, keinen Zusatz?

Verwende sinnvolle, konsistente Namen

Wie bereits angemerkt, helfen sinnvoll gewählte Namen, ein Programm nachvollziehbar zu machen, lassen sich aber leider nicht durch Tools prüfen. Für die Lesbarkeit und die Semantik ist man als Entwickler demnach selbst verantwortlich.

Greifen wir das obige Beispiel wieder auf. Nehmen wir an, die drei Listen würden zur Modellierung von Veränderungen des Inhalts eines Verzeichnisses genutzt. Folgende Namensgebung macht diesen Sachverhalt intuitiv klar:

```java
final List<File> newFiles = new ArrayList<>();
final List<File> changedFiles = new ArrayList<>();
final List<File> removedFiles = new ArrayList<>();
```

Eine Verwechselung von `list1` und `list2` aus dem vorherigen Beispiel ist leicht möglich. Bei der Namensgebung `changedFiles` und `removedFiles` ist eine Verwechselung nahezu ausgeschlossen.

Verwende für Containerklassen einen Pluralnamen

Nutzt man Pluralnamen für Collections oder Arrays, so erhöht dies die Lesbarkeit und erleichtert die Unterscheidung von normalen Referenzen:

```java
// Einzelelemente
final GraphicObject graphicObject = new GraphicObject();
final String predefinedName = "Name";

// Collections
final List<GraphicObject> graphicObjects = new ArrayList<>();
final String[] predefinedNames = new String[] { "Name 1", ..., "Name n" };
```

Bei Containern kann der Typ der Containerklasse im Namen wiederholt werden und als Kontextinformation über die verwendete Datenstruktur (z. B. `List<E>` oder `Map<K, V>`) dienen. Dadurch verringert sich jedoch teilweise die Lesbarkeit:

```java
final List<GraphicObject> listOfGraphicObjects = new ArrayList<>();
final List<GraphicObject> graphicObjectsList = new ArrayList<>();

final String[] predefinedNamesArray = new String[] { "Name 1", ..., "Name n" };
```

Hinweis: Vorteil sprechender Namen

Achten Sie darauf, möglichst gut lesbaren Sourcecode zu schreiben. Der Grund ist einfach folgender: Sie werden Sourcecode z. B. im Rahmen von Erweiterungen oder Bugfixes viel häufiger lesen und verstehen müssen, als Dinge neu zu schreiben.

16.2.3   Dokumentation

Vermeide Kommentare, die nur den Ablauf beschreiben

Ist ein Abschnitt des Sourcecodes trotz guter Formatierung und sinnvoller Namensgebung von Variablen und Methoden noch nicht ausreichend verständlich, so sollten kurze Kommentare eingefügt werden.

Manchmal wird diese Regel falsch ausgelegt und es werden selbst *einfache* Programmstellen kommentiert: Man findet dann häufig Beschreibungen zum Ablauf bzw. zur Ausführung des Sourcecodes, nicht aber zu dessen Ziel. Das haben wir schon im Beispiel der Namensgebung gesehen und wird nun nochmals aufgegriffen:

```
// SCHLECHTER KOMMENTAR: 365 Tage durchlaufen
for (int tag = 0; tag < 365; tag++)
{
    gesamtUmsatz += tagesUmsatz[tag];
}
```

Es ist es viel sinnvoller, zu beschreiben, warum hier eine zwar durch die Variablennamen naheliegende, aber zunächst willkürliche Grenze von 365 Durchläufen verwendet wird, statt nur die offensichtliche Abbruchbedingung der Schleife zu kommentieren. Eine Verbesserung des Kommentars und der Implementierung, die auch Schaltjahre korrekt behandeln kann, könnte so aussehen – der Kommentar ist jetzt nahezu überflüssig:

```
// KORREKTUR: Gesamtumsatz aus den Tagesumsätzen eines Jahres berechnen
final int tageImJahr = tagesUmsatz.length;
for (int tag = 0; tag < tageImJahr; tag++)
{
    gesamtUmsatz += tagesUmsatz[tag];
}
```

16.2.4   Programmdesign

Bevorzuge Konstanten vor Magic Numbers und Strings

Die Verwendung fest codierter Zahlenwerte, Texte und boolescher Werte im Sourcecode erschwert sowohl dessen Lesbarkeit als auch Refactorings. Die Bedeutung eines Zahlenwerts lässt sich meistens sinnvoller durch eine benannte Konstante ausdrücken. Das erhöht gleichzeitig die Verständlichkeit und die Lesbarkeit. Für Strings und boolesche Werte gilt Ähnliches.

Prüfe Rückgabewerte und behandle Fehlersituationen

Rückgabewerte von Methoden sollten vom Methodenaufrufer ausgewertet werden, damit angemessen auf eine mögliche Fehlersituation reagiert werden kann. Geschieht dies nicht, so werden Fehler verschleiert oder sie machen sich entweder gar nicht oder nur durch merkwürdiges Programmverhalten bemerkbar.

Beachte die maximale Methodenlänge von ca. 30 – 50 Zeilen

Eine Methode sollte genau eine Teilaufgabe realisieren. Leider sieht man teilweise eine Verquickung von Informationsbeschaffung und -verarbeitung. Das stört die sogenannte Orthogonalität (freie Kombinierbarkeit) und Wiederverwendbarkeit. Methoden können dann nicht wie kleine Bausteine zu neuen, größeren Methoden kombiniert werden.

Beachte die maximale Klassenlänge von ca. 500 – 1000 Zeilen

Eine Klasse sollte nur für einen Aufgabenbereich zuständig sein. Wird eine Klasse immer länger, so deutet dies darauf hin, dass sie für zu viele verschiedene Dinge verantwortlich ist. Wie bereits für die Methodenlänge angedeutet, stört dies die Orthogonalität und Wiederverwendbarkeit – in diesem Fall der Klasse.

16.2.5   Parameterlisten

Halte die Parameterliste kurz

Aus der Psychologie ist bekannt, dass ein Mensch sich etwa 7 ± 2 Dinge im Kurzzeitgedächtnis merken kann. Daher sollte man maximal sieben Parameter verwenden. Übersichtlicher sind natürlich weniger Parameter, am besten nur ein bis vier.

Halte die Reihenfolge von Parametern bei Methodenaufrufen konsistent

Besitzen verschiedene Methoden gleiche Parameter und rufen sich auf, so sollte die Reihenfolge möglichst einheitlich gehalten werden. Folgendes Listing zeigt ein Negativbeispiel: Die Parameter a und b sind für die Methoden doThis(TypeA, TypeB) und doThat(TypeB, TypeA) in ihrer Reihenfolge vertauscht:

```
public int doThis(TypeA a, TypeB b)
{
    return doThat(b,a);
}

public int doThat(TypeB b, TypeA a)
{
    // ...
}
```

Warum ist das ungünstig? Die Begründung ist einfach: Ändert sich die Reihenfolge der Parameter ständig, so wird das Verwenden der Funktionen mühselig, da man sich jedes Mal wieder Gedanken über die Aufrufreihenfolge machen muss. Zudem kann durch Vertauschen der Position eines Parameters diesem eine andere semantische Bedeutung gegeben werden. Solche Fehler sind schwierig zu finden.

16.2.6 Logik und Kontrollfluss

Vermeide es, Variablen zu redefinieren

Es ist möglich, einer Variablen im Verlaufe des Programms einen anderen Wert zuzuweisen:

```
int result = 0;
// 1. Berechnung ausführen
result = 50;
// 2. Berechnung ausführen
result = 100;
```

Mitunter sieht man Java-Programme, die davon ausgiebig Gebrauch machen. Versuchen Sie dies nur bei wirklichem Bedarf zu verwenden und sich keinen schlechten Stil anzugewöhnen. Während es für die später kennengelernten Fallunterscheidungen sehr praktisch sein kann, ist das Redefinieren aber ungünstig, wenn die Semantik wechselt: In einem solchen Fall repräsentiert beispielsweise eine `int`-Variable vielleicht am Anfang einen Zähler, dann ein Alter und zum Schluss einen Fehlercode. Das wird recht schnell unverständlich. Um derartige Fehl- oder Mehrfachnutzungen zu minimieren, können wir Konstanten definieren.

Vermeide es, mehrere Variablen auf einmal zu definieren

In einigen Fällen ist es praktisch, dass man auf der rechten Seite einer Variablendefinition mehrere Namen und Wertzuweisungen auflisten kann – auch hier sollten Sie sich beschränken, da dies ziemlich schnell unleserlich wird:

```
int x = 7, y = 2, z = 1971;
```

Zudem sollten wir die Variablennamen sprechender gestalten. Mit folgender Benennung wäre deren Bedeutung sofort klar:

```
int day = 7, month = 2, year = 1971;
```

Vermeide explizite `true`-/`false`-Literale in `if`-/`while`-Anweisungen

Verwendet man in Abfragen von booleschen Variablen explizit die Schlüsselwörter `true` oder `false`, so wird dies sperrig und unleserlich. Hier ein Beispiel:

```
if (attributeValue.isNullValue() == false)
    if (isEditable == true)
```

Besser lesbar werden die Abfragen durch Weglassen der booleschen Konstanten und die Kombination zu einer einzeiligen Bedingung:

```
if (!attributeValue.isNullValue() && isEditable)
```

Verwende den Conditional-Operator mit Bedacht

Einfache `if`-Bedingungen mit einigen Zeilen Sourcecode lassen sich manchmal elegant mit dem Conditional-Operator formulieren. Folgende Zeilen dienen als Basis:

```java
final String strType;
if (isFolder)
    strType = "directory";
else
    strType = "file";
```

Der Einsatz des Conditional-Operators vereinfacht den Sourcecode wie folgt:

```java
final String strType = (isFolder ? "directory" : "file");
```

Folgender Conditional-Operator ist durch die Methodenaufrufe in den Auswertungen (schon fast) zu kompliziert, um leicht verständlich zu sein und eingesetzt zu werden:

```java
return oldState != null ? oldState.compareTo(newState) == 0 :
                          newState.equals(null);
```

16.3 Sourcecode-Prüfung

In den vorherigen Abschnitten wurden diverse Regeln aufgestellt, deren Einhaltung die Qualität des Sourcecodes verbessern kann. Eine manuelle Prüfung umfangreicher Projekte ist jedoch mühevoll und extrem zeitaufwendig. Im Folgenden gehe ich auf eine empfehlenswerte Basiskonfiguration der in Eclipse integrierten Prüfungen ein.

Basiskonfiguration für Eclipse

Zur Fehlervermeidung und Qualitätssicherung empfiehlt es sich, den Sourcecode regelmäßig zu analysieren und dabei die Einhaltung gewisser Regeln und Standards zu forcieren. In einem ersten Schritt kann man dazu auf die in Eclipse integrierte Sourcecode-Prüfung zurückgreifen. Umfangreichere Tests bieten hingegen Tools wie Checkstyle, FindBugs und PMD oder am besten SonarLint an. Auf diese gehe ich in meinem Buch »Der Weg zum Java-Profi« [3] genauer ein.

Die in Eclipse integrierten Sourcecode-Prüfungen können im Einstellungsdialog WINDOW → PREFERENCES konfiguriert werden. Dort wählen wir im Baum den Eintrag JAVA COMPILER → ERRORS/WARNINGS. Im zugehörigen Dialog nehmen wir Anpassungen in den Bereichen CODE STYLE, POTENTIAL PROGRAMMING PROBLEMS, UNNECESSARY CODE sowie NULL ANALYSIS vor. Abbildung 16-1 zeigt eine sinnvolle Einstellung der Werte im Abschnitt CODE STYLE. Auch in den anderen Sektionen können Sie bei Interesse strengere Auswertungen wählen. Experimentieren Sie ruhig ein wenig mit den Einstellungen.

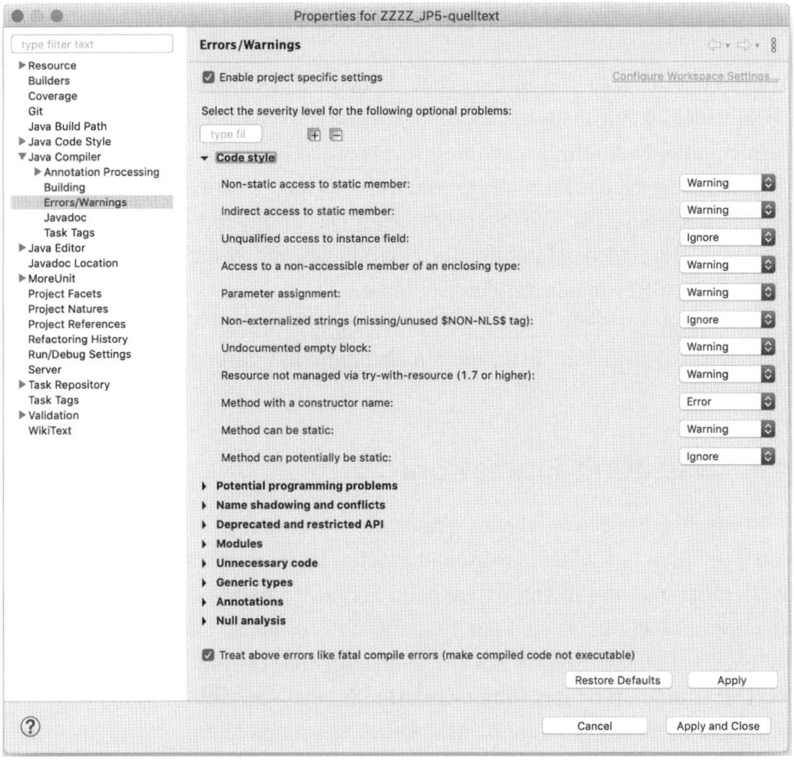

Abbildung 16-1 *Konfiguration von Java Compiler → Errors/Warnings → Code style*

Code style   Methoden, die genauso heißen wie die Klasse selbst, also dadurch sehr leicht mit einem Konstruktor verwechselt werden können, werten wir als `Error`. Ein unqualifizierter Zugriff auf Attribute wird ignoriert, genauso wie nicht externalisierte Strings und die Möglichkeit, Methoden `static` zu machen. Alle anderen Werte setzen wir auf `Warning`.

Potential programming problems   Konvertierungen mithilfe von Auto-Boxing und -Unboxing stellen wir auf `Warning`. Eine versehentliche Zuweisung in einer booleschen Bedingung betrachten wir als `Error`. Alles andere stellen wir auf `Warning`.

Unnecessary code   Unnötige `else`-Anweisungen sollen ignoriert werden, da es lediglich eine Stilfrage ist, ob man bei Auswertung einer Bedingung durch das `else` die Behandlung des anderen Zweiges darstellen möchte oder nicht. Einen ungenutzten Exception-Parameter setzen wir auf `ignore`. Die restlichen Prüfungen stellen wir auf `Warning`.

Null analysis   Um uns vor Problemen mit unerwarteten `null`-Werten und Zugriffen darauf zu bewahren, stellen wir in dieser Sektion alles mindestens auf `Warning`.

16.4   JUnit 5: Auch ans Testen denken

Auch wenn wir uns sehr viel Mühe geben, lassen sich Fehler nicht immer ausschließen. Eine Fehlersuche kann anstrengend, mühsam und nervenaufreibend sein. Wie kann man das vermeiden oder zumindest abmildern? Dazu lernen wir sogenannte *Unit Tests* kennen. Ziel dabei ist es, das korrekte Arbeiten einer kleinen Einheit (Unit) – normalerweise einer Java-Klasse – für sich zu untersuchen: Das erleichtert den Fokus auf einen klar abgegrenzten Bereich der Funktionalität, wodurch sich berechnete Ergebnisse besser mit gewünschten Resultaten vergleichen lassen.

Die erwarteten Ergebnisse und die korrespondierenden Testfälle werden in Form von Java-Klassen realisiert. Tests werden also nicht nur durchgeführt, sondern zunächst programmiert.

16.4.1   Das JUnit-Framework

JUnit ist ein in Java geschriebenes Framework, das beim Erstellen und Automatisieren von Testfällen auf Klassenebene unterstützt. Es ist durch seinen einfachen Aufbau leicht erlernbar und nimmt viel Arbeit beim Schreiben und Verwalten von Testfällen ab: Praktischerweise kümmert sich das Framework bereits um Dinge wie das Zählen und Berichten von Fehlern, sodass nur die Logik für die Testfälle selbst zu implementieren ist. Dabei unterstützt das Framework durch eine Vielzahl an Methoden, mit denen Testbehauptungen aufgestellt und ausgewertet werden können.

Beispiel: Ein erster Unit Test mit JUnit 5

Zum Testen einer Applikationsklasse wird normalerweise eine korrespondierende Testklasse geschrieben. Häufig beginnt man zur Absicherung wichtiger Funktionalität eigener Klassen damit, einige zentrale Methoden durch Tests zu überprüfen. Dies sollte anschließend schrittweise ausgeweitet werden. Dazu werden Testfälle in Form spezieller Testmethoden erstellt, die mit der @Test markiert sein müssen und keinen Rückgabetyp definieren dürfen. Ansonsten werden sie von JUnit nicht als Testfall betrachtet und bei der Testausführung ignoriert.

Betrachten wir ein einfaches erstes Beispiel, das lediglich das Gesagte verdeutlicht, aber noch keine Funktionalität testet, sondern nur ein Grundgerüst für weitere Experimente bildet:

```
import static org.junit.jupiter.api.Assertions.*;

import org.junit.jupiter.api.Test;

class FirstTestWithJunit5
{
    @Test
    void test()
    {
        fail("Not yet implemented");
    }
}
```

Die Annotation[3] `@Test` stammt aus dem aus dem Package `org.junit.jupiter.api`. Die Methoden aus der Klasse `org.junit.jupiter.api.Assertions` werden statisch importiert, um eine kürzere Notation und bessere Lesbarkeit beim Aufruf der Testmethoden zu erreichen.

Unit Tests mit Eclipse erstellen Praktischerweise lässt sich ein Grundgerüst für einen Unit Test von Eclipse erzeugen. Dazu wählt man im Kontextmenü des jeweiligen Projekts NEW →JUNIT TEST CASE. Daraufhin erscheint ein Dialog, in dem man verschiedene Einstellungen vornehmen kann – exemplarisch in Abbildung 16-2 gezeigt.

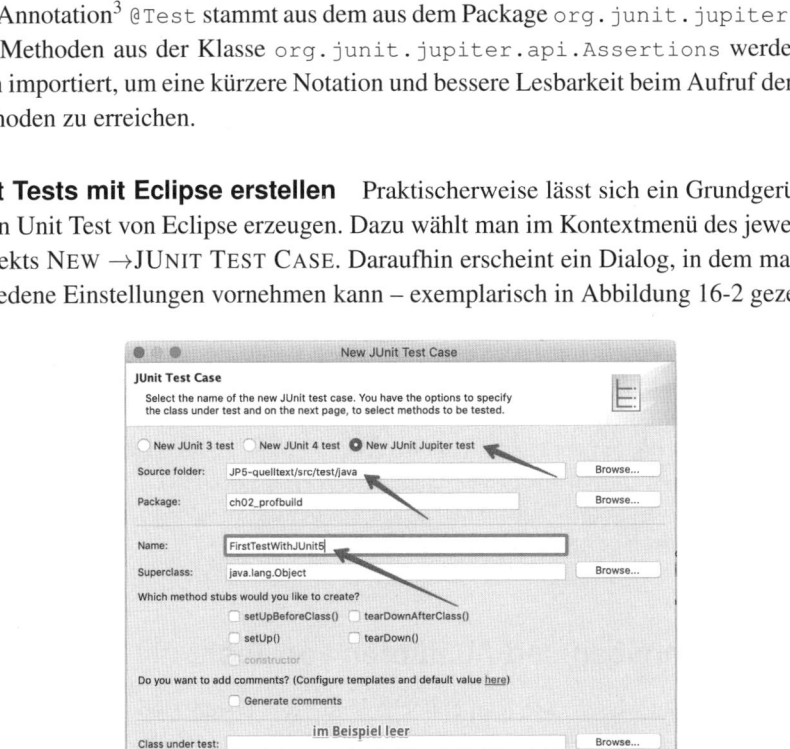

Abbildung 16-2 *Erstellen eines JUnit-Tests in Eclipse*

Man kann den Namen des Tests festlegen und angeben, auf welcher Version von JUnit er basieren soll – statt einer Versionsnummer besitzt JUnit 5 dort den Namen Jupiter. Dies nutzen wir und als Namen verwenden wir `FirstTestWithJUnit5`. Zudem sollten wir darauf achten, die Tests in einem speziellen Verzeichnis für Tests abzulegen, also je nach Verzeichnislayout etwa im Verzeichnis `test` oder `src/test/java`. Bestätigen wir den Dialog, so wird die im obigen Listing gezeigte Testklasse erzeugt, in der wir nun Testmethoden ergänzen können. Des Weiteren wird man im Normalfall im Textfeld `Class under test` die zu testende Klasse anwählen. Weil wir hier zur Einführung keinen Test einer Applikationsklasse, sondern nur einen minimalen Test als Ausgangspunkt erstellen, bleibt dieses Eingabefeld leer.

---

[3]Annotations sind mit dem Zeichen '@' beginnende Markierungen im Sourcecode, die Metainformationen zu einem damit gekennzeichneten Element (Klasse, Methode usw.) beschreiben.

Tipp: Benennung von Testklassen und von Testmethoden

Die Klassen von Unit Tests sollten den Namen der zu testenden Source-Datei enthalten, um diese leicht miteinander zu assoziieren. *Sinnvoll ist es,* `Test` *als Postfix für die Testklasse zu verwenden*: Man würde etwa dem Test für die Klasse `MyClass` den Namen `MyClassTest` geben. Basierend auf dem Klassennamen findet man sehr schnell den entsprechenden Test. Würde man dagegen das Präfix `Test` für die Testklasse nutzen, so lassen sich Tests nur mit viel Aufwand finden: Alle Namen von Testklassen beginnen dann mit dem Präfix `Test` und unterscheiden sich erst nach dem gemeinsamen Präfix.

Benennung von Testmethoden Mit JUnit 3 mussten alle Testmethoden mit dem Präfix `test` beginnen, um vom Framework erkannt und ausgeführt zu werden. Seit JUnit 4 ist das nicht mehr erforderlich, da dessen Architektur auf Annotations umgestellt wurde. Ich verwende mitunter zusätzlich zur Annotation auch weiterhin das Präfix `test`. Das ist nicht notwendig, erleichtert mir aber die Arbeit. So erreiche ich bei umfangreicheren Testklassen eine bessere Trennung zwischen Hilfsmethoden in der Testklasse und solchen, die Testfälle darstellen.

16.4.2   Schreiben und Ausführen von Tests

Nachdem wir nun wissen, wie man einfache Unit Tests erstellt, möchte ich das Ganze ausbauen. Wir lernen dazu u. a. folgende Funktionalitäten aus dem JUnit-Framework zum Ausführen von Tests und zur vorherigen Definition von Testfällen inklusive der Auswertung von Bedingungen in Testfallmethoden kennen:

- **Auswertung von Bedingungen** – Die Klasse `Assertions` stellt eine Menge von Prüfmethoden bereit, mit denen Bedingungen formuliert und dadurch Zusicherungen über den zu testenden Sourcecode geprüft werden können:

  - Durch Aufruf der überladenen Methoden `assertTrue()` und `assert-False()` lassen sich boolesche Bedingungen prüfen. Erstere Methode geht davon aus, dass eine Bedingung erfüllt ist, und meldet ansonsten einen Fehler. Für `assertFalse()` gilt das Gegenteil.

  - Mit den überladenen Methoden `assertNull()` bzw. `assertNotNull()` können Objektreferenzen auf `null` bzw. ungleich `null` geprüft werden.

  - Die überladene Methode `assertEquals()` ermöglicht es, sowohl zwei Objekte auf inhaltliche Gleichheit (Aufruf von `equals(Object)`) als auch zwei Variablen primitiven Typs auf Gleichheit zu prüfen. Aufgrund möglicher Rundungsungenauigkeiten bei Berechnungen für die Typen `float` und `double` lässt sich bei deren Prüfung eine maximale Abweichung vom erwarteten Wert angegeben.

  - Die überladenen Methoden `assertSame()` bzw. `assertNotSame()` prüfen Objektreferenzen auf Gleichheit bzw. Ungleichheit gemäß `==`.

- Mithilfe von `fail()` kann man einen Testfall bewusst fehlschlagen lassen, beispielsweise um auf eine unerwartete Situation reagieren zu können.

- Mit JUnit 5 lässt sich mithilfe der Methode `assertThrows()` sehr elegant prüfen, ob eine erwartete Exception ausgelöst wird.

Das initial erzeugte Unit-Test-Grundgerüst erweitern wir nun: Folgendes Listing zeigt einige der gerade vorgestellten Methoden im Einsatz, wobei verschiedene Testmethoden in diesem Beispiel bewusst Fehler provozieren:

```java
import static org.junit.jupiter.api.Assertions.*;
import org.junit.jupiter.api.Test;

import java.util.ArrayList;
import java.util.Arrays;
import java.util.List;

public class JUnit5ExampleTest
{
    @Test
    public void testAssertTrue()
    {
        final List<String> names = new ArrayList<>();
        names.add("Max");
        names.add("Moritz");
        names.clear();
        assertTrue(names.isEmpty());
    }

    @Test
    public void testAssertFalse()
    {
        final List<Integer> primes = List.of(2, 3, 5, 7);
        // Hier wird bewusst ein Fehler provoziert
        assertFalse(primes.contains(7));
    }

    @Test
    public void testAssertNull()
    {
        assertNull(null);
    }

    @Test
    public void testAssertNotNull()
    {
        // Hier wird bewusst ein Fehler provoziert
        assertNotNull(null, "Unexpected null value");
    }

    @Test
    public void testAssertEquals()
    {
        assertEquals("EXPECTED", "expected".toUpperCase());
    }

    @Test
    public void testAssertEqualsWithPrecision()
    {
        assertEquals(2.75, 2.74999, 0.1);
    }
```

```
@Test
public void testFailWithExceptionJUnit5()
{
    assertThrows(java.lang.NumberFormatException.class, () ->
    {
        // Hier wird bewusst ein Fehler provoziert
        final int value = Integer.parseInt("Fehler simulieren!");
    });
}
}
```

■ **Testausführung** – JUnit ist in gängige IDEs integriert und erlaubt die Ausführung von Tests direkt aus der IDE. Tests kann man entweder über ein Kontextmenü oder über Buttons im GUI ausführen. Dabei kommt es zu einer Ausgabe ähnlich zu der in Abbildung 16-3. Ein roter Balken zeigt Fehler an. Im Idealfall sieht man ein »beruhigendes« Grün, das den erfolgreichen Abschluss aller Testfälle meldet.

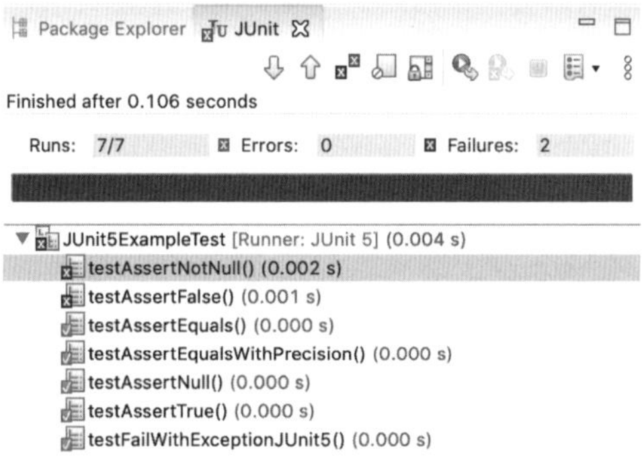

Abbildung 16-3 *Testausführung aus dem GUI der IDE*

Gleitkommawerte mit Abweichung testen

Berechnungen mit Gleitkommazahlen bergen die Gefahr für Rundungsfehler. Gerade im Bereich von Unit Tests ist es daher wünschenswert, eine kleine Abweichung vom erwarteten Ergebnis noch als valide akzeptieren zu können. Im obigen Beispiel haben wir dies schon für fixe Zahlenwerte gesehen. Für Berechnungen ist das mit JUnit wie folgt möglich:

```
@Test
public void testDoubleWithDeviation()
{
    final double EPSILON = 0.0001;

    // Hier nur exemplarisch für eine komplexe Berechnung
    final double result = 10.0 / 3.0 * 100;

    assertEquals(333.3333, result, EPSILON);
}
```

17 Schlusswort

So, nun haben Sie es also bis zum Ende geschafft. Herzlichen Glückwunsch! Durch die Lektüre, vor allem aber das Durcharbeiten der Aufgaben und das Nachvollziehen der Lösungen oder gar das Abwandeln einiger Aufgabenstellungen, sollten Sie ein gutes erstes Verständnis von Java gewonnen haben. Sie sind mittlerweile gut vertraut mit vielen elementaren und wichtigen Programmkonstrukten wie Variablen, Bedingungen, Schleifen und vielem mehr. Demnach sollten sich erste Hobbyprojekte mit dem gesammelten Wissen nun deutlich einfacher umsetzen lassen.

Je länger Sie mit Java entwickeln, desto mehr baut sich auch das Verständnis auf. Wenn Sie dann Interesse haben, wie Sie das Programmieren noch auf das nächste Level heben können, oder einfach an den Hintergründen oder an Zusammenhängen interessiert sind, möchte ich Ihnen mein Buch »Der Weg zum Java-Profi« [3] wärmstens ans Herz legen. Es knüpft da an, wo dieses Buch nicht weiter in die Tiefe gehen konnte, und stellt Ihnen eine Vielzahl weiterer Themengebiete rund um die Java-Entwicklung vor.

Haben Sie Freude gefunden, Aufgaben und Programmierrätsel zu lösen, dann bietet mein Buch »Java Challenge« [5] ein reichhaltiges Angebot an unterhaltsamen Übungsaufgaben unterschiedlichster Schwierigkeitsstufen, die Ihre Java- und Programmierkenntnisse weiter ausbauen werden.

Persönliche Bitte

Ein persönliches Anliegen habe ich noch zum Abschluss: Wenn Ihnen das Buch gefallen hat, dann machen Sie doch bitte ein wenig Werbung und sagen Sie es gerne weiter. Natürlich freue ich mich auch über eine positive Rezension bei Amazon.

Feedbacks, Verbesserungsvorschläge oder Erweiterungswünsche sind gerne gesehen. Senden Sie diese bitte per Mail an: michael_inden@hotmail.com.

Verbleibt nur noch eins: Haben Sie viel Freude mit dem Programmieren als wunderbarem Hobby. In dem Sinne: Happy Coding!

V Anhang

A Schlüsselwörter im Überblick

In Java existiert eine Reihe von Schlüsselwörtern, die reserviert sind und nicht als Bezeichner für Variablen, Methoden, Klassen oder anderes verwendet werden dürfen. Nachfolgend sind die Schlüsselwörter tabellarisch mitsamt einer kurzen Beschreibung aufgelistet.

Schlüsselwort	Beschreibung
abstract	Ein Zugriffsmodifier. Wird für Klassen und Methoden verwendet: Eine abstrakte Klasse dient zur Definition von allgemeinem Verhalten. Von einer abstrakten Klasse können keine Instanzen erstellt werden. Abstrakte Methoden geben Methoden vor, die in abgeleiteten Klassen implementiert werden müssen.
assert	Dient zum Aufstellen und Überprüfen von Behauptungen.
boolean	Datentyp für Wahrheitswerte
break	Beendet eine Schleife oder einem switch-Block.
byte	Datentyp für ganze Zahlen im Wertebereich von -128 bis +127
case	Repräsentiert einen Fall in einer switch-Anweisung.
catch	Dient zum Fangen von Exceptions.
char	Datentyp zum Speichern eines einzelnen Zeichens
class	Leitet die Definition einer Klasse ein.
continue	Überspringt die restlichen Anweisungen und führt die nächste Iteration einer Schleife aus.
default	Definiert den Standardfall für switch. Ermöglicht in Interfaces die Bereitstellung einer Defaultmethode.
do	Bildet in Kombination mit while die do-while-Schleife.
double	Datentyp, der Gleitkommazahlen von 1,7e-308 bis 1,7e+308 modelliert.

Schlüsselwort	Beschreibung
else	Beschreibt den Alternativfall bei einem `if`, also in einer bedingten Anweisung.
enum	Definiert einen Aufzählungstyp.
exports	Exportiert ein Package aus einem Modul. Neu in Java 9.
extends	Drückt Vererbung aus.
final	Zugriffsmodifier, der für Klassen, Methoden, Attribute und Variablen verwendet wird, um sie unveränderlich zu machen (kein Vererben oder Überschreiben mehr möglich).
finally	Erlaubt es beim Behandeln von Exceptions, einen Codeblock zu definieren, der in jedem Fall ausgeführt wird, unabhängig davon, ob es zu einer Exception kam oder nicht.
float	Datentyp für Gleitkommazahlen von 3,4e-038 bis 3,4e+038
for	Erzeugt eine `for`-Schleife.
goto	*unbenutzt*
if	Erzeugt eine bedingte Anweisung.
implements	Gibt an, dass eine Klasse ein Interface implementiert.
import	Wird verwendet, um ein Package, eine Klasse oder ein Interface zu importieren.
instanceof	Prüft, ob ein Objekt eine Instanz einer bestimmten Klasse oder eines Interface ist.
int	Datentyp für Ganzzahlen im Wertebereich von -2147483648 bis +2147483647
interface	Dient zur Definition von Schnittstellen – das sind Sammlungen von Methoden ohne Implementierung.
long	Datentyp für Ganzzahlen im Wertebereich von -9223372036854775808 bis 9223372036854775808
module	Deklariert ein Modul. Neu in Java 9.
native	Erlaubt es, Methoden in anderen Programmiersprachen zu implementieren und in Java einzubinden.
new	Erzeugt neue Objekte.
package	Deklariert ein Package als Namensraum und zur Strukturierung für zusammengehörende Klassen und Interfaces.
private	Zugriffsmodifier, um Attribute und Methoden sowie Konstruktoren nur innerhalb der deklarierten Klasse zugreifbar zu machen.
protected	Zugriffsmodifier, um Attribute und Methoden sowie Konstruktoren nur im gleichen Package und in abgeleiteten Klassen zugreifbar zu machen.

Schlüsselwort	Beschreibung
`public`	Zugriffsmodifier, um Attribute und Methoden sowie Konstruktoren für alle Packages und Klassen zugreifbar zu machen.
`record`	Dient zur Definition einer einfachen Datenbehälterklasse. Neu in Java 16.
`requires`	Spezifiziert benötigte Module innerhalb eines Moduls. Neu in Java 9.
`return`	Beendet die Ausführung einer Methode und liefert einen Rückgabewert.
`short`	Datentyp für Ganzzahlen im Wertebereich -32768 bis +32767
`static`	Zugriffsmodifier, der für Methoden und Attribute verwendet wird. Auf statische Methoden und Attribute kann zugegriffen werden, ohne ein Objekt einer Klasse erzeugen zu müssen.
`strictfp`	Sorgt dafür, dass die Genauigkeit und Rundung von Gleitkommaberechnungen bei der Ausführung von Java-Programmen auch auf unterschiedlichen Betriebssystemen gleich ablaufen.
`super`	Verweist auf Objekte der Oberklasse.
`switch`	Dient zur Implementierung von Fallunterscheidungen, die durch `case` spezifiziert sind.
`synchronized`	Zugriffsmodifier im Kontext von Multithreading, um gleichzeitige Zugriffe auszuschließen.
`this`	Verweist auf das aktuelle Objekt in einer Methode oder einem Konstruktor. Angabe ist wichtig, falls Parameter und Attribute gleich heißen, um diese auseinanderhalten zu können.
`throw`	Löst eine Exception aus.
`throws`	Gibt an, welche Exceptions potenziell von einer Methode und deren Anweisungen ausgelöst werden.
`transient`	Zugriffsmodifier, um Attribute von der Serialisierung auszuschließen.
`try`	Dient zum Absichern von Anweisungen und zum Formulieren eines `try-catch`-Blocks.
`void`	Gibt an, dass eine Methode keinen Rückgabewert haben soll.
`volatile`	Zugriffsmodifier im Kontext von Multithreading, der dazu führt, dass Daten nicht lokal zwischengespeichert, sondern immer mit dem Hauptspeicher abgeglichen werden.
`while`	Erzeugt eine `while`-Schleife.
`yield`	Rückgabe eines Werts aus einem `switch`-Block. Neu in Java 14.

Reservierte Wörter

Es sei noch auf Folgendes hingewiesen: `true`, `false` und `null` sind keine Schlüsselwörter, sondern Literale und reservierte Wörter, die nicht als Bezeichner verwendet werden können. Das gilt auch für `var`.

B   Schnelleinstieg JShell

In diesem Buch werden diverse Beispiele direkt auf der Konsole ausprobiert. Der Grund besteht vor allem darin, dass Java seit Version 9 die interaktive Kommandozeilenapplikation JShell als REPL bietet, die wir in diesem Anhang kurz kennenlernen wollen.

Das Tool `jshell` erlaubt einen interaktiven Arbeitsstil und das Ausführen kleinerer Sourcecode-Schnipsel, wie man es bereits aus verschiedenen anderen Programmiersprachen in ähnlicher Form kennt. Man spricht dabei auch von REPL (Read-Eval-Print-Loop). Dadurch wird es möglich, etwas Java-Sourcecode zu schreiben und Dinge schnell auszuprobieren, ohne dafür die IDE starten und ein Projekt anlegen zu müssen.[1] Über das Ausmaß des Gewinns lässt sich sicherlich streiten. Überaus praktisch ist jedoch, dass die Angabe eines Semikolons bei Eingaben in der `jshell` optional ist. Für erste Experimente und ein Prototyping ist es von noch größerem Vorteil, dass man sich nicht um die Behandlung von Exceptions, nicht einmal Checked Exceptions, kümmern muss.[2] Das werden wir später noch sehen.

Einführendes Beispiel

Starten wir die `jshell` und probieren einige Aktionen und Berechnungen aus. Dabei dient mal wieder eine Abwandlung eines Hello-World-Beispiels als Startpunkt:

```
> jshell
|  Welcome to JShell -- Version 14
|  For an introduction type: /help intro

jshell> System.out.println("Hello JShell")
Hello JShell
```

Danach addieren wir zwei Zahlen:

```
jshell> 2 + 2
$1 ==> 4
```

---

[1]Nahezu jeder (professionelle) Entwickler hat – zumindest während der Arbeit – seine IDE sowieso fast immer geöffnet und könnte durch eine `main()`-Methode Ähnliches erreichen, allerdings mit dem Vorteil von direktem Syntax-Check und Auto-Complete.

[2]Genauer: Beides gilt nur für die Kommandos in der `jshell`, nicht jedoch, wenn man dort Methoden oder Klassen definiert. Dann muss auch weiterhin ein Semikolon genutzt und müssen Exceptions behandelt werden.

Anhand der Ausgabe sehen wir, dass die `jshell` das Berechnungsergebnis einer Shell-Variablen zuweist, die mit `$` beginnt, hier `$1`.

Auch die Definition eigener Methoden ist wie folgt möglich:

```
jshell> int add(int a, int b) {
   ...> return a + b;
   ...> }
|  created method add(int,int)
```

Praktischerweise erkennt die `jshell`, dass die Anweisungen nicht vollständig sind und noch weitere Eingaben in einer Folgezeile benötigt werden. Erst danach erfolgt die gezeigte Meldung »`created method add(int,int)`«.

Nach Abschluss der Definition kann man eine solche Methode dann wie erwartet aufrufen und als Besonderheit auch auf das zuvor berechnete und zwischengespeicherte erste Ergebnis folgendermaßen mit `$1` zugreifen:

```
jshell> add(3, $1)
$3 ==> 7
```

Weitere Kommandos und Möglichkeiten

Das Kommando `/vars` listet die derzeit definierten Variablen auf:

```
jshell> /vars
|    int $1 = 4
|    int $3 = 7
```

Das Kommando `/methods` zeigt definierte Methoden, hier die gerade erstellte Methode `add()`:

```
jshell> /methods
|    add (int,int)int
```

Außerdem bietet die `jshell` eine Historie der Befehle, was nützlich sein kann, um ein vorheriges Kommando wiederholt auszuführen. Mit `/!` lässt sich das letzte Kommando nochmals ausführen. Mit `/list` erhält man eine Übersicht, aus der mit `/<nr>` das <nr>te Kommando ausgeführt werden kann:

```
jshell> /list

   1 : System.out.println("Hello JShell")
   2 : 2+2
   3 :  int add(int a, int b) {
        return a+b;
        }
   4 : add(3, $1)
```

Folgende Tastaturkürzel erleichtern in der `jshell` das Editieren und Navigieren:

- Ctrl + A / E – Springt an den Anfang / das Ende einer Zeile.
- ↑ / ↓ – Mit den Cursortasten kann man durch die Historie der Befehle navigieren.
- `/reset` – Löscht die Befehlshistorie.

Nicht immer ist uns jede mögliche Variante von Aufrufen geläufig, daher ist die Tab-Completion recht praktisch, die ähnlich wie in einer IDE eine Reihe möglicher Vervollständigungen präsentiert:

```
jshell> String.
CASE_INSENSITIVE_ORDER    class        copyValueOf(    format(      join(
    valueOf(

jshell> Class.
class       forName(
```

Syntaktische Besonderheiten und moderne Java-Features nutzen

Folgende Anweisung

```
jshell> Thread.sleep(500)
```

demonstriert gleich zwei Dinge: Zum einen erkennen wir, dass wie bisher auch hier auf die Angabe eines Semikolons für Anweisungen in der `jshell` verzichtet werden kann, und zum anderen muss die von `Thread.sleep()` ausgelöste `Interrupted-Exception` nicht behandelt werden.

Auch die Definition von Listen, Mengen und Maps ist möglich und mit den modernen Collection-Factory-Methoden sogar recht komfortabel:

```
jshell> List<Integer> numbers = List.of(1,2,3,4,5,6,7)
numbers ==> [1, 2, 3, 4, 5, 6, 7]

jshell> Set<String> names = Set.of("Tim", "Mike", "Max")
names ==> [Tim, Max, Mike]

jshell> Map<String, Integer> nameToAge = Map.of("Tim", 41, "Mike", 42)
nameToAge ==> {Tim=41, Mike=42}
```

Nach diesen Definitionen wollen wir uns nochmals die Variablen anschauen:

```
jshell> /vars
|    int $1 = 4
|    int $3 = 7
|    List<Integer> numbers = [1, 2, 3, 4, 5, 6, 7]
|    Set<String> names = [Tim, Max, Mike]
|    Map<String, Integer> nameToAge = {Tim=41, Mike=42}
```

Komplexere Aktionen

Neben den gezeigten recht trivialen Aktionen erlaubt die `jshell` auch komplexere Berechnungen und sogar die Definition von Klassen.

Einbinden anderer JDK-Klassen   Standardmäßig sind in der `jshell` nur Typen aus dem Modul `java.base` zugreifbar, was aber für diverse Java-Gehversuche oftmals ausreichend ist. Möchte man aber Klassen etwa aus Swing oder JavaFX nutzen, so benötigen wir einen Import, beispielsweise `import javax.swing.*` für die Typen wie `JFrame` usw. Ohne diesen Import erhalten wir folgende Fehlermeldung:

```
jshell> new JFrame("Hello World")
|   Error:
|   cannot find symbol
|     symbol:   class JFrame
|   new JFrame("Hello World")
|       ^----^
```

Deswegen beginnen wir nun mit dem Import:

```
import javax.swing.*

jshell> new JFrame("Hello World")
$2 ==> javax.swing.JFrame[frame0,0,23,0x0,invalid,hidden,layout=java.awt.
    BorderLayout,title=Hello World,resizable,normal,defaultCloseOperation=
    HIDE_ON_CLOSE,rootPane=javax.swing.JRootPane[,0,0,0x0,invalid,layout=javax.
    swing.JRootPane$RootLayout,alignmentX=0.0,alignmentY=0.0,border=,flags
    =16777673,maximumSize=,minimumSize=,preferredSize=],rootPaneCheckingEnabled
    =true]

$2.setSize(200, 50)
$2.show()
```

Mit der obigen Kommandofolge wird dann ein Fenster der Größe 200 × 50 erzeugt und angezeigt. Es sollte in etwa wie in Abbildung B-1 aussehen.

Abbildung B-1 *Einfaches Swing-Fenster, gestartet aus der* `jshell`

Beenden der JShell

Schließlich kann man die `jshell` mit `/exit` beenden.

C Grundlagen zur JVM und Infos zum Java-Ökosystem

In diesem Anhang vermittle ich vertiefendes Grundwissen zur Java Virtual Machine (JVM). Zudem beleuchte ich kurz das breitgefächerte Ökosystem rund um Java.

C.1 Wissenswertes zur Java Virtual Machine (JVM)

Java ist eine Programmiersprache, die in einer Laufzeitumgebung, der *Java Virtual Machine* (*JVM*), ausgeführt wird. Im Gegensatz zu anderen Programmiersprachen, beispielsweise C++, wird der Sourcecode beim Kompilieren mit dem Java-Compiler `javac` nicht in die Maschinensprache des jeweiligen Computers übersetzt, sondern in eine Zwischensprache, den plattformunabhängigen *Bytecode*. Der Name rührt daher, dass die Instruktionen in Form von Bytes codiert sind. Dieser Bytecode wird allerdings nicht direkt vom Prozessor des Rechners ausgeführt. Stattdessen handelt es sich beim Bytecode um Befehle für einen speziellen virtuellen Computer, nämlich für die Java Virtual Machine. Diese stellt einen Computer im Computer dar und ermöglicht so eine Abstraktion von der darunterliegenden Hardware. Die Plattformunabhängigkeit von Java wird dadurch erreicht, dass für jedes Betriebssystem eine eigenständige JVM existiert, die Befehle im Bytecode-Format ausführt. Abbildung C-1 deutet den prinzipiellen Ablauf an.

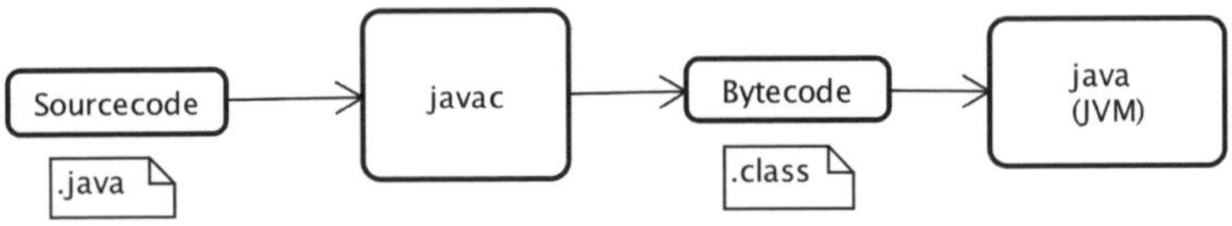

Abbildung C-1 *Ablauf beim Kompilieren und Ausführen eines Java-Programms*

C.1.1 Einführendes Beispiel

Erinnern wir uns: Java-Programme werden textuell verfasst und in korrespondierenden Dateien mit der Endung `.java` (dem Sourcecode) und Verzeichnissen des Computers abgelegt und organisiert.

Schauen wir zum Einstieg ein einfaches Java-Programm an. Beachten Sie bitte, dass der Dateiname (ohne Endung) und der Name der Klasse in der Schreibweise exakt übereinstimmen müssen.

```
public class MyFirstJavaClass {
    public static void main(String[] args) {
        System.out.println("Hello World");
    }
}
```

Wie schon zuvor angedeutet, muss ein Java-Programm für den Computer verständlich und ausführbar gemacht werden. Dazu ist zunächst die `.java`-Datei zu kompilieren und dabei in eine `.class`-Datei zu wandeln. Dazu dient der `javac`-Befehl gefolgt vom Dateinamen eines Java-Programms:

```
$ javac MyFirstJavaClass.java
```

Der Compiler legt los und sofern Sie keine Tippfehler gemacht haben, entsteht die korrespondierende `.class`-Datei, was Sie durch einen Blick ins Dateisystem per Windows Explorer, Mac OS Finder oder gegebenenfalls sogar der Konsole mit dem Tool `tree` prüfen können:

```
$ tree
.
|-- MyFirstJavaClass.class
`-- MyFirstJavaClass.java
```

Wie schon erwähnt, stellt die `.class`-Datei eine betriebssystemunabhängige Repräsentation eines Java-Programms dar und enthält den sogenannten Bytecode, der von der JVM ausgeführt werden kann. Dazu geben wir Folgendes zum Start der JVM und zur Ausführung unseres Programms ein:

```
$ java MyFirstJavaClass
```

Im Idealfall erhalten Sie folgenden Gruß:

```
Hello World
```

Hinweis: Beliebte Fallstricke

Falls es doch zu Problemen kommen sollte, überprüfen Sie bitte, ob Sie beim Kompilieren die Endung `.java` explizit angegeben und beim Ausführen die Endung `.class` weggelassen haben.

C.1.2 Ausführung eines Java-Programms

Für die Ausführung eines Java-Programms haben die JVMs in den Anfangstagen von Java den Bytecode Instruktion für Instruktion interpretiert und abgearbeitet. Aufgrund der effizienten Arbeitsweise des Bytecode-Interpreters konnte damit bereits eine brauchbare Ausführungsgeschwindigkeit erzielt werden, die jedoch deutlich unter der Geschwindigkeit kompilierter Programme lag. Als Folge davon haben die Ausführungszeiten dieser ersten JVMs lange Zeit das Gerücht genährt, Java-Programme würden (zu) langsam ablaufen. Kompilierte C++-Programme, die in die jeweilige Maschinensprache des Zielrechners übersetzt werden, sind natürlich performanter. In den letzten Jahren wurden aber immer leistungsfähigere JVMs entwickelt, sodass sich die Ausführungsgeschwindigkeit von Java-Programmen immer mehr derjenigen kompilierter C++-Programme angenähert hat.

Heutzutage sind JVMs extrem leistungsfähig. Das wird unter anderem dadurch erreicht, dass während bzw. parallel zur eigentlichen Programmausführung der Bytecode in Maschinensprache übersetzt wird. Man spricht von einem Just-in-Time-Compiler (kurz JIT). Würde man diese Transformation jedoch für den gesamten Bytecode durchführen, so wäre das recht aufwendig und nicht besonders zielführend: Für selten durchlaufene Programmteile wiegt der erzielte Geschwindigkeitsgewinn bei der Ausführung der kompilierten Anweisungen nicht den zeitlichen Aufwand zur Transformation auf. Schlimmer noch: Diese Form der Optimierung ist manchmal sogar kontraproduktiv und langsamer als eine Ausführung per Interpreter. Aktuelle JVMs nutzen daher eine intelligentere Vorgehensweise bei der Programmausführung, nämlich das sogenannte Hotspot-Optimierungsverfahren. Hierbei werden die häufig durchlaufenen Programmteile (die Hotspots) erkannt und nur diese kompiliert und optimiert.

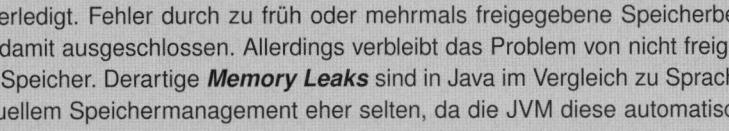

Tipp: Speicherverwaltung

Um Java-Programme möglichst robust zu machen, wurden verschiedene Sicherheitsmechanismen in die Sprache integriert. Insbesondere wurde die Speicherverwaltung so gestaltet, dass man sich als Entwickler kaum darum kümmern muss: Der für Objekte angeforderte Speicher muss nicht explizit freigegeben werden. Das wird stattdessen automatisch durch eine Komponente der JVM, den **Garbage Collector**, erledigt. Fehler durch zu früh oder mehrmals freigegebene Speicherbereiche sind damit ausgeschlossen. Allerdings verbleibt das Problem von nicht freigegebenem Speicher. Derartige **Memory Leaks** sind in Java im Vergleich zu Sprachen mit manuellem Speichermanagement eher selten, da die JVM diese automatisch sehr zuverlässig verhindert. Es gibt jedoch Spezialfälle, für die dies nicht gilt, nämlich genau dann, wenn nicht alle Referenzen auf Objekte korrekt freigegeben werden, etwa weil eine andere Programmkomponente eine Referenz weiterhin speichert.

C.2   Das Java-Ökosystem im Kurzüberblick

Java ist deutlich mehr als nur eine populäre Programmiersprache. In den letzten Jahren und Jahrzehnten hat sich eine Vielzahl an Tools und vielschichtigen Informationsquellen im Internet herausgebildet. Vermutlich besitzt Java das größte oder zumindest eines der größten Software-Ökosysteme.

Das JDK: Java-Compiler und JVM

Schon ein Download des JDKs (Java Development Kit) bringt neben dem Java-Compiler und der Java Virtual Machine (JVM) diverse andere Tools. Während Java in den Anfangstagen noch nicht ganz so optimiert und schnell unterwegs war, hat sich dies im Laufe der Zeit deutlich gebessert. Einen guten Anteil daran hat der sogenannte JIT-Compilerr, der häufig durchlaufene Programmteile direkt in Maschinensprache überträgt. Mittlerweile existiert auch noch die GraalVM, die Java-Programme für verschiedene Plattformen in Maschinensprache kompilieren und ausführen kann.

Interaktiver Experimentiermodus

Für die Beispiele dieses Buchs haben wir recht ausgiebig von einem weiteren Tool aus dem JDK, nämlich der JShell, Gebrauch gemacht, die eine interaktive Entwicklung auf der Kommandozeile ermöglicht, den sogenannten REPL (Read-Eval-Print-Loop). Mehr noch: Wir finden im JDK mit `javap` ein Tool, das den mit `javac` kompilierten Bytecode wieder entschlüsseln und diverse Informationen daraus bereitstellen kann.

Externe Bibliotheken

Nicht nur das JDK bietet eine riesige Sammlung an Klassen für viele Anwendungsfälle, sondern es gibt eine schier unüberschaubare Anzahl an frei verfügbaren Komponenten, und zwar sowohl ausgereiften kommerziellen als auch in Form von Open Source. Extrem bekannt und weit verbreitet sind beispielsweise die Apache-Bibliotheken sowie Google Guava. Diese bestehen aus einem oder mehreren JAR-Dateien. JAR steht für Java ARchive und ist ein ZIP, das eine Vielzahl an `.class`-Dateien bündeln kann.

Datenbanken, Enterprise und Tools

Diverse Datenbanken sind in Java geschrieben und lassen sich sehr gut in eigenen Java-Programmen nutzen. Das gilt natürlich ebenfalls für die schon erwähnten IDEs. Diese sind in Java geschrieben und bieten ein hervorragendes Tooling, um effizient Java-Programme entwickeln zu können. Es geht aber weiter: Auch im Bereich von Big Data ist Java mittlerweile zuhause.

Der Bereich Enterprise- und Server-Anwendungen ist eine Stärke von Java. Neben dem Jakarta-EE-Standard gibt es das umfangreiche Spring-Framework, wobei insbesondere Spring Boot immer populärer wird. Java-Server-Anwendungen arbeiten mit Webservern, von denen sich diverse im Java-Umfeld tummeln.

Je umfangreicher Anwendungen werden, desto wichtiger ist auch ein zuverlässiges Build-Management. Dort sind Maven und Gradle zwei nahezu gleichwertige Tools.

Dokumentation, Testing und Optimierung

Auch im Bereich der Dokumentation existiert mit Javadoc ein ausgezeichnetes Werkzeug zur Generierung von Onlinedokumentationen basierend auf Kommentaren im Java-Sourcecode. Neben der Dokumentation ist das Testen von Software ein wichtiger Bereich. Dort finden sich unterschiedliche Frameworks, wobei sich vor allem JUnit durch seine Qualität und Verbreitung auszeichnet. Vielfältige Plugins oder Ergänzungen wie Mockito[1] oder AssertJ[2] helfen dabei, das Testen noch angenehmer und produktiver gestalten zu können.

Aber auch im Bereich der Performance-Optimierung gibt es verschiedene Tools: So sind das mittlerweile aus dem JDK ausgegliederte VisualVM[3], der JProfiler[4] oder aber auch YourKit[5] zum Aufspüren von Performance-Bremsen sehr hilfreiche Tools. Darüber hinaus ist JMH (Java Microbenchmark Harness) in das JDK integriert und hilft bei Low-Level-Optimierungen. Details dazu finden Sie in meinem Buch »Java 9 bis 14: Die Neuerungen« [4].

Hilfen im Internet

Das Internet ist voll von Tutorials und Foren rund um die Java-Programmierung. Besonders populär ist wohl `https://stackoverflow.com/`, aber auch die Seiten `https://www.baeldung.com/` und `http://tutorials.jenkov.com/` bieten vielfältige Informationen. Meistens bringt einen eine Google-Suche ein gutes Stück weiter, wenn man einmal ein Problem nicht selbst lösen kann.

---

[1] `https://site.mockito.org/`
[2] `https://assertj.github.io/doc/`
[3] `https://visualvm.github.io/`
[4] `https://www.ej-technologies.com/products/jprofiler/overview.html`
[5] `https://www.yourkit.com/java/profiler`

Literaturverzeichnis

[1] Scott W. Ambler. *The Elements of Java Style*. Cambridge University Press, Cambridge, Mass., 1995.

[2] Martin Fowler. *Refactoring: Improving the Design of Existing Code*. Addison-Wesley, 1999.

[3] Michael Inden. *Der Weg zum Java-Profi: Konzepte und Techniken für die professionelle Java-Entwicklung*. dpunkt.verlag, 5. Auflage, 2020.

[4] Michael Inden. *Java – die Neuerungen in Version 9 bis 14: Modularisierung, Syntax- und API-Erweiterungen*. dpunkt.verlag, 2020.

[5] Michael Inden. *Java Challenge: Fit für das Jobinterview und die Praxis – mit mehr als 100 Aufgaben und Musterlösungen*. dpunkt.verlag, 2020.

Michael Inden

Java Challenge

Fit für das Jobinterview und die Praxis –
mit mehr als 100 Aufgaben
und Musterlösungen

2020
600 Seiten, Broschur
€ 34,90 (D)

ISBN:
Print   978-3-86490-756-2
PDF   978-3-96910-028-8
ePub   978-3-96910-029-5
mobi   978-3-96910-030-1

Mit über 100 Übungsaufgaben und
Programmierpuzzles inklusive Lösungen
zum Knobeln und Erweitern Ihrer Kenntnisse bietet Ihnen die »Java Challenge«
kurzweiliges Lernen, eine fundierte
Vorbereitung auf die nächste Prüfung
oder ein Jobinterview. Dabei werden viele
praxisrelevante Themengebiete wie Strings,
Arrays, Datenstrukturen, Rekursion, Date
and Time API usw. berücksichtigt.

Jedes Themengebiet wird in einem eigenen
Kapitel behandelt, wobei zunächst auf die
Grundlagen eingegangen wird. Danach
folgen rund 10 bis 15 Übungsaufgaben
verschiedener Schwierigkeitsgrade.

Durch das Bearbeiten der Übungsaufgaben
können Sie Ihre Programmierkenntnisse
effektiv verbessern. Dabei helfen insbesondere detaillierte Musterlösungen inklusive
der genutzten Algorithmen zu allen Aufgaben. Ebenso werden von Michael Inden
alternative Lösungswege beschrieben, aber
auch mögliche Fallstricke und typische
Fehler analysiert.

dpunkt.verlag
www.dpunkt.de

Index

Michael Inden

Der Weg zum Java-Profi

Konzepte und Techniken für die
professionelle Java-Entwicklung

5., überarb. und akt. Auflage 2021
1414 Seiten, Festeinband
€ 52,90 (D)

ISBN:
Print   978-3-86490-707-4
PDF   978-3-96088-842-0
ePub   978-3-96088-843-7
mobi   978-3-96088-844-4

Dieses Buch bietet eine umfassende Einführung in die professionelle Java-Entwicklung und vermittelt Ihnen das notwendige Wissen, um stabile und erweiterbare Softwaresysteme auf Java-SE-Basis zu bauen. Praxisnahe Beispiele helfen dabei, das Gelernte rasch umzusetzen. Neben der Praxis wird viel Wert auf das Verständnis zugrunde liegender Konzepte gelegt. Dabei kommen dem Autor Michael Inden seine umfangreichen Schulungs- und Entwicklererfahrungen zugute – und Ihnen als Leser damit ebenso.

Diese Neuauflage wurde durchgehend überarbeitet und aktualisiert und berücksichtigt die Java-Versionen 9 bis 15.

dpunkt.verlag
www.dpunkt.de